杜保瑞作品集002

牟宗三道佛平議

杜保瑞 著

本書之寫作，前後各篇文章的積累，將近二十年，
可以說對牟宗三哲學著作的學習反思，
等於是筆者個人的學術成長歷程。

序言

　　本書之作，乃繼筆者《牟宗三儒學平議》之後而做，前書針對牟宗三《心體與性體》之書，做牟先生對宋明儒學各家哲學理論詮釋意見的反思，本書之作，則針對牟先生對道家及佛教哲學詮釋意見的反思，在道家詮釋的反思部分，採取歷時性的專書檢討方式，藉由《才性與玄理》、《智的直覺與中國哲學》、《現象與物自身》、《中國哲學十九講》、《四因說演講錄》、《圓善論》等書籍，分別進入牟先生各部著作的思想內涵中，確立他的討論模式，並予以解說及辯難。至於佛學部分，亦是採取同樣的作法，但核心的討論就是落實在《佛性與般若》上、下冊的內容，討論時也是依據章節次序進行個別佛學主題的意旨討論。

　　本書之寫作，前後各篇文章的積累，將近二十年，可以說對牟宗三哲學著作的學習反思，等於是筆者個人的學術成長歷程，但是從第一篇文章寫作開始，筆者就對牟先生的思路十分質疑，質疑的關鍵立場，就是文本詮釋的準確性，而這個角度，正是當代以及未來中國哲學發展的最關鍵之處，文本詮釋都不準確了，談何創新與發展？牟先生是當代新儒家第一大家，對儒家的詮釋尚且高陸王、貶程朱，對道佛的詮釋，自始就是站在否定的立場進行詮釋，其所用以否定之路，就是在實有與虛無的形上學立場中，對道佛的形上學以境界型態而非實有型態說之，同時判貶之，對程朱與陸王就是站在思辨與實踐的進路上說之，程朱因思辨的特質而類似西方哲學，陸王因實踐的申說而站穩中國哲學證成的優位。牟先生對儒家這樣的詮釋進路，筆者完全不能同意，是以藉由《牟宗三儒學平議》之作，以全書的規模予以申辯，事實上牟先生不只貶抑程朱，甚至對周敦頤、張載、程顥、劉宗周都有批判，批判的重點都在他的道德的形上學體系，這些也是筆者

要反駁的要點。牟先生只有對陸象山、胡五峰、王陽明批評較少，實際上就是藉由對宋明儒學的詮釋與批判而建構起他自己的哲學體系，但是這個體系又完全是建築在對道佛的貶抑、批判的詮釋架構上，因此，就算要了解牟先生當代新儒家的創作，也必須深入他的道佛詮釋，然而，筆者也要明確指出，牟先生對道佛的詮釋是有錯誤的。

牟先生對道家一味貶抑為無道體的哲學，這其實是只有郭象的哲學是如此的立場，牟先生竟以郭象注莊為莊學甚至老學的根本型，從此找到儒家為實有、道家為虛無的形上學定位，也因此以為可以辯破道家而有儒學立場的理論優位性。對佛學則緊抓「般若不涉及系統即不涉及現象實有」來定位佛教哲學，又刻意地挑選有學派偏見的當代新唯識學的立場去批評如來藏的思想，說佛學只能成就自身的修行境界，卻無論如何對於現象的實在沒有理論的涉及，更遑論證成，這些對道佛的詮釋，都根本上就是對道佛的刻意誤解。為了申明此事，也為了重建中國哲學的當代研究嶄新面貌，牟宗三先生的道佛詮釋必須被檢討，指出錯解之處。而筆者所有的研究與寫作的目的，就只在正確理解、準確詮釋傳統中國哲學的這一個目標上。

當代新儒家學者當然可以有所貢獻於儒學在當代的學術建設，但不宜仍陷傳統三教辯證、高此非彼的爭辯泥淖之中，中國哲學要走出新的道路、展現新的氣象，絕不是回到過去的三教爭鋒的格局中，而是在西方哲學的刺激挑戰下，將中國各家哲學的理論以系統性的陳述架構明白表述，並說明實踐哲學的特殊性理論證成型態，絕對是與「思辨的一致性推演」的西方式證成的哲學不相同的，當系統性與檢證性問題獲得有效解決，各家哲學就應還其理論功能，找出理論適用的領域與情境，使得儒釋道各家都能在各自的情境與問題層面中展現智慧，成為可以解決現實問題的有效哲學，進而提供中國哲學學習者自行選擇，選擇之後則自己貫徹意志、堅定地去實踐。

牟先生的理論成就，確實可謂二十世紀中國哲學思辨體系建構的第一人，但是他的創作中偏見太多，並且犧牲了道佛兩家的智慧以及錯解了道佛兩家的理論，至於儒學，也犧牲了程朱理學的理論貢獻，

這樣的詮釋成果，應該被深刻地檢討，好讓中國哲學的理論創作之途，能有更新的道路。本書之作，就是在牟先生道佛詮釋的脈絡上，替道佛辯證，還回道佛兩教應有的理論面貌與實用功能。

本書之作，首先從〈第一章：對牟宗三在《圓善論》中建構儒家「德福一致」說的方法論反思〉談起，牟先生的哲學，就是當代新儒家的理論創作的哲學，他對道佛的詮釋都是在服務於儒學創作的思路下進行的，而儒學理論的最終極型態之建構就在《圓善論》書中展示，而其思路的運行正好就是在對比於道佛詮釋中建立起來的，因此從《圓善論》完構儒學的立場，正好鮮明地看到了他的道佛哲學詮釋的最終定位。

本書接著討論道家哲學的詮釋與反思，首先從〈第二章：對牟宗三道家詮釋的方法論反省〉，這是對準《才性與玄理》專書的道家詮釋。其次是〈第三章：對牟宗三由道家詮釋而建構儒學的方法論反思〉，這是處理《智的直覺與中國哲學》、《現象與物自身》、《中國哲學十九講》三書中的道家詮釋意見而展開的討論，第三部分則是〈第四章：從《四因說演講錄》和《圓善論》論牟宗三先生的道家詮釋〉，如其章名就是討論《四因說演講錄》和《圓善論》中的道家詮釋意見。

對佛教哲學的處理，筆者屢言，一切都是為了儒家，因此，要了解他的佛教詮釋意見，就必須先了解他的儒佛辯證觀點，這就是〈第五章：試論牟宗三哲學的儒佛會通〉一文所切入的角度，另一文〈第六章：對牟宗三儒佛會通的方法論檢討〉，則是更深入地結合於哲學基本問題的詮釋架構，以進行的深度對談。接下來的討論就是依著作章節的歷時性研究，〈第七章：對牟宗三佛學詮釋基本立場的反思〉是以《現象與物自身》、《智的直覺與中國哲學》中的佛學詮釋意見為討論主題。〈第八章：對牟宗三佛教般若學詮釋之方法論反思〉、〈第九章：對牟宗三詮釋佛性概念之方法論反思〉、〈第十章：對牟宗三談楞伽經與起信論的方法論反思〉、〈第十一章：對牟宗三華嚴宗詮釋的方法論反思〉、〈第十二章：論牟宗三談法華經之性格與

天臺宗原初之洞見〉、〈第十三章：對牟宗三詮釋天臺宗五時八教觀對比華嚴宗的反思〉，以上章節，都是針對《佛性與般若》上、下兩冊各篇文章要點的逐章討論之作。由於牟先生對天臺宗的討論等於是《佛性與般若》下冊全書的內涵，分量太多，後半部的討論已經過於抽象，因此本書的討論就暫止於此。

CONTENTS

目　錄

第一章　對牟宗三《圓善論》中建構儒家「德福一致」說的方法論反思

一、前言

　　牟宗三先生的《圓善論》一書，應是他晚年結論式的精華之作，其中所處理的最重要問題，便是從康德所講的「德福一致」說，到論證中國儒釋道三教的「圓教體系」。結論是只有儒家才是真正的終極的圓教。此中涉及「德福一致」的觀念解析，以及「圓教」概念的觀念解析，意旨繁瑣。然而筆者卻認為，牟先生的討論中，缺乏了談氣化邊事的宇宙論問題意識，以致理論中有種種的牽強，高舉儒學之際，卻犧牲了道佛的意旨，關鍵在於對宇宙論氣化世界的討論不能深入，以及在方法論上過於一廂情願，一味地在本體宇宙論的思路裡設想，其結果，圓善系統下的圓教，只成了一套主觀意境的學說，並非真能對現象世界有所改變。本文之作，將針對《圓善論》一書的思路，做一解析，並提出批評的意見。

二、圓善問題的提出

　　牟先生自己說，這一部《圓善論》的著作是因為講天臺圓教而帶出的[1]，康德講最高善的問題，但牟先生卻從天臺圓教觀念中找到了解決最高善問題的進路[2]，這個進路首先聲明是從實踐理性進入而非思辨理性[3]，牟先生在之前的大作《現象與物自身》中，建立了「執的存有論」和「無執的存有論」的區分，而本書《圓善論》則要從

「圓教」的觀念切入，以實踐理性的問題意識之討論開端，建構儒家「圓教」的理論，其言：

> 本書則講圓教與圓善，故先以古人所理解的哲學——實踐的智慧學、最高善論，標之於此序，以實踐理性作開端，把圓滿的善（圓善）套於無執的存有論中來處理，即從圓教看圓善，此將使無執的存有論更爲眞切，使一完整的系統之圓成更爲眞切。
>
> 哲學之爲智慧學（實踐的智慧論）——最高善論，這雖是哲學一詞之古義，然康德講最高善（圓滿的善）之可能卻不同於古人。他是從意志之自律（意志之立法性）講起，先明何謂善，然後再加上幸福講圓滿的善。此圓滿的善底可能性之解答是依據基督教傳統來解答的，即由肯定一人格神的上帝使德福一致爲可能。[4]

其實，由上帝存在的設想，保證人類之德性實踐必有其福之說，十分合理。問題只是，上帝存在之本身是否能被保證？就此而言，這就必須訴諸信仰的層次了，因爲經驗不足以證明。而康德則以實踐理性所需的設準來解決此一問題，對康德而言，上帝是存在的，而且是信仰的對象，而上帝創造了世界，並且是道德實踐的最終仲裁，因而便成爲人類世界「德福一致」的保證。於是，在思辨理性中不能證明的命題，以實踐理性的需求而有其實在，故而「上帝存在」，也因此保證了「德福一致」。然而，牟先生不承認上帝存在，而企圖以儒釋道三家的「圓教」理論來取代西方上帝的功能。其言：

> 然而圓教之所以爲圓教之獨特模式卻必須首先見之於佛家天臺宗之判別、圓。若以此爲準而予以鄭重注意，則儒聖之圓境卻首先見之於王弼之聖人體無以及向、郭之注《莊》。此等玄言雖是假託道家理境以顯，然而圓境卻必須歸之於儒

聖。由此即可啟發出依儒家義理而說儒家之圓教。依儒家義理而說儒家圓教必須順王學之致良知教而發展至王龍谿之「四無」，再由此而回歸於明道之「一本」與胡五峰之「天理人欲同體異用」，始正式顯出。由此圓教之顯出始可正式解答圓善之可能，此則不同於康德之解答。[5]

　　牟先生認為上帝不能解答的問題是對於「德福一致」的保證，關鍵即是不能證明上帝存在，而儒釋道的圓教可以解決「德福一致」的問題，關鍵即是三教都有「無限智心」，其能力如同上帝的「智的直覺」，但上帝是假設性的存在的神性存有，而「無限智心」則是人人具有，具體而真實。接下來的問題是，上帝以其神力保證「德福一致」，那麼三教的「無限智心」如何保證「德福一致」呢？上文只是說出了立場，論證尚未展開。牟先生整本《圓善論》著作的討論，便是藉由《孟子》文本的詮釋，而建立儒家圓教體系的圓善論，兼論及道佛的圓教，而謂之超越康德訴諸上帝存在的解答。而這樣的結論，則是基於前此牟先生儒釋道三大部著作的辛苦結晶[6]，其言：

> 吾人若不能洞曉道家「無」之性格與佛家般若之性格之共通性，則不能解除後世儒者對於佛、老之忌諱，此一忌諱是儒家義理開發之大障礙。吾人若不能了解儒家系統是縱貫縱講之創生系統，佛、老是縱貫橫講之非創生系統，則不能了解三教之所以異。吾人若不能證立三教皆有無限智心之肯認，則不能證立三教皆有智的直覺之肯認，此而不能被肯認，則必致使三教之宗趣，自相刺謬。吾人若不能證立三教無限智心既是成德之根據亦是存在之根據，則必不能預規圓教之規模，因而圓善之可能亦不可得而期矣。吾人若不了然於分別說與非分別說之足以窮盡人類理性之一切理境，而非分別說又有屬於「無限智心之融通淘汰之作用（無）」者，又有屬於「存有論的法之存在」者（縱貫縱講者與縱貫橫講者），

則不能知何以必在兩義兼備之非分別說中成立圓教，因而亦不能知何以必在此究極圓教中始得到圓善問題之圓滿而眞實的解決。[7]

　　以上這段話的重點，勾勒了牟先生過去所有三教詮釋的義理成就，但是，許多立場都是牟先生自己定義系統下的結論，離開了他的定義，則結論就不成立了。例如三教之創生問題的立場，牟先生認爲只有儒家有創生觀念，道佛兩家缺乏，此說筆者即不同意，關鍵在世界觀宇宙論的認識問題上，即如上帝存在是西方哲學的信仰一般，道教的它在世界，佛教的成住壞空、此起彼滅以及輪迴生死的世界觀，這些都是宗教哲學體系內的信仰，所信仰的內容對於信仰者而言就是眞實的知識，只要他們的實踐能達至其所說之世界的境界，則他們的宇宙論知識就是成立的。然而，上帝存在對牟先生而言是情識的構想，則道教不死的神仙與佛教菩薩的存有也就不在所論了。亦即，各個宗教哲學體系的宇宙論知識，對牟先生而言，是他的哲學討論所不觸及的部分，他只處理本體宇宙論以及本體工夫論，而這兩套理論，卻都是主觀的構想，並不眞正涉及存在的現象世界。這種理論就是由「無限智心」而啓動討論的，而這個概念，牟先生認定它是既涉及價值又涉及存在，說它既是成德之根據又是存在的根據。問題就在這裡，既是存在的根據，卻對「命限」有不可控制的遺憾，而這在神性存有中是不會失控的，其實在道佛兩教的系統中也是不會被限制的，唯獨只有儒家系統中會有這個限制。本文之作，就是要一直追問這個問題，以逼顯牟先生過於執守儒家優位的立場，其結果，就是造成他的理論世界充滿了詭異與奇幻，亦即是系統混雜甚至矛盾。

　　命限的問題有二，其一爲生死的限制，其二爲命運的好壞。就此而言，「德福一致」要談的應該是「命運的好壞」而不是「生死的限制」，生死是既有的現象，沒有哪一個宗教哲學體系會去否定這個現象，只是對於死後的生命有不同的知識立場而已，至於現實世界中人的命運的好壞問題，在不同的宗教哲學系統中各有其安排，可以說各

有其解決的辦法。牟先生費盡力氣去說道佛與儒家的理論差異，重點擺在創生與否的問題上，但這仍然是涉及定義的問題，因此，筆者認為，牟先生一直在藉著下定義而談理論問題，繞了一圈又一圈，卻並沒有解決什麼問題，不只是文本詮釋的問題沒解決，三教比較的問題也沒對準，徒然一場思辨的豪華饗宴而已。

簡言之，「德福一致」的問題必須在宇宙論中解決，西方宗教以及道佛兩教都有其理論上的解決，只要接受它在世界的信仰即可。其實，儒家的價值意識以及世界觀立場也是一套信仰，並沒有更多的理論優勢，牟先生藉由定義將儒家理論的優勢建立起來，且不放棄「德福一致」的理論效果，卻因為「命限」問題的處理，以及存在問題的涉及，雖然藉由「圓教」觀念搭配這些問題的討論，但筆者以為，牟先生不能自圓其說，因此本書《圓善論》對儒家圓教系統的建立，是不成功之作。

以下，筆者亦將逐章討論此書，以與牟先生對辯。以下各討論小節的設立，直接是牟先生著作中的章節名稱。

三、基本的義理

牟先生想藉由孟子哲學再次重構或建立儒家道德的形上學，其實這個工程在《心體與性體》中已經建構得十分富麗堂皇了，只是前書主說宋明體系，兼及孟子學，本書主要以孟子文本詮釋討論起，兼及解決「德福一致」問題中的價值與存在問題的交涉關係。本書第一章談基本義理，主要論及性善論意旨，至於跟本文討論主題最有關的「德福一致」與存在及價值問題，應該討論的是牟先生對「天爵、人爵」的詮釋一段，參見其言：

> 天爵良貴之觀念既確立，我們可看看孟子所說的「古之人修其天爵而人爵從之」這句話。這句話是句警戒勸勉語，不是一個嚴格的有必然性的分析命題。若視之為一分析命題，

則人們馬上可提出疑問說：修其天爵，不一定能有人爵。因此，若依康德說法說，天爵人爵間的關係是一個綜和關係，非分析關係。……孟子未正式提出此問題而予以鄭重思量。……孟子只在點示人人皆有良貴，勉人誠心體現之以成德。但既說到天爵人爵（貴於己貴於人），這當然是屬於康德所說的「德福之間的配稱關係之問題」。孟子固然重視良貴（德），但他亦並不否認人有幸福之欲。……孟子只以「所性」為本，而所欲所樂是末，即使肯定其價值，亦必須以「所性」為根據。至於這兩者間在現實人生如何不一致：有德者不必有福，有福者亦不必有德；又如何能理想地圓滿地保證其間之恰當的配稱關係以實現最高的公道，以慰勉人之道德實踐於不墜；凡此等問題皆非孟子所欲問者。你也許可以見到孟子，甚至全部儒者，在此顯出更有陽剛氣（挺拔氣）。但是就全部人生之極致說，德福之間必須有一種諧和，因為吾人固不能抹殺良貴，但亦不能抹殺幸福，正猶如既不能去掉「自由」，亦不能去掉「自然」（形色是天然有的，不能廢除）。既然如此，兩者之間必須有一種圓融之一致（恰當的配稱關係）。人生不能永遠處於缺陷悲壯之中，如在現實過程之中者。因此，孟子雖不討論此等問題，吾人處於今日，卻可把此問題當作實踐理性上的一個客觀問題而正視之，看看依儒家之智慧，甚至依儒釋道三教之智慧，當如何處理此問題。[8]

　　修天爵是修德的事業，而得人爵則是得福的事件，然而在儒家而言，向來就知道修德與得福不會必然關聯，雖然如此，儒者卻從不退卻，故顯悲壯。牟先生認為不能一直停留於悲壯的陽剛氣中，必須要為儒家找到「德福一致」的圓融關係，這也才算是儒家圓教的完成。這個問題在本文討論中將會是筆者一直緊追的問題，並且認為牟先生的處理最後並未成功。牟先生認為孟子並未深入討論此問題，筆者

則認為，孟子的立場就是儒家的終極立場，牟先生無法溢出其外地去更好地解決這個問題，關鍵在於，落在經驗現實世界的儒家理論，只能謹守在此一世界觀中而講價值立場，而這卻是沒有更高的理論位階的，牟先生所談的儒學高於西方上帝教以及東方道佛兩教的理論，都是自己下定義後自己做推論下的結論，既於文本詮釋上不準確，也在理論比較上缺乏客觀性。

四、心、性與天與命

牟先生於《圓善論》第二章討論孟子的心、性、天、命諸義，卻是在這一章中，讓讀者親見了牟先生所建立的道德的形上學，究竟是一套涉及存在的客觀宇宙論知識系統？還是只是一套主觀臆想的理論體系？首先，牟先生從盡心知性知天說起：

> 「盡心」之「盡」是充分體現之意，所盡之心即是仁義禮智之本心。孟子主性善是由仁義禮智之心以說性，此性即是人之價值上異於犬馬之眞性，亦即道德的創造性之性也。你若能充分體現你的仁義禮智之本心，你就知道了你的道德的創造性之眞性。此中「盡」字重，知字輕，知是在盡中知，此亦可說是實踐的知，即印證義。你若這樣證知了你的眞性，你就知道了天之所以為天。此知亦是證知義，在實踐中證知也。「天」是超越意義的天，是個實位字，即天道之天，天命不已之天，與天爵之天完全不同。[9]

盡心絕對是個工夫實踐的行動，由此一行動中證知道德的創造眞性，也證知了超越的天道。這一段討論，牟先生直接把孟子的語意從工夫論旨拉到知識論旨，這當然也是孟子本意的準確解讀，重點是，康德以為純粹理性無法證知的命題，卻在孟子文本中以實踐理性而證知了。這就是牟先生所要的理論效果，以此而可說儒家的道德創生實

體、天體、道體、本體、性體、心體等等諸義。牟先生說「天是超越意義的天、是個實位字」，這就表明，牟先生主張，這個被實踐而證知的天，就是創生天地萬物自然世界的天道實體。這就是涉及存在的重大命題，就這個立場而言，筆者要追問的是，它究竟對現象世界的決定性影響為何？此天是否涉及人世命運之決定？牟先生企圖從宗教哲學轉移過來的「德福一致」的理論，在儒家這樣的天道實體的命題中，能否處理好涉及存在、掌握存在、保證存在的效果？文末說這個天道之天與天爵是不同的，此說，就是牟先生的理論開始驚異奇航的轉折處，關鍵是，牟先生言：

> 天爵之天是個虛位的形容詞，落實於仁義忠信上說天爵，說良貴，天即定然義。說天理、天倫亦是如此。說「此天之所與我者」亦是如此，即固有義。凡固有而定然如此者即說為是天──以天形容之。即使說天爵是上天所賜給我的貴，說心之官是上天所賦與我者，說天理是上天所規定的理，說天倫是上天所規定的倫，這樣說亦無實義，只表示凡此等等是本來如此者，是定然如此者，其本身即是終極的，並不表示說：凡此等等是由超越的外力規定其為如此的。若由外力規定其為如此，則道德便無獨立的實義，即只是他律道德，非自律的道德。但道德而非自律便是道德之否定，是自相矛盾的。故道德不能是他律，不能不是自律，因此「道德是自律」是分析命題。[10]

　　天爵是盡心而得致的，天道也是盡心而得知的。天爵就是天道賦予的，但所賦予的是靠人的盡心而自得之者，不是天道由外的規定而得。由此，牟先生說了自律的道德，而主張道德不能是他律的。牟先生在此處所面對的問題是，既然知道了有天道，天道是一德性的天道，那麼人的道德實踐究竟是自力的還是他律的？若是由自己主張、自己發動而成就而得天爵，這是自力而得，故而是符合道德必是自律

的意旨，若僅是天道要求規範而來，則僅是他律。筆者以爲，牟先生這一段討論頗爲糾葛，筆者並不贊成。談道德行動必是主體自作之實踐，談道德實踐的原理必具有普遍性，且必是天道的本意，豈可能說有自律的道德行動卻違背天意呢？也就是說自律的道德行動必是符合天道意旨的。就此而言，符合天意並不是他律，談實踐就是主體自做決定的行動，必是自律的，有天道無天道都是主體自己決定要不要遵守的，所要遵守的也必是天道律令的，有天道而刻意違背，則其所行必是違背道德的，因此道德之行必是與天道合德的，只其由主體自己發動、自己體貼、自己落實。但有一普遍永恆不依人之實踐與否而恆在遍在的天道實體的假定，還是必須要有的，否則人的道德意志之貫徹下去，究竟合於天道與否？就無從規範了。牟先生忌諱講天道原理，以爲就是他律，這是把普遍原理和主體實踐切分爲二的做法，但牟先生又要將之合一，於是就造成以主體道德意志說普遍原理的說法，其結果，似乎逐漸地又要把天道與萬物的關係切斷，天道及天爵所負擔的只是人的主觀實踐的事務，下段即言之：

> 凡上帝所創造的（依西方宗教傳統說），凡天道所創生的（依儒家傳統說），都只是具體的個體物（萬物）；而天爵、天倫、天理、仁義禮智之本心，總之，道德，不是具體的個體物，而是人（廣之一切理性的存有）所獨特表現的精神價值領域中之實事實理，這不是可以由上帝之創造而言的，亦不是可以由天道創生而言的。反之，我們可以籠綜天地萬物而肯定一超越的實體（上帝或天道）以創造之或創生之，這乃完全由人之道德的心靈，人之道德的創造性之眞性，而決定成的。此即是說：天之所以有如此之意義，即創生萬物之意義，完全由吾人之道德的創造性之眞性而證實。外乎此，我們決不能有別法以證實其爲有如此之意義者。是以盡吾人之心即知吾人之性，盡心知性即知天之所以爲天。天之所以爲天即天命之於穆不已也。天命之於穆不已即天道

不已地起作用以妙運萬物而使之有存在也。是以《中庸》云：「天地之道可一言而盡也，其為物不貳，則其生物不測。」此承天命不已而言者也。此天是一實位字。吾人之所以如此知之，乃完全由吾人之心性而體證其為如此。故此天雖為一實位字，指表一超越的實體，然它卻不是一知識之對象，用康德的詞語說，不是思辨理性所成的知解知識之一對象，而乃是實踐理性上的一個肯定。說上帝創造萬物，這只是宗教家的一個說法而已，說實了，只是對於天地萬物的一個價值的解釋。儒家說天道創生萬物，這也是對於天地萬物所作的道德理性上的價值的解釋，並不是對於道德價值作一存有論的解釋。因此，康德只承認有一道德的神學，而不承認有一神學的道德學。依儒家，只承認有一道德的形上學，而不承認有一形上學的道德學。此義即由孟子盡心知性知天而決定，決無可疑者。[11]

文中說上帝所創造的以及天道所創造的是具體的事物，但是天爵、天倫、天理卻只是價值世界中的事理，前文說盡心可以知天，所知之天即是這個天道，天道是創生具體天地萬物的最高存有，但又說天爵、天倫、天理不是萬物而是價值事務，而天道之所以如此是由人之盡心實踐而證得，因此天道只是實踐理性上的一個肯定，只是對於天地萬物的一個價值上的解釋。牟先生又說這並不是對道德價值做一存有論的解釋，意思是說不是對它做範疇解析，而是只談它的價值意識。依著這個價值意識，而談人的實踐以及創造活動，並反轉之以為即是天道的活動。又，既然是對天地萬物的價值解釋，那麼，就不是對天地萬物做宇宙發生論的知識解析，而只是做價值意識的貞定而已。前文又說，除了人的道德創造活動以外，不可能有別的路徑可以證實此義。

筆者以為，既然是一個解釋，那麼，憑什麼儒家的解釋有其特出的優位性？憑什麼西方上帝以及道佛兩教的解釋不能也是一套有認知

意義以及行動力量的解釋呢？依牟宗三，必定是說哲學是爲實有而奮戰的，道佛缺乏這樣的立場。而上帝概念又是個情識的構想，不若無限智心的真實實存於人人之心中。但是，宇宙論上各家不同，不從宇宙論做理論的起點，而只以對經驗現實世界的實有與否的立場做各家各派的討論和評價，這已是固執於儒家哲學立場的一偏之見了。

又，以實踐爲唯一能證實此道德創生實體的立場，是一個知識論的課題。從知識論說則可也。但是，這也暴露了此一天道實體的道德意識的角色，只有負擔價值意識的天道實體是必須由主體的實踐來證知的，若是天道化生萬物的客觀知識，如聞見之知所知者，則與主體的任何道德實踐是無關的，天道化生的客觀知識是牟先生所講的「執的存有論」在談的範疇，也是牟先生所講的「氣化邊事」，而這一部分，是與盡心無關的，因此也是牟先生棄守的理論陣地，也正因爲這樣，對於「命限」的問題，從儒家的角度立場而言，是沒有掌握的能力的。因爲這裡只能掌握到的是天爵，至於人爵，本來就照管不到。人有無天生的氣命可以得到榮華富貴、長命百歲是氣化邊事，這一個領域既是盡心無法管窺的、也是道德實踐所無法偵知的，既然如此，盡心所知之天道確實只是主體對天地萬物的一個價值意識的解釋，那麼，它能負責創造天地萬物嗎？

筆者以爲，牟先生所說的由孟子盡心而知道證知的天道，確實是被認爲是創造天地萬物的實體，而且是由它的道德創生意識來將天地萬物創造出來的，透過主體的實踐可以體知這個天道，但是這個天道的具體氣化作用的部分，則仍是不得而知，至於主體盡心體知之後，主體仍然繼續盡心，繼續實踐，且此一持續實踐的動力又與這個創生天地萬物的動力是同一回事，於是，牟先生形成了這樣的一個理論內涵：人的道德實踐證實了有天道存在，此天道創生了天地萬物，使天地萬物有其價值，人亦參贊其間實現自己的價值，但此天道對萬物的創生只負責創生以及貞定價值意識，卻不及變化的細節，不及執的存有論，不及現象世界的變化知識，既然如此，儒者的道德實踐就改變不了現象世界了，現象世界另有一氣化的原理在主宰其運行，人類雖

然是一存在，在現象世界中生存及活動，且天道實體的創生動力是同一動力，但天道實體並不眞正介入現象變化的細節，因此人的心體性體的主動實踐，也改變不了人在現象世界的存在的命運了。參見牟先生言：

> 不但知之，而且心之道德的創造性（由德行之純亦不已而見）即是「天命不已」之創造性，故兩者爲同一也。此即心外無物，性外無物，道外無物也。《孟子》下文亦説：「萬物皆備於我矣，反身而誠，樂莫大焉。強恕而行，求仁莫近焉。」不是現實的人與天同，而是心之體與天同，心之道德的創造性與天同，故盡心知性即可以知天之所以爲天也。那就是説，天之創生萬物之創造性完全由心之道德的創造性來證實也。天之所以爲天之具體而眞實的意義，完全由心之道德的創造性而見也。此絕無誇大處。《孟子》之實義就是如此，因實理本當如此。[12]

本文說得極爲清楚，不是現實的人與天同，而是人之心體與天同，人心之心體與天道之實體是同一個實體，且天道實體之道德意識與創生動力是由人之心體來證實的。也就是說，盡心所知者唯道德意志，既是主體的本體，也是天道實體的本體，此一實體使天地萬物之實有被創生，此一實體使天地萬物的存在有其價值意義，此義由人性主體之道德實踐可以眞知實知，但所知亦僅止於道德意識，而不及聞見之知，不及氣化實然，不及世俗義的貧富貴賤壽夭，不及人爵，不及現實命運義的幸福。然而，牟先生是要爲孟子義的盡心實踐找到「德福一致」的意旨的，那麼，怎麼找？找得到嗎？其結果，這一找就又牽連甚廣甚遠，以致拉到天臺圓教與儒家圓教觀上去了，但是，問題解決了嗎？筆者認爲並沒有解決，反而引生更多的理論糾結而已。

既然費盡千辛萬苦而說出來的天道實體，只是對天地萬物做價值

的解釋，那麼，此一天道的角色功能就很有限了。筆者要不斷追問牟先生的是，如何儒家可以掌握幸福？如何道德意識義的無限智心可以取代西方上帝？以及優於道佛的無限智心？筆者並不是反對牟先生以上對於儒家天道實體的知識論進路的討論意見，只是反對牟先生對於中西比較及三教辯證問題上的意見，牟先生主張儒學高於它教的理由能成立嗎？以下繼續看牟先生的討論，是否能解消這個質疑。

以下，牟先生展開對孟子事天義的闡釋，而提出自律和他律之說，並認爲儒家的自律優於基督教的上帝之說，其言：

> 天是一超越的實體，此則純以義理言者，而即如其爲一如此之超越的實體，它即須被尊崇；它被尊崇即函著人須奉承之而無違，亦函著說順天者昌，逆天者亡。「事天」即是仰體天道生物不測之無邊義蘊而尊奉之而無違之意……在事天上，「事」字之意義須完全轉化爲自道德實踐上體證天之所以爲天，而即如其所體證，而自絕對價值上尊奉之。因此，人格化方式的事天中之純被動地聽吩咐之意完全消逝而不見。……基督教的人格化方式的事天（祈禱上帝），卻把本應屬剛性的尊尊原則之事完全轉化爲屬柔性的親親原則之事，而上帝又不能是親親中之親也。因此，其爲教也，主體不立，而完全以順從爲主，故價值標準保不住。無自律的道德即無挺立的絕對價值之標準，而上帝自身亦難保也。天之所以爲天，上帝之所以爲上帝，依儒家，康德亦然，須完全靠自律道德（實踐理性所規定的絕對圓滿）來貞定。此即張橫渠所謂「爲天地立心」也。[13]

牟先生第一段文字中，就說明了人的道德實踐必須是符合天道的意旨，此說筆者當然同意，但牟先生的理論操作卻是把符合上帝意旨的說成他律，也把朱熹講普遍天道原理的系統說成工夫論的他律，此旨筆者不同意。做工夫必須符合天道律令，這才是在做正確的工夫，

絕不會因此變成了它律道德，若有哲學體系用力於說明此天道的價值意識及其作用及其規範性，這並不表示這個體系主張了什麼它律道德，而只是把天道的超越、絕對、規範、主宰義說清楚而已，就像是牟先生這一段文字中所說的一樣。

　　牟先生第二段文字強調，人的道德實踐都是自立自為、自做主宰之事的，此義筆者也完全同意。但筆者要主張，這並不表示此一行為並非遵從那絕對的天道律令之義，天道律令仍是超越地存在著，只是人心主動去實踐而實現它而已，若非主動實踐而實現，當然不叫做道德行為，但是此一實踐與實現，卻又必須就是符合那絕對律令的實踐實現，此中本無它律之義在。

　　第三段文字中批評西方宗教以相信上帝而行道德實踐之做法，等於不是自律道德，而是它律道德。此說筆者不能同意。若依康德的思路，上帝與天道都是智的直覺或無限智心的自我體知之結果而已，可以說是實踐理性的不同設想而已，作為道德律令的理論功能都是一樣的，關鍵只在上帝具備了人格神的意旨，而天道不具備人格神的意涵。但是，依據康德，他已經說了上帝存在就是為了人的道德實踐而必須有的設準，其出發點還是人的實踐理性的需求，只是上帝存在是宇宙論的客觀事實，只是不能由思辨理性推論而出，但實踐理性必須假定其有，且作為宇宙論上的真知識，其說上帝存在的方法論軌道，根本就和牟先生講儒家天道的路徑是一樣的，根本上牟先生就是依康德講上帝的模式在講天道的確立的，這就是牟先生實踐哲學進路的儒家形上學。只因為上帝是它在世界的存有，就變成了它律道德，筆者不同意。就算不透過康德知識論進路對上帝的角色定位，而接受宗教神學對上帝的角色規定，就算是人格神，仍是有信有不信，不信就不必說了，就信者而言，依然有他要聽不聽的自由在，這個信徒的道德實踐，依然是自主的，上帝不會拿槍抵住人的後背要人做道德行為，就算信仰基督教的所有教徒都知道有死後的審判，但並不表示所有的基督徒都會自動實踐道德以及絕不違反道德，這還是要靠個人的

修養，這也才有死後審判的意義在。筆者同意牟先生說的道德與自律是分析命題，沒有自律的就不算是道德，但是筆者不同意說有上帝存在、有鬼神存在、有死後審判、有因果報應的理論體系的道德行為就是他律的，因為道德就是主體自律自為之事，此事必須自律自主，此律就是絕對律令，不論是儒家的天道、基督教的上帝、佛教的輪迴因果，都是天道，都是人類必須尊崇無違的，都是順天者昌、逆天者亡的，就普遍原理的強度而言，沒有差異。只有個別的人存有者的自信、自律、自做主宰的實踐力有別而已。至於普遍原理是否真是普遍原理？這是形上學體系的理論爭辯的問題，並不是道德實踐是否依據普遍原理、絕對律令的問題，所有的道德實踐都必須是依據某一套普遍原理、絕對律令的。所以自律與否的重點在工夫論，而不在形上學世界觀體系。自律是對行為的自律，至於所律定於自己的價值意識都必須是普遍原理的，若非普遍原理，若非放諸四海而皆準，若非「己欲立而立人，己欲達而達人」，若非「己所不欲，勿施於人」，則其行為還能叫做道德的嗎？道德就是利他，利他依儒家言就是符合天道，依基督教言就是符合上帝的意旨，依佛家言就是走向成佛之道。

以上的討論著重於自律義的問題，尚不及「德福一致」的問題，下文就涉及了，其言：

> 為什麼存心養性是事天底唯一道路呢？蓋因存心養性始能顯出心性之道德創造性，而此即體證天之所以為天：天之創生過程亦是一道德秩序也。此即函著說宇宙秩序即是道德秩序，道德秩序即是宇宙秩序也。天之所以值得尊奉即因它是心性之道德創造性所體證之天命不已之道德秩序也。最後，心性之道德創造性即是天道之創造性。[14]

本文說「宇宙秩序即道德秩序」，這話在《心體與性體》中牟先生已經盛言此說，這話從主體實踐而體知天道處建立，說天地萬物亦天道之展現，於是天地萬物之宇宙秩序即是一道德秩序，此說甚美，

亦儒者之心所共識者，然而，依牟先生前文之所言，依然可以將之視為只是對天地萬物做了價值上的解釋，至於天地萬物的物理、化學定律的問題，仍是尚未談到，只是說了天地萬物的種種運行是為了道德價值而做的，至於天地萬物之運行中有種種天災人禍事件之違於道德觀感之事者，此說無法涉及，也就無法辯駁。故而，即便說了宇宙秩序即道德秩序，但是，人類的人爵依然不從於天爵，亦即涉及存在的幸福問題的「德福一致」立場依然出現不了。牟先生盛讚的「道德秩序即宇宙秩序」，就像康德的「自然王國和目的王國」的說法一樣，究竟如何共構合體？則仍未建立。

牟先生在此便對《易傳・乾文言》一段談「大人」之文再做討論，其言：

> 案：此所謂大人意同于聖人。大人或聖人即是能將本心真性充分體現出來的人，也就是德行之純亦不已的人。他與天地合其德即合其同一創造之德：在大人處即是心性之道德創造（德行之純亦不已）之德，在天地或天處即是天命不已（天道創生萬物）之德：天命不已（天地或天之生德）即是本心真性之客觀而絕對地說，本心真性即是天命不已之主觀而實踐地說（只就人或一切理性的存有之實踐說）。就其為體言，其實一也。天命不已是天之體（天之所以為天），本心真性是人或一切理性的存有之體。但在人處有體現與被體現之別：人是能體現，體是被體現。在天處卻無此分別：天命不已即是天自己，此只是一創造性自己。人之體、天之體之平行的說去只是圖畫式的語言之方便。本心真性是就人說，這是因為唯有人始能特顯此道德創造之心性。既顯出已，此道德創造之心性便不為人所限，因為它不是人之特殊構造之性，依生之謂性之原則而說者，它有實踐地說的無外性，因而即有無限的普遍性，如此，吾人遂可客觀而絕對地說其為「創造性自己」，而此創造性自己，依傳統之方便，便被說

爲「天命不已」，或簡稱之曰「天」。此則便不只限於由人所顯的道德創造、所顯的德行之純亦不已、所顯的一切道德的行事而已，而且是可以創生天地萬物者。其可以創生天地萬物之創生乃即由其於人處所特顯的道德創造、德行之純亦不已而透映出來，而於人處所特顯的道德創造乃即其精英也。[15]

　　幾乎是同樣的立場，只是用了不同的概念，說天命不已就是本心真性，「就其爲體言，其實一也」，而這個與人心同體的天道是可以創生天地萬物的。於是讀者應該這樣理解，牟先生建構的是一個天道實體的理論，是儒家的道德創生實體，是這個實體使有天地萬物的存在，也是這個實體使人心趣向道德實踐，人心所體與天道所爲之目標價值是同一個道體，其實便是把天道實體拉下來成爲只是人心主體而已。不過，人之氣稟，萬物之結構，則都是無所知及的，則再談涉及存在已無意義了。亦即，人之氣稟與萬物之存在，一切現象世界的結構變化之成因及歷程，都不是這個道體在決斷與主宰的，道體只負責使其有，至於氣化邊事則是另外的原理在支配的，至於它是什麼樣的存有，牟先生就不談了，一是不關心，二是沒研究。其結果，涉及存在的幸福不能把握，而主體之實踐永遠只及於價值意義，更絕無與存在的交涉，如此而論的儒家的「德福一致」，當然只能落在主觀感受而已。至於所說的創生天地萬物，理論上的意義僅及於以道德目的而創生天地萬物，目的因是說到了，至於質料因、形式因等等，完全不涉及。再看牟先生接下來的說法，更爲明確：

　　　　現實的人是一個已有的存在，而此已有的存在之所當有而現實上尚未有的一切行事既可由此心性而顯發（創造）出來，則此心性即可轉而潤澤此已有的存在而使之成爲價值性的存在，真實的存在，而且可使之繼續存在而至於生生不息。此「轉回來潤澤已有的存在」之能返潤者與那在此已有的存在

身上向前起創造而能顯發應有之德行者是同一本體。由其返潤而擴大之（因其本有無限性）而言其廣生大生之妙用，即創生天地萬物之廣生大生之妙用，這是實踐地體證地說，同時亦即是客觀而絕對地無執的存有論地說，即對於天地萬物予以價值意義的說明，即無執的存有論的說明，因此，凡由其所創生者亦皆是一價值的存在，眞實的存在，此是基於德行之純亦不已而來的誠信，實踐上的一個必然的肯斷。此亦即《中庸》所謂「誠者物之終始，不誠無物」，亦即王陽明所謂「有心俱是實，無心俱是幻」。因此，大人之德與天地之德是合一的；不但是合一的，而且就只有一。因此，始有程明道所云「只心便是天」，「只此便是天地之化」之究竟了義語。言「合」者只是就大人與天地之圖畫的分別而方便言之耳。就德（創造之德）言實即是一也[16]。

　　此處所說的確實是經驗現實世界中的人類的道德實踐行動，是人類的道德行動使現實世界的家國天下之事業有其道德意義，這一個行動的道德意識之心體，是與創生天地萬物的天道實體同一個實體，牟先生說這是「無執的存有論」的說明，也就是說這是本體宇宙論以及工夫境界論地說，而非言說客觀知識的宇宙論地說，如其所言之「非知識義的現象界的自然主義也」。總之，牟先生以人類心體與天道實體爲同一實體，此實體使天地萬物有其存在，也是人類在社會實踐的行動上使天下國家有其價值。唯其不涉及自然世界的具體變化，因此對於存在邊的幸福之事無有作用，雖說道德秩序即宇宙秩序，但是宇宙秩序畢竟不以道德秩序爲其運行之公式，道德秩序只是說出了宇宙運行的價值意義而已，並非眞能決定並主導宇宙秩序。

　　這樣的說法，其實含蘊了一個弔詭的局面，既然大人之德與天地之德是一回事，那麼《中庸》所言「故大德必得其位，必得其祿，必得其名，必得其壽」的命題就應該被正式認可，且納入理論，然而，依牟先生的系統，這是無法納入的，下文討論「命限」問題時，牟先

生的立場就出現了。

以上從「盡心知性知天與存心養性事天」處說，以下從「立命」處說。

筆者前文一直強調，牟先生自己說談「德福一致」必須涉及存在，而存在即是氣化世界的宇宙論問題，但是在談到「命」的問題的時候，牟先生的道德的形上學卻對存在一邊幾乎就是完全棄守不顧的。其言：

> 「命」是個體生命與氣化方面相順或不相順的一個「內在的限制」之虛概念。這不是一個經驗概念，亦不是知識中的概念，而是實踐上的一個虛概念……它既不屬於理性，它應當屬於「氣化」方面的，但又不是氣化本身所呈現的變化事實。客觀的變化事實是可以經驗的，也可以用規律（不管是經驗的規律抑或是先驗的規律）來規制之的。命不是這變化事實之本身，但卻總是屬於氣化方面的。氣化當然是無窮的複雜，經驗知識無論如何多如何進步也不能窮得盡。……生死是必然的，這不是命；但在必然的生死中卻有命存焉。人生中或富或貧，或貴或賤，或幸福或不幸福，這也有命存焉。「在天」即在「你個體如何樣地存在」中即蘊涵你有如何樣的遭際。爲何有這樣的遭際是無理由可說的，這是一個虛意，即此便被名曰命。[17]

牟先生認爲，命是生活上順不順的感受，它屬於氣化領域，因爲是在氣化存在的領域中才能見到以及討論的，但是，它仍不屬於宇宙論的具體知識，不是現象變化的事實，它指的是貧富貴賤等事，面對這些，沒有理由可說，故而說是命。以上，其實是牟先生對於命這個概念在一般印象中的定位，其中對於命是屬於氣化邊事正是筆者的立場，但是，牟先生認爲，宇宙論的現象變化都尚有知識可說，不過命的部分就沒有理由可說了，因爲它不是一個經驗上的概念。筆者以

爲，牟先生這樣的定位就頗有受限了，嚴格說來，這就是受限於儒家世界觀的立場。對於貴賤、貧富、壽夭等世俗命運類的問題，莊子以爲正是命定的，造物主無意爲之而所成者。佛教以爲是自做的，故而在業報因果中，在輪迴生死的歷程中被處理了。基督教以爲都是上帝安排的，所以接受就好，因爲死後可以受審。牟先生卻以爲此事無理由可說，既然沒有理由，幸福就沒有管道了。其實，這是牟先生沒有正視宗教哲學的宇宙論系統所致，對於命運問題，對於幸福之得致問題，基督教及佛教都有理由可說，只是儒家近似莊子，以爲是無理由的造物結果而已。筆者無意與牟先生爭辯命運之事究竟有無理由可說，因爲一旦接受了某一套宇宙論體系，則命運之事就在該系統裡面被說明及解決了，牟先生拒絕接受有它在世界存在的宇宙論體系，故而認爲命運就是無法被消除的。參見其言：

> 因此，命是修行上氣化方面的一個「內處的限制」之虛意式的概念，它好像是一個幽靈，你捉不住它，但卻是消極的實有，不可不予以正視。它首先因著「修身以俟」而被確立，其次因著孟子下文所說的「順受其正」而被正當化。此皆屬於「知命」，故孔子曰：「不知命無以爲君子」。再進而它可以因著「天理流行」之「如」的境界而被越過被超化，但不能被消除。這個境界，孟子未說及，但未始非其聖人神化境界之所函。茲再歸於孟子之正文[18]

　　牟先生說命可以被超越但不能被消除，就是說它必定存在，而且無可改變，只能改變自己的心態，謂之超越。然而，如何知其存在？其實只要對生活上的境遇做一感受便可察覺，感受到貧富、貴賤、夭壽時就察覺到了，因爲這些現象是人各有別的，一旦形成，甚且是終生受限的，不易更改的，至於原因爲何？若非接受宗教哲學上的解釋，則甚不可解。即便有所謂命相之術，也只是提前測知，而不等於知其形成之原因。所以說有命在焉，此說不誤，筆者同意。只是，面

對此命，儒家的道德形上學亦並不可解，只能「修身以俟」、「順受其正」，既不能改變，也不知道形成的原因。此說，有值得商榷的地方。牟先生要為儒家找出「德福一致」的思路，要處理涉及存在的幸福邊事，且說道德實體創生天地萬物，此實體與人心的道德意識是同一個主體，結果，同樣這個主體可以創造天地萬物，卻不能了解人類命限形成的原因，更不能藉修身以改變它，只能改變自己的態度而超越它，這就意味著，牟先生道德的形上學體系中，除了天道實體之外，尚有一氣化原理是他的理論全未涉及的地方，道體只是對萬物做價值的解釋，至於萬物的演變生發之經驗現象，道體對這些問題的作用功能，就不得而知了。筆者以為，這應該是理論設計上的一個缺失。這也說明了，牟先生在《心體與性體》書中，如何地排斥氣化邊事，談主體工夫時完全棄絕氣化相關的功能作用，這就導致，面對幸福的存在問題時，牟先生認為儒家只能選擇態度卻不能做出改變。

此外，儒家對命運不可解，若依牟先生之思路，此誠固其然。然而，牟先生卻認為道佛亦不可解，此說，筆者不同意。至少佛教哲學系統可以說是對命運的形成以及解脫的方法做了最完整的理論建構的宗教哲學體系，只是牟先生不能正視佛教因果業報輪迴的宇宙論知識體系而已。其言：

> 因為或殀或壽既是命定，則你無論怎樣憂慮亦無益，即使你改變了常度以妄想期求或多方避免，亦不能因而有絲毫助益，即不能因而於或殀或壽之命定有所改變。因為「命定」一觀念只屬「氣化」方面的事，于理方面不能說命定，只能說義理之當然。即使後來道教經過修煉期望長生不老，亦是有限度的，並不真能長生不老，亦要羽化而登仙，還是要把軀殼脫掉的。佛家了生了死，亦是從涅槃法身來解決，不是從「色身」來解決。色身無常還是不能免的。即使圓教法身有色，色心不二，那亦是常色，不是無常色，是色之意義之轉化：一色一香無非中道。色法，即如其為色法而觀之，仍

是生滅無常的。因此，在氣化上必然有「命」一觀念。儒家即于道德實踐上確立命一觀念。

生死中之或殀或壽只是命一概念之一例。其實現實生活中或吉或凶，或幸福或不幸福，或富貴或貧賤，甚至五倫生活中之能盡分或不能盡分，皆有命存焉。[19]

　　牟先生承認命是氣化所及之事，且人皆有命。這就包括：吉凶、禍福、貴賤、貧富、壽夭等事。知命進而改命是最佳的處置，然而儒者最多只能事後地知命，學易則能事先地知命，至於改命，則從孔子以降就沒有這樣的想法了，儒者知命就只是要接受而已。但是，牟先生討論道佛的說法，必須釐清。就道家道教言，不論說的是生死壽夭還是長生不死，牟先生的意見都不能從道佛自己的宇宙論知識立場去看問題，也就是缺了從氣化邊事討論的角度。生死之命限，在道教有長生不死之術，在佛教有久壽常住之願，等於可以破生死。就算是羽化登仙的死後長生，亦是長生不死了。至於佛教，阿羅漢即是脫離生死。牟先生的批評，都是站在經驗現實世界的生命型態之不能長久的立場，而去說道佛對命限的不可超越，但是若站在道佛自己的生命觀世界觀時，則都有超越甚至改變之法，至於一般活著的時候的貴賤、貧富、吉凶、禍福而言，道佛更是充滿了造命改命之法，此則全未能爲牟先生所識及。牟先生又言：

「命」亦是由氣化邊之限制（感性之限制、氣質之限制、遭遇之限制）而顯者。罪惡與無明可以化除（斷盡），而命限則只可以轉化其意義而不能消除之。命限通於一切聖人，即於佛亦適用。佛家有無明之觀念，而無命限之觀念。實則只是不意識及而已，理上並不能否認之也。事實上，若一個體生命即九法界而成佛，十界互融而爲佛，凡所成者皆是圓佛，凡圓佛皆是一，此一是質的一（法身之一）。若就其色身之色的成分（根身器界）而言，則必有種種差異。此種種

差異即是其命限，因此，必有種種形態之圓佛。……若在儒家，聖人是一，這也是質的一（亦如金子，一錢是金子，一兩也是金子，純金是一，這是質的一），然而卻有孔子與堯舜之別。以前人說堯舜萬斤，孔子九千斤。同是聖人，何以有斤兩之差？正因個體生命之氣稟不同故也。因氣稟不同而示現出命限之差，此無可奈何也。無可奈何而安之若命，然則命者即是你氣化方面所無可奈何者。雖無可奈何，然而重性不重命，君子進德修業不可以已也。[20]

依據牟先生這兩段文字的分析來看，牟先生所講的命限，就是個體氣化的差異，可以說就是氣質之性，氣質之性是命限，它有差異在故而是命，它不能改變，甚至有種種限制故而是命限，然而，這都是就此生而言，牟先生說佛教有無明觀而無命限觀，其實，由根本無明而形成了個別習氣所成我的生命歷程，這裡面有業力不可思議，唯佛能知，但是阿賴耶識輾轉輪迴的種種歷程，在有宿命通的修行者而言，皆是能知的。亦即，佛教對命限是完全有能力知道的，牟先生所謂命限就是佛教的因果業報，而它是來自有情眾生自己的造業結果，且是在輪迴的生命觀下說的。可以說，在佛教世界觀及生命觀中，命限不是問題，他們大有辦法，既能擺脫，阿羅漢即已擺脫，更能超越，菩薩救度眾生甚至要協助他人擺脫。不像儒家，只能無可奈何，只能說從心裡感受上超越之而不能擺脫之。

五、所欲、所樂與所性

牟先生於孟子談所欲所樂所性相關文字時，以康德所論於上帝對「德福一致」的保證之理論，對比於儒家的說法，並認為儒家的「圓教」觀能優於上帝對「德福一致」的保證。首先，牟先生定位問題：

總之，有存在，即有護持與滋長存在之幸福之要求。「存

在」有獨立之意義，不可化除，幸福亦有獨立之意義，不可化除。但人生有「存在」之實然，同時亦有「理性」之當然。「所性」即是屬於理性之當然方面者。幸福屬於「存在」之事，所性即屬於「理性」之事。道德是屬於所性者，故道德屬於理性之事。故道德亦有獨立之意義。[21]

人有血肉之軀，有耳目口鼻之欲，這就是存在之實然，但另有理性之當然，存在有幸不幸的差異，而理性的應然則是道德邊事，總之，存在和道德各有其獨立的地位。然而，存在之幸不幸的追求，卻必須以道德爲本，顯然，牟先生更重視甚至只能談及道德邊事，其言：

> 依孟子，定然原則與道德法則皆由所性而發，絕不能由經驗與幸福而立。故道德不但有獨立的意義，而且是一切價值之標準，其自身是絕對價值，是評判其他一切有價值的東西之標準。此完全是屬於理性的事。因此，「存在」（尊生保命）以及屬於存在者（幸福）固屬重要，但必須以道德爲本。[22]

存在之幸應以道德爲本是沒錯的，但是，道德的法則對存在的幸不幸的作用力是否爲一直接決定的影響，這就是德福是否一致的關鍵了。於是，牟先生談到就人而言，兩者尚不一致，除非是神，於是，對人而言的德福之間，是必須另外追求的，其言：

> 那就是說，德雖爲本，然有德者不必即有福；反過來，有福者當然更不表示其即有德。此兩者並不是分析此一個之概念便可得到另一個。然此兩者既皆必須被肯定，則雖一時有此不必有彼，然吾人總希望「兩者皆有」方是最好。兩者皆有而被綜和起來，康德名之曰「最高善」。「最高」有兩義，

一是究極，一是圓滿。在此取圓滿義。因此，康德道德哲學中之「最高善」最好譯爲「圓善」，意即整全而圓滿的善。依孟子，天爵與人爵之綜和，所性與所樂之綜和，便是整全而圓滿的善。[23]

對康德而言，德與福的結合是最高善，牟先生認爲就是圓善的意思，但是，人不能得之，因爲人的能力是有限的，唯有依靠上帝才能保證擁有之，其言：

在德福一致（準確的配稱）中，德與福雖是兩個異質的成分，然而卻又有一種必然的連繫，此只有靠「上帝存在」始可能。這是西方基督教傳統下的說法。但若依照中國傳統，則當從圓教處說。依圓教說圓善之眞實可能，則德福一致不靠上帝來保證，而此時之德福一致（準確的配稱）似乎也不好再說爲綜和關係，它當然仍舊不是分析關係。然則它是什麼一種關係呢？這頗不好說。此中有甚深微妙處。這必須俟圓教明白了，始可明白。[24]

在西方是靠上帝，在中國則是依「圓善論」，「圓善論」如何說？牟先生接下來先轉向對康德講「德福一致」的討論了。

六、康德的圓善觀

上帝如何可以保證「德福一致」？牟先生於《圓善論》第四、五兩章講康德論圓善時即長篇討論此一問題，關鍵就是「上帝存在」與「靈魂不滅」。其言：

圓滿的善中德福間的必然連繫（如因與果間那樣綜和而必然的聯繫，必然的隸屬關係）是超感性的關係，而且不能

依照感取世界底法則而被給與，因為它是屬於意志因果的事。因此，圓滿的善在現實的人生中，在感觸世界中的今生中，是得不到的，縱或偶爾得之，亦不能保其必得。但是圓滿的善既是道德地決定了的意志之一必然的對象，而促進之使其實現又是此意志之一終極目的，是故它必須是可能的。但是我們必須在智思界中尋求其可能性之根據。我們之這樣尋求其可能性之根據可從兩方面想。第一是從我們的努力方面想。[25]

第二是從圓善所以可能之根據即那保證圓善之可能者方面說。德福一致既是超感性的關係，不是感觸世界中所能有者，然則誰能保障其可能？曰：只有上帝（自然之創造者）能保之。上帝之存在是我們的力量之外者。圓善中，德是屬於目的王國者，福是屬於自然王國者。這兩王國底合一便是上帝王國。因此，唯人格神的上帝這一個體性的無限存有始能保障德福一致。因此，在此問題上，我們必須肯定「上帝之存在」。靈魂不滅之肯定使圓善中純德一面為可能，因而亦主觀實踐地或偏面地使圓善為可能者；而上帝存在之肯定則是客觀而完整地使圓善為可能者。[26]

　　依上帝觀念的思路，存在有獨立性，道德又有獨立性，兩者的綜合關係在經驗現實世界中沒有必然的保證，於是只有訴諸超越界的上帝，以及無限期延續其生命歷程的靈魂，可以落實這個訴求。以上四、五兩章的討論中還有許多極有價值的命題部分，然非筆者所欲討論的重點，暫略之。重點是，牟先生批評上帝只是一虛妄的存在，因此要另闢蹊徑。其言：

圓善所以可能之根據放在這樣一個起於情識決定而有虛幻性的上帝上本是一大歧出。[27]

道德法則之確立是理性的，意志之自律亦是理性的，要求圓善亦是理性的，要求一絕對而無限的智心之體證與確立亦是理性的。惟對於絕對而無限的智心人格化之而爲一絕對而無限的個體存有則是非理性的，是情識決定，非理性決定。在此，中國儒釋道三教之傳統有其圓熟處。我們依此傳統可期望有一「徹頭徹尾是理性決定」的說明模式。此將在下章中詳展之。[28]

要談道德，則必然要有意志自由，這是各家各派不能反對的立場。但是，靈魂不滅及上帝存在就不一定是各家的立場了。康德之學說，在有上帝信仰的人的眼中，從知識論及形上學兩路都取得了成果，可謂解決了「德福一致」的理論問題，唯一就是對於上帝存在的信仰是否接受，然而，不走此路的中國哲學，應如何建立「德福一致」呢？牟先生藉由「圓教」系統說之，筆者以爲，這其實是一套詭譎曲折的說法，沒有必要，只是牟先生必欲逼西方哲學一退下，而高舉儒家哲學一優勢地位的構作系統而已，理論上十分牽強，且充滿了對道佛兩家的誤解。

七、圓教與圓善

牟先生講儒釋道三教的圓善與圓教，從康德講上帝說起，其言：

圓善所以可能，依康德之思路，必須肯定上帝之存在。上帝是善可能底根據，因爲圓善中福一面有關於「存在」——我的存在以及一切自然底存在，而上帝是此存在之創造者。上帝創造了自然——使自然存在，故能使自然與德相諧和，而保障了人在現實上所不能得的德福一致。……但是說福涉及存在，這是對的。存在是既成的，不是我所能掌握的，人不

能創造存在，這也是對的。必須肯定一「無限存有」來負責存在，這也未嘗不對；但是這無限存有若人格化而為一無限性的個體存有，這卻有問題。上帝所以能創造自然是因為祂的無限的智心，因此，本是無限的智心擔負存在。說到存在，必須涉及無限的智心；但是無限的智心並非必是人格化的無限性的個體存有，是故將此無限的智心人格化而為一個體性存有，這是人的情識作用，是有虛幻性的。因此，欲說圓善所以可能，只須說一無限的智心即可，並不必依基督教的途徑，將此無限的智心人格化而為一個體性的無限存有。中國的儒釋道三教都有無限的智心之肯定（實踐的肯定），但卻都未把它人格化。若依此三教之路而言圓善可能之根據，則將一切是理性決定，而毫無情識作用，因此，這是圓實之教。圓者滿也，實踐上的圓滿；實者無虛也，實踐上的無虛。[29]

　　上帝能夠保證「德福一致」，就在於上帝對自然的掌握能力上，此說，筆者認同，問題只是信不信上帝的存在而已，至於牟先生的討論，則是否定上帝存在，然後藉由天臺圓教觀，改頭換面為儒家圓教觀，而以為超越了西方上帝之說。但是，上帝是可以掌握自然世界存在變化諸事的，這個掌握能力，在牟先生以圓教說圓善的理論過程中，筆者認為，卻是逐步滑失的。所以，筆者認為，牟先生過於自信地要評點中西各家，以及三教辯證，把許多不能比較的理論比附在一起，結果以為優異於康德之學，卻其實是不能成功的。首先，牟先生接收了上帝具備無限智心的功能，但不認為這必須就只能是一個人格神，若是，則中國的天道論，可以當此功能，不論是儒家的天道、道家的道論、佛教的佛性論等概念，都可以有這樣的功能。於是，牟先生便在三教的無限智心中以圓教為標準評比優劣之，最終歸結於儒家。

　　但是，上帝是人格神的概念，佛性亦是一盡虛空遍法界的概念，

其以菩薩及佛的身分出入三界內外，其概念之超越性格只怕比上帝還厲害，這點，牟先生皆未論及。只是直接以非人格神的概念討論三教的無限智心。筆者以為，上帝是否存在並不是以其為情識、為虛構一句話就能否定了的，這樣的否定就是思辨理性企圖對實踐理性的否定，這點，在思辨理性上也是沒有依據的。其言：

> 依此，撇開那對於超越理念之個體化（真實化對象化），實體化，人格化之途徑，歸而只就無限智心以說明圓善可能之根據，這將是所剩下的唯一必然的途徑。這途徑即是圓教之途徑。……無限智心一觀念，儒釋道三教皆有之，依儒家言，是本心或良知；依道家言，是道心或玄智；依佛家言，是般若智或如來藏自性清淨心。這都未對象化而為人格神。凡此皆純自實踐理性言，毫不涉及思辨理性之虛構。[30]

又言：

> 有此無限而普遍的理性的智心，故能立道德之必然且能覺潤而創生萬物使之有存在。只此一無限的智心之大本之確立即足以保住「德之純亦不已」之純淨性與夫「天地萬物之存在以及其存在之諧和於德」之必然性。此即開德福一致所以可能之機。[31]

> 以上分別略述三教無限智心之義蘊。三教無限智心雖依教路不同而有不同之義蘊，然而其為無限智心則一也；皆足以開德福一圓滿之機亦一也；皆未被人格神化被推出去而視為一對象亦一也。
> 無限智心雖可開德福一致圓滿之機，然而光說無限智心之確立尚不能使吾人明徹德福一致之真實可能。如是，吾人必須進至由無限智心而講圓教始能徹底明之。蓋德福一致之真實

可能只有在圓教下始可說也。圓教之確立深奧非凡，並非籠統地一二語所能明。關此，佛教方面之天臺宗貢獻最大。以下先依天臺宗之判教以明圓教之意義；次則藉其所明之圓教模式以明儒、道兩家之圓教；最後歸於儒家圓教之境以明德福一致之本義。[32]

　　上帝以其大能神妙可以保證有德者可以有福，牟先生欲以中國三教的無限智心取代之，那麼，關鍵是，哪一家的無限智心可以保證「德福一致」？牟先生以圓教說圓善，圓善是個人的「德福一致」下而有的，圓教呢？依佛教，論至一切眾生皆可成佛、無一眾生會被捨棄者是，然而，在儒釋道三教的對比下，各教的理論的圓滿各自決定於各教的教義系統，沒有哪家的理論最為圓滿，筆者認為，這是不可能比較的，因此對三教討論哪一家的圓教更為圓滿是不必要的。以下牟先生展開道佛兩家的圓教觀之說明，但最終還是儒家最為圓滿，對於道佛兩家，筆者不在此處討論，筆者已另有多文涉及此議題，實際上，筆者對牟先生以天臺後期說天臺，以天臺說佛學的進路根本是不認同的，也對牟先生以郭象說莊子，以郭象之莊子說道家，也是不認同的。以下直接討論牟先生以無限智心保住「德福一致」的儒家圓教系統。討論中，筆者要追究的是，如何說儒家能掌握存在？如何界定儒家的德能有相應的福的理論建構？

　　牟先生言：

> 凡聖人之所說為教。凡能啟發人之理性，使人運用其理性從事於道德的實踐，或解脫的實踐，或純淨化或聖潔化其生命的實踐，以達至最高理想之境者為教為。此是籠統一般言之。儒聖之教從道德意識入。因此，若就道德意識而言儒聖之教則當如此言：那能啟發人之理性，使人依照理性之所命而行動以達至最高理想之境者為教。依理性之所命（定然命令）而行動即曰道德的實踐。行動使人之存在

狀態合於理性。因此，道德實踐必涉及存在。此涉及存在或是改善存在，或是創生一新存在。因此，革故生新即是道德的實踐。[33]

　　本文所言之道德實踐必涉及存在，此語並無重要意義，因為牟先生所說的是改善存在或創生一新存在的語意，主要都說得是社會事件的改善及創造，而不是現象世界的創生，更不是個人幸福的得致。「德福一致」講究的是個人幸福與個人德性的匹配，而上帝之所以能夠保證，是因為上帝根本就是自然世界的創造者，一切在上帝的意志與設想中，至於無限智心呢？能否有這樣的功能？且看牟先生言：

> 依此，此普遍而無限的智心乃是一存有論的原理，或亦曰本體宇宙論的原理，乃使一切存在為真實而有價值意義的存在並能引起宇宙生化而至生生不息之境者。若把此無限智心撤掉了，則一切存在終歸於虛幻而不實，因而亦就是說，終歸於無。此終歸於無是價值地說，非經驗地說。此無限智心不獨仁者（大人）有之，一般人皆有之。[34]

　　筆者對牟先生討論「德福一致」問題的質疑就是，當他必欲高儒於道佛、於西方上帝時，無限智心的功能本來應該是生化、創造現象世界，以及決定一切價值原理的，並且因此保證個人道德實踐與其幸福可以比配的。然而，此處牟先生竟然說若無無限智心，則一切存在的價值意義終歸於無，而不是經驗上歸於無。這就使得，牟先生所說的無限智心義之儒家道體，表面上負擔了天地萬物的創生，但竟是這創生的價值義涵之賦予，而不是這創生的質料因、物質因、現象世界的所成因，甚且，無限智心之外另需掛搭一氣化原理，即便無限智心沒有了，現象還是有的，只是沒了價值意義而已。若然，這個無限智心的角色功能是頗為不足的，因此筆者以為牟先生不應該說「終歸於

無，非經驗地說」這句話，否則，這個無限智心的功能便只能是個人主體的道德實踐意志而已，絕不涉及現象世界的物質存在，當然也就沒有「德福一致」的能力了。這雖然是突然出現的一句話，但深入探討牟先生所說的儒家道體，事實上，牟先生談的儒家的道體，根本上就只能說是主體的實踐意志，而不是真正涉及存在界的創造發生變化的原理者。參見其言：

> 踐仁成德必函通契於這形而上的實體——這涉及一切存在的存有論的原理，這本體宇宙論的原理。[35]

是則仁與天俱代表無限的理性，無限的智心。若能通過道德的實踐而踐仁，則仁體挺立，天道亦隨之而挺立；主觀地說是仁體，客觀地說是道體，結果只是一個無限的智心，無限的理性（此不能有二），即一個使「一切存在為真實的存在，為有價值意義的存在」之奧體——存有論的原理。這完全是由踐仁以挺立者。踐仁而至此即是大人之生命，聖哲之生命。一切存在俱涵潤在這大人底生命中由大人底生命持載之，俱覆在這無限的智心理性下而由此無限的智心理性涵蓋之，此即所謂天覆地載也。自無限的智心理性而言，則曰天覆；自大人底踐仁之實踐而言，則曰地載。《易傳》乾道創生萬物，即是天覆；坤德成物即是聖人之實踐，此曰地載（此義，范良光同學首發之）。性體是居中的一個概念，是所以能作道德實踐之超越的性能——能起道德創造之超越的性能。無限智心（仁）與天道俱在這性能中一起呈現，而且這性能即證明其是一。這性能即是仁心，人本有此能踐仁之仁心，仁不是一外在的事物。踐仁即如其本有而體現之而已。這「體現之」之能即是其自己之躍動而不容已地要形之於外之能（此義，孔子未言而孟子言之）。是以這仁心即是無限的智心，這性能亦是無限的性能，此其所以為奧體，因

而亦即同於天道道體，因而仁體、性體、道體是一也。一切存在俱涵攝在這仁心性能中，這能作道德實踐、能起道德創造的大人生命中。若離開大人之踐仁而空談天道，這便是玩弄光景之歧出之教，亦曰偏虛枵腹之妄大；若隔斷天道道體而不及存在，不曉仁心性能之無限性即是道體，這便是小教。兩者皆非聖人圓盈之教之規模。[36]

　　牟先生所有的意見，幾乎都是以定義的方式提出的，時常是，需要什麼立場就下什麼定義，甚至有時候所下之意旨亦不得連貫，講道德實踐，自然是要去改變自己以及社會的，牟先生的講法中，則是將改變自己和社會的道德實踐主體，說成了同時也是創造世界的道體，但是，幾乎就是只是下定義地這樣說說，實際上，並沒有因為這樣的定義，而使得主體的道德實踐就能怎樣地「德福一致」。上文中，牟先生刻意要強調它是涉及一切存在的本體宇宙論原理，但是，它卻只是使天地萬物的存在有其價值意義而已，因為道體只是客觀地說，主觀地說就是仁體，也就是主體實踐的價值意志本身，因此它一定有主體的實踐義在，亦即改善社會、美化世界的道德實踐活動，但是，對於它涉及天地萬物的存在的意旨而言，其實就只是在定義下的約定而已。

　　於是、牟先生說，若不是大人，就沒有這套天道論，以為可以沒有大人之實踐就是歧出之教，這可以說是把談實踐的工夫論說成了形上學。又若說不及存在，便是小教，這一點，只有勞思光先生的系統是這樣講的，因此等於是在說勞思光的哲學，但是，牟先生自己的存在的涉及也是不徹底的。

　　《圓善論》書中牟先生接下來一段涉及對朱熹的批評，對心屬於氣且是形而下者的批評，以及它律而非自律之說者，筆者都不同意，但也都已在它處之文中深入觸及了，故不再多說。重點是，定位了儒家道體的角色功能之後，如何才是圓教的系統，牟先生最後是以王龍溪的「四無句教」替代王陽明的「四句教」而說的。而這一部分的圓

教觀點，筆者以爲，充滿了文本的錯解以及理論的錯置，因此，不能算成功之作。

講圓教，源自佛學，有天臺華嚴之圓，牟先生偏天臺圓，頗有一番論辯，但都是依天臺觀點說話，並不公允。牟先生偏天臺的理由，關鍵在於成佛不捨眾生，遍一切處成佛，以此爲圓，此義筆者亦持反對意見，此不多論，重點是，牟先生以陽明、龍溪的四有、四無來說儒家的圓教，其言：

> 四句教中心意知物四者既皆處於「有」境，則致知以誠意正物而復心之正位這一實踐工夫隨而亦可以說爲是一無限之進程，而吾人亦永不能至無迹之化境。[37]

> 在四無之境中，「體用顯微只是一機，心意知物只是一事」（〈天泉證道記〉）。此方是眞正的圓實教。心、知是體是微，意、物是用是顯。然這「體用顯微只是一機，心意知物只是一事」並非是分別地說者，乃是非分別地說的四無化境中之事。俄而心意知物矣，而未知心意知物之果孰心孰意孰知孰物耶？此即是聖人之冥，亦即是聖人之迹本圓。[38]

依天臺之圓圓於華嚴之圓而言，重點是遍一切眾生皆予救度而不捨之。此義，在儒家而言，沒有哪家不是此義，只世界觀落在經驗現實世界而已。筆者以爲，牟先生以許多儒學內部不相干的議題去比附圓教不圓教的問題，目的只是要擺脫康德最高善或曰圓善的系統，汲取他要的圓善觀，剔除他不要的上帝觀，將「德福一致」說爲儒家的理論，卻藉佛家圓教觀來說儒家的圓教，其結果，龍溪「四無」以及五峰「天理人欲」說雀屏中選，以爲圓中之圓，筆者以爲，實際不然。

陽明「四句教」經王陽明親自立法，爲徹上徹下的工夫語，龍溪「四無教」是境界語，若依「四句教」做工夫，達成最高境界，任運

無心，主體進入化境，如孔子的「七十而從心所欲不踰矩」，則可以說「心意知物」四者都是無善無惡的，亦即都是化境無心的，「四無句」之義即是如此，沒有什麼它比四句教更圓的理論意義在。至於五峰「天理人欲同體異用，同行異情」之說，更只是一句簡單工夫語，主體依天理或依人欲而行，其實都在一念之間，依於同一件事上而已。此語尚未說至境界，是做工夫前的評點語而已。然而在牟先生的詮釋中，「四無句」和「天理人欲」句被描寫得入了天際，甚至獲得「德福一致」的功效。其言：

> 至此可謂極矣。然若依天臺圓教之方式而判，此種從「無」處立根之說法猶是於四有之外立四無，乃對四有而顯者。此如華嚴圓教唯是就佛法身所示現之法界緣起而說十玄之圓融者然，猶是高山頂上之別教一乘圓教也。若真依天臺「一念三千，不斷斷，三道即三德」之方式而判，則四有句為別教，四無句為別教一乘圓教，而真正圓教（所謂同教一乘圓教）則似當依胡五峰「天理人欲同體而異用，同行而異情」之模式而立。同一「一念無明法性心」之三千法體不變，而「三千在理同名無明，三千果成咸稱常樂」。[39]

天臺華嚴互相比較高低之事，已經是一義理混亂的互相批評語，再以之比附於儒家命題，除了比附並無深意。而且，五峰語並非境界語，仍是工夫指點語，主張依天理不依人欲，如此簡單，牟先生必欲抽象複雜化其說，並使其取得許多的功能。其言：

> 但須知如此圓說必須預設那些分別說者，進而通化之。分別說者雖皆是權教，非圓實教，然必須就之而予以開決，方能顯圓實，所謂醍醐味不離前四味也。若不預知那些分別說的眉目，平面地空講圓實，則必覺一團混沌而沉落矣。
> 但是只有在非分別說的「只此便是天地之化」之圓實教中，

德福一致之圓善才眞是可能的。因爲在神感神應中（神感神
應是無執的存有論中之感應，非認知的感性中之有執著的被
動的感應），心意知物渾是一事。吾人之依心意知之自律天
理而行即是德，而明覺之感應爲物，物隨心轉，亦在天理中
呈現，故物邊順心即是福。此亦可說德與福渾是一事。40

　　本文首先說「圓說必須預設分別說」，筆者以爲，這又是一段毫
無意義的話，依牟先生，朱熹的分別說被批評得不見道，現在又說要
依據分別說，意旨才完整，這是毫無實義的公關語。又說，圓說中，
「物隨心轉」、「物邊順心」，故而有其「德福一致」。筆者以爲，
問題的關鍵就在「物隨心轉」，若是眞的「物隨心轉」，這就是涉及
存在的幸福被獲得了。但是，牟先生的「物隨心轉」卻不是此義。
牟先生以「詭譎的相即」說此德福關係，其實只是心自己轉而已，其
言：

　　這德福渾是一事是圓聖中德福之詭譎的相即。因爲此中之心
意知本是縱貫地（存有論地）遍潤而創生一切存在之心意
知。心意知遍潤而創生一切存在同時亦涵著吾人之依心意知
之自律天理而行之德行之純亦不已，而其所潤生的一切存在
必然地隨心意知而轉，此即是福——一切存在之狀態隨心
轉，事事如意而無所謂不如意，這便是福。這樣，德即存
在，存在即德，德與福通過這樣的詭譎的相即便形成德福渾
是一事。41

　　無論就王龍溪原意而言，還是就牟先生之意而言，都不是說主體
將天地萬物轉化了，使天地萬物之存在及變化順於己心而運行，至
少，是不能使主體的富貴、幸福隨己意而有之的。依龍溪，只是說主
體的心境高逸，不陷入相對的善惡分別中計較。依牟先生，則是說主
體所涉及之生活周遭諸事，都能心無罣礙，對一切存在之狀況，心中

都無不愜意之處，達一事事如意之境也。然而，這卻只是主體自己的心態的改變，而不是主體的富貴幸福唾手可得，是主體自己改變心態而不會不如意，而不是存在改變現象而使主體獲得人間的幸福。王龍溪的語句無此功能，牟先生的文意亦非此旨。事實上，牟先生自己明明白白地說了：

> 例如在四有中，「意之所在為物」，此物是行為物，實即是事。縱然一切行為物（事）經過致良知以誠意而得其合乎天理之正（此即正物，陽明義之格物，格者正也），然而吾之存在以及一切其他自然物之存在不必能隨良知轉，因而亦不必能表示吾有福，此則德福仍不一致也；縱或偶爾有之，亦是德福之偶然連繫，非必然連繫，此即仍無圓善也。必升至「明覺之感應為物」，然後始可至德福一致。因為此時之「物」不只是事，亦指一切存在。而「明覺之感應為物」即是心意知物渾是一事。而亦即是「四無」也。
>
> 又在四有中不必能得德福一致之必然連繫，只有偶然連繫，故福之得不得有「命」存焉。然而在四無中則無命義，因命已被超化故。[42]

本文首先說「四有句」，認為德福不能一致，筆者以為，儒學規模就是如此了，陽明「四句教」不能保證「德福一致」，則也不會有其他的儒學理論能保證「德福一致」了，文中說的「四無教」之「心意知物」渾是一事，牟先生是把它理解為聖人的心境，無分於現象世界一切善惡美醜貧富貴賤而都予以一體同化，主體自己無分別心，既已無心於世俗幸福，則命的問題在主觀心境中即被超越。就此而言，並非有德者即有福，而是有德者以德為福，則亦非《中庸》所言之「故大德，必得其位，必得其祿，必得其名，必得其壽」之說之義。而只是主體自己以為的美好而已，這就是牟先生借用郭象「迹冥論」

以美化君王心境的意旨。以下這段話，就是戳破牟先生言於儒家「德福一致」的明證：

> 儘管聖人亦奉天時，聖人亦有死（指自然生命言），然不管怎樣死，怎樣奉天時，一切天時之變，生死之化，盡皆其迹用。縱使一切迹用，自外觀之，是天刑，然天刑即是福，蓋迹而能冥迹本圓融故。天刑即是福，則無「命」義。一切迹用盡皆是隨心轉之如如之天定，故迹用即是福。縱或此如如之天定自外部觀之仍可說是「命」之事，然迹用既隨心轉，則事之爲事雖或可說固自若。而其意義全不同，故實亦可說爲無所謂命也。此即是命之被超化。適說事之爲事或可說爲固自若，實則亦並非自若之事，蓋迹用隨心轉，已不是那說爲「命」之事矣。蓋命原只是非圓教中「吾人之生命與氣化之相順或不相順」之虛意概念（參看前第二章），在圓教中無所謂不相順，故命亦被超化矣。命者聖人之謙退也。若在圓教則無所謂命。在謙退中「安之若命」，實非命也。蓋已能迹而冥冥而迹矣。[43]

就上文之意而言，所有現實世界不能幸福的事情依然存在，依基督教，死後上帝審判而保證「德福一致」，依佛教，一切依眾生自己的習性而遭善惡報應，在輪迴生死中，因果業報論就是「德福一致」論的佛教意義。依儒家，既然沒有死後生命，更沒有輪迴生死觀，則德福之間就只能在今生解決，得之我幸，不得我命，就是接受便了。要不就深入易經哲學或道教知識系統中，發展預測或掌握之技術，以助儒者經略天下，兼及個人的福祿壽喜。至此，並不是龍溪「四無教」或五峰「天理人欲」說能改變存在世界的個人命運，以取代上帝功能，而是改變了自己的心境，而不予計較。這就是孔孟以降所有儒學理論說到了境界之處時的文句而已，並不是另有一更高的「圓教」以有別於其它不圓非圓別圓之教，牟先生的理論進程只能至此，下面

這段文字就是本文及本書最後的歸結了。其言：

> 圓教必透至無限智心始可能。如是，吾人以無限智心代上
> 帝，蓋以無限智心之人格神化爲情執故，不如理故。無限智
> 心不對象化而爲人格神，則無限智心始落實。落實云者人能
> 體現之之謂。人能體現之始見其實義。對象化而爲人格神只
> 是情識崇拜祈禱之對象，其實義不可見。實義不可見，吾
> 人不能知其於德福一致問題之解決將有何作用。無限智心能
> 落實而爲人所體現，體現之至於圓極，則爲圓聖。在圓聖理
> 境中，其實義完全得見：既可依其自律而定吾人之天理，又
> 可依其創生遍潤之作用而使萬物（自然）有存在，因而德福
> 一致之實義（眞實可能）亦可得見：圓聖依無限智心之自
> 律天理而行即是德，此爲目的王國；無限智心於神感神應中
> 潤物、生物、使物之存在隨心轉，此即是福，此爲自然王國
> （此自然是物自身層之自然，非現象層之自然，康德亦説上
> 帝創造自然是創造物自身之自然，不創造現象義的自然）。
> 兩王國「同體相即」即爲圓善。圓教使圓善爲可能；圓聖體
> 現之使圓善爲眞實的可能。[44]

牟先生不接受上帝存在的觀念，這是信仰的問題，從知識論說，
就算基督徒無法依論證證明有上帝存在，非基督徒也無法依知識論進
路證明無上帝存在。若依康德實踐理性進路而說者，則東方三教亦皆
爲實踐進路之理論性哲學，則孰優孰劣應有其它標準。依牟先生，分
別說非分別說、執的存有論無執的存有論、動態形上學靜態形上學、
圓教別教等等之說，都是他在同是實踐哲學內部所做的義理優劣之分
疏架構，此事，應依實踐哲學的檢證邏輯而論[45]。不是一句情識、虛
幻、不可見就過去了。

牟先生說「德福一致」必涉及存在，說上帝能保證是因爲上帝創

造存在，因此既是目的王國又是自然王國，皆得統一於上帝的主宰之下，本文卻說康德言於上帝創造自然只是創造「物自身」之自然，不及「現象」之自然，若真是如此，則上帝也被牟先生從天上拉下地面了，至少，這絕非一般基督教義下的上帝理論。則牟先生棄守存在，虛化「德福一致」之理論工程，已昭然若揭。

八、結論：

　　牟先生的《圓善論》，在其儒釋道三大部完成之後寫作的，此時，其分別說非分別說、執的存有論無執的存有論、道德的形上學、郭象迹冥論、天臺圓教觀等諸種理論都已建構過了。本書之做，以康德「最高善」觀念切入，以「德福一致」命題為對象，以孟子文本為疏解材料，以天臺圓教為模式，企圖建立儒家的圓善理論。筆者認為，迹冥論是套用的理論，本身是來自郭象對莊子的誤解而出現的，牟先生以之曲解道家而使用了。天臺圓教觀是為與華嚴爭勝而建立的，內容也是對華嚴的曲解而發展的，主張華嚴「緣理斷九」，牟先生藉之以評點儒學理論，刻意高低儒門內部各家優劣。「最高善」是康德藉由上帝存在的實踐理性而建立的體系，以保宗教實踐者的「德福一致」，牟先生不接受宗教，卻要使用「德福一致」的命題立場，同時還要糾結在三教辯證的思路裏，於是把最高善改成圓善，把圓教拿來說圓善，本來不必立異的「四句教」和「四無教」硬被區分高下，本來無甚奇異的五峰「天理人欲同體異用」之說，被牟先生高為圓教的模型，原來只是它像極了天臺「一念無明法性心」的命題。這些都是比附。

　　但是，最重要的是，儒家的「德福一致」觀念，在本書中並沒有獲得跨越性的創解。福者，現實的富貴，此事，各個宗教哲學都不易建立理論以保證現世能擁有，康德理論中藉上帝存在對上人類的靈魂不滅保證人死後在天堂得福，雖然今生不能獲得，但至少在死後的世界必蒙天主寵召得福。牟先生理論藉無限智心在心意知物渾淪不分中

讓主體自己感覺幸福，今生就得福，但並不是富貴、長壽、健康之幸福，而是自己的化境無心之心態而已。並沒有藉由對存在的改變而改變了自己，而是提升自己的境界以改變自己對存在的感受而已。這並不是康德義的對存在的處理以保證「德福一致」的理論模式[46]，只是牟先生自創的「詭譎」的模式。總之，對「德福一致」的處理，筆者以為，雷聲大，雨點小。至於三教無限智心的圓善與否的比較，則是重複牟先生三教辯證的思路所進行的高下優劣之討論，本文並沒展開，相關討論已有它文涉及，就不再多論了。

　　針對幸福與存在的問題，筆者以為，存在之生死命限問題，並不是三教或基督教在談的「德福一致」問題的關鍵，死是必然的，最多談的是壽夭問題。但壽夭與貴賤、貧富都是一般談命限問題時的共同題目，且是涉及存在的問題。幸福即是要解決這些問題，即是以為長壽、富貴就是幸福。「德福一致」則是因為道德實踐的要求，要求有德者必有福，因此就此而言，基督教有上帝存在保證德福一致，佛教的因果業報論本身就是「德福一致」論，道家道教所說不明，儒家則有待商榷，至於《中庸》所講：「故大德，必得其位，必得其祿，必得其名，必得其壽。」便真是絕對符合「德福一致」要求的命題立場了。然而，牟先生以龍溪及五峰之話語當之，顯然不搭配，反而達不到這樣的理論境界，所得者盡是德一邊事，福一邊幾乎是放棄了。只能說《圓善論》一書是一部討論儒家「德福一致」論的驚異奇航，從康德理論說起，破上帝，進入《孟子》疏解，強調天道就是人心，破自然王國，只及目的王國，放棄經驗世界，只是對經驗世界作價值的解釋，然後提出無限智心，曲折地辯證三教，主張道佛之無限智心涉及存在卻不創生存在，只有儒家天道創生存在，然而儒家天道只負責價值，不負責改變存在，故幸福是主觀的物隨心轉，其實是心自己在轉，以為這樣就是「德福一致」。其結果，並沒有達到「故大德，必得其位，必得其祿，必得其名，必得其壽」的理論境界。關鍵在於，牟先生幾乎只是想把他在儒釋道三大部的所有理論作一統整，所以費力地將各種學說綁在

一起，同時還不忘較勁中西，辯證三教，而歸於儒家最高，但是卻不能有機地整合各種理論，關鍵在於問題意識不一定相同，而且世界觀宇宙論也不一致，且受到他自己的刻意忽略，許多說法就是下定義式的硬接硬套，表面上高舉儒家，其實可能是牟先生所有著作中系統最混亂、義理最跳躍、理論最不能成立的一部著作。

在理論上，最大的限制就在於牟先生只以經驗現實世界討論此一「德福一致」的問題，儒家世界觀本來就只及於經驗現實世界，但是道教和佛教以及基督教就不是如此，它們都是主張有它在世界以及死後的生命，就佛教而言，甚至無分於此世它世，根本上就是過去現在未來無窮無盡的輪迴，輪迴中受因果業報又展開新生，故而本身就是德福一致的世界觀。若是否定了它在世界以及死後生命，佛教的德福一致當然建立不起來，並不僅只是非色身而法身的問題。道教要死後才得永生，但若其說屬實，則至少羽化死後的長生的命題亦是德福一致的落實。基督教有上帝存在，又主張靈魂不滅，故而死後審判也是德福一致的保證。若不去正視這些它在世界的哲學意旨，則基督教與道佛兩教的德福一致都不必談了。故而牟先生就直接在經驗現實世界談儒家的德福一致，而所謂的德福一致並不是即身獲得了長壽富貴，而是存在的境隨心轉，是主體自己的主觀境界化解了存在的不幸或不必然可得的幸福，以此為德福一致的落實。但是，牟先生依據康德不斷強調要在存在上落實才是德福一致的落實，因此龍溪四無教的模式並不等於落實了這個模式，這個模式跟孟子的天爵說和陽明的四句教並無不同，還是不能德福一致，還是大德者不能必得其位、其名、其祿、其壽。只是牟必欲高儒於道佛於康德，所以已經在別的問題的取捨上高儒於它了，這些問題及立場的關鍵就是，只談及現象世界，唯論道德意志，主觀的意志證實了本體的存在，說明了現象的存在的價值意義，主體的工夫自我化解存在的衝突，以為達到了圓教，可以說他自以為成功了，但是卻忽視了道佛和基督教的它在世界觀，所以不能是真正的辯論，也不是真正的成功了。也就是說，基督教道教佛教都能解決德福一致的問題，然而一旦否認它在世界，則它們的解決方

式都失效了。不過，它在世界的宗教哲學體系如何討論其是否為真？
這是另一問題，這是實踐哲學涉及它在世界的理論的檢證問題，筆者
另有專文處理[47]，本文討論至此。

註釋：

1 「我之想寫這部書是開始於講天臺圓教時。天臺判教而顯圓教是眞能把圓教之所依以爲圓教的獨特模式表達出來者。圓教之所以爲圓教必有其必然性，那就是說，必有其所依以爲圓教的獨特模式，這個模式是不可以移易的，意即若非如此，便非圓教。天臺宗開宗於智者，精微辨釋於荊溪，盛闡於知禮，皆在大力表示此獨特模式。觀其所說實有至理存焉。這是西方哲學所不能觸及的，而且西方哲學亦根本無此問題——圓教之問題。」（牟宗三，《圓善論》，臺灣學生書局，1985年7月初版，〈序言〉頁1。）

2 「由圓教而想到康德哲學系統中最高善——圓滿的善（圓善）之問題。圓教一觀念啓發了圓善問題之解決。這一解決是依佛家圓教、道家圓教、儒家圓教之義理模式而解決的，這與康德之依基督教傳統而成的解決不同。」（牟宗三，《圓善論》〈序言〉頁1。）

3 「依康德，哲學系統之完成是靠兩層立法而完成。在兩層立法中，實踐理性（理性之實踐的使用）優越於思辨理性（理性之思辨的使用）。實踐理性必指向於圓滿的善。因此，圓滿的善是哲學系統之究極完成之標識。哲學系統之究極完成必函圓善問題之解決；反過來，圓善問題之解決亦涵哲學系統之究極完成。」（牟宗三，《圓善論》〈序言〉頁2。）

4 牟宗三，《圓善論》〈序言〉頁9~10。

5 牟宗三，《圓善論》〈序言〉頁10。

6 牟宗三討論儒釋道三家哲學體系的三大部爲：《心體與性體》、《佛性與般若》、《才性與玄理》。

7 牟宗三，《圓善論》〈序言〉頁13~14。

8 牟宗三，《圓善論》頁56~58。

9 牟宗三，《圓善論》頁132。

10 牟宗三，《圓善論》頁133。

11 牟宗三，《圓善論》頁133~134。

12 牟宗三，《圓善論》頁134。

13 牟宗三，《圓善論》頁136~137。

14 牟宗三，《圓善論》頁137。

15 牟宗三，《圓善論》頁139~140。

16 牟宗三，《圓善論》頁140~141。

17 牟宗三，《圓善論》頁142~143。

18 牟宗三，《圓善論》頁144。

19 牟宗三，《圓善論》頁145。

20 牟宗三，《圓善論》頁154。

21 牟宗三，《圓善論》頁170。

22 牟宗三，《圓善論》頁171。

23 牟宗三，《圓善論》頁172。

24 牟宗三，《圓善論》頁175。

25 牟宗三，《圓善論》頁209。

26 牟宗三，《圓善論》頁211。

27 牟宗三，《圓善論》頁239。

28 牟宗三，《圓善論》頁241。

29 牟宗三，《圓善論》頁243。

30 牟宗三，《圓善論》頁255。

31 牟宗三，《圓善論》頁263。

32 牟宗三，《圓善論》頁265。

33 牟宗三，《圓善論》頁306。

34 牟宗三，《圓善論》頁307。

35 牟宗三，《圓善論》頁308。

36 牟宗三，《圓善論》頁309~310。

37 牟宗三，《圓善論》頁322。

38 牟宗三，《圓善論》頁322~323。

39 牟宗三，《圓善論》頁323~324。

40 牟宗三，《圓善論》頁324~325。

41 牟宗三，《圓善論》頁325。

42 牟宗三，《圓善論》頁326。

43 牟宗三，《圓善論》頁326~327。

44 牟宗三，《圓善論》頁332~333。

45 參見拙作，杜保瑞，〈實踐哲學的檢證邏輯〉《哲學與文化》，490期：頁77~98。該文已收錄於拙著《中國生命哲學眞理觀》人民出版社，2017。

46 參見復旦大學楊澤波教授的相關討論。

47 參見拙作：杜保瑞，2015年3月，〈實踐哲學的檢證邏輯〉，《哲學與文化月刊》，490期：頁77~98。該文已收錄於拙著《中國生命哲學眞理觀》人民出版社，2017。

第二章　對牟宗三《才性與玄理》道家詮釋的方法論反省

一、前言

　　當代新儒家牟宗三先生的儒學系統，一方面藉由詮釋先秦及宋明儒學經典而建立，二方面藉由辯證道佛、高舉儒家而創作新儒學義理，三方面藉由中西哲學比較而發展新儒學的特色。本文之作，即是為檢視牟先生如何詮釋道佛，如何藉道佛詮釋而建構新儒學，而重點則是放在道家詮釋中。

　　在牟先生的道家詮釋中，早期作品《才性與玄理》即是以魏晉新道家為對象所展開的詮釋與創作，除了專論宋明儒學的《心體與性體》，以及專論佛學的《佛性與般若》，之後在其各種著作中都不斷發揮三教辯證與中西比較的討論。這其中，道佛詮釋與新儒學創造的思想歷程是同時而逐步建立起來的，因此，討論牟先生的道家詮釋，當然就同時就是討論牟先生的儒學創作。

　　本文之作，將以《才性與玄理》為文本分析的對象，至於牟先生在《智的直覺與中國哲學》、《現象與物自身》、《中國哲學十九講》、《四因說演講錄》、《圓善論》等著作中討論的道家及儒釋道三教辯證的意見，則待另文處理。主要是因為，筆者將採取歷時性的文獻分析為研究方法，針對牟先生的創作，逐書逐章地討論，這樣才能遍歷其思路之進展，從而更精確地掌握其哲思之意旨，也才能更準確地定位及理解其說之奧義，從而提出批評。

　　牟先生於《才性與玄理》一書中，藉王弼郭象談老子莊子，且幾

乎將四者等同而建構所謂的道家型態，以別異於儒佛。這正是筆者要探究的主題。牟先生這樣的定位是否合理？牟先生的定位在何種意義下增益了儒學且辯證了三教？以下即依照牟先生在王弼注老及郭象注莊的討論重點逐一進行方法論反省。

二、對王弼的孔老定位之發揮

牟先生於《才性與玄理》一書第四章〈王弼玄理之易學〉中，討論王弼所言聖人有無的問題，自此開始展開道家玄理型態之定位，參見其言：

> 故裴徽問弼曰：「夫無者，誠萬物之所資也，然聖人莫肯致言，而老子申之無已者何？」弼曰：「聖人體無，無又不可以訓，故不說也。老子是有者也。故恆言其所不足。」（見前引何劭弼傳）。
> 聖人體無而不說，老子在有而恆言。此亦「知者不言，言者不知」、「善易者不論易」之意也。是以「聖人體無」即言聖人真能達到「無」的境界（即作到無）。無不只是一個「智及」之空觀念，而且真能表現之於生命中，體而實有之（此體是身體力行之體）。老子是處在「有」的境界，不能渾化掉，故不能達到「無」的境界。因不能到，故恆言其所不足。用孔子之語表示，則老子只是「智及」，而不能「仁守」。至於莊子，則更「未始藏其狂言」（郭象注《莊子》序文）。以此衡之，則孔子是聖人，老莊至多是賢人或哲學家。孔子之「體無」，是從造詣之境界上說。[48]

王弼對孔子及老子的定位是孔子才是最高境界的聖人，而老子則只是智者而已。最高境界的聖人是要能體無的人，孔子就是已經做到了，故而為聖人，既為聖人，即已不需再多為倡言高論，然而老子卻

倡言高論於聖人境界之無，所以老子仍在有的階段而已。在王弼的思路中，最高境界的意旨是無，達到最高境界之後亦不爲言說，則又是一無，兩項事件皆以無說。牟宗三先生對王弼評價孔子及老子的說法，等於全盤接受，一方面在王弼的評價中，孔子已是高於老子的人物，故而牟先生必可接受；二方面孔子的聖境是以無爲境、以不倡言爲表現，這就形成了牟先生評論孔老、定位有無的一套核心架構。就第二點而言，在本文中還不甚明顯，但基本意旨已拖出，即是其中「聖人眞能達到『無』的境界（即做到無）」，這就是牟先生以無爲儒家聖人的境界，其後的討論就要轉出，儒家的本體是仁，境界是無，老子能言於境界之無，不能言於本體之仁，故而只在境界中發言，而爲一境界型態之形上學。又言：「至於莊子，則更「未始藏其狂言」（郭象注莊子序文）。」則是說，莊子亦不如孔子，但亦是以孔子爲最高級的聖人，卻轉出正言若反之詭辭以標舉孔子，故而表面上是批評的意見，其實只是以狂言以高視孔子之詞。

　　由此看來，王弼注老之學與郭象注莊子之學，都成爲牟先生高視儒家、比較儒道的資糧，則在牟先生眼中的王弼、郭象，竟是以道家之身分建立儒學之理論的人物了。

　　牟先生既接受王弼之說法而以孔子爲能體無的聖人，接下來便展開他自己的儒道比較的義理發揮，首先，他先明定儒家孔子的型態，參見其言：

> 依孔子之教與儒者立場說，則孔子以「仁」爲體。客觀地言之，仁是天地萬物之本體；主觀地言之，孔子之生命全幅是仁體流行，此仁體名之曰道亦可，故曰仁道，亦是「天道」。述之以「一」亦可。「道」或「一」皆是外延的形式詞語，仁、誠、中，則皆是內容的實際詞語。此爲存在上的或第一序的體（實體、道體）。至於從孔子之踐仁、體仁上說，則「肫肫其仁，淵淵其淵，浩浩其天」，已至「大而化之」之境。儒者於此名之曰「天地氣象」。此如天無言而四

時行，百物生，天地無心而成化，天道「顯諸仁，藏諸用。鼓萬物而不與聖人同憂，盛德大業至矣哉！」天如此，聖人亦如此。[49]

　　牟先生講儒家聖人的生命氣象是與儒家的天道觀合在一起講的，仁這個價值意識的本體既是天道的實體，也是主體實踐時的道體，牟先生說這是就第一序說，也就是說這是就本體宇宙論及本體工夫論說的。本體宇宙論是牟先生後來常用的詞語，本體工夫論則是筆者強調使用的，是要把工夫論的意旨獨立抽出來講，以免總是在形上學詞語中加入工夫論命題。牟先生說的客觀地言之者，即是本體宇宙論，即是講天道流行的部分，說主觀地言之者，即是講本體工夫論的部分，即是講主體的實踐。這個道體形式地說是道體、是實體、是天、是一，內容地說即是就其價值意識說時就是仁、是誠、是中，也可以是仁義禮智及善。以上說天道流行及主體實踐，牟先生說它們是第一序的，牟先生意思是要說，還有第二序的，即是修養實踐以致「大而化之」之境界之時，此時即是「天地氣象」，即是說境界，即是第二序的。而聖人的境界也是依據天道的作用姿態而效習的，即是天道之「天無言而四時行，百物生，天地無心而成化，天道『顯諸仁，藏諸用。鼓萬物而不與聖人同憂，盛德大業至矣哉！』天如此，聖人亦如此」。此處，既然天是無言、無心且藏諸用，故而即得以「無」說天道作用之姿態，因此亦得以「無」說聖人大業的境界。

　　筆者以為，牟先生說客觀、主觀的兩路，經筆者的再界定，其實是很清楚的，也都是可以接受的，也是很好的分析架構以及作為哲學的工具的。但說第一序、第二序時，就有判教的立場了，意即是要說的較重要及較次要的意旨了。依牟先生，第一序說道體及主體，第二序說境界，此序不可倒，此序不可無。筆者認為，此中無次序，也無正說倒說之事，而是本體宇宙工夫境界共成一實踐哲學的基本哲學問題之架構，四者環環相扣，互相推演，沒有誰才是更重要的，因為也沒有誰能脫離得了誰的。而牟先生卻說，道家老學就是只有第二序而

無第一序的型態，故只是境界型態的形上學，這便是筆者不能同意的立場了。至於以無說儒家聖人的境界，則雖言義不清，但仍是無妨，只是竟然說道家就只是無的境界義，而無實體義，這就不能同意了。其說接著上文又言：

> 此如天無言而四時行、百物生，天地無心而成化，天道「顯諸仁，藏諸用，鼓萬物而不與聖人同憂，聖德大業至矣哉！」天如此，聖人亦如此。此無言、無心（即不是有意的）而渾化之天地氣象，以道家詞語說，即謂之「無」。有此「無」境，始能繁興大用（四時行、百物生是繁興大用，聖人創制立教亦是繁興大用）。對此繁興大用之為用言，則此「無」境即為本為體。此「無」之為體是境界上的或第二序的體。故自第二序上說孔子體無，亦未始不可。但道家之言有無，並無第一序第二序之分。兩層混而為一，即以境界上的無之為體，視作存在上的無之為體。此無即道，即一，即自然，此皆是形式詞語，即，只能說體之外延的形式特性，而不能說其內容的實際特性。以此為標準觀孔子，只從境界上知其體無，遂只以此「無」為本為體為道，以為孔子之所體即是老莊之所言。老莊知言知本，而不能體之，孔子大聖，體之而不言。而道卻只是這個道。不復知尚有存在上或第一序的體。而孔子立教與孔門義理之獨特處（即仁與天道性命）全隱而不見，忽而無知。遂只從可見之德業視孔子，而其不可見之道卻是老莊之所言，亦惟賴老莊言之而得明。假若道體在此，則孔子可見之德業只是用，只是迹。是則以孔子之「作」為用（作者之謂聖），以老莊之言為體（述者之謂明）；以孔子之用為「迹」，以老莊之體為「所以迹」。向、郭注《莊》，即盛發此義。內聖之道在老莊，外王之業在孔子。以此會通儒道，則陽尊儒聖，而陰崇老莊。[50]

牟先生說儒家爲以「仁」爲道體，是第一序，以「無」爲境界，是第二序，筆者皆同意。但說道家只以無爲境界，卻不識第一序的道體，因而沒有存在上的道體義，筆者不同意。牟先生此處之意思是，道家老子固然仍說此道，但對此道只能進言其爲道爲一，只是在形式上說，未進至內容上說，內容上說，只有儒家之仁能爲言說，而道家說無，便只說到了意境而已。牟先生之所以會有這樣的立場，就是因爲他的哲學視野完全只以儒家爲典範，現象世界須究其爲實，而且只有仁概念所代表的價值意識才是能究其實的唯一進路。也就是只有「仁道」本體才能爲天地萬物的存在實體，以及聖人實踐的心體性體。而道家講無，無論如何就不能爲天地萬物的實體，及主體實踐的心體與性體。

其實，老子言道，本就是以道爲創生天地萬物的實體，故言其爲母、爲萬物之宗，王弼詮釋之，盛言其無，只是就萬物宗主是無形無名之無而說的[51]。並非有「無此一道體」之存在上的否定的立場，亦非只爲境界上的姿態之立場，這是牟先生差不多以郭象言於無道體的立場，強加於老莊及王弼身上的共同立場。而老子尚言有道，只其不實，因無仁道本體以實之，郭象所詮釋之莊子就根本否定有此道體了，而這個否定的立場，竟是牟先生所持以說老莊王郭的基本立場。

老子之道既爲實有，即負擔天地萬物的存在，即其「道生一、一生二」之說的意旨，至於價值意識進路的道體意志，依老子確實是無，此無指得是無爲，無爲即無私之意旨，故有「玄德」之言，聖人體此道體之玄德，一無私即能「無爲而無不爲」，王弼以「不禁其性、不塞其源」解之並無不可，亦不致於當其以此解之之時即導致並無此一實存之道體，而只剩一作用之姿態，亦即境界，來呈現萬物。又，牟先生說道家之道，不能有客觀面的天道義，而只爲主觀面的作用意境，但主觀面的作用意境皆是依一超越的道體以爲標準的，若無一超越的存在義之道體，則又如何言於行道守道爲道之事業而有成道

得道有道的境界呢？此誠矛盾不可解之事，只顯見其必欲使道家爲一邏輯不通、系統不備的學派理論而已。

　　牟先生認爲，王弼不能正視仁體之爲主客觀的存在第一序的道體，遂以境界之無解孔子之道，於是孔子即既有一能落實境界之無之道體而又有有的作用的聖人，但孔子的作爲的價值意識之意旨即滑失了，亦即王弼、郭象等並不能眞正把握住儒家的價值意識，但確實是在境界問題上能發掘儒家過去所未能發掘的理論深度。對於王弼注《易經》、注《老子》的問題，筆者另有專文討論[52]，此暫不及深入，王弼是否不能深究《論語》及《易經》中的仁德意旨，筆者暫不輕易下結論，但是要強調一點，王弼實際上是以易注易、以老解老，至於說他「以老解易」則是源於哲學基本問題的錯置，及忽視《周易》體例所致，亦即是把王弼解易之象爻關係所說的「以一統眾」之說，說成是王弼依據老學之以道統萬物之說，故而是以玄理入易學，但是，王弼說老子之道之意旨固然正確，但《周易》著作體例中的以象統爻之著作體例也本來就是如此，所以筆者要說這是哲學問題的錯置，以及不解《周易》著作體例所導致的誤解。至於郭象，郭象本就不以儒者自居，其注莊充滿了寄言出意的錯解，反而是牟先生從不在此處檢討，一味以郭象注莊即是莊學本旨，又以郭象思維定位儒學，只在若干小地方拉開儒道分際，牟先生又以郭象莊學詮解定位儒學的說法參見下文：

> 　　自王弼從第二序之境界上的體無觀聖人，向郭注《莊》繼之而不變。盛言內聖外王之合一（內聖是道家所說之本），盛言「迹」與「所以迹」，盛言無爲而治，與自然而化，盛言「外天下者不離人」，「游外以弘內」。「順物而遺名迹，而名迹自立」（德充符注）。「非爲仁而仁迹行，非爲義而義功見」。（〈駢姆注〉）。極辯證詭辭之能事，故亦極玄理之極致。於老莊之絕聖棄智，鄙薄仁義，毀棄禮樂，皆能知其爲正言若反之遮詮，乃「寄言以出意」。亦猶〈逍遙

遊〉所謂「是其塵垢秕糠，將猶陶鑄堯舜者也」。無論堯舜禹湯乃至文武周孔以及其德業皆是外在的糟粕，至道之遺迹。皆可忘也。與物冥者，無所不忘。隨感而應，則痕跡自現。忘堯舜乃能爲堯舜，忘仁義乃能爲仁義。亦猶韓康伯所謂「非忘象者，無以制象，非遺數者，無以極數」。遮末以顯本，由本以起用。本末之爲一，即體用之不離。體用之不離，即儒道之大通。[53]

　　牟先生基本上以王弼、郭象兩人的道家詮釋路線是一脈相承的，甚至也即是與老莊之學一脈相承的，因此可以說牟先生即是以王弼、郭象學說道家的理論型態的。其中，由王弼、郭象所看出的儒家優點的意見則都是牟先生要汲取的資糧，至於王弼、郭象所呈顯的道家的本身則尚有所不足，故仍需有儒道之辯。

　　以上文言，牟先生論述的宗旨在於，王弼以無境說聖人，郭象繼之以迹本說聖人，迹是儒者一般的形象，本者即是郭象注莊中爲莊子所揭示的無爲意境。既要倡言無境，則所見之迹即需以言語否定之，實非否定儒家的實踐，而只是正言若反地否定其實踐之迹，而要更倡言背後的本。於是「無論堯舜禹湯乃至文武周孔以及其德業皆是外在的糟粕，至道之遺迹。皆可忘也。」這本是莊學文字表面所呈顯的意旨，但經過郭象的改造，這樣的貶抑卻是「正言若反」地高舉之意，亦即儒家的聖人是值得肯定的，但是聖人的行止只是他們的表面行迹，他們都還有更高的意境在，這些意境就是莊子文中描寫於神人、眞人的神仙境界的話語，於是，儒家的孔子與莊子的神仙合體，儒者的鞠躬盡瘁只是外顯之迹，神仙逍遙才是最高境界。也因此，郭象便得以修改儒者的一般形象，並且使莊子菲薄儒聖的話語變成寫迹的術語而已，因此不但不再有貶抑之意，且是正言若反地歌頌之詞。這裡值得重視的要點有二，其一，郭象注莊已被學術界十分明確地視爲是不符原意之作[54]，牟先生卻毫不質疑地即以之爲莊子思想，即便在他的後期著作中稍有說及未必是莊子之意[55]，但在此處卻是鑿鑿明言郭

注即是莊子本意。其二，不僅郭象注莊即是莊學本意，甚至郭象注莊中涉及對儒家的看法也被牟先生視爲儒學可以接受的論點，甚至是儒學意旨的發揮，更且是宋明儒學接續討論發展的必經環節，這樣的立場，就顯得十分古怪奇異了。

回到道家詮釋本身，雖然王弼、郭象之儒學定位能有發揚儒門意旨之效，此即其迹本之論者。但王郭所發揮的道家哲學本身卻仍有值得批評之處，重點即在只能言於境界而不能涉及實體，對於迹本之論，牟先生有批評意見如下：

> 若只是此第二序之境界上的體用，有無，則體或無即無客觀之實體性的意義，而用或有則只是自然帶出之「糟粕」，淡然無繫，泛然從眾之「應迹」，其本身並無客觀而積極的意義，而只有主觀而消極的意義，即只是不繫不絕，因應之所顯。雖云「物無妄然，必由其理」（王弼《略例》語），「物有自然，理有至極，循而直往，則冥然自合」，（郭象《莊子·齊物論注》語），然此所謂理皆只是虛說，並非實理。即，只是根於無或自然而來之虛說之理，並非根於存在上的實體而來之實理。此即使有或用只成爲主觀之應迹。其本身並無客觀而積極之價值。是以此迹本之論自然傾合於佛教，權假方便之論，而爲同一系之體用。此體用觀因接上佛教而蔚成大國，其勢直貫魏晉南北朝與隋唐，而爲七八百年之中心觀念。宋儒興起即在撥開此境界上的迹本或權假之體用觀，而直透孔門存在上的實體實理之體用觀。境界上有無或空假（空有）或空假中之玄理被消化於此存在上的實體實理之聖證中而予以存在上的立體直貫之骨幹。此即天道性命貫通之骨幹，亦即仁、誠、中之骨幹。由此而以經實權，體有客觀之實體性的意義，而用亦有客觀而積極的價值，因皆是實體實理之所貫，故皆有其當然而不容已，定然而不可移者在，而非只是主觀之應迹與權假之方便。此即爲主客觀之

統一。此爲儒聖立教孔門義理之盛大莊嚴而爲獨特不共者也。故切不可以王、何、向、郭之迹本體用觀爲眞能會通儒道者。彼等只知聖人能體無，而不知其所以能體無者是在仁體之流行，有一立體直貫之骨幹在，非只一境界之「無」也。若撤去此骨幹，或忽視而不知此骨幹，則一切皆成可有可無者。雖輾轉於有無之間，而馳騁其談，亦適足成其爲「空華外道」而已矣。[56]

　　牟先生對王弼、郭象是以之爲同條直貫的系統，對王郭詮釋的儒家也是予以同意的，但是對王郭所建構的道家卻有批判意見，一刀兩刃，肯定儒家的一面是儒家的境界精義爲其托出，發儒家之所未發，故接收其說以爲儒學的有機部分，但是，儒家尚有其未及陳說的要點在，即立體直貫的仁體創生系統，即得言說於本體宇宙論及本體工夫論的理論系統，即以實體是實有而生發現象，以及道體是仁德而實踐於天下之事。否定道家的一面是就王郭只有這境界精義的一路，而缺乏立體直貫的本體宇宙論及本體工夫論的一路。亦即，工夫無主體的挺立，故而所做只有消極性，只是主觀的應迹，而無客觀積極的價值。並且，這同時也是佛教的型態，故而下開隋唐佛教哲學，共爲結合，蔚爲大國。然後，宋明儒學即是在承接這一套儒家境界精義之學之後，再度撥開這境界一面，而重說儒家仁體創生的直貫立場，復返孔孟。使孔孟與宋儒皆爲一實有道體、實有仁體、實施作用、成無境界的系統，而非無實體、無道體，只有主觀應迹的虛理系統，亦因此揭露王郭道家的「空華外道」面貌。

　　牟先生此說，對於道佛的詮解亦不準確，沒有存在上的立體骨幹這樣的評價，只能適用於郭象注莊，且非莊學原意，亦非老子思想，也不是王弼的立場。而是牟先生以郭象注莊中的「自生、無道體」立場，以詮釋王弼注老及莊學意旨，郭象確有此義，故而錢穆批其無工夫，唐君毅批評其系統平滑無須努力，勞思光批其系統不完備，只有中間一段構想。牟先生若也以此批評郭象的話，那也是正確無誤的，

只可惜，牟先生擴大郭象注莊，以之爲老莊王弼的共同系統，而以道家整體爲對象，進行這樣無道體只虛理的批評。更甚至及於整個隋唐佛教竟也是這種無立體直貫的實體立場，而只是主觀應迹的虛華外道。

牟先生這樣的道佛定位，實際上還是源自於他的儒家定位，牟先生以儒家就天地萬物的存在而言主張其爲實有的立場，故而有一超越的實體以爲存在的保證。而此一超越的實體正是以仁德的意志而爲其體，故而是一道體義的實體，並得作爲主體實踐時的價值主宰，此即其言仁體之有天道流行義及主體德行義之宗旨者。至於當其作用至天地氣象的化境之時，可以無說之。故而存在上是實有，境界上才得說無。而這個存在上是實有的立場，在道家，卻不能正視之。然而，衡諸哲學史的事實是，老子及王弼其實已經明講此道體了，且此道體同時有本體宇宙論的客觀面及本體工夫論的主觀面，亦即同時有說天地萬物的形上學面向與說主體實踐的工夫論面向，但是，因其道體是無爲，故而實踐上也是無爲，故而王弼以無爲價值而說出一套作爲模式，即是「不禁其性、不塞其源」的無作爲工夫，這樣的工夫理論，牟先生竟將之解讀爲缺乏道體義的實體之進路下的工夫，其說筆者不以爲然。其實王弼是有道體者，道體以玄德對待天地萬物，玄德即不有、不恃、不宰，故而聖人之作爲即不禁、不塞，這中間並沒有「無道體」的立場，主張無道體者是郭象鑿鑿明言的立場，牟先生所說若是以郭象爲對象，則說其爲無道體，因此工夫上都是主觀之姿態，從而於理上皆是虛說，如此的批評，則一點不假，筆者完全贊同。但這樣的立場，第一不能用於莊子，第二不能用於王弼、老子，第三不能用於佛教。

三、從王弼注談對道家型態的定位

由於牟先生這樣定位了道家及佛教的型態，因此接下來對道佛兩家的一切評價之語及理論的批判都不能說有堅實的基礎，只能說是借

假修眞，借錯誤的道佛型態以形塑牟先生心目中的理想的儒學形象。但是，這個對道佛的錯誤形象是必須被糾正的，否則，所形塑的儒家型態也不能說有其準確性及完美性。以下這段文字就是以這種錯誤的型態定位道佛之後所發展的批評意見，參見其言：

> 大抵儒聖立教及孔門義理必須合存在之體用與境界之體用兩者而觀之，始能盡其蘊而得其實。境界之體用是儒釋道之所同，存在之體用是儒聖之所獨，以存在之體用貫境界之體用，則境界之體用亦隨之而不同，即不可以權假論，亦不可以應迹論。
>
> 大抵境界的體用以「寂照」爲主，屬於認識的，爲水平線型，無論老莊的應迹或佛教的權假，皆歸此型。存在的體用則以「實現」爲主，屬於道德之體性學的，爲垂直線型，此是儒教之立體的直貫，以仁體流行，乾元生化爲宗。孔門義理兼備此垂直與水平之兩線而爲一立體之整型。……宋明儒者内部之一切禁忌皆來自水平型之境界的體用。……吾今解除此禁忌，儘可暢其流而遂其辭。同者本是同，而不礙其垂直線之異。……吾承認境界方面之玄理多因佛老之刺激而豁醒。王弼之注易是第一步之豁醒，佛教之輸入而至禪宗，是第二步之豁醒。吾亦承認佛老在境界方面之玄理是其勝場，亦是主義。然此方面本是同者，不因其刺激而豁醒，遂即以爲皆來自佛老，而非儒聖之固有。又孔門義理實以垂直線爲勝場爲主義，境界方面之玄理只雖因佛老之刺激而豁醒，然實並不以此爲主義。握此垂直線，則水平線之境界方面一語亦可了，千言萬語亦無傷。而且無論如何玄談，總非應迹論，亦非權假論。此方面之所以玄，其本質之意義實只在一「辯證之詭辭」，而此爲聖證過程之所共者。[57]

牟先生這一段文字說到了存在之體用與境界之體用兩型的哲學理論，其實，講體用而分爲存在及境界是有所不當的。作爲一個學派的系統，存在之體用與境界之體用應合爲一套，存在之體用主要就本體宇宙論說，其實就是在建立本體論及宇宙論；境界之體用主要就本體工夫論說，其實就是在講工夫論及境界論。然而，道佛皆有宇宙論及本體論，故而必有其存在上的體用，並非無存在上之體用而只有境界上之體用，牟先生等於只承認其有工夫論與境界論，不承認其有宇宙論與本體論，或是說其宇宙論與本體論實際上不眞正負責說明世界的存在，而只有儒家說明了，道佛家就算是說明了也沒有在系統中予以保證，有的只是維護其存在，故而仍是缺乏存在上的體用論。然而，這是牟先生一廂情願的錯解，沒有哪一位道佛中人會承認的，此解也非一般學術界中做道佛研究的學者會同意的，則同意其說者便只剩下接受牟先生判教思想的儒學學者了。

　　牟先生說「境界之體用是儒釋道之所同，存在之體用是儒聖之所獨，以存在之體用貫境界之體用，則境界之體用亦隨之而不同，即不可以權假論，亦不可以應迹論。」前兩句話筆者就不同意，這是牟先生以儒家型態爲存在的體用的唯一型態下所說的話，老子言「道生一」，莊子亦言「夫道有情有信」，佛教更言佛性論與如來藏，可以說道佛對世界都負有使其存在的理論，只其世界不只現象世界，但非謂其對其世界觀中之整體存在界不負一存在上的責任，而是道佛另有它在世界的宇宙論，而牟先生全不正視之，遂只以對現象世界的實有與否的態度來定位道佛理論的是否實有而已。既然如此，則道佛雖有在現實世界的主體實踐的體用哲學，卻沒有對現實世界負一存在之責的體用哲學，故說其沒有存在之體用之學，此說筆者不能同意。

　　第三第四句話筆者倒是完全同意，並且認爲只要是有境界體用的系統就一定是依據著存在之體用的系統而來的，因此道佛的境界體用必依據道佛的存在體用而說，因爲牟先生否定道佛有存在體用，而只同意其有境界體用，故而批判其說只成爲應迹與權假，雖然，在有存

在體用的儒家系統中，其境界體用亦得說爲應迹與權假，但應迹與權假卻不礙其爲有實體創生的存在體用系統，故其境界之體用即爲一「辯證的詭辭」。筆者以爲，說「辯證的詭辭」是牟先生對境界論命題的一個表述辭，其實境界論命題並不「詭」，只是從工夫上來直至不假工夫而爲直接展現而已。但這個詭辭之運用，後來亦演繹爲牟先生的重要理論術語，即稱爲「詭譎的相即」者，「詭譎的相即」還是工夫至境界的專有術語。

本文中，牟先生講境界的體用是水平型的，存在的體用是垂直的，因筆者不同意有單純只講境界體用而不預設存在體用的學派系統，因此筆者認爲牟先生這樣的區分只是在成見的作用下的強辭，並無理論上有效解析的功能。至於講佛老以境界水平爲勝場，孔門以存在直貫型爲勝場，但孔門也有境界型，故而宋儒對於自家講境界水平之學的禁忌可免，這些說法，也是過於儒家中心的講法。佛老不只境界型，也是存在型，否則境界型無法成立。孔門之境界型亦始終都有，「七十而從心所欲不踰矩」以及「吾與點也」即是《論語》中的境界型，程顥〈識仁篇〉中的「不需防檢、不須窮索」，也是境界型；陽明、龍溪「四無教」亦是境界型。至於宋儒對境界的禁忌，恐是對佛老價值命題及本體工夫的反對而有的態度，並非是因談到境界語，就難分彼此，而有的禁忌。

牟先生講道家老莊王郭爲境界型，卻碰到《老子》語句中明顯有的主宰性、常存性、先在性的命題類型，如何處理？參見其言：

> 此沖虛玄德之爲萬物之宗主，亦非客觀地置定一存有型之實體名曰沖虛玄德，以爲宗主。若如此解，則又實物化而爲不虛不玄矣。是又名以定之者。此沖虛玄德之爲宗主實非「存有型」，而乃「境界型」者。蓋必本於主觀修證，（致虛守靜之修證），所證之沖虛之境界，即由此沖虛境界，而起沖虛之觀照。此爲主觀修證所證之沖虛之無外之客觀地或絕對

地廣被。此沖虛玄德之「內容的意義」完全由主觀修證而證實。非是客觀地對於一實體之理論的觀想。故其無外之客觀的廣被，絕對的廣被，乃即以此所親切證實之沖虛而虛靈一切，明通一切，即如此說為萬物之宗主。此為境界形態之宗主，境界形態之體，非存有形態之宗主，存有形態之體也。以自己主體之虛明而虛明一切。一虛明，一切虛明。而主體虛明之圓證中，實亦無主亦無客，而為一玄冥之絕對。然卻必以主體親證為主座而至朗然玄冥之絕對。故「沖虛之無」之在親證上為體，亦即在萬物上為宗也。我窒塞，則一切皆窒塞，而「生而不有」之玄德之為宗主亦泯滅而不見矣。故其為體為宗，非由客觀地對於宇宙施一分解而置定者也。[58]

此境界形態之先在性乃消化一切存有形態之先在性，只是一片沖虛無迹之妙用。此固是形上之實體，然是境界形態之形上的實體。此固是形上的先在，然是境界形態之形上的先在。此是中國重主體之形上心靈之最特殊處也。[59]

老子明講道是萬物之宗，王弼就此講萬物宗主，而此宗主則是無形無名的，其作用則是無為的。牟先生對此宗主的解讀，轉入它是經由主體的實踐親證才確知其有的，才被證實的，親證其有其實故而說為萬物之宗。因此其作為萬物之宗並非真是在存在上的角色，而是在主體的作用對待態度中成為主體的境界而稱為萬物之宗主的，亦即它無存在上的體用關係，亦即它根本一開始就不是本體宇宙論的。而只是本體工夫論的境界展現而已。經由工夫實做實證而證實有此一境、有此一體而已。

牟先生上述的說法，筆者不同意。重點是，這究竟是在談形上學還是在談知識論的問題，這兩個問題被牟先生搞混在一起了。就形上學而言，道家有沒有一個立體直貫創生的實體之說是一回事，這就是形上學上的立場及型態的問題，這是無關乎證實與否的問題的。就此

而言，老子及王弼皆是明確地有的，當然儒家更是也有的，但是，郭象是明確地沒有的，且是根本主張無有此一立體直貫的存在上的實體，所以牟先生第一步就是混淆老莊王弼以及郭象的有無系統。就知識論而言，才需談證實的問題，則儒道孔老的形上學意旨都是經由實踐才可以證實其爲眞的，就此而言，道家有境界體用，儒家亦然，儒道都有境界體用，這本是牟先生的立場，但是證實的問題是一知識論的課題，而實踐哲學型態的證實問題是要交由實踐的活動才能完成的，則儒道的形上學意旨都是要經由實踐才能證成，非獨道家而已，因此亦非獨道家的形上學是境界型態的形上學，若要問知識論的問題，則從知識論問題意識探究儒道兩家的形上學時，則兩家皆是實踐以證成的型態，故而亦皆是境界型態的形上學。至於就其形上學言，則兩家皆是實有型態的，因爲兩家皆是有存在直貫的系統，但道家的郭象則不是存在直貫的系統，若牟先生以郭象代表整個道家，則道家確乎不是存在型。若以老莊王弼說道家，則道家形上學亦是直貫存在的系統。因此不能簡單地以道家有實踐以證成的境界體用型態，就說道家是境界型，儒家才是合境界、存在兩型的。

　　總之，是牟先生特爲凸顯儒家與道家之不同，故而設辭詭譎，從而造成詮解上的許多困難，下文亦是，《老子・二十五章》言有物混成，經王弼注後，牟先生解爲：

> 此言道之「遍在性」。由「周行而不殆」以言其無所不在也。亦即以周流言遍在。實則道亦無所謂「行」，亦無所謂「流」。只是遍與萬物而生全之。物有流有行，道無流無行也。遍與萬物而生全之，即遍與萬物而爲其體也。爲其體，爲其本，即爲其母也。但此道之遍在而爲體爲母，亦不是「存有形態」之爲體爲母，只是境界形態沖虛之所照。「不塞其源，不禁其性」，暢開萬物「自生，自治，自理，自相瞻足」之門，即如此而爲體爲母也。此遍在之體是「虛」義，非「實」義。儼若有客觀實體之姿態，（有客觀性，實

體性之姿態），實則只是一姿態，故非「存有形態」也。[60]

　　牟先生此段話語甚不可解也，本文說道不行亦不流，這是牟先生對於老子鑿鑿明言的道的獨立周行義的詮釋。語意上是將學習道的聖人的作為的方式套在道的作為方式上，其實是聖人習道而有不塞不禁的作為，但牟先生把這種作為即說成是道對待天地萬物的作為，這也無誤。因為兩者的作為必須是一致的。但問題是，當牟先生把天道的作為拉下來成為聖人的作為了以後，便把天道本身的存在性踢掉了，即是說其不流亦不行，只遍在而為萬物之母，但所謂之遍在卻是虛體的，只是有一姿態，而無有一存在，故而非存有型態而只為境界型態。此話不可解。無有存在又如何作為姿態呢？說「聖人無為」亦需有聖人才得以無為，說「聖人不禁不塞」亦需有聖人才得以不禁不塞。因此，說「天道之不禁不塞」亦需有天道才得以不禁不塞，說天道只以一姿態不禁不塞而又遍在卻非存有型態，此語如何說得通呢？此解甚至不是老子文本的表面意旨，就表面意旨而言，牟先生自己都不能不承認其有「客觀實體之姿態」，但卻否認其為客觀實體而只為姿態，否認實體故非存有型態，但是，既不存有，則又如何做出姿態呢？此誠不可解之詮釋。這只能說是牟先生必欲逼道家玄智入一絕境之詮釋。

　　老子言人法地法天法道法自然，若無有此一道的存在，則人究竟在法什麼東西呢？牟先生對這一段的詮釋意見如下：

　　　　案：此解「道法自然」，言道之「自然」義也。「道法自
　　　　然」，以自然為性，然道並不是一實有其物之獨立概念，即
　　　　並不是一「存有形態」之實物而以自然為其屬性。道是一沖
　　　　虛之玄德，一虛無明通之妙用。吾人須通過沖虛妙用之觀
　　　　念了解之，不可以存有形態之「實物」（entity）觀念了解
　　　　之。此吾人所首先應注意之大界限。其次，若移向客觀方面
　　　　而說道為萬物之宗主，萬物由之以生以成，其為宗主，其為

由之以生以成之本，亦須通過沖虛之心境而觀照其爲如此者。以沖虛之止起觀，「不塞其源，不禁其性」，而暢通萬物自生、自長、自相治理之源，此即其爲主爲本之意。故亦不是存有形態之實物而爲主爲本者。道不是一獨立之實物，而是一沖虛之玄德，故其本身實只是一大自然，大自在。然猶懼人將此自然，自在，單提而孤懸之也，故言其「法自然」，以自然爲性，即就於萬物之不執而顯示之。[61]

　　本段言道不是一「實有其物之獨立概念」，如果牟先生說的是「道不是一經驗上的存在物」，則儒家的太極亦不是一經驗上的存在物，且朱陸共許，王弼實亦是此意，如此則筆者無疑問。牟先生又說：道不是一「『存有形態』之實物而以自然爲其屬性」，又「不可以存有形態之『實物』（entity）觀念了解之」，以上諸義若理解爲牟先生是在說道不是一在經驗現實世界中的存在物，則無問題。但牟先生說其不是存有型態，這就有問題了，不是存有型態又不是經驗中物則幾乎就不是一存在了。牟先生又言：「道不是一獨立之實物，而是一沖虛之玄德，故其本身實只是一大自然，大自在。」這就明白表示了他的意思確實是說道不是一存在，而是對一種狀態的稱述而已，甚至不是無形的原理義的道體存在，而只是一玄德、自在之姿態。但，一玄德、自在之姿態是何人何物的玄德的姿態呢？若無有一人、無有一物，則何來其德其姿呢？牟先生說：「其次，若移向客觀方面而說道爲萬物之宗主，萬物由之以生以成，其爲宗主，其爲由之以生以成之本，亦須通過沖虛之心境而觀照其爲如此者。」顯然牟先生唯一同意的還是心境之觀照義，至於客觀的萬物宗主之義，他早已否定了。故最後就是「即就於萬物之不執而顯示之」。也就是有萬物而無道體，說道體就是說萬物之自然、自生、自在、不執之本身而已，這種有萬物而無萬物宗主，有姿態而無實體的思路，就只有郭象解莊之著作當得此義，牟先生還是不脫其以郭象莊學解老莊王弼之道家的路數。

老子五十一章講「道生、德畜、物形、勢成」，三十四章講「大道汎兮」，三十九章講「天、地、神、谷及萬物之得一」，這些語句都充滿了宇宙論的色彩，則道以任何意義之實體來說皆可，唯一就是不能說老子無有此一實體義之道體的主張。但牟先生卻執意要依郭象義解老，因此極盡曲折詭辭之表現，參見其言：

> 「道生之」者，只是開其源，暢其流，讓物自生也。此是消極意義的生，故亦曰「無生之生」也。然則道之生萬物，既非柏拉圖之「造物主」之製造，亦非耶教之上帝之創造，且亦非儒家仁體之生化。總之，它不是一能生能造之實體。它只是不塞不禁，暢開萬物「自生自濟」之源之沖虛玄德。而沖虛玄德只是一種境界。故道之實現性只是境界形態之實現性，其為實現原理亦只是境界形態之實現原理。非實有形態之實體之為「實現原理」也。故表示「道生之」的那些宇宙論的語句，實非積極的宇宙論之語句，而乃是消極的，只表示一種靜觀之貌似的宇宙論語句。此種宇宙論之語句，吾名之曰「不著之宇宙論」。「不著」者，不是客觀地施以積極之分解與構造之謂也。而道之為體為本，亦不是施以分解而客觀地肯定之之存有形態之實體也。故其生成萬物，亦不是能生能成之實體之生成也。故生者，成者，化者，皆歸於物之自生自成，自定自化，要者在暢其源也。此種「不著之宇宙論」，亦可曰「觀照之宇宙論」。然則，物無體乎？曰：無客觀的存有形態之體，而卻有主觀的境界形態之體。沖虛玄德即體也。若因自生自成，自定自化，著於物而遮撥一切超越者，而成為唯物論或自然主義，則悖矣。[62]

這段文字中，所有老子的有宇宙發生論功能的語句，對牟先生的詮釋系統而言，都變成貌似宇宙論的語句，亦即無有宇宙創生的功能了。故而一不是柏拉圖之造物主，二不是耶教之上帝，三不是儒家之

天道。「總之，它不是一能生能造之實體。」，而是一玄德，亦即是一境界。筆者的質疑是，世間豈有「有玄德有境界卻無主體無實體」的存有物？則其如何成其玄德與境界呢？對於筆者的質疑，可以說牟先生已經回答了，他說：「然則，物無體乎？曰：無客觀的存有形態之體，而卻有主觀的境界形態之體。沖虛玄德即體也。」以沖虛玄德為體之意旨仍不明，但說「有主觀的境界形態之體」之義就是說有主體的境界，既有境界，何能無主體？無主體又如何有境界？則此主體以人言即聖人，即聖人效習天道而有此境界，但聖人所效習之天道只是一天道之玄德，天道之玄德有一胸懷以為體，此說不差。但若是天道自身不實存的話，則如何來的玄德的胸懷呢？而道家的宇宙論若不真正創生萬物，那麼道家世界的萬物又從何而來呢？這是牟先生必欲逼道家一個不能創生的形上學型態的詮釋策略，從而使其為一系統不完備的理論。這個策略的思路即是：道家有宇宙論，但是是貌似的宇宙論，道家有實體觀，但是是類似客觀的實體，關鍵即在，道家的宇宙論及實體的功能都是不禁不塞的不生之生的作用而已，牟先生以此反推，道家的宇宙的生發及道體的實存都沒有真正地作用，現象世界的萬物及宇宙整體就是在那裏，道家的哲學理論中只說出了如何對待萬物的一種不作為的態度，理論中並沒有說到這個道體如何創生萬物及宇宙的積極作為為何，故而道家的理論中不存在一個能創生宇宙萬物的積極立體的存在上的道體。

筆者以為，牟先生是先有成見再進行的推理。老子論道的明顯宇宙創生意旨，在牟先生的解讀中都被弱化、轉化，這其實也是兩種不同的道論的混淆的結果，其一為論究存在始源的道論，其二為論究價值原理的道論，當然還有論究道自身的存有特徵的道論。第一為宇宙論進路之道論，第二為本體論進路之道論，第三為存有論進路之道論。本體論進路專論於價值意識，從而轉出本體工夫論，存有論進路專論於道體的抽象特質，宇宙論進路直接觸及經驗義的存在始源及發生發展的問題。牟先生講的不禁不塞不生者都是價值意識的道體轉出的本體工夫命題，故而接上境界論思路。至於宇宙始源義的道體，

《老子》書中確實已明講，只是未深入細節，故現象萬物之存在問題，在老子的道論中實已建立，因此既有宇宙發生的意旨，又有萬物實體的角色。牟先生以本體工夫論的工夫境界語說之，以其對萬物作用的不禁不生就認定其自身為不存在且不創生，這是把無為價值意識本體的本體工夫論，當成了宇宙論及存有論的問題，且是在論說道體不存在、不創生的意旨，這也是哲學基本問題的錯置的結果，牟先生是混淆了不同問題而做出的不正確的詮釋。說道體不存在、不創生，這決是郭象的思路，郭象即是於宇宙論及存有論的道體義上不承認其體，於是所提出的作用宗旨便只有一虛理的姿態了，一切不實。

牟先生以只有境界義說道家的道體義，且以此一境界義說為儒家亦是有的，但儒家卻不只是有境界義，而是還有道體義，以此別異儒道。參見其言：

> 如孔子之仁，並不只是「功」，而亦是實體。仁之在經驗中曲曲折折之表現是功，但其不安，不忍，悱惻之感之心是體。踐仁之最高境界是聖。踐仁以至聖，固亦可無適無莫，無為無執，無意必固我，此亦是沖虛之德。老子所說之無、一、自然、玄、遠、深、微、諸形式特性，固亦皆可有之，然皆成為仁體之屬性，或踐仁至聖之境界之屬性。固不只是沖虛之無為本，而是以仁體為本也。此是自實體上肯定仁智，固不只是作用之保存也。此是儒道之本質的差異。老子只是作用之保存，故多詭辭以通無，而即視無以為體。此即玄理玄智也。此是道家之勝場，而由此接佛教之般若，乃益見恢廓而壯大。王弼之注《老》，向、郭之注《莊》，固皆能盛發「詭辭通無」之玄理。而此後佛教方面之談般若者，固亦無不受其影響也。[63]

牟先生《老子》的境界命題語句都可以是儒家的仁體的屬性，「或踐仁至聖之境界之屬性」，也就是說，「仁」是儒家的最高價值

本體，而「無為」則是其境界語。牟先生這樣的詮釋架構，筆者自己也是這樣主張的[64]。但對牟先生對道家的定位，就不同意了。這是因為，牟先生心中永遠只以儒家為典範，因此道家之貢獻也就只在境界的無為意境上演繹，至於實體的創生存在功能，便認為道家沒有這方面的命題，認為道家的無為作用意境，不只是境界論命題，亦是指道體是無，即以無為道體，即甚至轉入無一實體義的道體之存有論命題[65]。而這就是儒道之別的要點。筆者實不同意之。價值意識的本體在道家老子以無為定之，但是存有論的道體在老子就確實是實有的，且根本就是老子在中國哲學史上最先第一位定出此義的道體，至於存在始源義的道體意旨也是發生在老子哲學裡，但是，牟先生只看見價值本體意涵的道體，即一無為自然之道，以之為境界，不成其為實體，故稱之為一「詭辭通無之玄理」。「詭辭」是牟先生自此以後常用的重要哲學術語，其實就是講境界上的無為作用。但因為牟先生自己的思路十分詭祕，故而把無為之境界作用說為詭辭。甚至，牟先生也以此種思路來定位佛教哲理的型態，顯見，牟先生的佛學詮釋，也是會有先天的不良的。

四、從郭象注《莊》談對老莊的比較

牟先生在詮釋郭象注《莊》時，一開始，便指出老莊三項差異點，其中第一點較無哲學討論價值，但第二第三點都很值得討論，參見其言：

> 《老子》與《莊子》，在義理骨幹上，是屬於同一系統。此是客觀地言之。若主觀地言之，則有不同之風貌。此不同可由以下三端而論：
> 一、義理繫屬於人而言之，則兩者之風格有異：老子比較沉潛而堅實（more potential and more substantial），莊子則比較顯豁而透脫（more actual）。[66]

二、表達之方法有異：老子採取分解的講法，莊子採取描述的講法。分解地講之，則系統整然，綱舉目張。種種義理，種種概念，皆連貫而生，各有分際。故吾曾就全經，分三大端明之。一、對於道之本體論的體悟。二、對於道之宇宙論的體悟。三、對於道之修養工夫上的體悟。[67]

三、義理之形態（不是內容）有異：《老子》之道有客觀性、實體性、及實現性，至少亦有此姿態。……故《老子》之道爲「實有形態」，或至少具備「實有形態」之姿態，而《莊子》則純爲「境界形態」。[68]

客觀性、實體性是本體論的。實現性是宇宙論的。如是，《道德經》之形上系統，因有此三性故，似可爲一積極而建構之形上學，即經由分解而成之積極而建構之形上學。但此積極形上學似乎並保不住，似乎只是一姿態。客觀性、實體性、實現性、似乎只是一姿態。似乎皆可化掉者。而莊子正是向化掉此姿態而前進，將「實有形態」之形上學轉化而爲「境界形態」之形上學。[69]

　　就第二點而言，宇宙論、本體論與修養工夫都是哲學基本問題，其中有宇宙論與本體論則確實是老子形上學的基本問題，同時，老子也在宇宙論中表述了素樸的宇宙發生論思維，及在本體論中表述了明確的道體實在的思維，但這些思維，都在牟先生的詮釋中給化解掉了。這就是在第三點中，牟先生以老莊義理之型態容或有異，但內容需是相同，故而將莊學的內容態拿來定位老學，因而在形態上，老學型態的發展就進入了莊學的型態，而所謂的莊學則是郭象莊學，且是一有境界無工夫無實體無道體的虛理系統。牟先生對郭象的理解不誤，問題是郭象學非莊學，郭象注莊中所說的孔子也不是孔子形象的

正確詮釋，但牟先生卻以郭象建構莊子，又以郭象莊學化解老子哲學中的實體、道體及宇宙發生學說，鑿鑿明言地將道家老學僅有的實體、道體姿態連形象上也化掉，成為主張無有此一實體的郭象哲學系統。

牟先生所謂「莊子則對此三性一起消化而泯之，純成為主觀之境界。」其實只是郭象注莊的理論，莊子如何只是一主觀之境界？在牟先生討論老子及王弼時還曲折扭曲的說無道無，但在討論莊子時便毫不顧忌地直指莊老之學都是無道體、只境界的型態。老子還有實有型態的姿態，莊子卻全成了境界型態。又說道德經：「客觀性、實體性、實現性、似乎只是一姿態。似乎皆可化掉者。而莊子正是向化掉此姿態而前進，將『實有形態』之形上學轉化而為『境界形態』之形上學。」莊子何曾向化掉實體的姿態前進？莊子化掉的是仁義禮知的矜持，及對禮樂天下的嚮往，它有造物者、有道體，只造物者及道體以自然無待對待天下而已，聖人效此，亦以逍遙自適對待天下萬物而有其成真人、至人、神人之境界，莊子確實有境界，但絕非無道體，更沒有化消老子的有道體的姿態，而只剩境界。牟先生說老子的實有型態只是姿態，這是前文於老學王弼注的討論時的做法，此處，卻直接說老學也根本就是境界型態了。說是境界型態就是無主體、無實體、無道體，唯有一種心情的態度而已，美其名曰境界。說境界其實都還構不上，境界必有主體以道體的理想為標的，而追求之，上合之，最終與天道合一之。那麼，既已無天道實體，則何來的「境界」？是的，牟先生後來也批評這種無實體的境界畢竟建立不起來，也就是說，被郭象解讀了的莊子，最終也建立不起境界。但被郭象肯定的孔子，仍是牟先生要吸入儒家的理論成分，這樣的作法等於是藉郭象處決了道家老莊之後，卻同時變成藉郭象高舉了儒家孔子。

五、郭象注中以迹本論高舉儒家

牟先生藉郭象廢除老莊道體，又藉郭象高舉孔子聖人形象，他的

討論就從「迹本論」開始，「迹本論」是郭象在詮釋莊子言於神仙的文本中講出來的，牟先生盛讚其義，全盤接收，且珍用於孔子詮釋中。參見其言：

> 離迹言冥，是「出世」也。離冥言迹，是入世也。冥在迹中，迹在冥中，是「世出世」也。「世出世」者，即世即出世，即出世即世，亦非世非出世也。是謂雙遣二邊不離二邊之圓極中道也。此唯寄堯以明之。故儒聖之贊堯曰：「唯天為大，唯堯則之。蕩蕩乎！民無能名焉。」此即其渾化之境，而不可以名言表之也。是故「夫堯實冥矣。其迹則堯也。自迹觀冥，內外異域。」又曰：「堯舜者，世事之名耳。為名者，非名也。」自名觀非名，亦內外異域也。[70]

這一段說法在現實上的型態為何其實很難掌握，說法意思的重點在於現實上辛苦一生的歷史上的堯的形象，只是堯的迹，而堯之冥、之本則是神仙的心境樣態，亦即聖人的內心狀態其實是不苦的，以此高舉儒家聖人的境界，而譽其為出出世。其實儒家何須出出世，儒家就是入世承擔一事而已，若無扭曲偽飾，若不逃避辛勞，何須出世以為姿態，而又再度出出世以守住道德形象？牟先生在使用這些詞語的時候真是忽視了郭象不準卑隸奮進，且維護高官者地位的許多說法。總之，郭象過度扭曲的描寫系統牟先生則用「詭辭」一詞予以合理化，參見其言：

> 此為由智心，以詭辭為用，所必至之模型。在道家，即為玄智之模型，在佛教，即為般若之模型。在道家，莊子發之，所謂一大詭辭，一大無待，而向郭探微索隱，則發為迹冥圓融之論。千哲同契，非謂誰取自誰也。若必謂佛家所獨有，莊子、向、郭，何能至此，則偏執之謬也。實則，若自中國之佛教言之，其發此「詭辭為用」之般若模型，反在老、

莊、向、郭之後也。而老、莊、向、郭早已具備此玄智之模型矣。夫以「詭辭爲用」所達之圓境，乃各聖心之共法也。圓教不惟自「詭辭爲用」顯，且可自「體性之綱維」顯。此在佛教，則從「佛性」一系入。在儒家，則從「心即理」入。而道家，則演至莊子之純境界形態，即全由「詭辭爲用」顯。故老莊者，實「詭辭爲用」之大宗也。[71]

郭象之說爲出出世，郭象言堯之行爲迹而其心實冥，這些說法都十分曲折詭譎，牟先生乾脆直接說其爲詭辭，詭辭竟成爲一種理論型態而爲道佛所擅之勝場，筆者以爲，這是牟先生只以儒學爲義理之唯一型態，而將道佛之系統拆解化約之後，取其有用者留之，無用者棄之，則所剩之有用者即十分曲折而不得不以詭辭陳之。其實道佛一點也不詭辭，而是牟先生以儒學爲義理之唯一型態理解之，定位之，又要合理化之，又不肯實質肯定之之後，所見到的詭譎的道佛，故以詭辭說之。這一詭辭之典範，實即郭象一人而已。哲學史上也只有郭象這一位哲學家非儒非道，卻論儒品道，扭曲兩邊，自創一格，本不足道哉，宜棄其於哲學史之外，無奈當代中國哲學家中，前有馮友蘭，後有牟宗三，皆十分肯定之。馮友蘭以道家新學說定位郭象[72]，倒不肯定郭象之注《莊》[73]，牟先生卻不只肯定郭象之注《莊》，更接收郭象對儒家的形象建構，但畢竟牟先生不是新道家，所以對道家之精要，只能十分扭曲地接受，故說其玄智爲詭辭。且甚至以佛家般若學亦是此種詭辭之類型，甚至還展開誰才是詭辭之鼻祖的無謂的爭辯，當然也十分客觀地化解了鼻祖之爭端。另有重要的界定者，即是以佛家與道家之詭辭竟有三教共用的地位，爲三教聖心的共法，且爲圓境之術語。義即，詭辭是在說境界之語，三教皆有境界之語，且皆是詭辭型態之境界語。唯三教間尚有一差異在，即道家與儒佛之不同點，在於道家只有此一詭譎的境界語之圓境的申說，而儒佛兩家則另有體性綱維，最簡單了解之，牟先生的意思就是儒佛兩家尚有道體且有境界，道家就無此道體只有境界。「故老莊者，實『詭辭爲用』之大宗

也。」，在此之後，牟先生便以郭象注莊之詭辭以說孔子，且藉郭象之手以高舉孔子也。其言：

天刑安可解哉？郭注即以此境說聖人。《莊子》假託兀者與老聃之問答，寄此境於仲尼。表面觀之，爲貶視，而實則天地氣象之孔子實眞能持載一切也。孔子自居爲「戮民」，以一身受天刑，持載天下之桎梏而應物，豈眞無本而徒逐物者乎？若眞以莊生之言爲譏貶孔子者，則誠愚陋之心也哉！夫莊生能言天邢、戮民，則其狂言誠非情尚於冥之邊見小成也。彼於〈人間世〉，假託顏回與孔子以明至理，其崇敬孔子可知。〈德充符〉，假託兀者與老聃之問答，以烘托「惟聖人爲能受狂言」。復於〈大宗師〉，假託子貢與孔子之問答，以明孔子爲「天之戮民」。則其心境之通透與蒼涼居可知矣。其視孔子爲「大智若愚」，「大方無隅」，亦居可知矣。亦猶〈逍遙遊〉言「堯讓天下於許由」，非眞崇尚許由者也。凡此寄言出意之秘密藏，竟爲向郭所掘發，則所謂「發明奇趣，振起玄風」者，誠有以夫。故王弼曰：「聖人體無者也。」而郭象此注即曰：「今仲尼非不冥也。」前注〈逍遙遊〉亦云：「夫堯實冥矣，其迹則堯也。」此皆明以大成圓教寄之於堯與孔子。然則孔子稱堯舜，與儒門稱孔子，固有其正面之稱道，而莊生之稱道則出之以「正言若反」也。而其所以「正言若反」者，則因其智甚通透，而又不能直承仁體以言應物也。（又不能如佛教之言大悲以潤生）。此其所以有桎梏、天刑、戮民等詭辭所示之蒼涼悲感之境也。（蒼涼悲感是智者型之無可奈何。通透圓境矣，卻是消極意義之通透。而居宗體極者之承悲心仁體以言圓，則卻是積極的。故《莊子》書中有天刑、戮民等字樣，而儒門中無此字樣也。佛門中亦無此字樣也。此哲人型之老莊之所以異於聖人型之釋迦與孔子也）。[74]

案：莊子假孔子之言以明「方外」之旨，並述孔子自稱爲「天之戮民」，爲「遊方之內者」。則孔子之內外通透，而無沾滯，甚明。「外內不相及，而丘使汝往弔之，丘則陋矣」。坦然自稱爲陋，則「唯聖人爲能受狂言」，亦甚明。能自認陋，則即不陋。能自認爲「遊方之內」，則即能體無而通於方之外。然則在孔子，外內豈眞不相及哉？故郭注云：「仲尼非不冥也。」又云：「未有極遊外之致，而不冥於內者也。未有能冥於內，而不遊於外者也。故聖人常遊外以宏內，無心以順有。」冥者玄合也。外內相與爲一冥，豈有限隔哉？限隔者，皆偏執之情也。此眞爲對立而不相及矣。然則對立而以爲不相及者，在許由，在方外之數子（子桑戶、孟子反、子琴張等），而不在堯與孔子也。莊子假許由與方外之數子以顯本，而本之無固已體之於堯與孔子，故即假託堯與孔子以明大成之圓境。此義也，爲向、郭所掘發而盛闡之。[75]

「故學者，非爲幻怪也，幻怪之生必由於學。禮者非爲華藻也，而華藻之興必由於禮。」此至人之所無可奈何，乃必然有之桎梏。此孔子之所以自居爲「天之戮民」，而兀者叔山無趾之所以謂爲「天刑」也。「遺物而後能入群，坐忘而後能應物。愈遺之愈得之。苟居斯極，則雖欲釋之，而理固自來。斯乃天人之所不赦者也」。故曰天刑，又曰天之戮民。實則不是「遺物而後能入群」，當推進一步說，眞正而具體之遺物必入群，眞正而具體之坐忘必應物。必入群，必應物，是眞「雖欲釋之，而理固自來」，斯眞乃天人之所不赦者也。儒者謂爲承體起用，開物成務，乃充實飽滿之教，而莊生則謂爲「天刑」。是則一切聖人皆是「天之戮民」，皆直接承當此天刑而不捨者也。此亦即大乘佛教所以必發展至

「如來藏緣起」之密義也。[76]

以上文字意旨相近，討論從略。

六、對三教圓教型態之討論

說到此，牟先生藉郭象定位老莊之論述幾已完成，剩下的是三教辯證的問題，郭象有用於儒學的好處取得之後，剩下來的郭象就不及儒家了，作為道家的代表，郭象是圓而無體。此即進入了圓教論說，圓教是牟先生後期更主要的觀念，指一切哲學問題的圓滿解決，且臻化境。惟三教之圓教仍是型態有別，參見其言：

> 圓教可自兩方面說：一、自玄智之詭辭為用說，不滯一邊，動寂雙遣，自爾渾化，一時頓圓。二、自超越心體含攝一切說，一毀一切毀，一成一切成，無餘無欠，一時頓圓。前者老莊玄智，本自具有。在佛教，則為般若破執，冥照實相。玄智，般若智，固相類也。在儒家，則不自智入，而自仁體之感通神化說，故無許多詭辭，而亦平實如如也。後者，在道家，超越心體似不顯。道家不經由超越分解以立此體。惟是自虛靜工夫上，損之又損，以至無為。無為而無不為，則進而自詭辭為用以玄同彼我。「上與造物者遊，下與外死生無終始者為友」（〈天下〉）。以至「天地與我並生，萬物與我為一」（〈齊物論〉）。「既已為一矣，且得有言乎？」進而一相亦無。無餘無欠，而至圓頓之教。此亦是超越之心境，而唯是自境界言，並不立一實體性之超越心體。在佛教，則立一超越之心體，此即如來藏自性清淨心，乃至涅槃佛性，統攝一切法，天臺宗所謂一念三千，一心具十法界，一淨一切淨，一切法俱是佛法，唯是一乘，無二無三。
> 77

本文一開始言圓教，以其得自兩面說，兩面者，一為從境界之化境詭辭說，二為從立體直貫的本體宇宙論說，故說由超越心體立者。在這一套論述系統中，牟先生認為儒佛皆有超越心體，惟道家無。道家只有虛靜的化除工夫，最終成一玄智的境界。這就是牟先生藉超越心體之有無，以說儒釋道三教系統之別異。說圓教而由境界入及由本體宇宙論入是牟先生自設的思路，筆者毋須質疑。說圓教即為理論與實踐的圓滿，但何為圓滿？此即依不同學派及不同哲學家而有不同設想，此事亦只得尊重牟先生之設想。但是，從哲學史研究言道佛之有無超越心體之事則不能就從牟先生之設想了。

在老子，有道體，且有主體依道體而來施為之工夫與臻至之境界。在莊子依然。在牟先生，儒道之超越心體與學派系統之實相本體是一回事，故而說儒佛有超越心體。如此一來，依牟先生立場，道家因無道體故即無超越心體，「唯是自境界言，並不立一實體性之超越心體。」而儒佛則有超越心體，即亦是有實相、本體、道體、實體者。牟先生如此分判道家及儒佛兩家，筆者不同意。但牟先生藉由郭象注莊之解讀而走筆至此，實已形成定論而不可更改。依此，言於儒佛兩家之有道體有超越心體故而有工夫有境界之詮釋皆順當至理，但說及道家時則既不準確，更不公平。參見其言：

在佛家，超越心體與般若智冥合為一，在儒家，超越心體亦與仁之感通實踐冥合為一。故「肫肫其仁，淵淵其淵，浩浩其天」。盡心即知性，知性即知天。「自誠明，謂之性」。即本體便是工夫。「自明誠，謂之教」。即工夫便是本體。如此，似與道家不立超越心體，無大差異。立與不立，似亦無甚關係。然而不然。立一超越之心體，始真可言圓頓之教。為圓頓之教立一客觀而嚴整之可能性，立一超越而形式之可能性。至於具體而真實之可能性，主觀之可能性，則視乎根器，故理上人人皆可成聖，人人皆可成佛，一乘究竟，

並非三乘究竟。根器利者，立地成佛。[78]

本文言於儒家及佛教之系統，筆者皆能同意。但下文說道家處，筆者即不同意。其言：

> 但不立超越心體者，則圓頓唯是自詭辭爲用之境界說，便無客觀而嚴整之標準，圓頓便不免於虛晃，而亦易流於枯萎。詭辭爲用之境界之圓頓，雖可到處應用，然無超越而客觀之根據以提挈之，則便無客觀之充實飽滿性。此只有主觀性原則，而無客觀性原則，故易流於虛晃與偏枯也。超越實體是客觀性原則，仁之感通實踐是主觀性原則。（般若智亦是主觀性原則）。主客觀性統一，方是眞實之圓頓。此天臺宗之所以列大乘空宗爲通教，華嚴宗之所以列之爲大乘始教也。亦道家之所以教味不重，剛拔不足之故也。於天刑、戮民之詞，亦可以見矣。此固甚美，究非至極。[79]

筆者不同意的是這一段文字對老莊的詮釋，這一段文字又正可以說是牟先生自己對郭象學說的批評之語，只有詭辭爲用之境界之圓頓，雖然可以到處應用，但卻不免虛晃偏枯，亦即郭象之學是一虛理之系統，惟可遺憾的是，牟先生竟毫不顧忌地直以郭象注莊爲莊子本義，甚至更沁入老子詮釋中，使老莊同受郭象之累，共成一只境界無實體的虛理系統，此誠牟宗三先生道家詮釋之最大失誤也。

七、小結

本文對牟先生道家詮釋之討論，只以《才性與玄理》一書爲對象來進行，在筆者的研究寫作計畫中，還將針對牟先生在此之後所有相關著作的道家詮釋意見做討論，從牟先生不同時期的品中，可以看出的是意見的逐步發展，理論模型的逐步成熟，卻始終前後立場一致。

因此牟先生藉道家講儒學的基調，實已完全出現在《才性與玄理》一書中了。重點是，說是道家詮釋，其實都是做得儒道比較，因此也實際上還是儒學理論的創作，只是是以道家材料爲借鏡的發揮而已。

　　而這其中最有重要理論詮釋意義的，是牟先生對郭象說儒家的意旨竟完全接受，對郭象詮釋莊子的意見也全盤接受，且以郭象莊學代表了整個老莊王弼之道家哲學，結果就是藉郭象定位了儒道之別，因此郭象哲學之弱點也就成了道家哲學之弱點，而郭象哲學中對孔子儒家的高舉立場也完全被牟先生吸收以進入當代新儒家的體系中，此誠牟先生在二十世紀的當代中國哲學家中對儒道問題的立場及作法上最特殊的一點。

註釋：

48 牟宗三，《才性與玄理》，臺灣學生局印行，1980年3月修訂5版，頁120。

49 牟宗三，《才性與玄理》，臺灣學生局印行，1980年3月修訂5版，頁120。

50 牟宗三，《才性與玄理》，臺灣學生局印行，1980年3月修訂5版，頁120~121。

51 參見拙作：杜保瑞，2007年4月14-15日，〈王弼老學的方法論探究〉，「儒道國際學術研討會（三）魏晉南北朝」，主辦單位：師範大學國文學系。杜保瑞，1999年1月15日，〈王弼哲學之方法論探究〉，臺北《中華易學雜誌》，1999年第1、2、3期，頁26至35。中華民國易經學會出版。

52 參見：杜保瑞，2007年4月14-15日，〈王弼老學的方法論探究〉，「儒道國際學術研討會（三）魏晉南北朝」，主辦單位：師範大學國文學系。杜保瑞，2007年3月27-29日，〈王弼易學的知識意義探究〉，「2007年創化與歷程中西對話國際學術研討會」，主辦單位：輔仁大學哲學系。

53 牟宗三，《才性與玄理》，臺灣學生局印行，1980年3月修訂5版，頁122。

54 包括馮友蘭、湯一介、方東美皆有明確之言。參見：杜保瑞，2009年12月，〈郭象哲學創作的理論意義〉，《國學學刊》2009年第4期：頁92-105。

55 參見：牟宗三，《圓善論》，臺灣學生局印行，1985年7月初版，頁291~292。

56 牟宗三，《才性與玄理》，臺灣學生局印行，1980年3月修訂5版，頁123。

57 牟宗三，《才性與玄理》，臺灣學生局印行，1980年3月修訂5版，頁125。

58 牟宗三，《才性與玄理》，臺灣學生局印行，1980年3月修訂5版，頁

141。

59 牟宗三，《才性與玄理》，臺灣學生局印行，1980年3月修訂5版，頁143。

60 牟宗三，《才性與玄理》，臺灣學生局印行，1980年3月修訂5版，頁149。

61 牟宗三，《才性與玄理》，臺灣學生局印行，1980年3月修訂5版，頁154。

62 牟宗三，《才性與玄理》，臺灣學生局印行，1980年3月修訂5版，頁162。

63 牟宗三，《才性與玄理》，臺灣學生局印行，1980年3月修訂5版，頁164。

64 參見：杜保瑞，2001年11月，〈儒道互補價值觀念的方法論探究〉，《哲學與文化月刊第330期》頁997。

65 關於宇宙論、本體論及存有論三項形上學概念的定位及關係的說明，參見：杜保瑞，2009年7月，〈中國哲學的基本哲學問題與概念範疇〉，山東大學《文史哲》學報，第4期頁49-58。另參見：杜保瑞，《中國哲學方法論》，（臺灣商務印書館，2013年8月初版）。

66 牟宗三，《才性與玄理》，臺灣學生局印行，1980年3月修訂5版，頁172。

67 牟宗三，《才性與玄理》，臺灣學生局印行，1980年3月修訂5版，頁175。

68 牟宗三，《才性與玄理》，臺灣學生局印行，1980年3月修訂5版，頁177。

69 牟宗三，《才性與玄理》，臺灣學生局印行，1980年3月修訂5版，頁178。

70 牟宗三，《才性與玄理》，臺灣學生局印行，1980年3月修訂5版，頁192。

71 牟宗三，《才性與玄理》，臺灣學生局印行，1980年3月修訂5版，頁194。

72 參見：馮友蘭《貞元六書》。

73 參見：馮友蘭《中國哲學史新編》，臺灣藍燈出版社。

74 牟宗三，《才性與玄理》，臺灣學生局印行，1980年3月修訂5版，頁219~220。

75 牟宗三，《才性與玄理》，臺灣學生局印行，1980年3月修訂5版，頁222。

76 牟宗三，《才性與玄理》，臺灣學生局印行，1980年3月修訂5版，頁223。

77 牟宗三，《才性與玄理》，臺灣學生局印行，1980年3月修訂5版，頁228~229。

78 牟宗三，《才性與玄理》，臺灣學生局印行，1980年3月修訂5版，頁229。

79 牟宗三，《才性與玄理》，臺灣學生局印行，1980年3月修訂5版，頁230。

第三章　對牟宗三《智的直覺與中國哲學》、《現象與物自身》、《中國哲學十九講》道家詮釋的方法論反思

一、前言

　　由牟宗三先生所建構的當代新儒學體系，有許多組成部分是由儒學以外的中西哲學所汲取來的養分，例如從康德而來的智的直覺觀念、物自身觀念；由海德格而來的本質倫理與方向倫理及存有論；由天臺宗而來的圓教觀念；由道家而來的迹本論。牟先生幾乎都是取其有用於儒家者以吸收之，成為新儒學的理論組成部分，隨即又以儒家的標準以超越原概念在它教的究竟地位，再反過來批評它家它教。因此，我們也可以說，牟先生是一方面藉由傳統儒學的詮釋以創造新儒學，另方面利用對中西它教的哲學詮釋以配合新儒學的建構，然後再以儒學的標準以批判它家，而終成高舉儒學世界第一的理論使命。

　　筆者過去一段時間以來，致力於深入討論牟先生《心體與性體》的新儒學各家詮釋意見，已有許多成果[80]，本文之作，即企圖轉向專注於牟先生討論道家哲學的詮釋意見，但卻發現，牟先生的道家詮釋幾乎都是在為儒學詮釋做鋪路，不論討論道家的哪個系統，幾乎都是以與儒學對比參照為討論的進路，因此很難說牟先生有進行了全面性積極的道家詮釋工作，只能說牟先生藉由對道家的討論以建構儒家，而不能說牟先生在文本詮釋的意義上討論了道家。

筆者討論牟先生的道家詮釋，將以不同著作逐本討論的方式進行，這就是以文本詮釋為研究的進路，只是對象是當代學者的作品而已。牟先生的觀念固然前後貫串、彼此呼應，但畢竟在不同的著作中仍有不同的重點的強調與觀點的創造，因此以不同著作中的道家詮釋意見的文本為討論的對象及進度，這樣的做法反而更能彰顯其思考的歷程與義理的底蘊。

牟先生著作中除了《心體與性體》、《佛性與般若》為直接討論儒佛兩家思想之外，《才性與玄理》卻是以道家為主。然而，他的其它著作卻都同時有儒釋道三教的觀點討論，筆者已有專文討論牟先生的《才性與玄理》[81]，因此，本文將以《智的直覺與中國哲學》、《現象與物自身》、《中國哲學十九講》中的道家詮釋意見為討論的對象。至於《四因說演講錄》、《齊物論講述》、《圓善論》等著作中的道家詮釋意見之討論，則另待它文。

二、牟宗三《智的直覺與中國哲學》中的道家詮釋與儒學建構——智的直覺與認識之即創生之

牟先生寫《智的直覺與中國哲學》一書是在《才性與玄理》之後，《心體與性體》寫作期間，其中重要的觀念，即是「智的直覺」，這是牟先生溝通中西、比較三家的核心概念。重點在於，智的直覺為創生的原理，然依康德，此智唯上帝有之，但依牟先生，中哲儒道佛三家亦皆有之，然雖皆有之，卻仍意旨有別。本節即要討論道家之智的直覺，如何與儒家智的直覺有所不同？其義先由康德之說而來，〈智的直覺之意義與作用〉一節中，其言：

> 「通過它自身底表象力，表象活動，對象自身即被給予或被產生」，那就是說，在直覺的知性之表象活動中，對象自身即存在，它直覺地知之即存在之，並不是先有存在，然後它去綜和之。……這樣一種創造性的知性如何可能呢？康德

説，在我們人類是不可能有這樣的知性的，我們對之不能形成些微概念。這是屬於上帝的，故曰「神的知性」。[82]

　　這段話就是在說：「直覺的知性就是創造的知性」，但卻「屬於上帝的」。這原是在知識論問題脈絡上的觀點，但因論及創造，故而正是形上學的重要意見，牟先生比較中西、辯證三教，始終在做儒與道佛之別異的思考，以及儒學與西方哲學差異的思考。此一「智的直覺」之能有創造的功能，便是牟先生要藉之建立儒學特點的重要概念。牟先生首先借用康德的概念以論「智的直覺」之創造力功能，以為儒學所亦有者，然後就藉著主張此直覺不宜為上帝所有，而只應為道德意志而有的立場，以跳脫康德的思路框架，而進入到中國儒家哲學的型態中。開始是說儒道佛三家皆有，接著再說儒學之直覺與道佛不同了，這就是牟先生使用康德智的直覺觀念的重點。

　　以下先討論牟先生在〈智的直覺如何可能？──儒家「道德的形上學」之完成〉一節的意見。這一節就是明確地建立了儒家吸收康德「智的直覺」的創造性功能的地方。牟先生言：

　　　　直覺，就概念的思想說，它是具體化原則（principle of concretion）；就事物之存在說，如果它是感觸的直覺，則它是認知的呈現原則（principle of cognitive presentation），（此時它是接受的，不是創造的，亦須有思想之統一，而統一須假乎概念）如果它是智的直覺，則它是存有論的（創造的）實現原則（principle of ontological or creative actualization）。[83]

　　首先，牟先生約定了這樣的一個直覺之即創造之的形上學原理，就文本詮釋言，牟先生有權宣說是依據儒家文本的詮釋而有的儒學原理，雖是借用康德之詞語，卻本來就是儒家形上學的宗旨。筆者說牟先生有權宣說是因為牟先生自己即以儒學文本為據而申說其有此義

者，牟先生接著就以張載的話語以做此種詮釋，然後再逐步重整智的直覺的功能意旨，主張其為主體的心知之誠明，與天道的作為，如此就能與儒家實踐哲學進路的形上學體系一致了，參見其言：

> 此種如如相應而印定之的「心知之廓之」即是一種智的直覺。既是智的直覺，則不但如如相應而印定之，即不只如如相應而認知地呈現之，形著之，且同時亦即能客觀地豎立起來與那天道生德之創生之不禦為同一而其自身即是一不禦的創造。[84]

牟先生藉張載之言以做文本詮釋，張載《正蒙・大心篇》言：「天之不御莫大於太虛，故心知廓之，未究其極也。」牟先生以張載的「心知之廓之」的功能型態，說張載之言中即有智的直覺之知，且此直覺之知，不僅知之真確如實，且同一於創生之天道。亦即將認識論上升為形上學，合認識論於形上學中[85]，成立一掌握真知智慧之形上學義的創生理論，即於儒家形上學中講一套創造性理論，此一創造性是有智的直覺的作用在，此時這個智的直覺的內涵即可接上儒家的道德意識與價值原理，即儒學的天道觀形上學是主張世界是以道德意識為中心，而由道德意識創造而出的現象世界。這些討論參見下文：

> 現在先說在什麼關節上，理論上必肯定這種直覺。答曰：這關節是道德。講道德，何以必須講本心，性體，仁體，而主觀地講的本心，性體，仁體何以又必須與客觀地講的道體，性體相合一而為一同一的絕對而無限的實體？欲答此問題，須先知何謂道德。道德即依無條件的定然命令而行之謂。發此無條件的定然命令者，康德名曰自由意志，即自發自律的意志，而在中國的儒者則名曰本心，仁體，或良知，而此即吾人之性體，即發此無條件的定然命令的本心，仁體，或良知即吾人之性，如此說性，是康德乃至

整個西方哲學中所沒有的。性是道德行爲底超越根據，而其本身又是絕對而無限地普遍的，因此它不是個類名，所以名曰性體——性即是體。性體既是絕對而無限地普遍的，所以它雖特顯于人類，而卻不爲人類所限，不只限於人類而爲一類概念，它雖特彰顯於于成吾人之道德行爲，而卻不爲道德界所限，只封于道德界而無涉于存在界。它是涵蓋乾坤，爲一切存在之源的。不但是吾人之道德行爲由它而來，即一草一木，一切存在，亦皆繫屬于它而爲它所統攝，因而有其存在。所以它不但創造吾人的道德行爲，使吾人的道德行爲純亦不已，它亦創生一切而爲一切存在之源，所以它是一個「創造原則」，即表象「創造性本身」的那個創造原則，因此它是一個「體」，即形而上的絕對而無限的體，吾人以此爲性，故亦曰性體。[86]

　　牟先生這段文字的討論，是在談爲何能有智的直覺這種直覺，理由是因爲道德活動的特質，所以必然是有的。因此，智的直覺之所以可能，以及存在世界的之所以存在，其實都訴諸於道德意志本身特質的需求結果。因爲有道德意志，因爲道德意志本身的特質，故而必有本心、必有性體、仁體，必有道體，終於不僅使道德實踐可以完成，並且使存在世界可以被創造而有其存在。這個道德意志的特質即是，它是自由的意志，即如孔子之言：「我欲仁，斯仁至矣。」的意旨，我的道德意志只要肯發動之，則道德實踐必可執行之，既有道德行爲之實踐，則就必然落實了現實世界的存在之創生及保證，否則一切行動不在有實有意義的世界之中的話，則道德行動亦將失去其意義。這裡，牟先生是定義上以自由意志亦即智的直覺爲道德行動的發動根源以及存在世界的存在根源，因此它是一個創造原則，且必然是一個實體，就主體實踐之發動而言謂之性體、謂之本心，就主體實踐之價值蘄向而言謂之仁體，就整體存在界之根源而言謂之道體。好似康德於實踐理性批判之意旨，康德以實踐理性之需求而有上帝存在、靈魂

不滅、意志自由三大設準得以成立，牟先生以道德實踐之特性而有本心、仁體、性體、道體之必然存有。說必有此本心、仁體、性體、道體，是因為道德行動的特性而有的，這也正是牟先生說現實世界的存在的創生之保證，若不是依於道德意志，其實也無從成立的，因為離此一步，就再也找不到能如此自由地直覺之且創生之的動力根源了。

在這裡，筆者要說，牟先生是以定義來論證，以定義來論證無疑就是理論的直接創造與建構，可以說是訴諸套套邏輯了，亦即並不是有事證、例證與理證，而就是一套哲學創作的建構，筆者說其無理證是說其理仍是依定義而申說，故只能是套套邏輯的約定，而不是有依據、依推演而理證。以上牟先生把智的直覺說成了依此智的直覺之道德意志而有道德行為，以及世界之被創生亦依此智的直覺之道德意志而有其存在，亦即智的直覺即道德意志，而智的直覺的功能，卻唯道德意志能實現之，實現其道德行動與創生其存在世界。智的直覺既已與道德意志二而為一，牟先生又再度討論了關於此一智的直覺之為何不能限於只是上帝的理論，其言：

> 如果第一因是絕對而無限的（隱指上帝言），則自由意志亦必是絕對而無限的。天地間不能有兩個絕對而無限的實體，如是，兩者必同一。……如是，或者有上帝，此本心仁體或性體或自由意志必與之為同一，或者只此本心，仁體，性體，或自由意志即上帝：總之，只有一實體，並無兩實體。康德於自由意志外，還肯認有一絕對存在曰上帝，而兩者又不能為同一，便是不透之論。[87]

牟先生在此又是以定義來討論問題，好似以史賓諾莎來取代康德，以與萬物同一的能產的上帝來取代康德有人性位格義的超絕的上帝概念，當然，牟先生其實就是以儒學的道德實踐主體與天道創生實體來取代上帝，因此，在康德，唯上帝能有之的智的直覺，在牟先生，就都歸給了儒家的道德實踐主體與天道創生實體，理由是，道德

意志必須是無限的，因此就是第一因，同時也就必須是自由意志的本身，而自由意志既是在人而有，亦是在整體存在界的創生根源處而有，因此做爲整體存在界的創生實體，也必須同時是主體實踐的性體、心體、本心、仁體，合稱之爲智的直覺。於是，牟先生透過功能的合併，把主體的道德實踐與道體的創生世界兩種重要的功能藉由康德的智的直覺概念予以完成，於是將智的直覺與道德意志完全等同，然後又藉由道德意志之必須爲自由意志以及第一因義以說其必須有絕對唯一性，因此，僅僅是位格義的上帝概念便不再能承擔智的直覺的這許多功能，於是呈請上帝退位[88]，從而完全轉進中國儒家哲學的體系建構中。

　　以上，筆者對於牟先生所談的智的直覺概念，認爲他是借自康德之後又遺棄訴諸上帝的康德原意，而實之以儒家的理論，筆者又認爲，牟先生所說的智的直覺的義涵，又是藉由道德意志這個概念的定義的套套邏輯而說的，所以，可以說智的直覺全然只是存在於思辨世界中的假設而已。然而，牟先生也應該是意識到他的討論方式會致生這樣的問題，下文即是牟先生說智的直覺如何不只是理論上的假設而是現實上實有的存在，這是很重要的一段討論，它說明了如何確知有此智的直覺，參見其言：

> 現在再說在什麼關節上，智的直覺不但是理論上必肯定，而且是實際上必呈現。
> 這個關節即在本心仁體之誠明，明覺，良知，或虛明照鑑。本心仁體不是一個孤懸的，假設的絕對而無限的物擺在那裡，因而設問我們如何能智地直覺之。當吾人說「本心」時即是就其具體的呈現而說之，如惻隱之心，羞惡之心，是隨時呈現的，此如孟子之所說，見父自然知孝，見兄自然知弟（這不是從生物本能說，乃是從本心說），當惻隱時則惻隱，當羞惡時則羞惡，等等，此如象山之所說，這都表示本心是隨時在躍動在呈現的。當吾人說「仁體」時，亦是當下

就其不安，不忍，悱惻之感而說之，此亦是其具體的呈現，此如孔子之所說以及明道之所說。這亦表示仁心隨時在躍動在呈現，感通周流而遍潤一切的。潤是覺潤，以不安不忍悱惻之感這種「覺」去潤生一切，如時雨之潤。是以本心仁體是一個隨時在躍動的活動，此即所謂「活動」（activity），而此活動是以「明覺」來規定。只有當吾人鄭重正視此明覺義，活動義，始能知本心仁體是一呈現，而不是一假設（不只是一個理論上的設準），因而始能知智的直覺亦是一呈現而可為吾人所實有，不只是一個理論上的肯定。[89]

　　牟先生這段文字的思路可以說有兩個脈絡，第一個脈絡是智的直覺是事實上在人心中有其真實的呈顯的存有，也就是說經由觀察而確知此有，也就是說智的直覺的實有性是在經驗中可以驗知的，此其一。其二，智的直覺本身是一種活動的概念，當我們提到它及討論它時，所論者是一個實際上在活動著的主體或實體的對象。以此，牟先生說智的直覺因此「不但是理論上必肯定，而且是實際上必呈現。」其實，這樣的討論還是只有第一條脈絡說到了對於智的直覺的實有及存在的證實，但這樣的證實實際上就是訴諸經驗上的實有，經驗之即證實之。但設若經驗不及之，則是否其存在即被否證呢？這就要展開關於實踐哲學的理論的知識論檢證的問題了，筆者認為是不能否證的，此處暫不展開，但說到此即可。就第一路而言，筆者的立場是，同意這是說智的直覺的存在的進路。至於第二條脈絡，只是說及智的哲學的概念義涵的特質，但是，說它的特質是活動的，並不等於證明了它已經在活動中存在了，因此並不增加對其實存的理論效力。

　　以上，筆者簡單地呈現了牟先生對智的直覺的意旨的定位，然而，牟先生說了什麼是一回事，牟先生之所說是否能成立是另一回事，以上兩個問題，筆者都無意在此深入討論之，牟先生說了什麼就尊重他的意見即是，這就是他的哲學創作，至於能否成立？需要討論的線索太多，這也不是本文要追究的問題，本文要追究的是，在這樣

的概念定義及理論建構下，牟先生如何說及道家與儒家的異同問題。在討論儒道同異之前，以下這段文字是對於智的直覺的定義的總結。參見其言：

> 本心仁體是無限的，有其絕對普遍性。它不但特顯于道德行為之成就，它亦遍潤一切存在而為其體。前者是它的道德實踐的意義，後者是它的存有論的意義……在道德的形上學中，成就個人道德創造的本心仁體總是連帶著其宇宙生化而為一的，因為這本是由仁心感通之無外而說的。就此感通之無外說，一切存在皆在此感潤中而生化，而有其存在。[90]

在這一段總結性的問字中，牟先生已經把形上學問題中的宇宙創生與實踐哲學問題中的道德意志完全連結了起來，依三教言，三教皆是實踐哲學，實踐以理想為目標而為其追求，理想依價值意識而立，價值意識三教有別，牟先生此處的道德意志純以儒學理想價值為意旨，這就約束了形上學只能從儒學的道德意志予以申說的型態，道德意志既實踐德行又創生存在，於是便只有儒家能談形上學的創生義了。

進入到〈道家與佛教方面的智的直覺〉一節中，牟先生即以上述的理論定位了對道家的看法，所以筆者說，與其說牟先生在詮釋道家文本，不如說牟先生是在藉由對道家文本的詮釋及討論中，再度申說及捍衛了儒家，而繼續創造新儒學的龐大體系。

牟先生於《智的直覺與中國哲學》書中對道家的討論，實已預設了《才性與玄理》的創作內涵，筆者對此已有專文處理，簡言之，他是以無道體的郭象莊學籠罩王弼老學及老莊之學而為道家的體貌，因此整套道家哲學全部都是郭象型態，如此，對比儒家及批判道家的進路就極為清楚且易於為之了。

《智的直覺與中國哲學》一書的要目在「智的直覺」一觀念之中西伸展與三教對比，其擇取於康德的意旨與鑲入儒學之意旨前節已

明，其論於道家的意見以下討論之，參見其言：

> 道家所隱藏的智的直覺（隱藏者含有此義，而無此名），不
> 能從道德底真實可能來辯說，但只能從「由有至無」來辨
> 說。[91]

　　牟先生同意道家有智的直覺，但究為何義？這要在《中國哲學
十九講》中才徹底說清楚了，此暫不申論。但說其為隱藏的，仍是以
道家與儒家對比而言，關鍵即在其智非道德性，而只在無的玄智境界
中，即道家能說出無的玄境而為儒道共法，但因其非道德智慧之直
觀，因此不能實負創生存在之責，既不創生存在，則其智的直覺便只
有隱藏性，牟先生此處說隱藏性的概念，其意旨不清楚，後來亦不再
多用此狀述詞，其意就還是說道家的智的直覺非此名之寶滿義，而只
有部分義，故雖有部分義，卻不能真承擔此名義。又見：

> 但在道家，其心齋之道心只就消化學知之依待與追逐後之
> 止、寂、虛、無說，並無道德的內容，亦不為道德實踐之可
> 能而建立此道心，彼雖不必反道德，但亦不積極地為道德立
> 可能之根據，且由遮撥道德之德目而顯（如絕仁棄義，大道
> 廢有仁義等），一往視道德為外在物，並未意識到如何內在
> 化之以開悟道德可能之超越根據（本心仁體），是則其言道
> 心在道德方面即落空，故其道心之寂照之創生性亦不顯。[92]

　　談智的直覺必依道德意識之智悟才是本義、真義、圓滿義，但牟
先生所見之道家在主體對待天地萬物的問題上多有止寂虛無之姿態，
此實老莊工夫論的特殊宗旨，其亦依老莊形上原理的智悟而來，然牟
先生論於形上原理便只關心論究實在及創生存在一事，且已依定義之
規定而只許儒家所言之道德意識一型，老子由道至萬物的創生說法，
莊子言於有情有信的道體之說法，王弼言於萬物宗主之實有且為無

形的說法都置之不理、視若無睹，僅願以工夫論上的止寂虛無之諸概念來彰顯道學，並將之直接訴諸於無道體觀的郭象莊學，於是體上是無，工夫作為上是止寂虛無，既不能創生存在，又不能直接承擔道德意志於現實社會上的創造活動，所以說道家不能建立道德之可能的超越根據，於言道德面上即落空。依道德心而有之創生便缺乏了。以上種種總說，都是牟先生依其自創之「言存在只能由道德意識的智的直覺之路說」的脈絡定義而下的理解與詮釋，此即是以無道體的郭象學為道家體貌，並提起之而要求其面對一非其能面對的哲學問題與理論立場。此說，對郭象而言完全準確，但對道家而言完全不公允。從新儒學建構而言，牟先生是創造，從文本詮釋而言，牟先生則是錯解了。又見：

> 關鍵即在道家自始即不對應道德創造而說。故其無向就只是無向，它的自然，無為，就只是一個止、寂、虛、無，而無任何規定者。此若落實了，就只是一個圓照，而非方中之圓者。此非方中之圓之圓照，其創生性就只能是消極意義的生──我無為，「萬物將自化」。[93]

郭象之學旨既不對道德說也不對創生說，故而只有一態度上對萬物的止寂虛無之對待，在對待中似乎十分圓滿，但牟先生卻批評其為非方中之圓，此說，都在後來的《中國哲學十九講》中獲得更清楚的解釋。最後，在《智的直覺與中國哲學》書中，牟先生對道家的結語應是：

> ……此謂靜態的「智的直覺」，亦可曰「非決定判斷」的智的直覺。此是道家之獨特形態的智的直覺，隨其道之創生性之獨特性而來者。但此靜態的智的直覺亦為智的直覺所應有之一面。道家只意識到此一面，因其自始即非對應道德之可能而說故。[94]

此處說爲「靜態的智的直覺」、「非決定判斷的智的直覺」，意旨都還不清楚，牟先生的立場就是要說道家有智的直覺但又不是儒家道德意志義之圓滿型，種種思辨，還需在《中國哲學十九講》中由「縱貫縱講與縱貫橫講」說、「實有型態與境界型態的形上學」說、「實有層與作用層」說中才得落實。

三、《現象與物自身》中的道家詮釋——「執的存有論與無執的存有論」

牟先生於《智的直覺與中國哲學》書後續作《現象與物自身》，此書對道家討論不多，但仍有對中國儒釋道三家的整體發言，重點在提出無執的存有論觀點，並於序文中，重申對郭象注莊之肯定立場，亦由此說證明牟先生有正知見於郭象，卻無正詮解於道家老莊王弼之學。參見其言：

> 《才性與玄理》是以疏通魏晉時代的玄理與玄智爲主，以王弼注《老》、向秀、郭象注《莊》爲代表，而老莊之本義亦見於此。「玄理」是客觀地言之之名，以有無「兩者同出而異名，同謂之玄，玄之又玄，眾妙之門」爲根據。「玄智」是主觀地言之之名，以「致虛極，守靜篤」，歸根復命之玄覽觀復爲本。玄理是在玄智中呈現。玄智者虛一而靜，無爲無執，灑脫自在之自由無限心所發之照明也（知常曰明）。此所謂「自由無限心」之自由不是由道德意識所顯露者，乃是由道家的超脫意識，致虛守靜之工夫所顯露者，然其爲「自由」則一也。凡是無爲無執，灑脫自在，無知而無不知者，都是自由無限心之妙用，因而亦就是玄智之明。王弼之注《老》、向、郭之注《莊》，對於此玄智玄理之奧義妙義多所發明，而亦畢竟是相應者。魏晉名士固多可譏議處，然

其言玄理，表玄智，並不謬也。輕浮者視之爲輕浮，眞切者視之爲眞切。勿得動輒以陋心、慢心、掉舉心而輕忽之。吾人於此須以「依法不依人」之態度平視之。亦勿得動輒以魏晉自魏晉，老莊自老莊，而視若有何懸隔者。相應者畢竟是相應者；不相應者，縱同異萬端，亦不相應。自其異者而觀之，則肝膽楚越也。豈但魏晉玄理不同於老莊？即老莊之間亦不同也。黏牙嚼舌，虛妄分別，徒增無謂之糾纏。若知玄智、玄理之端緒，則知王郭等之所闡發者畢竟是相應者。須知凡是「內容的眞理」（intensionaltruth），此與邏輯、數學、科學範圍內之外延的眞理extensionaltruth不同，此言內容與邏輯概念之內容外延之內容亦不同，此只是類比的借用，（如言內容的邏輯與外延的邏輯是），都是極富有彈性的。只要知其端緒，則輾轉引申，花爛映發，皆是「未始出吾宗」（《莊子‧應帝王》篇）也。若在此分同異，皆無意趣。（如佛家「緣起性空」一義，輾轉引申，可有種種說。若在此分宗派，立同異，徒增繳繞）。要者在能知此種玄智、玄理是何形態耳。[95]

　　本文中，牟先生第一定位道家的智的直覺即其玄智，玄智者由致虛守靜工夫把守之，第二堅定地支持王郭對老莊之注解爲相應之正解，但究其實，在更關鍵的道體問題上，實是以郭注收編王注更籠罩老莊。就第二點而言，一直要到《圓善論》書出版之時，牟先生才說郭注未必是莊學正解，但在此一階段之所有論於道家詮釋的立場，都是郭象學型態的。其實，牟先生對郭象學的理解是正確的，因此對以郭象爲典範而批評於道家的話語也是正確的，只是筆者必須強調，由此定位老莊王弼是不對的。就第一點而言，這也是牟先生於《中國哲學十九講》中持續發揮的立場，筆者對這個立場有批評意見。重點在論於老莊工夫，不能以致虛守靜爲唯一型及根本型，致虛守靜是老子靜心玄覽的第一步，以此悟入道體，而得「反者道之動，弱者道之

用」的本體律則與工夫理論，實際上老子的工夫是無私義的無爲、守弱、慈、檢、不敢爲天下先等等，依此工夫才入聖人智慧境界。莊子的工夫是心齋、坐忘、墮肢體、黜聰明、外仁義、忘禮樂、忘天下、而入不死不生的神仙境界，若以形式內容分說，致虛守靜只是老子工夫的外在形式，其價值理想的追求意旨在於無私、無爲、損之又損之要節上，致虛守靜在莊子便要連結到他的「遊心於淡，合氣於漠，順物自然而無容私焉」，才能成就莊子的最高境界。然因牟先生必以郭象說老莊，執「無作爲」之意旨，便以老子致虛守靜之「止、寂、虛、無」說道家全體，此所以筆者要致言反對之故。《現象與物自身》書中談「無執的存有論」以言中國三教與西哲之別異，參見：

> 「道德的形上學」重點在形上學，說明萬物底存在。此是唯一的一個可以充分證成的形上學。此獨一的形上學，我們將名之曰「本體界的存有論」，亦曰「無執的存有論」……依此，我們只有兩層存有論：對物自身而言本體界的存有論；對現象而言現象的存有論。前者亦曰無執的存有論，「無執」是相應「自由的無限心」（依陽明曰知體明覺）而言。後者亦曰執的存有論，「執」是相應「識心之執」而言。……分別言之，只無執的存有論方是眞正的形上學。執的存有論不可言形上學。……道德的形上學不但上通本體界，亦下開現象界，此方是全體大用之學。就「學」言，是道德的形上學；就儒者之教言，是內聖外王之教（外王本只就政治說，然同是識心之執層，此書不論），是成德之教。哲學，自其究極言之，必以聖者之智慧爲依歸。[96]

　　牟先生依康德物自身與現象界的區分，特別重視物自身概念，以之爲一眞正的形上學的對象，眞正的形上學依《智的直覺與中國哲學》書中所說，只有儒家的道德意識擔當得起，此處提出「道德的形上學」一詞，即是爲儒家形上學量身打造的概念，即形上學要說整體

存在界的之所以創生，則唯有道德意識能智及之即創生之，因此唯有儒家才建構得來。牟先生以「道德的形上學」又說爲是「本體界的存有論」及「無執的形上學」，以有別於「言現象的存有論」和「執的形上學」。依牟先生的立場，成了依進路而說有兩套存有論，且有高下究竟與否之別異，牟先生可以這樣自我約定，我們只好尊重，因爲這是他的術語世界的創作。但以無執的存有論來談本體界，且本體界須負創造現象世界之責任，而創造唯依道德意志而能，最後就只有儒學能承擔得起無執的本體界的存有論的圓滿義，然而，在無執的存有論一義上，牟先生卻以儒道佛皆同有此一義，因此「無執的存有論」與「執的存有論」所能分辨的則只是中西之別異而已。參見其言：

> 中國的哲學生命與哲學智慧，無論儒釋或道，皆寄託在這種智知底可能上（即肯定上）。因此，我們承認我們可以知物自身。上文從佛家方面說的執相與無執相底對照即顯露智知之可能，以及以智知物自身之可能。……智知即純智無執地直接證應物自身。……純粹知性底分解所取代的存有論就是執的存有論，說明現象之所以爲現象的存有論。[97]

　　此文中說儒釋道皆有這種智的直覺之知，都可以認識物自身，所謂認識即是都能無執地直接證應物自身，而成就無執的存有論，以別異於只說現象界的執的存有論。既然如此，那麼三教的差別又如何說明呢？尤其是，物自身只能是同一個物自身，不能三教的證應物自身後各不相同，因此，我們也可以說，儒釋道共成一儒學，釋道有功於儒學處即接納使用高舉肯定之，唯哲學只有一理，形上學只有一型，三教的差別就在於對此一終極問題的討論是否充實飽滿，依此，牟先生牟先生轉入工夫論型態的不同，來說三教對物自身的不同進路，以證說教理之圓滿度的別異。但自始至終，牟先生都還是以儒學義理來定位無執存有論對物自身的討論向度，以此道佛與儒學終需一別。佛家本文不論，對道家而言，牟先生以致虛守靜說其工夫以及智的直覺

對無執存有論的建構型態。參見其言：

> 造作底根源在心，故一切工夫都在心上作。這工夫即是「致
> 虛守靜」底工夫。故老子曰：「致虛極，守靜篤。萬物並
> 作，吾以觀復。夫物芸芸，各復歸其根。歸根曰靜，是謂復
> 命。復命曰常，知常曰明；不知常，妄作，凶。知常容，容
> 乃公，公乃王，王乃天，天乃道，道乃久義。沒身不殆。」
> 此一章是道家智慧底全部綱維。[98]

　　牟先生以此章為道家智慧之綱維，筆者不同意，前文已述之，此
處不再申述。重點是，以此章為綱維之後，牟先生便以工夫論的進路
來詮釋道家的形上學型態，從而說出道家型態的無執的存有論。再見
其言：

> 在虛靜中，觀復以歸根，復命，知常，即是明照萬物之各在
> 其自己也。……明照亦就是「玄覽」，後來所謂冥契。牽引
> 下去，則有定相可執。玄覽，冥契，則無定相可執。此亦是
> 實相一相，所謂無相，即是如相。此如相是因著「虛無」之
> 靜（即莊子所謂止）所生的明而朗現，亦因著「無」而穩住
> 此如相之有也。此亦是無執的，亦即本體界的存有論。「存
> 有」是就物之在其自己說。本體界中之「本體」，若實指而
> 言之。便是以「無」為本體。「無」當然是一種「有」，此
> 是無限的有以「無限的妙用」來規定，是因著虛無了那一切
> 浮動妄動之造作與膠著而遮顯出來的。因此，無限的有，無
> 限的妙用，就是無。即以此無來維繫（所謂隱住）那在其自
> 己之有。此有無兩者同而為一，便曰無執的存有論。[99]

　　本文中，牟先生以老子之虛靜工夫入手，亦利用郭象之冥契意
旨，而說由主體的玄覽、冥契之工夫，於是有對萬物無相的實相明

照，即是明照住萬物之在其自己，即是萬物之如相，即是入其物自身矣。既識入物自身，即是察照及本體界的存有論，察照之而以無來規定之，以無來穩住此如相之有，來維繫那在其自己之有，此即道家的無執存有論。

說到此，牟先生籠統混合出一種特殊形態的道家工夫論，並由此而說出一種特殊型態的道家存有論，目的是要藉智的直覺以智識悟入物自身的系統，來納無執的存有論入道家佛家及儒家之中。在對道家的論述定位過程中，道家的存有論便是以無的態度對待物自身意義之有，只要面對的是物自身，就不是現象界了，就不是執的存有論了，就不是分解的進路了，就是無執的存有論了，至於牟先生是怎麼定位道家如何智識悟及物自身呢？牟先生其實就是拿玄覽、冥契、明照、致虛、守靜這些工夫論詞語來說道家對物自身的認識的。差不多可以說，有工夫論者即有對物自身的認識，有對物自身的認識者即是有無執的存有論，然因工夫的不同，則所完成的存有論有圓滿不圓滿的差別而已，至於圓滿不圓滿，關鍵在於現象實有的創生是否提出，還是只是在工夫作用上的保住而已。

牟先生以上對道家的無執的存有論的討論是接著對佛家的無執的存有論的討論而來的，文字中佛家如來空性般若智的色彩極濃，幾有道佛不分之立場，而似乎，牟先生也就是有這個立場。關鍵是說，如來空義不礙道家無義，甚至，佛家之空道家之無亦不礙儒家之有，牟先生幾乎是要整編這些無執的存有論的狀述命題齊入儒學聖殿中而共成之，因為說到底，這些道佛的命題意旨，都是對物自身的掌握，都是智的直覺的作用，進路雖各不同，但所說皆如理，甚至即同共一理，甚至即眾理同義矣。此義，見下述諸文：

> 道家並未以緣生觀萬物，它直把萬物當作一個體物看。但是未以緣生觀，這並不表示它反對緣生，因為無人能反對；甚至它亦可隱含有此義，不在說不說也。「萬物並作」，順「並作」而牽引下去，這便是緣生。「天下萬物

生於有」，在有底層次上生長成熟，即是緣生。「有生於無」，這不是緣生，因爲「無」不可視作緣。故此語中的「生」字亦當別解。……「萬物得一以生」，生是萬物在有之層次上生長其自己，這個生長是緣生。順緣生而執著其有定相，便是現象，亦即是執的存有論。順緣生而不執，而把它繫屬於「一」，（所謂無與明），那便是緣生的物之在其自己，當體即回復其爲一個體的自在物，即郭象所謂「獨化」（莊子說「朝徹而後見獨」之「獨」）。獨化無化相，因而緣無緣相，生無生相。**此亦即是無生無滅，無常無斷，無一無異，無來無去也。**空是空的這些定相，並不是沒有物。不過順兩家的名言，似乎也有點不同。……**道家重個體物之整一，佛家重散開之緣生。佛家就緣生而當體空寂之，即是緣生物（帶上這個物）之在其自己（如相）。……兩者無有異也，勿以名言之異而異於實際理地也。**[100]

這段文字中，郭象的獨化玄智與佛教的如來空智竟等同爲一，流暢無礙地變換道佛術語以符應他正在重點討論的兩層存有論。牟先生的思辨十分令人詫異。爲說儒釋道三教皆有智的直覺及無執的存有論，一個對物自身的無執存有論的認識，郭象之獨化說竟等同於佛家的空性說，筆者以爲，牟先生此處的討論十分混亂，義不成理，應是他的思想尚在發展階段中而作的，牟先生要求「不得因名言而生執諍也」[101]又說：「兩者無有異也，勿以名言之異而異於實際理地也。」此語，筆者完全不能接受，尤其是從理解與詮釋的角度言，說牟先生正在創造他的新哲學，但不能說牟先生在作正確理解與準確詮釋儒道佛三家之學。總之，說道家有無執的存有論，其實就是見到了道家的工夫論，以之爲智的直覺之智識悟入，即整體把握現象世界的價值意旨，至於道家的工夫論，牟先生的把握也不成系統而是零落散亂，但無論如何，無執的存有論就是從工夫論進入是沒變的，參見其言：

「損」即是「致虛極」也。此是「爲道」之方向，於此而有「無執的存有論」，此繫於無，明，至人，眞人，乃至天人等等而言也。「爲學日益」則又是另一方向，此即順緣生而執著之經驗知識，亦即「化而欲作」，而不知歸返以後之事也。於此，吾人有「執的存有論」，有全部現象界，有種種定相，此則繫於有，無明，成心（莊子），情識，知性，感性等等而言也。[102]

　　說爲道說到了無執的存有論可以說是牟先生的哲學創作的特殊作法，說爲學說到了執的存有論就差不多可以說牟先生是在比附了，在排比的思路下，名言的差異及背後義理的不同都已被忽視，可以說在工夫論中談無執的存有論，未做工夫之時即所談者皆是執的存有論了。

　　筆者在其他文章中討論牟先生的思路時常說，牟先生是把工夫論塞入形上學中了。由《現象與物自身》來看，無執的存有論是形上學，竟就是從致虛守靜、以無觀「如其自身之有」的工夫論論述中直指提出的，以工夫論說形上學，其結果，道佛形上意旨即分辨不了了。

四、《中國哲學十九講》中對道家的詮釋

　　《現象與物自身》書中對道家討論不多，且不深刻，重點在排比，牟先生自己的思路尚在發展中，但到了《中國哲學十九講》，很多隱伏在《才性與玄理》、《智的直覺與中國哲學》、《現象與物自身》的道家特殊定位術語，便皆托盤而出，意旨仍從前三書中來，但論述清晰，且創作了更多術語來定位道家，並且概念十分清楚，當然成見也更堅定了，因爲從文本詮釋角度言，也離老莊愈加遙遠了。

四之一、第五講道家玄理之性格——境界型態與實有型態的形上學

首先，在〈第五講道家玄理之性格〉中，牟先生說道家乃是從反對周文皮弊而來的人生智慧，因此一開始不是一套知解的形上學概念，參見：

> 道家老莊所說的自然不是這個意思，它就是自己如此，就是無待。所以講無為函著自然這個觀念，馬上就顯出它的意義之特殊。它針對周文疲弊這個特殊機緣而發，把周文看成是形式的、外在的，所以嚮往自由自在，就一定要把這些虛偽造作通通去掉，由此而解放解脫出來，才是自然。自然是從現實上有所依待而然反上來的一個層次上的話。道家就在這個意思上講無為。
>
> 從無為再普遍化、抽象化而提煉成「無」。「無」首先當動詞看，它所否定的就是有依待、虛偽、造作、外在、形式的東西，而往上凸顯出一個無為的境界來，這當然就要高一層。所以一開始，「無」不是個存有論的概念（ontological concept），而是個實踐、生活上的觀念，這是個人生的問題，不是知解的形上學之問題。人生的問題廣義說都是 practical，「無」是個實踐上的觀念，這樣不就很容易懂嗎？[103]

牟先生以無待說無為，以之為對待世界的自然意旨，所以此無有其工夫論及境界論上的意旨，是人生的問題，是實踐的觀念，而不是知解的形上學問題。這些說法筆者都可以接受，除了以無待說無為比較是莊子路線而非老子路線之外。但以之為實踐的哲學故而即非知解的形上學，則是蘊含它是有智的直覺的實踐觀念，以及蘊含其為無執的存有論，而非執的存有論之意。然而，無執的存有論也是蘊含執的存有論，前書《現象與物自身》中，牟先生也說老子為學一路開執的存有論，為道一路開無執的存有論。重點還是，道家的存有論與儒家

之別異，這是牟先生更重要的堅持，這一別異，還得從無爲與自然、無待這些觀念入手。參見：

> 如此，無先作動詞看，就是要否定這些。經此否定已，正面顯示一個境界，用名詞來表示就是無。將名詞的nothing（無）拆開轉成句子就是no-thing（沒有東西）。所以nothing（no-thing）不是存有論的無（沒有東西）。當我們說存有論時是在西方哲學的立場，照希臘傳下來的形而上學的存有論講，無沒有存有論的意味，但當「無」之智慧徹底發展出來時，也可以函有一個存有論，那就不是以西方爲標準的存有論，而是屬於實踐的（practical），叫實踐的存有論（practical ontology）。中國的學問都是實踐的，像儒家的moral metaphysics也是實踐的。實踐取廣義。用道家的話講，實踐的所表現的就是解脫、灑脫、無爲這類的字眼，是這種智慧全部透出來以後，可以函有一個實踐的存有論。解脫用於佛教比較恰當，道家沒有這個名詞，但後來有灑脫之類的名詞，意思稍有不同。總言之就用practical這個字吧！一旦智慧透出來了，因爲智慧無外，那麼它對天地萬物當該有所解釋與說明，因此可以有個實踐的存有論，也可謂實踐的形而上學practical metaphysics。這實踐的形而上學、存有論就寄託於對無的了解。[104]

　　這一段文字在牟先生系統中是很經典的一段，主旨在提出實踐哲學進路的存有論觀念，且爲儒釋道共用，並不同於西方形上學，關鍵在所含有之實踐一義上。因此實踐與否是牟先生別異中西的關鍵判准，卻不是三教有別的要目，三教皆爲實踐的，但是，實踐的形上學既是無執的，又也含著執的存有論一面，因此也含著對現象解析的一面，那麼三教之別異要如何說呢？依牟先生，則是訴諸實有與否的立場。因此，最終，道家雖在實踐上及有存有論上無異於儒家，卻會在

有無問題上道不及儒，這個思路的開展，就是由《中國哲學十九講》中眾多術語的開創所細述出來的。我們慢慢解析之。續見：

> 《道德經》說「天下萬物生於有，有生於無。」（〈四十章〉）明講無、有、物三層。到這種話頭出現時不就成了形而上學了嗎？形而上學就是要解釋天下萬物。西方哲學是由存在上講，從存有論、知識論上講，因此將無當作一個存有論的概念；道家不如此，所以首先不能由這路來瞭解，要從生活上來瞭解。[105]

本文中，牟先生說道家講「無、有、物」三層，因此是有一套形上學沒錯，其實講形上學就是面對著現象世界的整體講了普遍的終極原理者，就此而言，道家不差，亦已說及之，但是，牟先生所特別強調的實踐進路，卻從另一個角度上回過來限縮了道家形上學對待天下萬物的功能了，此即此「無」，此「無」固因說「無」及「有」與「萬物」而為有形上學意旨，卻因為仍是實踐的，故而成了只在實踐中對待及天地萬物之有者，參見其言：

> 無所顯示的境界，用道家的話講就是「虛」。……所以第一步先分解地瞭解無，就是虛一靜。虛則靈，心思黏著在一特定的方向上，則心境生命即為此一方向所塞蔽所占有，就不虛了，不虛則不靈。……無、自然、虛一而靜都是精神的境界，是有無限妙用的心境。所以無不是西方哲學中存有論的觀念，像康德將無分作四類，都是從對象的有或沒有，或概念是空的或不空來說無，（參閱史密斯英譯本《純粹理性批判》頁294~296），道家不這樣講，所以首先從這裏劃分開。[106]

這裡，牟先生重點地將道家之無說成了是一種境界，且要依此而

將東方實踐哲學與西方思辨哲學的形上學型態劃分談來，也因此，牟先生進入了講實有與否的重要思路中，即是是否真正能說及使世界整體的天地萬物真的被實有起來的問題，這就進入了西方哲學的形上學的說及整體的方式之比較，這個劃分就從柏拉圖、亞里士多德及海德格處說，這個劃分，最終也將成為儒釋道三教形上學型態的劃分的判準，參見：

> 這不同於西方人的講法，西方人由物講的有（being）就提不起來。例如柏拉圖的Idea是對物而講的，它沒有創造性。創造屬於Demiurge，後來等於上帝，就是造物主。造物主把Idea這個form加到matter上就成功這個東西。因此柏拉圖的Idea屬intelligible world，但它本身並無創造性。所以到了亞里士多德就只說形式與質料，他批評柏拉圖為transcendent，而他的universal是immanent。假定對著物講，最後一定落在immanent。柏拉圖事實上只是抽象地在思想上把它提起來，嚴格講還是提不起來。後來如海德格講存有論，講being也是一樣。[107]

牟先生說實有的問題是連著創造性說的，此處牟先生否定柏拉圖的理型能為創造，牟先生在《現象與物自身》書中亦已否定康德所說的上帝真能為創造的實體，而必須只能是意志自由一概念命題內的智的直覺，而智的直覺就只能是道德意志，因此只有道德意志能為創造，能為創造才真能談實有的哲學，談實有要談現象世界的整體在某種創造力中被必然地固定地永恆地創造著，所以才「提起來」了，因此，柏拉圖的理型是不能為創造性型態的實體的。雖然，它說及了整體存在界，是一套執的存有論，柏氏亞氏皆然，但卻不能真為現象的實有奠基必然永恆固定的創造力基石，故而終究不圓滿。依牟先生，這個提起來的創造力就是要從實踐哲學的進路來講。參見：

此處說可以提起來是從道講，無性、有性是道的雙重性，有、無合一為玄就是具體的道，才能恢復道的創造性。先籠統地說這個創造的方向，不就有形而上學的意義了嗎？這是道家式的形而上學，說存有論就是道家式的存有論，特點就在以主觀的方式講無講有，這正好可以創造對象，這是個創造的講法。[108]

　　牟先生此處從有無作用的道的雙重性講道家的形上學，重點在於，講其有創造性，而創造性是依於實踐型態而建立，故而思路轉回中國哲學的儒釋道三教，但三教仍有不同，不過，講創造才能講實有，這是牟先生以中國實踐哲學的創造意旨來取代西方形上學的執的存有論的思路，後者，成了只分解而不真實有。三教，則是重點不在分解卻真能實有。然而，三教雖因實踐而能為創造，卻終究其創造性有別，關鍵即在實踐路數有別，故而說到底，還是只有儒家才真能以創造而說實有者，固而此處雖說道家因有無之道的實踐意旨而有創造性，但最終，牟先生還是要取消道家的創造性而保留只給儒家具有。這些思路，又要從下文慢慢說起。參見：

　　　　道家式的形而上學、存有論是實踐的，實踐取廣義。平常由道德上講，那是實踐的本義或狹義。儒、釋、道三教都從修養上講，就是廣義的實踐的。儒家的實踐是moral，佛教的實踐是解脫，道家很難找個恰當的名詞，大概也是解脫一類的，如灑脫自在無待逍遙這些形容名詞，籠統地就說實踐的。這種形而上學因為從主觀講，不從存在上講，所以我給它個名詞叫「境界型態的形而上學」；客觀地從存在講就叫「實有型態的形而上學」，這是大分類。中國的形而上學——道家、佛教、儒家——都有境界型態的形而上學意味。但儒家不只是個境界，它也有實有的意義；道家就只是境界形態，這就規定它系統性格的不同。由和儒家、佛教及

西方哲學的分別就顯出它系統性格的不同，這個和其他系統不同的智慧很特別，所以要注意。[109]

首先，中西之別異是在實踐哲學與思辨哲學上，然後，三教依其實踐的特質而建立的形上學與西方形上學的差異性即得說於「境界型態的形上學」與「實有型態的形上學」但是，在三教之內部比較上，卻會依據是否面對整體存在界的存在性問題，而講出是否真正是實有的論旨，這其中，就只有儒家，既是有「實踐的進路」的「境界型態的形上學」，卻同時也是「實有型態的形上學」，且真正具備「創造性」來創生這個實有的現象世界，到後來，牟先生即會取消道家的實有創造性，以保留儒家高舉儒家圓滿儒家。牟先生自己把話說得很明白了，參見：

> 現在還謄下最後一個問題。剛才說無、有是道的雙重性，合在一起就是玄，玄才能恢復道創生萬物的具體作用。通過徼向性就實現一個東西，即創生它、使它出現，所以徼向性（有性）是萬物之母。如此就不只限於主觀的生活上，天地萬物也出不了這無與有的範圍。這樣當然是個形而上學，也想對存在有個說明，但這說明仍只是個主觀的、從實踐上說的，而且還是境界形態的說明。這和西方哲學直接客觀地由對象方面講實有形態的形而上學顯然不同，這不同是大分類，是很容易分開的。那麼再看看它和儒家佛教各有何不同，藉此以作詳細的分別。中國三大教都是實踐的，都從主觀面講，那為何還有儒釋道的不同？道家是純粹的境界形態，和儒家佛教的分別相當微妙，當該如何瞭解？關鍵就寄託在這第四個問題，就是玄恢復「道之創生萬物」之具體的創造性。說創生創造，是暫時方便籠統地先如此說，以與知識論相對。知識論只是論認識對象，而不是論創造對象。講道不可以知識論水平（horizontal）態度講，而是要把橫的

態度豎起來，是從上往下直貫地講，這是縱的（vertical），
縱的表示道之創造性。[110]

　　這段話只是對問題的說明，或者是說對牟先生的問題意識的自我
定位以及對概念使用的自我定義，牟先生說道家有說及整體存在界，
但卻是實踐的進路，故與西方不同，關鍵在西方直接面對對象講其存
在性，東方卻面對對象講其主體自己的實踐，因此是從主觀面講的現
象世界。但是，雖然儒釋道三教都有從主觀面講世界，卻有創生不創
生的差別，亦即有對待的態度是三教共義，而有創造與否卻只有儒
家有之，但既是面對了世界，即是形上學，即是有創造性，但是，處
理對待義的創造卻與整體存在的存在根源的創造還是不相同的，後者
創造世界，前者只對待世界，這就是儒家創造世界道家對待世界的意
思，對待之、面對之、而成就境界型態的形上學，此三教共義，但創
造之、保證之、必然之、永恆之就只有儒家擔得起了，且就只有儒家
的道德意識能擔得，康德的上帝多了位格性，故不足以扮演此一角
色。

　　所以，依牟先生的術語定義之構思，實踐之、面對之、而有對整
體存在界的說法者即是縱貫的形上學型態，單單認識之、分解之則只
是橫說的型態，此說在本書中牟先生持續地大力發揮之。也依此而別
異了儒道兩家。參見其言：

　　　　道家的道和萬物的關係就在負責萬物的存在，籠統說也是創
　　　造。這種創造究竟屬於什麼形態？例如：「道生之，德畜
　　　之」（〈五十一章〉）道也創生啊！莊子也說：「生天生
　　　地，神鬼神帝」（《莊子・大宗師》）。天地還要靠道來創
　　　生，何況萬物！《道德經》又說「天下萬物生於有，有生於
　　　無」（〈四十章〉），這不明明用生嗎？所以要用現在的話
　　　說創生、創造不能算錯，但你要是再進一步瞭解，就知道用
　　　創造這個名詞不很恰當。儘管也用生字，但照道家的講法這

生實在是「不生之生」。儒家就是創生，《中庸》說：「天地之道可一言而盡也：其爲物不貳，則其生物不測。」那個道就是創生萬物，有積極的創生作用。道家的道嚴格講沒有這個意思，所以結果是不生之生，就成了境界形態，境界形態的關鍵就寄託於此。

因此創造（creativity，creation）用在儒家是恰當的，卻不能用於道家，至多籠統地說它能負責的存在，即使物實現。「實現」更籠統，說創造就太落實了。所以我們不要說創造原則，而叫它「實現原則」（principle of actualization）。實現有許多種方式，基督教的上帝創造萬物是一個意義，以創世紀神話的方式講，上帝從無創造萬物。儒家講天道不已創生萬物又是一個意義，那不是從無而造，而是「妙萬物而爲言」的那運用的創造。二家都講創造也還有不同，但都可以用實現原則說。佛教根本不能用創造，說涅槃法身說般若創生萬法是不通的，即使說實現也不恰當。但到圓教也總能維持住「法底存在」之必然性。若勉強說實現，這是天臺家所說的「理具事造」之實現。實即是必然地一起帶著呈現。是故不管是耶教的上帝、儒家的道體、道家的玄、還是佛教的般若法身，若籠統地都用實現原則說，這「實現」底意義也不一樣，尤其在佛教方面爲特別。這個問題甚爲微妙。現在只簡單地如此說，以後將有機會較詳細地講。[111]

　　這段文字中牟先生就明白地把同是實踐哲學進路的境界型態形上學的道佛兩家與儒家做了分別，也把同是實有型態形上學的儒家與西方哲學做了分開，關鍵都還是在創造世界的問題上，道家是實踐的，但只有對待，對待之而實現其理想，但不創造萬物。西方哲學固然說上帝創造萬物，但分析創造概念到最後只有道德意志一路可以擔當，因此道佛及西方所有形上學體系都只能說到實現，不能擔當得創造。只有儒家可以。又見：

道家只能籠統地説實現原理，不好把它特殊化，説成創造，因此道家是徹底的境界形態。……由不生之生才能説境界形態，假定實是生就成了實有形態。譬如儒家天命不已的道體就實有創生萬物的作用，就成了客觀的實有、創生的實體了，道家的道是無，無起徵向性，從徵向性説生萬物。因此首先不能客觀地説客觀世界有個東西叫無來創生萬物，而要收進來主觀地講，靠我們有無限妙用的心境，隨時有徵向性，由徵向性説明客觀事物的存在。它又是不生之生，完全以消極的態度講。……因儒家是「妙萬物而爲言」的運用的創造。故亦必須和萬物連在一起説。道家的道之具體的妙用即玄固然必須要和天地萬物連在一起來説，但這時説創生，創造的意義就不顯，而生就是不生之生了，這才是道家的本義、眞實的意義。何謂不生之生？這是消極地表示生的作用，王弼的《注》非常好，很能把握其意義。在道家生之活動的實説是物自己生自己長。[112]

前文説道家是實踐哲學，以有別於西方哲學，但也就因爲是實踐哲學，牟先生就只看道家在實踐活動的方式上的特殊性，便忽視了道家在存在上的發言意旨，王弼注老之「不生之生」無甚大謬，但那是工夫論旨，道家另有道體實存之論旨，牟先生可以直接以工夫論旨之不生、無待、無爲説道家，實際上是依據郭象無道體之立場而説，此在《才性與玄理》書中已明白表述，既無道體，當然不負責創生，而因有實踐，故而有對待，因而有實現原理，但絕無創生原理。因其對待天地萬物只是依其已然之現實消極地對待之、處置之、而保住之，而非就其存在之根源，創生之、實現之、而終極圓滿之。

四之二、第六講玄理系統之性格 ——縱貫縱講與縱貫橫講

筆者説牟先生是由工夫論的意旨差別來説實有與境界型態的儒道

差別，牟先生的思路只能定在此處，否則儒道皆為實踐哲學且皆有智的直覺的型態之別異難以出現，此義，即見下文：

上次我們討論了道家玄理之性格，這次將由道家的修行工夫這方面來進一步確定道家玄理之意義。並且將引進一個新的名詞，來分別各家形態的不同。[113]

　　牟先生要引進的新名詞就是縱貫縱講及縱貫橫講，縱貫系統是講到了整體存有界的存有論哲學，另有橫攝系統，則是講知識論的，縱貫系統中卻有縱講與橫講之別，這就是儒與道佛之別異，這就要由工夫來說。其實，是由工夫來收管形上學，形上學意旨已被決定為只有道德意志為能創生萬法，道佛之創生萬法的路數牟先生盡皆不取，但道佛之有形上學的宗旨牟先生又絕不放棄，故而由道佛之工夫論來說及形上學，由工夫以對待萬物、以保住萬法、以實現萬法來說道佛的形上學，形上學是說到了，最終一點創生萬法的功能卻得不到，只有儒學能得之，且不能是宣說創造的上帝，因為上帝是道德意識的位格化，位格化是多餘的情識構想，所以就只有道德意識當得之了。這就是牟先生這一講的整個思維，我們還是細細來看，參見：

　　道家要達到它所嚮往的無為、自然的境界，或是莊子之逍遙無待的境界，需要通過怎樣的實踐工夫？譬如孔子講「下學而上達」，實踐「仁」道；孟子講「擴而充之」；《大學》、《中庸》則講慎獨；這些是儒家的道德實踐的工夫。道家的入路不是道德意識的，因此工夫與儒家不同，但仍有修道的工夫。能了解道家的工夫，就能更真切地把握上次所作的客觀、形式的了解。客觀的、形式的了解是綱、是經、是縱線；對工夫的了解是維、是緯、是橫線。經緯會合就可以把握住道家玄理之性格。中國儒、釋、道三教都很重工夫，古人的學問不像西方人用思辨的（speculative）、知解

的（theoretical）方式，而都由工夫實踐的緯上著手，由此呈現出一些觀念。後人就先對所呈現出的觀念作客觀的了解，反而常把緯忘了，於是整個系統就飄蕩無著而衍生許多不相干的誤解。因此當了解了經之後，還應該轉回來把握住其在工夫實踐上的根據——緯——才行。[114]

這一段講話中提了經緯的概念，經緯也就是綱維也就是縱橫，道家的緯是講到了境界，而境界，儒家也是講得到的，只道家講得更好，似乎，道家幫儒家講好了境界。於是道家講的境界就是儒家講的境界，只儒家還說了經，也就是縱貫，也就是實有創生的問題。而實有創生的問題只能是依儒家的講法講，道家即沒有這一層。

然而，沒有經，沒有縱，沒有客觀的形式，沒有實有創生的道家，其緯者又如何可能有呢？牟先生不管這個問題，道家之緯也是可以幫儒家的境界講好的進路，也是於儒家有用的資糧，道家只管把它的工夫特質的緯說好就可以了。筆者的立場是，道家有工夫，有緯，但也有經，也有實有型態的形上學立場及命題原理，唐君毅先生就是這樣明確地講的[115]，道家工夫論預設著道家形上學立場，道家形上學說明了現象世界的存在之緣由，道家絕非只有一虛無化境的工夫所達致的境界，但是，牟先生卻一味只從實踐哲學進路的工夫論來說道家，說到工夫論，實際上是老莊有別，牟先生卻混同為一，參見其言：

> 現在進一步來了解道家由生所表示的縱貫關係。道家所謂的生其實是「不生之生」，由不生之生就成了境界形態。儒家是妙運的實有形態；基督教是人格神的實有即上帝自無而造萬物；這是教路所決定的不同。道家不是實有形態，即不能客觀地指出個東西叫「無」來創生天地萬物。雖說「無名天地之始，有名萬物之母」（〈一章〉），但若由平常的習慣順著天地萬物往後想，想到最後有個東西叫「無名」，那就

完全錯了。因此我們說道家的無不是個存有論的概念，存有論的概念是可以客觀地實指的，是可以分解出來的。實有形態通過客觀的分解可以實指出一個客觀的實有（objective entity），或是上帝、或是原子或地水風火等等，都是客觀的實有。道家的無並不是客觀的實有，而完全是由主觀修行境界上所呈現的一個觀念，所以要從生活實踐上來了解，這就函著工夫問題，由對工夫的了解可以確定這個意思。[116]

　　這一段講話中，牟先生一直以「無」來說道家的存有論，實際上有無都是老子表意道體的兩個蘄向，老子是有道體的，莊子也是有道體的，王弼也是有道體的，老子強調工夫論的無為，莊子強調道之有情有信，但工夫論上是逍遙意境沒錯，王弼強調有萬物宗主，只是它是無形的，老莊王弼都是有道體的，且是有價值意識的本體論的，老、王為無為，莊生為逍遙，三家也都談到了境界，一是聖人無為而無不為者，一是至人無己神人無功聖人無名的神仙為標的的境界，絕非一「無」到底就只有工夫之緯而無形上學之實有立場的存有論。所以，老子不是講無來創生天地萬物，而是講道來創生萬物，以有無名天地萬物只是抽象思維的道體特徵，老莊都是有道體且創生的實有論者。甚至，此義理雖可謂早已蘊含於儒家系統中，卻畢竟由老莊先說而由《中庸》、《易傳》接續繼承而為儒學開說者。牟先生因為是以郭象莊學之無道體立場定位老莊王弼，因此對道家工夫論旨的把握也就只剩玄境，即由郭象獨化無待的玄覽之玄境，因此當牟先生攝取老子工夫論命題的時候，就只重致虛守靜一段文字，然而，這只是老子說要靜思深慮以理解玄理的一段收斂工夫，並不是老子為開示聖人領導智慧的個人修養工夫，因此，筆者要說，牟先生對老子工夫論旨把握不準確，關鍵還是因為它只能準確體會郭注莊學，參見其言：

　　　　現在來看道家的實踐工夫。道家的工夫也很特別。儒家是道
　　　　德的實踐，佛教是**解脫**的實踐。道德的實踐是平常所謂實踐

一詞之本義，如康德所說的實踐理性（practical reason），就是講道德。但也不能說佛教的禪定工夫不是實踐的，凡說工夫都是實踐的，道家亦然。因此廣義地說，東方的形而上學都是實踐的形而上學（practical metaphysics）。道家的實踐就很難用一個名詞來恰當地表示，大概也類乎解脫一類的，但仍有不同。工夫是緯線，縱貫的關係是經線。若是了解了道家工夫的特殊意義，因而了解了它的緯線，那麼就可以用一個新名詞來表示：**道家的境界形態的形而上學是「縱貫的關係橫講」**。道家的道與萬物的關係是縱貫的，但縱貫的從不生之生、境界形態、再加上緯來了解，就成了「縱貫橫講」，即縱貫的關係用橫的方式來表示。這橫並不是知識、認知之橫的方式，而是寄託在工夫的緯線上的橫。[117]

　　這段話中清楚地說出了縱貫橫講的境界型態的形上學意旨，這就是道家形上學的型態，由實踐入固然沒錯，卻只屬解脫，只有不生之生的對待態度，就現實之虛偽痛苦以不生之生及解脫的工夫對待之，則整體存在界的存在問題以主體的對待態度面對之，而有了對待，即是有了處理，即是有其對待，即是形上學的討論意見，即是將縱者橫講之以為處理的形上學意見。也就是牟先生自己明白地說，他的道家形上學意見，是以他認為的道家工夫論的意見來說的。但，工夫論是依據形上學而有的，不認識道家的形上學或不承認道家有形上學則何來道家的工夫論呢？但，牟先生就是這樣，由他所認定的道家工夫論旨，來定義道家的形上學意旨，再來別異儒道的形上學類型。那麼，道家工夫論是如何呢？要說清楚這個問題，就首先要說清楚儒家的型態，把儒家的工夫論和他的形上學說清楚了，道家與儒家不同的型態就直接顯現出來了，參見其言：

　　　　再看儒家。儒家之天命不已的道體就是創生萬物，……嚴格講創造之所以為創造之實義要從道德上見。就是基督教從上

帝說創造，嚴格講也是由道德上見。因此儒家由天命不已、天地之道的道體所表示的創造，人就叫做創造性自己、創造性本身（creativity itself）。耶教的人格神——上帝——嚴格講就是造創性自己，也叫做創造性原理（principle of creativity）。創造性就是天地萬物之本體，人格化就是上帝，不人格化就是創造性本身，亦即創造的實體（creative reality），是絕對的實體。……道德性的「創造性自己」人格化就是上帝。[118]

道家的實踐工夫可以是一種存有論，但這種存有論卻不創生，關鍵在創生只有道德意識一路，即便上帝的創造也只能是據於道德意識的本身，說上帝都多說了，這個概念只是道德意識的位格化。實際上創生就只有道德意識而無位格化的任何存有。

為什麼由道德見創造呢？因為道德乃發自意志（will），是意志的作用，而意志是個創造的能力，沒有人由知性（understanding）處講創造。……不但如此，已有的還可以去掉，所謂「革故生新」。能令有者無，能令無者有，就是創造。創造的意義要透過意志來表示，因而康德講道德實踐就一定提出自由意志（free will）；中國人則講良知，這才是創造之源。因此嚴格講真正的創造若不取宗教家神話式的講法，就必是儒家的形態。其實就是宗教家的神話，也要根據道德才能真了解神的創造。道家並不屬於此種形態，因而用創造一詞是不恰當的。[119]

牟先生如此肯定只有儒家才能講創生，是因為道德意志是能付諸行動的意志，「意志可決定當該有，若現實上沒有，付之實行不就有了嗎？」筆者以為，現象世界的人間事務可以如此說，存在世界的天地萬物就不能如此說了，當然，此道德意志做為天道觀時，即亦能為

於創生。不過，道家並不只是只有一個自然虛無的態度，在現象世界已被創造之後爲其對待之作用而已。道家雖不以道德意志論天道，卻畢竟仍有一天道以爲萬物之創造，因爲創造的問題是一哲學基本問題，任一哲學學派皆須言說此一問題，老莊一開始就先談到此議題，孔子卻尚未談及，孟子所談不深，《中庸》、《易傳》才眞正正面談及，且確實是以道德意志談出來的，但說及萬有之出現，是道家老莊更早提出的觀點，牟先生卻以晚出的郭象之無道體立場解讀老莊，又以萬法之創生只能由道德意識談，因此儒家以外之中西哲學學派只能有實現原理而竟無創生原理，此說對他教而言皆不公允。關鍵即在，說及現象世界的整體存在之如何所以而有的這個問題，是一哲學共同問題，但不能說只有一套答案是唯一且絕對的典範，牟先生以道德意志願使其有，因此成就眞正的形上學，此說竟與馮友蘭先生的四境界說中的以道德境界直接認識之爲天道目的時即上升爲天地境界意旨相同，因爲他們都是儒學本位的思路，此說使世界存在的動力必須要定義爲即是一種道德意識，又說爲即是儒家的型態的道德意識，若非完全預設康德的實踐理性的思路，又挑出自由意志及免除靈魂及上帝的話，則此說無從成立，此路完全是牟先生的個人創造。在定義中創造形上學系統，創造部分人人可爲，且值得尊重；但詮釋部分即需有爭辯，筆者即是不同意牟先生爲道家所提之詮釋意見及型態定位，參見：

> 道家是縱者橫講的形態，就顯不出創生的意義。佛教也是縱者橫講，就也不宜說創生。凡不宜說創造性本身或創造性原理的都是縱貫橫講，有道家與佛教二個形態。[120]

> 道家也有道家式的存有論，它的形而上學是境界形態的形而上學。**境界形態是縱者橫講，橫的一面就寄託在工夫上，工夫是緯線。**[121]

終於，牟先生就以縱者橫講來定位道家形上學型態，橫講就是有工夫論的，也就是沒有道體的，也就是說不到創造的，也就不是圓滿的系統。爲於儒學創造而大張其說是可以被尊重的，但爲高舉儒學而詮釋它教卻不能究其本旨則是要被批評的。牟先生把握道家的工夫論旨就在下面這段談話中，參見：

> 《道德經》中所說的「致虛極、守靜篤」（〈十六章〉）就代表道家的工夫。當然關於工夫的詞語很多，但大體可集中于以此二句話來代表。極是至，至於虛之極點就是「致虛極」。守靜的工夫要作得篤實徹底，所以說「守靜篤」。這就是「虛一而靜」的工夫，在靜的工夫之下才能「觀復」。由虛一靜的工夫使得生命虛而靈、純一無雜、不浮動，這時主觀的心境就呈現無限心的作用，無限心呈現就可以「觀復」，即所謂「夫物芸芸，各復歸其根，歸根曰靜，是謂復命。」（同上）。這些都是靜態的話頭，主觀的心境一靜下來，天地萬物都靜下來了，就都能歸根復命，能恢復各自的正命。不能歸根復命就會「妄作、凶」。當萬物皆歸根復命，就涵有莊子所嚮往的逍遙遊的境界。莊子所嚮往的逍遙齊物等均已包含在老子的基本教義裏，莊子再把它發揚出來而已。當主觀虛一而靜的心境朗現出來，則大地平寂，萬物各在其位、各適其性、各遂其生、各正其正的境界，就是逍遙齊物的境界。萬物之此種存在用康德的話來說就是「存在之在其自己」，所謂的逍遙、自得、無待，就是在其自己。只有如此，萬物才能保住自己，才是眞正的存在；這只有在無限心（道心）的觀照之下才能呈現。無限心底玄覽、觀照也是一種智的直覺，但這種智的直覺並不創造，而是不生之生，與物一體呈現，因此還是縱貫橫講，是靜觀的態度。**程明道所說的「萬物靜觀皆自得」，就帶有些道家的意味，也是縱貫橫講。**若主觀浮動就不自得，萬物也隨之

不自得，於是時間空間範疇等等都加了上去：就成了現象（phenomena），而不是物之在其自己。[122]

牟先生這段談話中對老子工夫論把握不到要點，對莊子工夫論所說的就只是郭象意旨，對道家工夫論最後就定位出一個玄覽靜觀的境界，無怪乎只有縱者橫講，說縱者都說多了，只剩橫講而已，即所說只是一套虛說的玄靜觀照而已，然而，這是郭象，既非老莊亦非王弼。

四之三、第七講道之「作用的表象」——實有層與作用層

這一講中，牟先生又創作新說，即是實有層及作用層兩概念，以便分說道家與儒家的差別，這個差別，要點在道家只有作用層，而儒家則實有與作用兩層皆有。但也就在這種詮釋架構中，道家成了以儒家仁義價值為中心的備用系統，道家發揮的作用層義理，儒家也是有的，且意旨相同。然而，牟先生在這一講中的這一套架構，卻主要是以老學的材料為對象，若說於莊學，必不成立。然而，在《才性與玄理》書中，牟先生早就將老莊王郭合而為一，且全部混同置入郭象無道體有意境的無待無作為系統，以老學材料為對象，就是為要拉近道家與儒家的關係時較易言說而使用的。參見其言：

> 上一講我們談到儒家是縱者縱講，道家、佛家是縱者橫講。今天我們接著講，道家還有一層意思，就是「實有層」和「作用層」分別不清楚，或者說沒有分別。何以是如此？這主要是因為道家所講的「無」是境界形態的「無」。我們先把「無」當動詞看，看它所「無」的是什麼？《道德經》說：「常無欲以觀其妙，常有欲以觀其徼。」這是從主觀方面講。道家就是拿這個「無」做「本」、做「本體」。這個「無」就主觀方面講是一個境界形態的「無」，那就是說，它是一個作用層上的字眼，是主觀心境上的一個作用。把這

主觀心境上的一個作用視作本，進一步視作本體，這便好像它是一個客觀的實有，它好像有「實有」的意義，要成爲實有層上的一個本，成爲有實有層意義的本體。其實這只是一個姿態。在道家，實有層和作用層沒有分別，此一義涵著另一義，就是道家只有「如何」（how）的問題，這還牽涉到其他概念，例如聖、智、仁、義等概念。道德經裏面有「絕聖棄智」；「絕仁棄義」之語。牽連到聖、智、仁、義這方面，道家只有如何（how）的問題，沒有「是什麼」（what）的問題。這個就是因爲道家的「實有」和「作用」沒有分別。[123]

　　筆者前已指出，牟先生是以工夫論說儒道之別異，再由之而定位其形上學型態之別異的，道家工夫論旨在牟先生處，無論老莊，筆者都認爲牟先生沒有掌握準確，掌握準確意指從老莊普遍原理的價值意識本體來進入它的工夫論，關鍵即在，牟先生以無道體之郭象學定位整個老學，郭象學實際上也無工夫論，錢穆先生即明言於此[124]，郭象學就是只剩一主觀的意境面對世界，化消一切價值。牟先生亦掌握住此一意境，因此詮解道家哲學時，首先是沒有言說於實有層之思路，此即其無道體立場而來的說法，其次是言其工夫論時，即將之表述爲一無有明確價值立場，而只有一對待之主觀心境的作爲者，此即其作用層。但是，道家畢竟仍有道體概念及普遍原理的思維，而牟先生即將之以工夫論術語整個壟罩，亦即以工夫論意識說其意旨，並且，在本講中，還批評這種類型是混淆實有層及作用層的做法。謂其「實有層」和「作用層」沒有分別。

　　牟先生這樣的討論方式，則是以「無」作爲道家工夫論的代表，一如其以致虛、守靜、無待爲代表的定位，此義，易於與郭象無道體思路結合，故說道家自己誤把「無」上升爲本體，其實「無」並非本體，而只爲一主觀的心境，此義又見下文：

道家實有層上實有這個概念是從主觀作用上的境界而透顯出來，或者說是透映出來而置定在那裏以爲客觀的實有，好像真有一個東西（本體）叫做「無」。其實這個置定根本是虛妄，是一個姿態。這樣的形上學根本不像西方，一開始就從客觀的存在著眼，進而從事於分析，要分析出一個實有。因此，我們要知道道家的無不是西方存有論上的一個存有論的概念，而是修養境界上的一個虛一而靜的境界。[125]

　　牟先生就是說，一般講存有論，是就現象世界說其普遍原理的，但道家存有論，卻是就其主觀心境說的，主觀心境是主體做工夫達至一定境界的意思，牟先生以爲道家把這個東西當作了實有層的存有論，亦即以此說形上學。其實，是牟先生自己把道家的工夫論旨說成了形上學論旨，而這個工夫論旨就只是郭象型態的詮解，而道家的形上學，卻另有論旨，但牟先生全未正視，他乾脆說，老子還有有道體的論述姿態，到莊子就完全朝化掉此一道體的道路前進，郭注就是把握這個方向的道家哲學。因此，我們可以說，牟先生的馳騁思辨以創造道家別異儒道之作，就確實是自己的創造，若說文本詮釋，則對老莊王弼盡皆不確，可以說只是以郭象爲對象展開的思辨及創作。依郭象，就是沒有實有層只有作用層的姿態而已，說境界都還低看了境界這個詞與應有的深度。

　　在意旨如此單薄下的道家，則其必以儒家爲歸旨的論述就容易進行了，接下來，牟先生的討論，就是要走出一條道家哲理發揮了儒家所未及發揮的一項要點，但此義儒家亦已有之且應蘊含之，故而道家就成了只是以儒學爲典範下的一種部分哲學的角色了，也就是說，道家幫儒家開發了一部分的哲學內涵，而這一部分，儒家也有，也需要開發，只未及開發而被道家開發，既被開發，就快樂地拿來使用就好了。於是老莊王郭就成了牟先生可以論說儒家的理論資糧。此義，全在郭注中當之，但說於老莊王弼，便十分不準確了。參見：

再進一步，牽涉到聖、智、仁、義這一方面說，道家就只有how的問題，沒有what的問題。how就是作用上的觀念，比如說康德的哲學裏面最喜歡問：某某東西如何可能？如何可能是高一層的問題，事實上已經可能，現在的問題是如何可能？

當我們說道家只有how的問題，就是說當它牽涉到聖、智、仁、義時，它不正面說什麼是聖、智、仁、義。仁、義直接是道德的觀念，聖、智是道德修養所達到的境界。道德修養的最高目標就是成聖人。但是道家並不先正面肯定有聖、智存在，然後再正面解釋什麼是聖、智。假如先正面肯定聖、智、仁、義，再進一步加以說明，這就是what的問題，「是什麼」的問題。what的問題，即是一個存有問題，道家沒這個問題。

道家只是「提到」聖、智、仁、義，並不正面去肯定它們，並加以說明（當然亦未正式去否定它們）。道家怎樣提到？道家只是順著儒家而提到。儒家正面肯定仁義聖智，它正面肯定，就要正面說明，儒家有這個問題。正面肯定、界定，就表示仁義聖智都是正面上的實有。[126]

這段談話就是說仁義聖智這些儒家的價值，就道家而言，也是已經預設的，但道家未從正面肯定之論述之，而是從如何運作的進路討論之。以老子爲例，老子確然保住聖智仁義的價值，但莊子絕非此義，郭象以寄言出意說莊子時才有此義，但究其實，老子的根本價值意識還是無爲，仁義只是次德目，至於莊子，則是批判仁義。至於郭象及牟先生，則是將道家視爲一型，藉由作用以實現仁義，於是功底都在作用層上。又見：

道家呢？好，你儒家說仁、義、聖、智，道家就要問你如何善於體現仁、義、聖、智呢？你如何把聖、智、仁、義，以

最好的方式把它體現出來？這就是如何（how）的問題。

道家說「絕聖棄智」、「絕仁棄義」，並不是站在存有層上對聖、智、仁、義予以否定，這樣了解是不公平的。這個「絕」、「棄」、「絕聖棄智」、「絕仁棄義」、「絕學無憂」，字面上看，好像是否定聖、智、仁、義、學，這樣了解是不公平的，這樣了解，顯得道家太大膽了。否定聖智仁義，豈不是大惡？這真是異端了！但這樣了解是不公平的。如何來做一個恰當的了解呢？道家不是從存有層否定聖、智、仁、義，而是從作用層上來否定。「絕」、「棄」是作用層上的否定字眼，不是實有層上的否定。儒家是實有層上的肯定，所以有what的問題，道家沒有這個問題，所以也不從實有層上來說「絕」、「棄」。

道家不從實有層上說「絕」、「棄」，那麼是不是從實有層正面上來肯定聖、智、仁、義呢？也不是。所以我們可以說，道家對聖、智、仁、義，既不是原則上肯定，也不是原則上否定。從實有層上正面肯定或否定，就是原則上肯定或否定。道家沒這個問題，那就是說道家沒有what的問題。

道家只是順著儒家，你儒家正面肯定聖、智、仁、義。好！我問你一個問題，你如何把聖、智、仁、義以最好的方式體現出來呢？什麼叫最好的方式？你可以說出一大堆，說是學校教育啦！家庭教育啦！風俗習慣啦！就道家看，這統統不對，都不是最好的方式。所謂最好的方式，也有一個明確的規定，道家的智慧就在這裡出現。[127]

牟先生此段的討論，就是把道家整個納入儒家價值觀系統內了，指出道家從作為上否棄仁義，卻正是真正的保住仁義，雖未在價值意識上正面主張肯定之，卻也絕未正面否定之。要是說道家否棄聖智仁義，則是太大膽了，則是大惡。此話固然不假，但這樣一來的道家形象，真成了儒家的小附庸了。而牟先生以郭象為典範的道家詮釋，就

走得是這樣的一條路。筆者固然主張孔老互補[128]，但老學無爲價値意識中仍有其本體論的普遍原理以爲依據，並非老學自己無價値本體，而是爲保住儒家的價値本體，因而只在作用上提供智慧，即不正面把捉之，而是退一步讓開之，而使其自生自長。若是依照牟先生的詮釋，老學及道家也只是爲儒學之發達，略盡一言論之職責而已了。又見：

> 你如何以最好的方式，來體現你所說的聖、智、仁、義呢？這是how的問題。既是how的問題，那我也可以說你是默默地肯定了聖、智、仁、義！當然可以這麼說，但它不是從實有層上、正面原則上去肯定，它的肯定是作用中的肯定。我就給它找一個名詞，叫做：**作用地保存**。它當然不是正面來肯定聖、智、仁、義，但也不是正面來否定它們。
> 道家既然有how的問題，最後那個what的問題也可以保住。既然要如何來體現它，這不是就保住了嗎？這種保住，就是「作用地保存」，對聖、智、仁、義，可以作用地保存得住。因此**不能把道家的「絕」、「棄」解錯了。**……道家講無，講境界形態上的無，甚至講有，都是從作用上講。天地萬物的物，才是真正講存在的地方。如何保住天地萬物這個物呢？就是要從作用上所顯的那個有、無、玄來保住。[129]

這一段話就是牟先生直指道家正是默默肯定聖智仁義，且既有作用層的智慧，則實有層的意旨即得以保住，因爲道家也是用體現它的，關鍵就是，道家無本體、無實體、無自己的終極價値意識，只是爲儒家的聖智仁義從操作面上做討論，而達一哲學上之理境而已。既然如此，道家成了儒家的附庸，而儒家的詮釋，就再度由此而顯豁了。參見：

> 儒家則有實有層和作用層的分別，仁是實有層上的觀念，不

論是就著道德實踐上講，或是就著天地萬物的生化講。照儒家看道德秩序就是宇宙秩序，宇宙秩序就是道德秩序。仁本來是道德的，是道德實踐之所以可能的最高根據，這是道德的秩序。但是仁無外，心亦無外，心外無物，仁外也不能有物。萬物都涵蓋在仁這個道德心靈之下，仁具有絕對的普遍性，當它達到絕對的普遍性時，仁就是宇宙秩序，從這裏可以說一個道德的形而上學（moral metaphysics）。……儒家是不是也有作用層上的問題呢？譬如說，是不是有道家作用層上那個「無」呢？儒家也有。從那裡可以看出來呢？從作用上講無，儒家的經典也有。[130]

牟先生在這一段談話之後，就展開儒家經典有談到作用上的無的境界的文本詮釋，其說皆不差，筆者亦完全認同，如先秦文獻以及程顥意旨者，筆者就撰書主張程顥正是境界哲學的進路[131]。但是，牟先生說儒家有實有層也有作用層，筆者卻主張，依牟先生用語之定義，道家也有實有層及作用層，任一大教皆有實有層及作用層，否則其作用意旨不明，其系統基礎不完備。系統完備意旨分明之大教，皆是有實有層、有作用層者，皆是有執的存有論及無執的存有論者，皆是有本體宇宙論及工夫境界論者。本體宇宙論的概念要在《四因說演講錄》時才為牟先生大力提出，但筆者以為，本體宇宙論工夫境界論四方架構是一套中國實踐哲學的基本哲學問題，儒釋道三家皆豐富其旨意，但各家系統教相不同，卻皆能充分展現思路理路的一致性與完備性。三教皆不必抵死非議它教，尤其是價值意識，儒家之仁義何須道佛抵死非議？但道佛之價值意識又另有它旨，其各自之宗旨是依據其各自之本體宇宙論而來，亦即其各自之實有層而來，牟先生有肯定於儒家之實有層，卻否定道家有實有層的討論，只能是郭象型態，而郭象型態正是中國哲學史上唯一一型之沒有道體的虛無主義者，以之當於道家而為文本詮釋者，正低視道家貶視其意而只為高舉儒家護衛儒家之論旨而已。

五、小結

　　筆者對牟先生道家詮釋之討論，亦是爲申說牟先生如何建構新儒家宗旨而作，於新儒學，牟先生有創作之功，於道佛詮釋，牟先生有曲解之誤，是以筆者倡議文本詮釋進路的中國哲學史研究，以本體宇宙工夫境界爲實踐哲學之基本哲學問題解釋架構，還原各家本義，無須較競三教，三家各是一系統完備理論一致的大教，比較之彰顯之尊重各家者可也，高舉一家變難它教之事業非不可爲也，然若無對諸教之正確理解與準確詮釋，則反致哲學史之混亂與時人學習之障礙。

　　對於牟先生道家詮釋之討論，工作尙未完成，筆者以著作史進路爲當代新儒家文本詮釋之工作，以牟先生著作爲對象，尙有《四因說演講錄》、《齊物論》、《圓善論》之作品需要討論，而這樣的進程，卻更能了解牟宗三先生的思辨歷程及理論宗旨，牟先生思辨之力道適爲增長研究者的學術資糧，而闡釋其義導正其說正爲當代中國哲學研究者應爲學術界盡一心力之職責所在，望祈批評指正。

註釋：

80 參見：杜保瑞，2007年2月，〈對牟宗三詮釋朱子中和說的方法論反省〉，《二十世紀人文大師的風範與思想——後半葉》，頁275-312，東吳大學人文社會學院主編，臺灣學生書局印行。杜保瑞，2009年8月，〈對牟宗三批評朱熹與程頤依《大學》建立體系的方法論反省〉，《哲學與文化》第423期：頁57-76。杜保瑞，2009年11月，〈對牟宗三詮釋周敦頤言誠體的形上學之方法論反省〉，《哲學與文化月刊》第426期：頁77-102。杜保瑞，2010年10月，〈牟宗三以道體收攝性體心體的張載詮釋之方法論反省〉，《哲學與文化月刊》437期。杜保瑞，2011年9月，〈對牟宗三詮釋朱熹以《大學》為規模的方法論反省〉《人文與價值——朱子學國際學術研討會暨朱子誕辰880周年紀念會論文集》，頁504~524。上海華東師範大學出版社出版。以上論文已收錄集結出版於拙著《牟宗三儒學平議》，（臺灣商務印書館，2017年10月初版）（北京新星出版社，2017年10月初版）。

81 杜保瑞，2011年11月4~5日，〈對牟宗三道家詮釋的方法論反省〉，第八屆《詮釋學與中國經典詮釋——「全球化」作為「視域融合」的詮釋學經驗》國際學術研討會，成功大學中文系與中國山東大學文史哲研究院合辦。此文現即本書第二章。

82 牟宗三，《智的直覺與中國哲學》，臺灣商務印書館，1980年10月第3版，頁151。

83 牟宗三，《智的直覺與中國哲學》，頁184。

84 牟宗三，《智的直覺與中國哲學》，頁185~186。

85 參見，陳清春言：可見，智性直觀在康德那裏只是理性的一個設想，存在與否已經超出了人類的認識範圍，其理論意義在於為人類認識的有限性假定一個超越的根據。而牟宗三卻將康德只有消極意義的認識論的設想完全肯定為有積極意義的存在論的實現原則，它不僅是真實的直觀方式而且就是人類這種有限存在者所能有的直觀方式。〈牟宗三「智的直覺」理論的內在矛盾與出路〉，《臺灣大學哲學論評》第四十期，2110年，頁1-28。

86 牟宗三，《智的直覺與中國哲學》，頁190~191。

87 牟宗三，《智的直覺與中國哲學》，頁192。

88 牟先生取消上帝的討論另見下文：智的直覺既可能，則康德說法中的自由意志必須看成是本心仁體底心能，但是，自由意志不但是理論上的設準而且是實踐上的呈現。………智的直覺既本於本心仁體之絕對普遍性，無限性以及創生性而言，則獨立的另兩個設準（上帝存在及靈魂不滅）即不必要。此本心仁體即純一不滅永恆常在之本體（實體）。《智的直覺與中國哲學》頁201。

89 牟宗三，《智的直覺與中國哲學》，頁193~194。

90 牟宗三，《智的直覺與中國哲學》，頁199。

91 牟宗三，《智的直覺與中國哲學》，頁203。

92 牟宗三，《智的直覺與中國哲學》，頁208。

93 牟宗三，《智的直覺與中國哲學》，頁209。

94 牟宗三，《智的直覺與中國哲學》，頁211。

95 牟宗三，《現象與物自身》，〈序〉頁10~11。臺灣學生書局，1982年4月3版。

96 牟宗三，《現象與物自身》，頁39~40。

97 牟宗三，《現象與物自身》頁400~401。

98 牟宗三，《現象與物自身》頁430。

99 牟宗三，《現象與物自身》頁431~432。

100 牟宗三，《現象與物自身》頁432~433。

101 牟宗三，《現象與物自身》頁433。

102 牟宗三，《現象與物自身》頁434。

103 牟宗三，《中國哲學十九講》，臺灣學生書局，1983年10月初版，頁90~91。

104 牟宗三，《中國哲學十九講》，頁93~94。

105 牟宗三，《中國哲學十九講》，頁94。

106 牟宗三，《中國哲學十九講》，頁94~95。

107 牟宗三，《中國哲學十九講》，頁102。

108 牟宗三，《中國哲學十九講》，頁102。

109 牟宗三，《中國哲學十九講》，頁103，臺灣學生書局，1983年10月初
版。

110 牟宗三，《中國哲學十九講》，頁103~104。

111 牟宗三，《中國哲學十九講》，頁104~105。

112 牟宗三，《中國哲學十九講》，頁105~106。

113 牟宗三，《中國哲學十九講》，頁111。

114 牟宗三，《中國哲學十九講》，頁113。

115 參見，唐君毅，《中國哲學原論導論篇》〈十一章：老子言道之六
義〉。臺灣學生書局。1980年9月5版。

116 牟宗三，《中國哲學十九講》，頁115。

117 牟宗三，《中國哲學十九講》，頁115~115。

118 牟宗三，《中國哲學十九講》，頁116~117。

119 牟宗三，《中國哲學十九講》，頁118~119。

120 牟宗三，《中國哲學十九講》，頁119。

121 牟宗三，《中國哲學十九講》，頁121。

122 牟宗三，《中國哲學十九講》，頁122~123。

123 牟宗三，《中國哲學十九講》，頁127~128。

124 參見拙著：杜保瑞，2009年12月，〈郭象哲學創作的理論意義〉，
《國學學刊》2009年第4期：頁92-105。

125 牟宗三，《中國哲學十九講》，頁131~132。

126 牟宗三，《中國哲學十九講》，頁132~133。

127 牟宗三，《中國哲學十九講》，頁133~134。

128 杜保瑞，2001年11月，〈儒道互補價值觀念的方法論探究〉，《哲學與
文化月刊第330期》頁997。

129 牟宗三，《中國哲學十九講》，頁132~135。

130 牟宗三，《中國哲學十九講》，頁136~137。

131 杜保瑞，《北宋儒學》，臺灣商務印書館。

第四章　對牟宗三《四因說演講錄》、《圓善論》道家詮釋的方法論反思

一、前言

　　牟宗三在《四因說演講錄》一書中，以亞里士多德四因說的哲學理論，來討論中國的道家哲學，他牽強地認定，中國的道家是沒有實體創生的意旨的，他說中國道家的道，是一個非實有以及非必然的理論模型，重點在於，老子的「無」概念，它雖然有動力因的意思，但卻只是一個作用的姿態，因此並沒有真正的形上學意義的創造性，只是一套境界型態的形上學，而不是一套實有型態的形上學。其實，牟先生是把道家的工夫論命題，當作了形上學的命題在解讀，因此所導致的錯解。在《圓善論》書中，牟先生又藉由郭象的「迹本圓融」之說，來詮釋莊子書中的儒家聖王帝堯的形象，這種作法，從儒家立場來說是可以的，但這卻是違反道家莊子立場的，所以牟先生只是藉非儒非道之郭象哲學，來建立儒家的哲學，並且曲解又貶抑道家哲學。

　　牟宗三先生的道家詮釋，可以說是他成就新儒家哲學的一個環節，亦即是借道家詮釋而建構儒學新體系，過程中也藉由對西方哲學的詮釋而定位中國哲學。筆者對牟宗三先生的哲學的研究，是採取地毯式逐家逐書逐章的研究，在儒家哲學的《心體與性體》[132]及《從陸象山到劉蕺山》[133]的著作中，已經完成了幾乎是逐章討論的研究成果，並已出版了《牟宗三儒學平議》專書[134]。在佛教哲學的《佛性與般若》部分，也完成了逐章研究，並準備出版《牟宗三道佛研究專

書》。在道家哲學研究部分，已針對他的《才性與玄理》[135]、《現象與物自身》[136]、《智的哲學與中國哲學》[137]、《中國哲學十九講》[138]諸書中的道家作品部分進行專文討論[139]。本文之作，則是針對他的道家著作中的《四因說演講錄》及《圓善論》做專書的討論。深入牟先生的哲學，發覺牟先生的思路詭譎，以及對許多傳統哲學經典頗有曲解，基於文本詮釋的立場，本文討論他的詮釋意見時是持否定的態度的。

牟先生對道家的詮釋，從《才性與玄理》開始，就是以郭象注莊為論道家老莊王弼的基型，郭象是個融合儒道的人物，結果卻是既非儒亦非道。然而，原本寄言出意以注莊的郭象學，卻有許多意見有助於牟先生詮釋儒家哲學，於是將之吸取以為談儒論道的模型。其結果，最核心關鍵的立場就是，道家是沒有實體義的道論的，於是，形上學是境界型態而非實有型態，對現象世界有作用的保存卻無存在的必然。郭象否定有實體義的道體，於是莊子的道體亦無實體義，老子的道體縱有實體式的描述語詞，卻根本上也不是實體論立場，王弼學亦是如此。這個基調，從《才性與玄理》到《現象與物自身》到《智的哲學與中國哲學》到《中國哲學十九講》皆是如此。

以下先從《四因說演講錄》開始。

二、《四因說演講錄》中的道家詮釋

牟先生整套中國哲學的討論，當然結穴在儒家，而討論的關鍵則是在於對現實世界的實有性及必然性的理論建構，為此，中西哲學方法有別，而儒釋道三家則立場不同。牟先生說，哲學就是要為實有而奮戰的，西方自柏拉圖以降的思辨哲學傳統都是在尋找這個實有的如何確認的問題，至於東方，牟先生自認有理的即是以儒家為實有之立場而道佛卻不是如此，依於此意，牟先生便高低三教。至於中西皆言於實有之事，卻仍有方法上的不同。《四因說演講錄》之作，可以

說，就是牟先生在中西及三教哲學的討論皆已有相當定見之後，再提出的新問題及其解決問題的意見。問題就是，亞里士多德當然是實有論的立場，亞氏以四因說講出一個物之所以爲物的四因架構，一切的實有物皆在此四因中出現且成立。以此說儒家，直接利用此一西方哲學的理論資源，而加上中國哲學自己的特色，即足以別異同與標高下。至於討論道家，則正好利用這個實有論立場的四因說，以說道家之道是爲一非實有及非必然的模型。這就是牟先生的詮釋策略與立場，許多觀點自然是不成立的，以下即引文討論之。

參見其言：

> 現在，我們拿亞里士多德的「四因說」來衡量道家的說法，你看如何來了解。首先顯的不是「形式因」（formal cause）「質料因」（material cause），首先顯的是「動力因」、「目的因」。在道家的形而上學，從哪一個層次來了解「動力因」呢？從哪一個層次來了解「目的因」呢？如何來了解「動力因」、「目的因」呢？就是通過「無」。[140]

> 「無名天地之始」，可見「無」是天地萬物最後最根本的一個動力。[141]

> 「無名天地之始」。這就是首先從超越層上顯「動力因」與「目的因」。「無」作爲萬物之始，「無」就是實現之理，因此，它是「動力因」，因而亦就是「目的因」，意即所以言無即在使這個東西存在，無始能保住物之存在。[142]

> 而所以能保其存在者乃是「無」也。因此，無成始成終，它既是天地萬物之始，同時也能保住天地萬物，這就是成始成終。無之成始成終就是無之作爲實現之理。[143]

四因說有質料因、形式因、動力因、目的因四者，牟先生雖然沒有先從質料因及形式因談道家，但是道家是有質料因的理論的，老子言：「萬物沖氣以為和」，莊子言：「氣聚而生，氣散而死」，正是以氣說質料因的問題，再細及陰陽五行之氣，則道家在質料因問題的討論可算是入乎其內了。至於形式因，則確實談得少，形式因依馮友蘭先生的意見，即是理概念在面對的問題，當然理概念還不只面對形式因問題，它更重要的是要面對目的因的問題，有些體系中，也有動力因的問題在理概念內談，朱熹以太極為理，太極動而生陽生陰，就是動力因之所在，故而朱熹之理有動力因功能。至於目的因，那就說得更多更明確了。當然，形式因在程朱理氣論哲學中也是所談不多，「大黃熱，附子寒」、「磚階有磚階之理」這是接近形式因討論的問題，但不算是正式的大宗，儒家談得多的，倒是目的因為主，仁義禮知之善性，既是事物的本質，也是應該追求的價值，那也就是交代了目的因的問題了。

以上是筆者補充的有關形式因及質料因問題在中國哲學領域的一般實況，牟先生從動力因及目的因談道家形上學時，主張以無說之，牟先生簡單地以「無名天地之始，有名萬物之母」中的「無」來說這個動力因及目的因，然而，以無說動力因可解，以無說目的因不可解。依據牟先生的討論，所說的應該都是動力因，而不是目的因。論使物存在，主要就是動力因思考，論物之所以存在的意義才是目的因。牟先生說老學主張無才能保住萬物，無能成始成終，是實現原理。可見，這些都是指向動力因的問題，以無說之，筆者可以理解，也可以同意以無說老子之動力因問題，只是意旨還有待疏理。至於論於萬物之存在之目的，無是無所說的，無不是在說這個問題的，至於道家目的因，筆者以為，牟先生的道家詮釋過程中，始終沒能正視之，因此無法準確地定位之，也可以說，牟先生根本上就是儒家意識形態本位的中國哲學詮釋史觀，道家哲學的理論理想或理論目的，這不在牟先生的真正關切中，牟先生既未深入討論，也就不能真切相應

地了解。

　至於談道家的動力因問題，依據筆者的意見，還是要先定位好道家的宇宙論，而所謂道家的宇宙論，在老子之處是沒有正式且清楚地發展的，至於莊子的宇宙論，那就很清楚了，基本上就是一套氣化宇宙論。講宇宙論才有宇宙發生論，講宇宙發生論才能講動力因，牟先生講四因說，並沒有正式對準宇宙論講。若是由宇宙論講動力因，就是講宇宙發生論的動力因，則道家哲學史的傳統中有此說法之系統者多矣！且多半是提出一套由無生有的氣化發生歷程，若由此說動力因，則道或有才是那動力因的核心概念，無概念只適合談形式因，不適合談動力因，談動力因就是要談如何使其有，因此，牟先生由「無名天地之始，有名萬物之母」的老子的語句的表面形式來說無是動力因時，顯然不是很深刻精準的討論。確實，牟先生以無說動力因也是聊備一說而已，事實上他是要脫離道家有宇宙發生論意義下的動力因說的，牟先生對道家的詮釋，根本上就是以郭象注莊之無道體意旨而說莊學及老學的，道體既無，談宇宙發生論是沒有根據的，既無宇宙發生論，則動力因究竟是在說什麼呢？果然，牟先生所說的不是宇宙發生論意義下的動力因，而是工夫論的。參見其言：

> 先提綱挈領地講「無名天地之始，有名萬物之母」。這兩句是籠統地講，形式地講，你要對這兩句話有真切的了解，必須要落到你的生活上來體會，落到生活上體會就是下兩句：「常無，欲以觀其妙，常有，欲以觀其徼。」（《道德經》第一章）「常無，欲以觀其妙」這句就是落在主觀心境上說，「無」是作用所顯的境界。[144]

> 「常無，欲以觀其妙，常有，欲以觀其徼。」你要想了解這兩句話的真實意義，你就要在生活上，使你的生命，你的心境常常處於「無」中。處於「無」中，你便可以觀道的妙。[145]

依道家精神，你要常常處於「無」中，又要常常處於「有」中。[146]

「常無，欲以觀其妙」，就是觀道或心的無限妙用性。但不只是觀道或心無限妙用性，無限妙用是活的，活之所以為活是在「有」中表現，所以也要常常處於「有」中。「常有欲以觀其徼」，一「有」就有要向。[147]

　　牟先生要落實亞里士多德的動力因，以道家為例來討論，但是，牟先生也說，亞里士多德是就個物說四因，說物之所以為物之四因，但是中國哲學都是就整體存在界講存有論的，也就是本體宇宙論地講的，意思是說中國哲學談整體存在界之存有論問題，而不是像亞里士多德在個物上講，但是，即便是在整體存在界上講，卻有儒道佛三教之別，依牟先生的意見，只有儒家的本體宇宙論是實有的立場，道佛皆非，因此道佛的本體宇宙論是論及整體存在界卻並不真的能建構本體宇宙論。現在，被牟先生說為動力因的無，就因此要被解消它的在本體宇宙論問題上的宇宙發生論意義下的動力因意思了。無與有必須是在生活體會上來認識，並且以老子自己的常無及常有來說無是主觀的境界，無與有是一對作用的概念，既是道的妙用，也是主體的作用，作用當然有動力義，但這確實不是亞里士多德就個別經驗存在事物而說的動力因，而是實踐的動力，是主體的意志的作用活動，依據筆者的術語使用，這就是工夫論旨。其結果，道家所謂的無的動力因便不再是存有論意義下的動力因了。參見其言：

所以道家的有與無不是西方從存有論上講的存在範疇，乃是從生活上講的心靈境界，以境界控制存在。[148]

　　既是心靈境界，則還有動力因意旨嗎？筆者認為，這時候牟先生

說道家有動力因，且以無為這個動力因的意旨至此已經完全落空了。無變成只是主體實踐的活動及其境界。但是，筆者以為，這樣理解老子「**常無，欲以觀其妙，常有，欲以觀其徼。**」的這一段文句，卻是準確的，有問題的只是，牟先生對整個道家的動力因問題背後的宇宙發生論問題的理解不準確，倒不是對有無範疇表現在工夫論問題上的老學意旨之理解有誤。但也因此，牟先生企圖藉亞里士多德的四因說中的動力因來說道家哲學的努力，當然也就落空了，等於是沒有談到了。擺脫了從宇宙發生論脈絡談動力因的問題之後，牟先生就完全進入了工夫境界論脈絡來談老子的有無這一對概念的使用意旨，參見其言：

> 所以，從盲爽發狂到意識形態統統是造作，色、音、味固然是壞的，觀念系統也不是好的，就是儒家那一套，道家都要給你化掉，這種化掉是工夫上的。道家這個「無」就是這樣顯出來，這樣的「無」明明是我們的一個心境。所以，這個「無」不能像西方哲學中那樣，把它當作範疇看，當作一個普遍的概念看，它也不是存在主義者所說的「存在的虛無」。存在主義者的虛無是表示我們平常說的空虛、痛苦。道家講的「無」不痛苦，很舒服、灑脫。所以，在道家這裡，西方那些思路完全不能用。基督教的基本觀念是原罪，佛教的基本觀念是無明，道家的基本觀念是造作，不自然。[149]

依據上文，無就是對於造作、不自然的化除，「就是儒家那一套，道家都要給你化掉，這種化掉是工夫上的。」所以筆者說，牟先生由此完全走上了以工夫論解讀老子文句的路上了。既然是此義，則當然再也不能拿無來說天地萬物的發生問題了，確實，如其言：

> 所以，這個「無」所表示的是我們生命的灑脫自在的境界。

這樣的「無」怎麼能作爲天地萬物之始呢？[150]

道家並不是說：天地間有一個東西叫「無」，它可以產生天地萬物。客觀的說，「無」在哪裡呢？哪一個東西可以叫做「無」而又可以產生天地萬物呢？道家講「無」不是這個意思，道家是很切實的，基本觀念是「造作」，這是負面的表示，這個最親切。「無」是從現實上造作、不自然翻上來的一層次上說。當老子說「道生之、德畜之」，這個「生」是「不生之生」。[151]

上文中，牟先生正式否認「無」可以說天地萬物之生發的問題，「無」只是針對人文社會的人際關係中的一套做法，針對儒家製造的威權與僵化，「無」就是要去化除它們的工夫作爲，亦即「損之又損，以至無爲」一句之意旨。以「無」作用之，即進入以「無」說道生、德畜之旨，而道生德畜是針對整體存在界的，以此，牟先生找到論說道家形上學的新進路，參見其言：

我稱道家的形而上學是境界形態的形上學，不是實有形態的形上學。西方的形上學、儒家的形上學都是實有形態，但道家不是實有形態。不是實有形態如何能說明「無」是天地萬物之始呢？它也可以說明，這是消極的說明，基督教、儒家是積極的說明、正面的說明。[152]

老子說：「無名天地之始，有名萬物之母。」（《道德經·第一章》）若依這句話，說宇宙本體是「無」，這是客觀形態的講法。唐（君毅）先生仍是從客觀形態了解，那是不對的。《道德經》除此頭一章外，再加上「天下萬物生於有，有生於無」（《道德經·第四十章》）。這個「道」好像有客觀性，客觀地在天地間有一個東西叫做「無」，有客觀

性，跟著就有實體性，還有能生性（實現性）。表面看是如此，這樣看的時候，把道家的「無」看成是個本體宇宙論的本體、客觀的本體，而且是有能生性的一個客觀的本體，這樣看好像沒有人能反對，直接從《道德經》的話很容易想過去。還有「道生一、一生二、二生三、三生萬物」（《道德經·第四十二章》）。這些話從表面看，你很容易從客觀形態意即實有形態去了解道家的道，但這是不對的，講不通的。我在《才性與玄理》一書有一節講老子與莊子的區別，其中一段說明《道德經》所顯之實有形態之形上學只是一貌似之姿態，並非經由真正之分解而建立得起的。故道之客觀性、實體性、創生性，亦易於拉下而化除。究其實，《道德經》之形上學，亦只是境界形態之形上學。[153]

　　牟先生說道家形上學是境界形態的，不是實有形態的，因此以無說天地萬物之始是一種消極式的說法。所謂境界形態的形上學，是指說整體存在界的原理時，不負責天地萬物的實在性及必然性的說明，但卻有一對待天地萬物的主體的作為在，所以其形上學原理亦是面對整體存在界的，只是所處理的是主體的對待方式，而不是對世界自己的必然及實有的存在方式的說明。後者，只有儒學有之。牟先生之所以可以如此詮釋，關鍵就在他以郭象無道體的理論定位莊子，從而也定位了老子。因此，老子系統中就沒有最高實體了，也因此，就沒有辦法說及世界的創生問題了。牟先生對於此一立場十分堅持，事實上，這是他所認為的儒學別異的關鍵立場，若道家亦有實體性的最高道體，則儒道別異就很難講了。所以，當唐君毅先生說老子的道體有客觀性的實體義的時候[154]，牟先生便公開明白表示反對。依據唐先生的詮釋，老子就有客觀的實體義，即是客觀性、實體性、創生性，既能說明天地萬物的創生，又能保證天地萬物的實在性、永恆性、及必然性。然而，這是牟先生所反對的老子詮釋。為什麼反對？當然是為了儒道別異，強分兩家。如何反對？那就是要靠郭象了。利用郭象以

無道體說莊子以定位老子，老子無客觀實有創生義之道體，因此以無說天地萬物之始之話語就只是一種在主體的作用上對待天地萬物的態度。筆者以為，無確實可以解為工夫論上的主體作用原理，但是，老子的道體卻不能說為只是主體的姿態。此義，在筆者討論牟先生在《才性與玄理》的道家詮釋觀點時已經討論過，此處不再深論，簡言之，這只是郭象個人的哲學，莊子也是有實體義的道體立場的，老子更是，至於那些被牟先生以為莊子及老子是沒有實有義的道體的語句，通常都是作用義的，也就是工夫論的命題，因此這是牟先生自己的誤讀及錯解。

再回到亞里士多德的動力因問題，經過牟先生這樣的轉折，若還要說「無」是動力因，則顯然已經很困難了，但是牟先生又再創一說，即以實現原理替代創造原理。參見其言：

> 照道家思想，不能說創造性，籠統地說實現性還可以，因為說創造有一定的意義。實現性就是根據亞里士多德的「動力因」使這個form實現到matter上去。那是比較廣泛的一個名詞，道是一個實現的原理，它使萬物存在。可是使萬物存在有好幾種形態，道家是一種形態，基督教講創造，創造地使萬物存在，是另一種形態。創造可以劃歸實現原理，但實現原理不一定是創造，實現原理是一個廣泛的名詞，萊布尼茲的系統由兩個原則支撐起來，一個是充足理由原則，一個是矛盾原則。實現原理、創造原理都是充足理由原則。「無」不能創造、所以我用實現性，它使這個東西實現，使它有存在，就是實現原理。[155]

牟先生此處對創造性及實現性的區別其實也並不是很清楚的，簡言之，「創造性」確實紮紮實實是從無至有的，至於「實現性」是就一些既有的條件再去作用從而完成的。在這種思路下，便就是亞里士多德的動力因也是在物質因和形式因的架構下將形式加到物質上而成

為事物的。這樣講來，依據牟先生的理論需求，則創造性就必須既包含動力因也要包含物質因了。當然，亞里士多德本來就是針對經驗現實的個物說的四因，而牟宗三先生卻是就整體存在界而說創造性的，因此理論的意旨當然就難以合會了。不過，當牟先生找到實現性及創造性的差異了以後，「無名天地之始」的命題就可以脫離客觀創生性的立場了。如其言：

> 所以，道家是境界形態，這樣，道的表面上的客觀性、實體性、能生性這三性的樣子便被拆穿了。在莊子最容易看出來，莊子講逍遙、齊物，就是從我們的心境講。莊子講天籟，天籟指不出東西來，天籟是一個意義。你們讀莊子〈逍遙遊〉、〈齊物論〉就可以了解莊子的全部大義。老子是原始一點、樸素一點，到莊子把實體性、客觀性、能生性的樣子都化掉，是徹底的境界形態的形上學（"vision-form" metaphysics）。[156]

牟先生整個把老子、莊子的客觀實有道體義全給否定掉了，原來，老子還有貌似實有立場的語句，莊子就根本取消了。筆者以為，老子及莊子對整體存在界都是客觀實有的立場，以牟先生所使用的本體宇宙論的概念而言，老莊都是有實有創生的立場的。郭象的創造性誤解是郭象的事，牟先生接受這個立場也是牟先生自己的事，但不能就以此定位老莊。上文中，牟先生說莊子講逍遙講齊物講天籟等等，就是從我們的心境上講的。此說筆者完全同意。老莊都有工夫論及境界論，但是，老莊另有本體宇宙論，不能把工夫境界論當作本體宇宙論來認識，從而說本體宇宙論只是主體的作用姿態，以至於形上學便成只是境界形態的形上學。

以上，從牟先生在《四因說演講錄》書中由動力因問題對道家哲學所展開的討論，以下，進入《圓善論》。

三、《圓善論》

　　《圓善論》是牟先生最後親筆寫作的哲學總結之論，「圓善」的觀念自康德來，但有牟先生自己的創作。依康德，圓善即是要有德福一致，而圓教者即是使德福一致成為可能的教化系統，聖人之言即是教化，聖人之言達於極致成就之境界者，即是圓教，圓教使圓善完成，所謂完成即是一德福一致之境之完成。依牟先生，儒釋道三教都有圓教及圓善，惟型態仍有不同。首先，依康德，只有上帝之無限智心才有圓善的可能，但依牟宗三，上帝概念自身是一情識之構想，不可依恃，而儒釋道三教都有無限智心，因此都可以追求達致圓善，其追求，由各家聖人的教化言說系統以及之。此圓教，就道家言，就是以「迹冥論」說其理想完美人格境界的完成，此說由郭象注莊成功之。

　　要說道家的圓教之前，還是先將道家的形上學型態再做定義，關鍵在道家不同於儒家之為道德意識進路的實有型態之形上學，雖與儒家形上學型態有別，但仍可同臻於圓教之境，只此境界之類型有別而已。關於形上學型態的差異參見其言：

> 　　故般若成全一切法，玄智亦成全一切德如仁義禮智等，同時亦成全天地萬物令歸自在。此種成全曰「作用的成全」，吾亦曾名之曰「作用的保存」。例如「絕聖棄智，絕仁棄義，絕學無憂」，此並非是從存有上棄絕而斷滅之也，其實義乃只是即于聖智仁義等，通過「上德不德」之方式或「無為無執」之方式，而以「無」成全之也。此「無」是作用上的無，非存有上的無。但就聖智仁義之德言，道家卻亦無從存有上正面肯定之之工作，蓋以其並不從道德意識入手也。就天地萬物言，道家似初亦有一根源的說明，如道德經由道之無性與有性（此為道之雙重性）以說明天地萬物之根源，此即是從存有上說明之也。但此種由無與有之雙重性以說明之

只是「上德不德是以有德」中之無與有之擴大，故總歸是道心玄智之作用地成全之。在此作用的圓中保住一切德，亦保住天地萬物之存在，此可曰道家式的圓教中之存有論。[157]

形上學即是要論及整體存在界的普遍原理者，依牟宗三，談形上學甚且是要談如何使世界實有且必然持續地有才是關鍵中的關鍵。因此，只有以道德意識之「我欲仁，斯仁至矣！」的進路才能真正成就此一實有型態的形上學。亦即是，以仁德為說一實踐的動力才能真正落實整體存在界之必然性及實有性地存在。至於佛家之般若智及道家之玄智皆非此型。雖非此型，亦仍論及整體存在界，亦仍有其法以面對及對待及完美化此整體存在界。通過儒家之仁義禮知者是智及之即創造之及實現之，通過道家的玄智者是就其事實上已有之存在而作用之、保全之而完美之。亦即儒家同時負責對待及創造，道家只負責對待，不負責創造。但雖不負責創造，卻仍作用於整體存在界之上從而成全、美化而完成且保全之矣！既亦使之完美化，則即為圓教之完成，故而道家亦有其圓教之系統。只是未臻究極圓滿，因為不負真正創生之責。故而道家雖有「無」之作用，且此作用實有以動力因而完成之意在，但是此「無」之作用卻只是作用，因其並非實體性的道體存有，故而只能保存，不能創造。關鍵就在他以郭象無道體之義定位莊子及老子和王弼，既無道體，便無實體性的形上存有，如此亦當然沒有創造世界的理論根源。至於道家仍然面對整體存在界的實踐活動，就變成只是主體的作用，從而只能在作用中保存整體存在界，而不能如儒家者之既是聖人之作為亦是天道之作用而有創造整體存在界的功能。老子文句中雖有明示創生世界的實體義存有論意旨，牟先生卻只願以郭象進路視之而予以暗置之，遂使其隱沒不顯，目的只在保住儒家的創造性優越地位，使論及形上學問題的系統只有儒家能究竟其義。

形上學系統雖未究竟其旨，但是面對整體存在界的作用姿態卻一點不遑多讓，這也是牟先生高提道佛的善意，至少道佛兩家在提出聖

人教化的問題上仍有其精彩之姿態以爲圓教之完成。以下即進入牟先生說明道家圓教型態的討論。首先，說圓教就是要說聖人所提出的教化的觀點，或者就是要去說聖人境界的內涵、說到聖人的成就，而聖人就是做到教化的圓滿而謂之圓教。參見其言：

> 是故莊子決無撑開說的宇宙論的生成根源之分解的表象或追溯的表象，但只有靜態的境界形態的存有論之如境，即吾所謂無執的存有論。此是莊子最高最圓之玄境。（老子雖顯有宇宙論的陳述，然其實只是一姿態，最後必歸于莊子之玄境。詳見《才性與玄理》。）
>
> 就萬物泯一切相冥而如之既爲最圓滿之化境，則圓滿教不能不用詭譎的「即」之方式來表達，這是甚爲顯然的。特彰此義，提出迹冥論以明之，則是向、郭注莊之慧解。以下試就其明圓聖之所以爲圓以明之。
>
> 聖人之所以爲聖即在其已至渾圓之化境。「大而化之之謂聖，聖而不可知（不可測度）之謂神。」渾圓化境之生命即是神聖之生命。魏晉人義理崇尚老莊，然真能體現老莊之「道」者，彼等皆以爲唯聖人能之。聖人遠說指堯舜，近說指孔子，老莊本人固不能至也。此義，王弼首先發之。[158]

上文中牟先生說莊子沒有宇宙論的生成根源，筆者不同意。莊子及莊子系統的道家正是說宇宙論及宇宙根源論的學派，如「夫道有情有信，無爲無情，──神鬼神帝，生天生地」，牟先生又說莊子只有靜態的境界型態的存有論，此說筆者也不同意。牟先生曾以靜態的存有論說程朱理學，但程朱理學許多話語確實是在說概念範疇之間的關係的存有論問題，不直接說及主體的實踐，因此說爲靜態者可也。唯加一注，即程朱仍有動態的本體宇宙論及工夫境界論，只牟先生依陸王之說以說程朱，則自然不識程朱之本體宇宙論及工夫境界論的觀念系統[159]。至於莊子之爲境界型態，則是因爲莊子充滿了工夫論旨，

工夫論旨就是對準整體存在界的理想及圓滿而施爲之主體的操作實踐者，故而既有工夫又有境界，此義，儒釋道三教皆同。牟先生亦說境界型態之路是儒釋道三教皆有的，但卻只有儒家有實有型態，這當然是牟先生的固執成見，此不多論。重點在，以此定位莊子，即是郭象型態的莊學，不能是莊學本旨。但牟先生既如此定位莊學，亦復如此定位老學，故而說就算老子是明顯地有宇宙發生論的說法，但仍然是姿態作用型而不是實有創生型。

此後，說及面對整體存在界雖缺乏實有創生意旨，卻仍有其面對之作用，則此面對便是一詭譎的相即之面對，所謂相即，便是主體實踐的工夫論之由主體發出而導致社會理想的達成的創造性行動，最後亦得臻至圓滿的境界，此即即本體即工夫、即工夫即本體、即迹即本、即本即迹等類語言的實義。然而，這些話，其實根本上都是工夫境界語，而且一點也不詭譎，是牟先生自己曲折扭曲，因此說爲詭譎。

說「即」即是說工夫實踐，說工夫實踐即是說教化，在牟先生，說道家之教化就是郭象型，郭象型的經典就是迹冥論。迹冥論就是說聖人的，說聖人就是說聖人的教化，也就是說圓善及圓教的問題的。說聖人問題時，魏晉時人是以孔子高於老莊的。此義由王弼倡發之，王弼言於聖人無情論者即此。繼承此義的是郭象，郭象即迹冥論之提出者，迹冥論是郭象就莊學中涉及理想人格問題時所提出的，因此是凡涉及聖人、神人、君王等問題時就是郭象提出迹冥論旨之所說者。針對〈逍遙遊〉中「堯讓天下于許由」一段，牟先生言：

> 許由隱者也。隱于箕山，師于齧缺，依山而食，就河而飲。堯知其賢，讓以帝位。許由聞之，乃臨河洗耳，以爲汙吾耳也。如許由者，世俗以爲有德之高人。堯爲君不過世俗之富貴，治天下乃累心勞形之俗事。屬末俗，許由固足尚，然不必是圓境。君臨天下固俗事，然孔子稱堯曰：「大哉堯之爲君也，唯天爲大，唯堯則之，蕩蕩乎民無能名焉。」是則堯

必有其所以爲堯之至德，豈只馳騖于俗事而已哉？即俗迹而見至德，至德亦不離乎俗迹，豈不更爲圓聖乎？稱許由者乃分解地單顯「不即迹」之德耳，固非圓境也。向、郭注莊即盛發此義。[160]

上文中牟先生的詮釋完全不是莊子原文之意旨，而是牟先生依據郭象思路所說的話語。牟先生引孔子之語說堯，這就完全是回到儒家的立場了。文中肯定世俗所知之堯之爲君的意義，主張那只是迹，「即俗迹而見至德，至德亦不離乎俗迹，豈不更爲圓聖乎？」，於是堯爲圓聖，而許由因「不即迹」，故不達圓境。宗旨已定，隨後其他所有跟聖人有關的討論，牟先生都依郭象思路解之。針對「堯讓天下於許由」之郭象注，牟先生表達意見如下：

此示許由有對，而堯無對。獨立高山，雖可顯無以爲本，而不能順物無對，則滯于無而無亦成有。堯雖治天下，而「以不治治之」（如以無爲爲之），則無心而成化。是則圓境必在堯而不在許由也。《論語》子曰：「大哉堯之爲君也。巍巍乎唯天爲大，唯堯則之；蕩蕩乎民無能名焉，巍巍乎其有成功也，煥乎其有文章。」又曰：「無爲而治者其舜也與？夫何爲哉？恭己正南面而已矣。」又曰：「巍巍乎舜禹之有天下也而不與焉。」**此是儒聖之贊語**，向、郭注莊即本此而明圓境在堯也。然而世人只從表面以觀則不能知此義，故向、郭注文有「宜忘言以尋其所況」之語，又常云莊子是「寄言」以出意。莊子本人是不是如此則難說，也許莊子本人只是憤世嫉俗一往不返之狂者，未能就堯以明迹本圓。然而無論如何，就迹本圓以說圓境固應是道家之所許可，向郭之注固有其推進一步「辯而示之」之新發明也。（《莊子‧齊物論》云：聖人懷之，眾人辯之以相示也。）[161]

牟先生主張圓境必在堯而不在許由，又再度引《論語》中文字以說明堯聖的意旨，並認定郭象注莊就是本於儒家立場而說的。但是，這就導致莊子原意是否儒家意旨，還是另有莊學獨立意旨的問題。牟先生當然也明白這一步詮釋之路走得離莊子太遠了，就回到郭象自己的脫罪之詞：「宜忘言以尋其所況」。湯一介先生就說郭象是「寄言以出意」[162]。至此，牟先生也退一步說莊子也許沒有郭注走得那麼遠，莊子仍是自己憤世嫉俗之狂語，也就是說莊子還是在批評儒家的聖人堯，而沒有反過來讚美堯之意境有迹本圓融的意旨。但是，牟先生卻自己主張，迹本圓之圓境應是道家所許可，郭注是道家理論的進一步發明。筆者以為，此說不對。道家之所以為道家，尤其是莊子之所以為莊子，就在於他對儒家的批判上，以儒解莊以充實儒學是儒學自己的事情，但是以此為莊學就不對了。莊子明白高許由貶堯帝，通《內、外、雜》篇立場一致。莊子要講的是一套出世的逍遙價值立場，甚至結合神仙說以否定世俗世界的理想性，並不是如郭注之曲折詭譎地三轉四轉地說回去堯帝身上來個迹冥論旨。因此郭注不是莊學意旨的合理發揮，郭注是一非儒非道的新哲學創作。牟先生自可接續郭注發明一郭象注莊義的道家式的圓教系統，但以之解莊，不能接受。

談圓教聖境就是針對最高理想完美人格者說的，則在莊學中一為聖人論、一為神仙論，針對〈逍遙遊〉篇中「藐姑射山有神人」一段，牟先生在郭注下作了以下的討論：

> 案此即假託神人以明「無」。「託之於絕垠之外，推之於視聽之表」只是分解的表象，所謂寄言以出意。聖人如堯舜不只是「迹」，亦有其「所以迹」。雖在廟堂，無異山林。雖心如山林之閒淡，不泯廟堂之俗迹。迹不離本，本不失迹。此其所以為圓境。然世人徒蔽于其耳目可見之迹而不能透悟其「所以迹」，故推開聖人之渾化，而假託世外之神人以明

其所以迹，即明其有本而能冥此迹。能冥迹而不滯于迹，則
迹即本；迹即本而不滯于本，則亦能迹也。即迹以冥，則本
非遠；即本以迹，則迹即神。[163]

首先，郭注很乾脆，沒有神人的存在，說神人只是寄言。然後
說，神人即聖人。然後就發揮聖人身在廟堂卻心在山林的意境之說。
筆者以為，莊學中之神人是確有其知識上的意義在的，而不是寄言，
亦即不是隱喻、譬喻的文字手法而已，莊學中的工夫修煉理論就是對
準神仙意境而說的。今郭象以神人即聖人解之，直接把莊子的世界觀
從天上立體的圖像拉回扁平的人間來了，而牟先生就完全繼續其說。
牟先生所發揮的，就是為站在廟堂之上治理國家的國君身分者說話，
說其既有勞務又有意境，故是「迹不離本，本不失迹」。至於神人，
就是國君有山林意境的假託譬喻之詞而已。其實，君王心境如何是一
回事，牟先生依郭注將君王的心境向山林意趣化地詮釋，這只是一個
詮釋的構想，並不是君王真有做了什麼改變，而只是哲學家思辨地構
作一聖人理想的心境模式，提出以為道家圓境的展示。但是，這個所
謂的道家，並不是老子原型，也不是莊子原型，而只是郭象型態。郭
象型態能不能說是道家型態呢？筆者是不認同的，筆者認為郭象是自
創一派，非儒非道。

〈逍遙遊〉中「堯往見四子藐姑射山窅然喪其天下」一段，郭象
描繪出一位迹冥圓融的帝堯，牟先生盛讚之，其言：

此在儒家名曰「極高明而道中庸」，在道家名曰「和光同
塵」，在佛家名曰「煩惱即菩提，生死即涅槃」，一是皆可
以迹本圓（迹本相即）表達之。而迹本圓之論則首發之于
向、郭之注《莊》。開其端者則為王弼之聖人體無，聖人有
情而無累於情。此等理境雖由王、郭等說出，然卻亦是三教
本有之義也。**其大前提，籠統言之，是「道無在而無所不在**
既超越而亦內在」（依三教教路不同，此一大前提須依不同

辭語表達之），因此而有當機指點，因而有當下即是，因此而可總說之以迹本圓融。[164]

　　本文依莊學原意是指堯一心為民治理天下勞形傷神，往見神人之後，驚覺自己多事，自是不再願為天下勞形傷神矣！郭注卻是，堯治天下為其迹，堯喪天下為其冥，堯之治天下與喪天下在其內心中取得迹冥圓融之和諧。若是郭注之旨，從形式上說其類似儒家「極高明而道中庸」以及佛家之「煩惱即菩提，生死即涅槃」是可以的，但要說為老子之「和光同塵」卻不甚類似。和光同塵是說所有突出的表現都會被摧毀以至齊平，而不是從語詞表面聯想地是主體與外在世界取得和諧一致之意。然而，牟先生以迹本圓之哲學意旨是郭注首發，迹本圓依牟先生自己的定義是「道無在而無所不在既超越而亦內在」，依此定義，確實三教都有。現在的問題是，郭象所對的是一個未經修養工夫實踐的國君，而不是一位經過了主體實踐以臻聖境的聖人，如此，則不免只是美化了國君，而不是像儒釋道三教的聖人境界，都是在千辛萬苦的努力之後才臻聖境的，如此而說其迹本圓融則必然是恰當的。然而，依郭象，既無實體義的道體，便無價值總原理，即無努力追求之標的，因此，其迹亦無高尚價值，其本更無追求意義了，則何來「極高明而道中庸」的評價？

　　〈德充符〉文中，「叔山無趾踵見仲尼」一段，談到了孔子之天刑的問題，莊子以為是天刑，是孔子的自我束縛，以此譏之。但牟先生認為孔子的天刑是可以解救的。其言：

> 案：以上之疏解是《莊子》原文之本義，這本是道家的立場，仍是高視叔山無趾而譏諷孔子。莊子未必視孔子為迹本圓之圓聖，亦未必視「天刑」為迹本圓中之必然而定然者，彼視「天刑」為未得自在者所自然而定然有的桎梏。然向、郭之注《莊》卻是就迹本圓而說天刑，因而亦視孔子為圓

聖，仍是高抬孔子而貶偏至，亦如高視堯舜而貶許由也。[165]

　　由上文來看，牟先生確實是對於郭象注莊之準確性有所不安，但卻仍是支持郭象的理論，其立場就是以孔子爲圓聖，以孔子爲圓聖自然是儒家立場。郭象是否是儒家還有待商榷，筆者以爲他是非儒非道，但郭象高儒家孔子而貶道家人物的立場卻是鮮明的，而牟先生，則是接受了這個立場。針對「叔山無趾踵見仲尼」一段之郭象註解，牟先生又接著討論道：

　　　　此亦猶人不能不行，行則影從；亦不能不言，言則響隨。順
　　　　物者不能廢學，學則必有幻怪之生；亦不能廢禮，禮則必有
　　　　華藻之興。影與響是自然而必然地隨著行與言而來者，幻怪
　　　　之名與華藻之飾是自然而必然地隨著學與禮而來者，故順物
　　　　者不能廢學棄禮，即必然有名迹隨之。儘管順物者不爲名而
　　　　順物，然而終不能免乎名？不爲名而順物，則已至乎極致之
　　　　境；而終不能免乎名，則名之累是其必然所有之桎梏，自然
　　　　而受之天刑，安可解之哉？此即示天刑乃圓聖所必受者，亦
　　　　如天臺宗言佛亦有惑業苦三相也。蓋三道即三德，不斷斷故
　　　　也。夫聖人不廢學不廢禮，雖必帶有學之名迹與禮之華藻，
　　　　然解心無染，無心於迹，則雖迹而能冥，迹亦即於本也。迹
　　　　即於本，本不空懸，本亦即於迹。如是，則名迹與華藻不爲
　　　　累。然而世人不能知其是如此也。故自外觀之，以爲這是至
　　　　人之桎梏，必去之方可爲至人。去此名迹與華藻，自亦必廢
　　　　禮與廢學。此爲遊方之外者之偏尚。故自彼觀之，孔子並未
　　　　至「至人」之境，故其桎梏亦不可解，而視之爲天刑。然孔
　　　　子富幽默，即甘心受此「天刑」而不辭。〈大宗師〉篇孔子
　　　　自居爲「天之戮民」，亦此義也。[166]

　　牟先生此文也是發揮郭象註解的精神，強調學習與禮法都是不可

廢棄的工具，但就一定會有幻怪與華藻的流弊，則隨之而來的名教之負累亦不可免，此即天刑，然爲服務天下，因此甘心受此天刑。以爲天刑必去之者是偏至的思考，是遊方之外者的立場。但是，依莊子，天下的秩序是政治人物假想的工具，一方面根本建立不起來，二方面所建立的都只是爲政治人物自己的私利服務的工具而已。因此，政治人物以自以爲的禮法制度建立起來的框架，既是他限制別人的工具，也是他限制自己的枷鎖，故謂之天刑，實非天所與之，而乃彼己所設。然而，郭象與牟宗三，卻是站在社會秩序維護的角度，從儒家的立場出發，肯定禮法的必要性，於是對於隨之而來的桎梏，雖是天刑之而無可奈何，卻亦能安之若素而爲圓聖之境界矣。話說到此，可以說根本就是儒家解釋還是莊子解釋的問題了，既是莊學文本，當然應該莊學解釋，郭象曲折詭譎，牟先生也跟著曲折詭譎地轉出儒家式的解讀，這當然有哲學創造的功能，但絕不能是文本詮釋的意旨。

以下，是牟先生對迹冥論的總結之論：

> 此內外相冥所顯示之迹冥論，由迹冥論所顯示之迹本圓融（迹冥即於本，本冥即於迹），乃由向、郭之注莊並由莊子之狂言而得之。郭象〈莊子序〉曰：「夫莊子者可謂知本矣，故未始藏其狂言。……然莊生雖未體之，言則至矣。」〈山木〉篇末述莊子「守形而忘身，觀于濁水而迷于清淵。」又述莊子自謂「遊于雕陵而忘吾身。異鵲感吾顙，遊于栗林而忘眞。」以至于「栗林虞人以吾爲戮，吾所以【三月】不庭」（庭即逞字，快也）。注云：「夫莊子推平於天下，故每寄言以出意，乃毀仲尼，賤老聃，上掊擊乎三皇，下痛病其一身也。」由此狂言，即顯其必有嚮往，其所嚮往者即其所未能體之之迹本圓融也。此迹本圓融之境界，依王弼、向秀、郭象之意，當寄託于堯舜或孔子，此即其所以會通孔老之道。蓋自兩漢以來，堯舜周孔之聖人地位已確立而

不搖動，故王、向、郭等以爲老莊雖知本，然實未能體之而至于聖人之境。迹本圓融者謂之聖人。此一迹本之論，由魏晉始直貫至南北朝，乃四百餘年玄言之最高原則。[167]

　　文中所說的迹冥論的理論依據，就放在莊子之狂言必有其背後的真實嚮往之說上，然此嚮往莊子不能說出，需由郭象及牟宗三代爲說出，即一迹本圓融之境者，此境，是以儒聖爲典範而爲之張羅，而非以莊子的至人神人真人爲典型的落實。其實，所謂之狂言，正是莊子的真言，非欲以其狂而更有未言之意者在，這是郭象的曲解，郭象真寄莊言以出己意者。牟先生依郭註解莊，已有多處體認恐非莊意，但仍接受此說，只能說，這是牟先生的儒家本位的意識型態使然，是其不能脫離儒家立場的思考，於是於郭注中找到知音。文中言「自兩漢以來，堯舜周孔之聖人地位已確立而不搖動」，這句話放在三教辯證的理論爭議中是沒有意義的，依誰而確立不搖呢？依道家道教之徒者言，那只是儒者的聖人而已。因此郭象依之以建立理論，這是郭象的選擇，並不是莊子的選擇。而牟先生依郭象之解莊而定位老莊王弼都是此一路線，此一立場，筆者反對。這只是牟先生單獨依據郭象註解而建立起來的道家類型，真是掛一漏萬以偏概全的道家詮釋史觀，然而，牟先生的思考與創作已經無法停止及改變了，他不斷地下結論云：

　　　由王、郭等之闡發，道家之圓境固已昭然若揭，此實相應而無若何歪曲者。惟須知此迹本圓融之圓境，雖說儒聖能有之，然並非依儒家義理而說者，乃只是依道家義理而說者，故只可說這只是道家之圓境，誰能有之，則不關重要。此一圓境惟是就無限智心（玄智）之體化應務（亦曰體化合變）與物無對（順物者與物無對）而成全一切迹用亦即保住。一切存在而說，然而卻無對于一切存在作一存有論的根源的說明。故此亦可說只是一境界形態之圓境，而非一實有形態之

圓境，亦如佛家般若智成全一切法，此只是般若智之作用的圓，尚非存有論的圓，以般若學（空宗及《般若經》）對于法之存在無根源的説明故。老子雖言「無名天地之始，有名萬物之母」，又言「天下萬物生于有，有生于無」，又言「道生之，德畜之」，此似對於天地萬物（一切存在）有一根源的説明，然此實只是一姿態（監[案，應爲豎]説之姿態，縱貫之姿態），最後總歸於此境界形態之圓境，而非眞有一實有形態之圓境也。蓋「無」只是一沖虛的無限智心之境界，並非一客觀的存有也。是故「道生之」之生實亦是不生之生，生之實唯在物之自己，並非眞有一實體如上帝，如天道，或如仁體，以創造之，或創生之。故「無」只是聖人生命之沖虛心境，故亦可曰一沖虛的無限智心之妙境。只就此無限智心之體化合變順物無對而成全一切，此並非説此無限智心能縱貫地創生一切也。故吾亦説此境界形態之圓境是縱貫者橫講。（儒家是縱貫者縱講，佛家雖對于一切法之存在有一根源的説明，然最後亦是縱貫者橫講，蓋三德秘密藏並非創生一切法也，以佛家非本體論的生起故。）[168]

上文一開始就説這一套詮釋理論，已使道家的圓境昭然若揭，且沒有任何歪曲。其實，依筆者的立場，牟先生之説就是充滿了歪曲，牟先生自己都多次説了莊子或許不是這樣的意思，但或許是爲了護教的關係，也多半是因爲理論立場的關係，使得牟先生一往直前地就還是以郭象的哲學作爲道家的哲學。並且，因爲郭象的迹冥論旨很能説明儒家的絕妙意境，因此牟先生大力地盛讚迹冥論，雖然如此，迹冥論再怎麼好，它畢竟還是道家的理論，它在儒道別異中仍需稍遜一籌，此稍遜一籌即是此迹冥論配合郭象無道體的哲學立場，因此缺乏對整體存在界有一實有、必然、永恆的説明，所以只有主體的實踐態度在對待整體存在界，而沒有一超越的道體在創造及保全整體存在界，故其只能保住存在，卻缺乏上面一節的創造存在。所以這套迹冥

論旨以及聖人作用的理論變成只是境界型態的形上學，而非實有型態的形上學，老子文本中的非常宇宙發生論的語句也必須弱化其義，強迫地使老子語句只成了姿態而已，說姿態就是說是主體的對待原理，而不是天道實體的創生作用。所謂縱者橫講者，即面對整體存在界的縱貫之事，只以主體活動的態度處理之而謂之橫講，而不是從天道創生的脈絡去說明，天道流行地說就是縱講，主體實踐地說者就只是橫講了。這些理論說法，都是牟先生的創造，筆者十分讚嘆，更絕對尊重，但要說是道家文本詮釋，筆者便不能贊成。這只能說是牟先生以郭象為對象的再發揮再建立之牟宗三哲學。

迹冥論已說畢，牟先生在道家圓教與圓善一節的討論到最後，就是提出了「德福一致」說以為收尾。參見其言：

> 在此圓滿之境中，一切存在皆隨玄德轉，亦即皆在無限智心（玄智）之朗照順通中。無限智心在迹本圓融中而有具體之表現以成玄德，此即為圓善中「德」之一面（道家意義的德）；而一切存在（迹用）皆隨玄德轉，即無不順適而調暢，此即為圓善中「福」之一面。故主觀地就生命之「體沖和以通無」而言，即謂之為「德」；客觀地就「體化合變順物無對」而言，即謂之為「福」。此即是「德福一致」之圓善。此時之「一致」不但是德福間外部地說之有相配稱之必然關係，而且根本上內部地說之德之所在即是福之所在。此只有在迹本圓之圓實境中始有真實的可能。此迹本圓中之德福一致既非斯多葛與伊壁鳩魯主張中之分析關係，亦非如康德所言之綜和關係之靠上帝來保障，乃是迹本圓中詭譎的「相即」之關係。辯解地說，德福間的關係原是綜和關係；在現實人生中，在漸教漸修中，在一切權教中，其因綜和而成的連繫只是偶然的連繫，即其綜和是偶然的綜和，因此，便無圓善之可能。圓善之所以為圓善即在德福間有相配稱的必然連繫，即其綜和是必然的綜和。此在康德只有上帝能保

障之，但還是綜和關係，只不過是必然的綜和而已，因爲若非必然的綜和便無圓善。但康德這一思路，好像是圓教，其實非圓教，它只是一情識決定之權教，吾人已明其並不能使圓善之可能眞爲可理解。是以只有在圓教中，德福之必然連繫始眞成爲可理解。但一旦在圓教中，此必然連繫即德福一致，吾人即不說之爲綜和，但只說之爲詭譎的「相即」，因爲分析，綜和等詞語是辯解地說的即分別地說的權教中的詞語，並非是非分別說的圓實教中的詞語。依此而言，康德的說法亦只是分別說的表面似圓教而實非圓教的權教中之一途法門，尚非是權教之通方法門（以無限智心人格化而爲個體存有故）何況是圓實教，此更非其所能及。德福之詭譎的相即（德福同體）是依圓聖言。一切圓聖皆是「天之戮民」，然其所受桎梏之戮（天刑）即是其福之所在，同時亦是其德之所在。蓋桎梏天刑即是其一切存在狀態之迹，即迹而冥之，迹即是其德之所在；迹隨本轉，則迹亦是其福之所在。故德即福，福即德，此「即」是詭譎的「相即」之即，非分析關係，亦非綜和關係，蓋並非依靠一什麼物事把它們兩者綜和起來使之有必然連繫也。在此「相即」中，德固有獨立的意義，福亦有獨立的意義，以本迹本圓融而來故也。若在自以爲能解天刑而卻並無迹用之至人身上，則德與福便成斯多葛之主張中之分析關係，福便無獨立的意義。故德福相即而又不失其各自獨立的意義只有在圓聖中始可能。圓聖非人格化之上帝也。故將德福一致之根據寄託于人格化的上帝存在之肯定，則德福一致便渺茫矣。[169]

　　牟先生是不信上帝的，因此依靠上帝的保證讓世人有其德福一致的理論路線他是不接受的，就說上帝「它只是一情識決定之權教」。但中國儒釋道三教都有其各自的德福一致，因爲三教皆有無限智心，此無限智心類似上帝的能力，上帝是知及之即能創造之，無限智心至

少即能實現之。而無限智心是人人所有的，但上帝是牟先生並不相信它存在的，因此當然不走上帝的智的直覺之路，而走中國儒釋道三教的智的直覺之路，此即無限智心之路。至於，德福一致問題，這是圓善論旨之必須要有的理論，德是主觀的價值追求立場，福是主體的客觀現實生活，康德哲學因著上帝的存在可保住個人生命有其德福之一致，牟先生不接受上帝，故不走康德之路，而另闢一徑，此即由儒釋道三教之聖人所提出之教化哲學之路，教化之而成聖，於聖境中即德福一致矣！然而，此聖人之型態三教有別，儒佛者暫不論，道家的聖境即此處所謂之迹本圓融者，而迹本圓融者卻都是被莊子批評為天刑之的儒者，莊子的批評現暫不論，依牟先生之說者，即是在天刑中受桎梏的儒者自身便已經是德福一致了，此說，筆者甚為質疑。明明道家莊子是以神仙為理想人格的境界，牟先生偏要以受天戮之刑的儒者當之，則理論之詭譎扭曲已臻極致，說有德福一致只能是牽強之言了。

四、結論

牟先生的道家詮釋，筆者以著作史的形式予以討論，至《四因說演講錄》及《圓善論》止，牟先生從《才性與玄理》一書開始的立場從未改變，只是創造了更多的理論工具以建築之而已。在《四因說演講錄》中提出動力因之說，在《圓善論》中深化了迹冥論、迹本論之說，都只是順從了郭象的思維以解道家。郭象是中國哲學史上唯一無道體的哲學異數，牟先生卻甚喜之，以之為道家後期發展的理想型，並從而定位老莊王弼，而建立無實體性的境界型態的形上學以及迹本圓融的圓教理論，高舉美化道家之餘，卻仍在無實體性的問題上貶抑道家說只是境界型態的形上學。筆者以為，牟先生真誤道家矣，以不是道家的哲學理論使儒家高於道家，則儒家哲學亦勝之不武矣。牟先生此路走得崎嶇詭譎，後人不應從之。可以尊重牟先生的自我創作，但不能接受它就是道家的正確文本詮釋。

註釋：

132 牟宗三，《心體與性體》，臺北，正中書局發行，1968年初版。

133 牟宗三，《從陸象山到劉蕺山》，臺灣學生書局，頁81，1979年，8月，初版。

134 杜保瑞，《牟宗三儒學平議》，臺灣商務印書館，2017年10月初版。北京新星出版社，2017年10月初版。

135 牟宗三，《才性與玄理》，臺灣學生局印行，1980年3月修訂5版。

136 牟宗三，《現象與物自身》，臺灣學生書局，1982年4月3版。

137 牟宗三，《智的直覺與中國哲學》，臺灣商務印書館，1980年10月第3版。

138 牟宗三，《中國哲學十九講》，臺灣學生書局，1983年10月初版。

139 參見：杜保瑞，2011年11月4~5日，〈對牟宗三道家詮釋的方法論反省〉，第八屆《詮釋學與中國經典詮釋——「全球化」作爲「視域融合」的詮釋學經驗》國際學術研討會，臺灣成功大學中文系與山東大學文史哲研究院合辦。以及：杜保瑞，2011年12月5~7日，〈對牟宗三由道家詮釋而建構儒學的方法論反思〉，「當代新儒家與西方哲學——第九屆當代新儒學國際學術會議」，香港中文大學哲學系，臺灣中央大學儒學研究中心，臺灣鵝湖月刊社，臺灣師範大學國際與僑教學院聯合主辦。以上兩文即本書第二、三章。

140 牟宗三，《四因說演講錄》，臺灣，鵝湖出版社，1995年3月初版，頁60。

141 牟宗三，《四因說演講錄》，頁60。

142 牟宗三，《四因說演講錄》，頁61。

143 牟宗三，《四因說演講錄》，頁61。

144 牟宗三，《四因說演講錄》，頁62。

145 牟宗三，《四因說演講錄》，頁62。

146 牟宗三，《四因說演講錄》，頁64。

147 牟宗三，《四因說演講錄》，頁65。

148 牟宗三，《四因說演講錄》，頁70。

149 牟宗三，《四因説演講錄》，頁71。

150 牟宗三，《四因説演講錄》，頁72。

151 牟宗三，《四因説演講錄》，頁72。

152 牟宗三，《四因説演講錄》，頁73。

153 牟宗三，《四因説演講錄》，頁74。

154 參見唐君毅先生言：「老子書所謂道之第二義，則為明顯的指一實有之存在者，或一形而上之實體或實理者。」《中國哲學原論》〈老子言道六義〉，臺灣學生書局，1980年9月5版，頁352。

155 牟宗三，《四因説演講錄》，頁74~75。

156 牟宗三，《四因説演講錄》，頁79。

157 牟宗三，《圓善論》，臺灣學生書局，頁281。

158 牟宗三，《圓善論》，頁288。

159 參見拙著：《南宋儒學》，臺灣商務印書館，2010年9月初版。

160 牟宗三，《圓善論》，頁290。

161 牟宗三，《圓善論》，頁291~292。

162 參見湯一介先生言：「郭象的玄學新思想，用《莊子序》的話說，就是他申明的「明內聖外王之道」。………郭象所要說明的內聖王之道，就是「游外以弘內」，「無心以順有」。「游外以弘內」意謂「即世間而出世間」，則可不廢「名教」而徒合「自然」。「無心以順有」即謂「無心而任乎自化」，則「不自用心」（不以自己之心為心，而任物之心）而應物合俗。如果說，「游外以弘內」是郭象心目中的最高境界，那麼「無心以順有」則是聖人達到這一最高境界的手段。故「無心以順有」就成為「名教」通向「自然」，或「自然」寓於「名教」之間的橋樑。從這裏我們可以看到，郭象的所提出的「內聖外王之道」，無疑是中國哲學史上的一種新思想。郭象的這一新思想，在當時條件下，可以說解決了時代所要解決的難題，它既可繼承和發揮老莊「自然無為」的思想，又可不廢周孔「道德教化」之事功，這實為當時統治者和士大夫所歡迎。郭象論證這種新思想的方法就是「寄言出意」。《郭象與魏晉玄學》（第三版），湯一介著，北京，北京大學出版社，2009.11，

頁，260-261。

163 牟宗三，《圓善論》，頁292。

164 牟宗三，《圓善論》，頁294。

165 牟宗三，《圓善論》，頁296。

166 牟宗三，《圓善論》，頁297~298。

167 牟宗三，《圓善論》，頁300~301。

168 牟宗三，《圓善論》，頁302~303。

169 牟宗三，《圓善論》，頁303~305。

第五章 試論牟宗三哲學的儒佛會通[170]

一、前言

　　牟宗三先生的哲學系統中其實並沒有會通儒佛，牟先生自己很明白的表示他的價值選擇在儒家哲理中[171]，但是牟先生所提的圓善論的完型卻是源自佛教天臺教義的表述形式之藉鑑，因此，我們得以在牟先生整個中國哲學詮釋體系的檢討中，嘗試談論為牟先生所溝通的一些儒佛之間的方法論詮釋架構的問題。本文將初步檢討牟宗三先生的儒佛會通觀念，在當代中國哲學理論建構的歷程中，牟先生的哲學體系堪稱最為龐大、最有創造力、也最為獨斷的一個系統，透過牟宗三哲學體系的研究理解詮釋與批判反省，正是當代中國哲學工作者最大的理論挑戰，牟先生以佛解儒，而建立道德形上學，本文之作，即針對牟先生由佛說儒的觀念展現，進行檢討，文中透過對牟先生若干重要命題術語之義涵解析，而進行疏理，企圖將儒佛會通以及中國哲學方法論問題試作釐清。文中將討論：牟宗三先生中國哲學詮釋體系的根本關懷、對牟先生關懷實有的詮釋體系的重新檢視、從牟先生「存有論」概念的使用重新檢討其詮釋體系、從牟先生「形上學」概念的使用重新檢討其詮釋體系、從牟先生「智的直覺」概念的使用重新檢討其詮釋體系、從牟先生「分別說與非分別說」的概念使用重新檢討其詮釋體系、從牟先生「實有型態的形上學及境界型態的形上學」之說重新檢討其詮釋體系、對牟先生在天臺學中的存有論建構之重新檢討。

二、牟宗三先生中國哲學詮釋體系的根本關懷

　　牟先生的中國哲學詮釋體系的根源問題，即可謂如何將儒家哲學建構為在中西哲學義理系統上是最為究極圓滿的哲學理論，他的工作方式是由康德所遺留下來的世界實有性的問題開始建構起，首先定位儒家哲學的基本性格是一個道德的形上學，在這個體系型態下儒學具有一實有性的創造本體，並且是一個道德性的創造本體[172]，並因而說出了一個得經由聖人體證而實證的實有世界觀出來，在儒學的如此定位上，牟先生同時安排了對於道家老莊學及佛教天臺華嚴學的基本義理定位的理論詮釋工作，認為道家在世界實有的問題上的形上學建構並不能說出世界的實有性，道家只是進行了某種世界運行秩序的意境的言說，所以只成就了一個境界型態的形上學。而佛教的華嚴哲學雖然仍基於佛教基本義理的緣起與空觀的形上學系統，但在工夫論義理建構上卻不能遍存在界而有實證，因此無法藉由工夫體證而達至佛教世界觀的圓滿極境，只有天臺宗哲學不僅圓滿地述說了世界存在的間架，更且藉由不執著於此一世界間架的表述，而保留了此一世界間架表述系統的存在上的圓滿。至於貫串整個中國儒釋道三學的本體論義理，都是一種具備認識世界實相的認識心，即智的直覺或稱無限智心，因此都是縱貫地含攝了整體存在界，但是因為道佛的無限智心並不同時創造世界，因此只有儒學是縱貫縱講地完構了形上學的建立。

三、對牟先生關懷實有的詮釋體系的重新檢視

　　在形上學義理建構的理論進程中，世界可以被認識及世界被認識成實有是兩回事，康德哲學中的世界實相是不能被認識的，只有上帝得以有智的直覺以直接契入物自身的義蘊，牟先生認為中國哲學的儒釋道三學卻都在人存有者的認識心中被認為是具有直覺體悟存在真相的能力，這是中國儒釋道三學的殊勝之處，但是牟先生卻更關切對於世界真相的詮釋系統是否主張了世界實有，這就是牟先生的中國哲

學詮釋體系中的根本關懷[173]。這似乎與一千年來的新儒家哲學觀念中一直認為道佛乃以世界是虛妄的立場有關。然而道佛對於世界是虛妄的存在的言說的義理仍有其言說的詮釋上的空間大矣，此暫不論，對於世界存在的根本意義是實是虛的主張，恐怕不如其表面文字上的承載力量之重要到，足以作為哲學體系之是否成功及圓滿與否的基本判準。

從知識論的問題意識上進發的哲學體系之建構，對於人類在存有真相上的能否實知之問題確實是一個重要的根本問題，但是在中國哲學義理型態中的知識論問題卻並不是哲理建構的關鍵地方，關鍵地方是工夫哲學，是工夫哲學在保證著形上學義理觀點的成立，因此中國哲學的形上學觀點基本上是一個工夫哲學進路下的義理結果，因此在世界實相的認識問題上重要的是工夫進路的爭辯，存有真相永遠是工夫操作後的境界彰顯，至於人類有沒有認識存有真相的能力的問題，既非中國哲學義理詮釋系統中的優位問題，更非檢別的判準。所以牟先生以一個智的直覺平等地賦予儒釋道三學的詮釋體系之說法亦實為當然。

不論是主張世界是實有還是主張世界是虛妄的哲學體系，都需要說明存在界的發生的義理建構，前者是本體論問題後者是宇宙論問題，以道德意志宣說世界實有的理論作法，只是說明世界存在的諸多本體論作法之一，這個必須要處理的問題卻沒有必然的答案，因為一方面關於宇宙真相的知識需要確立，另方面關於本體的觀念需要證成，而所有需要體證以成真的中國儒釋道三學的詮釋體系，對於存有實相的最終界定，都還需要它們各自的工夫哲學來予保證，而不是哪一套的表面上是虛是實的存有真相的答案的宣說就是必然的圓滿。

對於宣說世界實相的形上學體系的圓滿與否的判準，並不能建立在表述形式的架構上，牟先生以非分別說及無執的存有論的說法來提挈中國哲學，但這些說法都只說到了中國哲學的特殊表述形式，而非根本主張，以表述形式的不執斷地說法作為對於存有真相描述的圓滿形式之觀點是一個基本哲學問題意識的錯置，不論是王龍溪還是荊溪

湛然的形式表述，都不是一種簡單正面的形上學的義理建構的表述，他們其實都是工夫活動的述說，無執的工夫述說是工夫境界調升的必然作法，在工夫哲學本位的中國儒釋道三學的義理建構的成熟階段，都將出現此一表述形式的工作方法，就中國大乘佛學陣營而言，禪宗哲學系統的無執的表述其實更是其中之最，但是這樣的無執的表述方式只是就工夫進程的形式作為之講說，最終是境界哲學問題意識的彰顯，使得義理的展現在境界的彰顯中得以達至圓滿極境，然而體系的異同甚至高下優劣的問題，卻無法決定於此一工夫形式義理的展現與否，最終必須回歸至整個形上學系統的建構間架上。

四、從牟先生「存有論」概念的使用重新檢討其詮釋體系

在牟先生的詮釋體系中及當代中國哲學工作者的概念使用中，存有論與形上學及本體論概念有通用現象，這是因為一個明確的宇宙論問題未予獨立化為一基本哲學問題之故，牟先生的存有論概念使用，還有一個義理上的先在預設在，那就是他所謂的為實有而奮戰的信念，亦即在存有論哲學問題的中西理論建構上乃以能證成言說世界實有的存有論系統為對此一問題的理論建構之完成。筆者認為，存有論作為一個基本哲學問題它只是一個題目的概念，是否以為世界是實有這是各種理論體系的各自觀點、各家的答案，主張世界不是實有的存有論觀點也是一種存有論，特別在東方哲學體系中，因著宇宙論問題的發達，現實經驗世界在道佛兩教的世界觀認知中並非最終極之實有，在涵蓋經驗世界及非經驗世界的諸多世界作為一個整體的時候，就跳開了這個存有是否為實有的問題，而是這個本體是什麼的問題，因此在中國道佛哲學系統中，毋寧以本體論概念來作探求終極實在問題的問題意識或較恰當相應。這個本體論是就著一切存在的整體來探求其抽象意義的終極定位的問題，例如探求其為是有是無是苦是樂是善是惡是清淨是染污是一是多等等，抽象形式的追究。至於存在界是

否是實存是創生誰創造如何造，這毋寧是一個在宇宙論問題意識下的世界觀的問題，而這些宇宙論方面的知識，卻將根本地決定哲學體系的本體實相觀念。

牟先生一如康德爲經驗科學立法的理性精神，要在中國哲學系統中發掘論說存在界整體是一實有受造的整體的理論體系，而先在預設地以儒學形上學爲此一建構的典型，因之找出儒學立論的絕對起點即道德意識者，以之作爲既是整體存在界的存有論總原理復是君子聖人人格體現的意志原則，作爲具道德創生作用實力之一意志性普遍原理，而使存在界得以實存之存有論最高概念範疇，其爲乾元爲誠體爲獨體爲良知爲善等儒學最高概念爲基礎所建構的儒學存有論，牟先生因之以道德的形上學說之，亦稱頌之爲存有論的完成，似乎存有論旨在論說存在的實在性，而只有道德意識才能是實在性的乾坤萬有之眞基。在此一儒學本位的工作進路中，宇宙論問題意識下的世界觀差別，所造成的對於存在界整體的最高概念範疇之定位的終極理解之差別，即無有言說之餘地了。

不同的宇宙論即有不同的本體論，存有論及形上學的關切都忽略了此點，甚而先在地以經驗所及的宇宙視野，來作爲一切哲學體系之本體實相之優劣檢別之判準，這才是中國哲學詮釋系統的重大問題。如果像佛教天臺教義中的以存在界爲十法界的宇宙論系統，那麼諸法界共存互具的貫通原理，亦即佛教基本教義的緣起性空之般若觀念之提出，便不是一個道德意識本位的概念，並且此一經驗世界之實有與否的問題亦不是佛學體系的終極問題，它首先是一個各層世界之爲何會展現造生的根源的問題，其次是這個造生的展現顯現了對人而言的是苦是樂的問題，再次是這個造生根源的善惡染淨的問題，最終是這整個展現的全體及其歷程是空是實的問題，這些問題都超越了經驗世界的整體存在之存有論的有無虛實的問題，因此對於中國儒釋道三學的認識的出發點應該更多地有一獨立的宇宙論的關懷，亦即設若不在各教世界觀的認知系統下，探究各家最高概念範疇的本體論義涵，則難以明其義涵實指及進行系統比較的工作，亦即應先將宇宙論的知識

性認知先行提出，作爲本體論問題意識的思維前提，再來認識本體論的義涵實指。

如此則牟先生的存有論概念，在中國哲學基本哲學問題研究上的理論定位，便不是太準確恰當的概念使用，因爲牟先生一直地無法擺脫存有論問題是要爲實有而奮戰的工作意識，然而這個實有的存在學概念在中國哲學的道佛兩教中，卻被多重世界觀的宇宙知識系統所打散了，但是無論是如何地多重甚至多元，道佛世界觀中仍有將整體存在界，作爲一個整體而來探究這個整體的本體論總原理的問題意識，因此以本體論探討中國哲學體系中的最高概念範疇，諸如道天性理佛性等概念或爲較準確的論理進程。

五、從牟先生「形上學」概念的使用重新檢討其詮釋體系

牟先生哲學體系最高建築物，乃爲儒家哲學系統的道德形上學之理論建構，牟先生提出「道德的形上學」之名詞，以此分別於道德底形上學，意謂形上學的諸種中西哲學史上的建構努力，最終乃以儒家哲學系統中的以道德意識作爲創生實體，而保住存在界整體之說法爲此一努力之最高完成，這就是由道德進路而建構成功的形上學體系，這不是一般以形上學的方式說道德概念的進程，那是道德底形上學，強調「道德的形上學」是主張只由道德的進路才可以完成形上學的建構[174]。總之形上學問題是一切哲學問題的終極問題，中國儒家建構的哲學體系所提出的觀點是一切形上學問題的終極解答，這是一個由道德意識作爲論理進路而論說了世界之創生與實有的理論系統。

此處我們所要探討的形上學概念的使用問題，是要保住哲學學門領域中的最終哲學問題意識的概念使用之通則。形上學在多年來的中國哲學界的術語使用中，都是哲學理論中的最終極基本問題，牟先生說儒學系統是一個道德的形上學，他也說中國哲學都是一個本體宇宙論[175]，亦即中國哲學的終極義理，都關切到了在整體宇宙中探討終極

本體的理論問題，究其實，宇宙論與本體論應該被區分為兩個相關但獨立的基本哲學問題，牟先生談的儒學的本體宇宙論以道德形上學說之，是在一個現世實有的世界觀認識下的宇宙論知識間架中談儒家的本體論問題的，這個世界是實有的，這個實有的世界是有創生者的，這個創生者是一個遍在的道德意識理性，作為儒家本體宇宙論的終極本體是一個道德理性的存有原理，它本身是一個有意志理性的存有原理，它是德性天是誠體是善是良知，這樣的討論已經是一個純屬本體論問題意識下的討論了，那個宇宙論的問題意識已然不存，宇宙論要討論這個創生造化的歷程，那個存在實然的物質結構，那些存有者的類別等級等問題，這些問題在道佛兩教中都是明白討論的問題，但是在牟先生的儒學系統中則未予討論。

　　牟先生論說的儒學體系的本體宇宙論，是直接以儒學主張世界在創生中有道德本體的理性意志在，這個道德理性意志並不是一個宗教天的人格神的位格存在者，因此不是一個宇宙論的問題，根本上仍是一個最高實體的本體論問題，是一個作為儒學體系的最高概念範疇的整體存在原理為何的問題，世界的實存預設於一個創生原理的理性構作之中，如果牟先生探討儒學體系中如何藉氣概念以與誠體良知獨體德行天等，共同構作實在世界的整體創生歷程，那麼這之中便出現了宇宙論的問題意識，這樣的義理建構仍然是在形上學的問題討論範疇之中，因此我們要提出將宇宙論問題與本體論問題分別論述的理論作法，而這兩者都是在形上學的問題意識中的基本哲學問題，也就是說暫時擱置形上學的概念使用而以宇宙論及本體論兩者來作為哲學理論型態陳述的基本問題，當兩者並用而看出的整體形上學觀點，才更能見出儒釋道三教同異論辯的關鍵要害。

六、從牟先生「智的直覺」概念的使用重新檢討其詮釋體系

　　智的直覺有時牟先生又稱為無限智心[176]，這是將整個中國儒釋道

三學對比於整個西洋哲學時而使用的一個核心概念，西洋哲學的存有論問題意識之理論關切乃在存在物之存在方式之探研，牟先生稱之為內在存有論，以亞理士多德的範疇學工作為典型，如欲對整個存在界的整體進行一個根源的說明，則是超越存有論，這個根源的說明已經不能再在個別存在物的存在學範疇中尋找，而整個西洋哲學的超越存有論則都是安置在上帝概念的解讀之中，在西洋哲學的傳統中上帝是作為負擔存在界的整體的存在的根源的角色，這個角色必然具有一個無限智心即智的直覺的功能在，這是西洋哲學在康德系統中所賦予上帝的角色能力，這是超越存有論所要探討的主題，然而牟先生認為以上帝本身是一個人格神的概念存在，是為一超越存有論中的情識的獨斷。

這個智的直覺，在中國哲學系統之中的儒釋道三學中皆是有的，中國哲學的儒釋道三學的存有論，因此也都是一個超越的存有論，這個超越的存有論是直探本體以說萬法的存在的，牟先生也以本體宇宙論說之，而儒釋道乃結穴於儒學的高明圓熟系統中，故而只有儒學的存有論是一個本體論的生起論哲學，意謂其具有一個智的直覺的無限智心而創生著整體天地萬物的存在，至於道佛對於整體存在界亦有一終極的說明，即有一終極的本體學的觀點，只是其於存在界的安立問題並不圓熟，亦即不能圓熟地論說存在界的創生與恆在，但是對於存在界作為一個整體的本體學的理解，仍有其極盡高明之說理型態，道家以無的玄智說之，佛教以般若思維以如來藏清淨心說之，此一無與般若皆是超越存有論的問題意識下的形上學原理，即一智的直覺者是。西洋哲學的存有論並不提出在上帝以外的作為整體存在界的超越原理，中國儒釋道三學則皆各有自己的超越存有論的形上學原理。西洋哲學傳統中的實體學問題是一內在存有論，即在實體學問題意識上的個別存在物中論究其存在範疇學的存有論，牟先生復予之一「執的存有論」之稱說，以此對比於中國哲學的無執的存有論之說，這是就著康德的現象與物自身之存在學的區別而為的區別，能就著物自身之整體而為認識的理性活動之存有論是一無執的存有論，只就著經驗現

象界作著存在學的範疇建構之學是一執的存有論，兩重存有論都是形上學問題意識中的論題，中國儒釋道三學則是特別能發揮建構各自型態的無執的存有論。

就此而言，牟先生的智的直覺的觀念使用，既排除了上帝意義的人格神在存有論哲學體系中的討論價值，即表示牟先生認為作為形上學的原理者可以是貫通天人的理性原理本身，這也其實就是中國儒釋道三學的共通思維，筆者認為此時即以本體論中的最高概念範疇的進路來認識即是準確的路徑，這個智的直覺在中國哲學即是各家哲學中的本體論的最高原理，也正是作為整體存在界的形上學義下的總原理，中國哲學的形上學本就是本體論與宇宙論共同進行的論理格式，牟先生說這樣的超越的存有論是一個本體宇宙論，亦即牟先生乃以此一儒釋道三家所具之智的直覺，是為中國哲學的形上學的本體學原理。

七、從牟先生「分別說與非分別說」的概念使用重新檢討其詮釋體系

牟先生以中國莊子學及佛教般若學為非分別說的代表[177]，筆者以為，莊子非分別說之義理表述其實是一個境界哲學的表述的展現，境界的描述可有在義理架構中，由本體論及宇宙論之兩路而言說及於存有者的境界，亦可直接就存有者的活動情狀以作一活動的展示，莊子書中的諸多故事性的描述即為一存有者境界的活動的展示，這是因為中國哲學的基本性格是為一人生哲學的義理實然而致者，形上義理的建構乃為人生之需求而論理，形上義理之完成乃成於實踐活動之證悟，如借用牟先生另一哲學術語即智的直覺之說者而言，即中國哲學乃全為由人存有者之實踐證悟中來定位天地宇宙者，乃由人存有者之本體體悟而貫通天地宇宙之實存之實義者，而儒釋道三學乃各有其本體體悟之型態亦皆各有其智的直覺之各自型態，因此中國哲學的形上學乃即在人存有者的實踐活動中義理燦然昭示明白，此即中國哲學必

有一境界哲學之義理形式之實然者，此一境界哲學之義理宣說乃爲宣說人存有者之理想人格情狀，其或爲儒家的君子聖人或爲老子聖人觀或爲莊子眞人至人神人或爲佛家的菩薩與佛者，而此些最高人格情狀之狀態描述，乃即得由其心念攝定之本體體證之觀念，或由其身形神魂之客觀存在狀態之描述中言說者，其一爲本體論進路之境界言說其二爲宇宙論進路之境界言說，當然，此一理想人格境界之言說更可即由人存有者之生活事件中予以展現之者，此即《論語》中言及君子之道之諸語者，亦即禪宗哲學中師弟子問答往來之際之雋永故事中之展現者，當然亦即莊子寓言重言卮言之漫衍中之所欲言說者。

就此而言牟先生有所見及之中國哲學中獨有之一非分別說之義理言說傳統者，實乃中國哲學中的境界哲學之一種表現型態者。牟先生另以佛教般若學中之言說乃爲非分別說之典範一事，吾人亦可再爲申說之爲般若學之一切思維進程，乃爲人存有者之本體論進路之工夫活動者是，此因在整體佛教教義系統中言及般若之學者，乃爲言及佛教教義中之本體實相者，佛教基本教義乃爲緣起性空之學，宇宙論的知識問題交給緣起法來宣說，本體論的觀念問題交給般若性空學來處理，緣起法多型，此佛教哲學史內部的各家義理理解建構之問題。但緣起法之世界觀中當下即得一本體實相之整體體悟之智慧認識者即爲性空之智者，既知其爲性空者故及於一切緣起之法中，無論爲善爲惡爲佛爲魔者皆當下體知其爲情識執著之結果，故應即在人存有者之工夫活動中當下予以證空之解消，此就工夫進路說者，因此一切佛教教義之基本工夫之路數皆即爲體空證空之實踐活動一路而已，一切成佛工夫皆最終收歸般若性空之修行實踐之中，但是體空證空之工夫活動如從境界哲學進路言說時，即見出存有者修行者乃於當下一切現實境界之意念執著之泯除狀態者而已，一切泯除之境界持守之情狀者乃爲一非分別說之言語意境。

佛教般若學之非分別說之言語意境因此顯現出兩種層次之型態，其一爲一切境界哲學之義理展現之實踐的活動者皆爲一活動狀態之實指，即一在活動中的狀態之展現而已，即非一言語鋪陳之論理進行之

情勢，即當然非一分別言說建立體系展現架構之知識性論理的進程，此乃貫通一切中國哲學儒釋道三學之人生哲學本位之工夫實踐中之共同形式，即一境界展現之活動狀態中之事者，此般若學在作爲佛教基本本體論實相實理時，就著修行者之持守般若性空之本體實相之境界中事。

另一個面向則爲在義理的推演中的般若學之非分別說之情狀者，依儒釋道三學之本體學建立者言，儒家道德意志本體之實義之展現乃即在君子人格意志中的實現動力中，它是有蘄向性有目的性的一個實踐本體的動能，即在一修身齊家治國平天下之實踐義的建設性動力之中，它是有所分別的動力。在道家老子學中即爲一對於有無相生、反者道之動之社會律則的把握中，拳守於弱者道之用的玄德操作之中，它仍然是一有蘄向性有目的性的實踐動能，它還是一個有所分別的動力。唯有佛家的般若性空本體的修證體悟活動，是一個意念心智不外不二的中道思維，即一切存在意境之情狀中而視其爲假知其爲空的拳守中道之不二思維，對一切現象情狀之不予價值區隔之心念止定，一切存在之現象皆爲無明之緣起故，而一切區別之分辨亦爲無明之繼起，此一念無明之繼起又起，正是佛教哲學論說世界存在的基本教義，此一無明緣起的輪轉生死之貞定，唯有在般若空觀的止觀雙運中，即予收攝證悟中道實相方能得成最高佛境者，故而當般若性空之佛教本體論之本體證悟工夫一旦發動，則修行者當即於一切現象存在之境界情狀中予以收攝貞定拳守不分，此般若學之可爲牟先生所言說之是爲一非分別說之第二義者。

以上我們乃以境界哲學及本體論哲學，重新界定爲牟先生所獨標於中國哲學義理表述型態中之分別說與非分別說之論理形式者。

八、從牟先生「實有型態的形上學及境界型態的形上學」之說重新檢討其詮釋體系

牟先生以西洋哲學及中國儒家哲學皆爲實有型態的形上學，而道

佛兩家卻爲境界型態的形上學[178]，所謂實有型態的形上學者是說對於整體存在界之探討與研議，有著將世界存在之認識建立於一創造實體之造生系統中者，西洋哲學中的上帝概念及儒家哲學中的天道實體概念，皆是針對此一實有型態的形上學的本體實在之言說。至於境界型態之形上學者，即爲一種形上學中固然對於世界實相之本體有所宣說，然而作爲體系中最高本體實體之概念者，卻並不能夠負擔一個創生整體存在界之實作作用，至於稱其爲境界型態者乃因爲道佛兩家之最高本體仍有其對整體存在界之作用功能在，道佛各在其本體實相中依工夫實踐之作用對於整體存在界有一態度，因著其態度之展現而對於整體存在界而言其有一形上學的理路，即於此種在作用中展現對於整體存在界的包攝之理論型態，就其爲一種形上學理論而言，其爲一境界型態之形上學。

此種境界型態之形上學中含著人存有者的工夫實踐活動，就此義而言則於儒道佛三家皆爲一共通之型態，亦即儒家亦含著一種工夫實踐活動的本體態度，因爲在牟先生的哲學體系中儒家哲學其實正是一個實踐進路的道德的形上學，亦即儒家的形上學是一個由普遍的道德意志貫穿在天道與人倫之中的存有原理，故而牟先生亦論說及儒家的道德實踐進路之形上學原理是一個即存有即活動的形上實體，意謂著這個形上學的原理以一個普遍意志的身分，在實踐的實作之中一方面創生著這個整體的存在界，而又一方面作爲人存有者實現自己成聖成賢的動力原理，因此就在這個實踐的動力的意志中亦可謂儒家的道德形上學，亦爲一境界型態的形上學，只是儒家的這個實踐的動力型態，是一個直接負擔著整體存在界的存在的必然性的創生的作用，故而這個境界型態的儒家形上學亦爲一實有型態的形上學，亦即儒家的形上學原理亦作用於天地萬物之上，而實在地使其創生並保證其必然地存在著。

如果我們後退一步地來看待儒家道德的形上學的理論型態，儒家對於整體存在界之視之爲一在道德意志下的存在，並且其存在有一爲著道德目的的必然性在者，則其道德意志之根源豈非亦可謂爲一種意

志的姿態，一如老子以玄德之智慧來處理世間亦爲一種意志之姿態，亦如佛家之以苦觀眾生以空觀緣起皆爲一種意志之姿態者，皆爲一種存在於人存有者心靈之中的觀解的意味，這個存在於人存有者心中的觀解的，意味當其發爲一種對越於整體存在界的形上學思維的時候，儒釋道三家皆以之爲形上學的最高原理，亦即本體論的本體實相者，因此作爲論說世界存在的形上學原理，原本都是來自於人存有者的智慧關照之中，因此儒釋道三家都是一種境界型態的形上學。

　　人存有者的最高證悟狀態之境界的追求，皆是以其原有的本體實相觀解作爲心理修養的目標箭鏃，並即在人存有者的最高證悟狀態中的實相理解作爲整體存在界的實相情狀之義理述說，因此一切形上學本體論中的本體實相之得致皆來自於人存有者的本體證悟，來自於工夫實踐活動下的最高證悟，一切中國哲學的儒釋道三學的形上本體都是人存有者的自證境界之言說，形上學本體論將與人存有者的境界哲學之言說成爲義理間架中的同構同型之理路，我們可以建構中國儒釋道三學的境界哲學也可以建構其其形上學，其形上學是一個源自實踐活動中的體悟的觀解，是自證證量下的普遍性發言，是將人存有者的信念化升爲存在界的義涵的形上抽象作用下的論理，我們即從這樣的理解進路下，更應強調中國哲學的儒釋道三學之人生哲學本位之形上學學理，是皆爲一境界型態的形上學，更即於此中我們更應於一境界型態的形上學之理論疏理中，再推出一步而肯認出其中的境界哲學的理論的獨立地位，而將其與一實踐工夫活動之重要理論環節提煉出來而成爲一工夫哲學，使得境界哲學與工夫哲學成爲準確理解中國形上學的兩個論域要旨，並使由之而定位的中國哲學中的儒釋道三學的形上學義理型態，便得以在通過工夫哲學與境界哲學的義理間架中更見實義。

　　至於牟先生所一再堅稱的儒家的形上學是爲一實有型態之形上學者，此中有兩個層面的理論問題值得探討。首先，形上學之理想型態是否必即於實有或非實有中論理高下？亦即，實有型態是否即必爲一形上學之理想型態？其次，儒家是否爲一實有之型態？同樣的，道佛

是否即不能謂爲亦爲某種意義下的實有型態？

　　就第一個問題而言，對世界是否爲實有之理論關切，此乃牟先生受影響於康德哲學中，對於爲一切科學知識立法之雄心壯志而欲爲一切存在究理其實，這是哲學論理底層下的思維心靈，是哲學家自身心靈蘄向中的問題意識。康德在人類理論理性中宣斷的物自身不可知之說是牟先生理論關懷下的一大挑戰，康德將此一問題訴諸於實踐理性中所需之三大設準，牟先生則在中國哲學中找出儒家哲學的道德實體作爲必然性原理而使得現象世界之一切存在既爲可知亦爲必然，因此對於經驗世界、對於現象世界之存在的眞實之如何，可證實爲牟先生源自康德所遺問題中之最根本性之理論關懷。

　　相比於中國哲學的人生哲學本位的論理型態，是要在這個生存的世界中尋找生命的意義，因此對於這個生存的世界的宇宙論問題便一直是問題探問的核心焦點，這個生存世界的生活意義乃決定於這個生存世界的客觀結構，這個生存世界的客觀結構便是一個宇宙論的問題，因此中國哲學中的宇宙論問題便特別發達，然而一旦察知這個生活世界的客觀結構問題之後，所要進行的便是一個實踐的戮力活動，這是工夫哲學要探問的問題，由這個世界的客觀結構中體知的意義理解便是一個本體論的問題，對於這個本體的體證後，發生於人存有者的戮力實踐下的終極成就便是一個境界哲學的問題，所以這個發生在中國哲學人生哲學本位的哲學論理之建構，便首先是一個對於存在世界的察知，然後總體地確立一個意義的終極實相，然後在人存有者身上藉由應合於這個客觀世界的終極實相的標的，進行工夫實踐與達至最終成就的境界展現。

　　於是我們見到發生在牟先生對於世界實在的論理的要求的根本問題，乃是牟先生起始即是一個本體論的生起論的思維，亦即起手便只從本體論作思維活動，牟先生當然有見於中國哲學的宇宙論建構之各種型態，但是牟先生一貫地使用著的存有論觀念的思維心靈，仍然是將整體存在界當作一個整體而直探本體的存有論思維模式，因此牟先生對於中國哲學的存有論亦稱之爲是一本體宇宙論，是在本體實相

的理性意志中去認識宇宙生化的有關歷程，是一個本體論本位的先在心靈。但是中國哲學中的儒釋道三學卻有著不一樣的宇宙論知識的認知，在佛教哲學的本體論思維的背景是一個緣起的世界觀的構造體，這個緣起的世界觀中有多重世界、有多重存有意識、有多生多世的存有歷程，中國道家莊子學的氣化世界觀中提出了一個在氣變流轉中的世界結構及由之而相應的逍遙心靈，以及神仙存有者的生活世界，在中國道教傳統的世界觀中，提出了多層的神仙系譜作為人間修證的最後歸趣，這一些客觀世界結構的宇宙論知識的察知，對於本體論觀念的形塑是有根本性的決定作用的理論意義的，本體論的終極實相的觀念確立是一個在宇宙論知識間架下的確知，是一個宇宙本體論，是在宇宙論知識背景下的本體論的確知，於是，在中國儒釋道三學中除了儒家哲學是一個現實關懷優位的理論體系以外，道佛兩家則都是一個基於宇宙論探知之後的人生哲學建構，於是便只有儒家哲學的即現實世界而論說應然關懷的 義理型態，是符應於牟先生為實有立法的哲學要求。

　　一旦宇宙論與本體論的義理確立後便是一個工夫論與境界論的論理發展，而在工夫境界哲學的研議中，論究工夫實踐活動的要義是一個當下自身的體證與踐行，是一個以主體自覺的發生為第一要義的活動的格式，自覺是一個對於本體實相的體覺，體覺於本體實相的內證自立中發生起工夫活動的格式，這是由性說心，也是以心顯性，從論理的進程中說本體論作為工夫主體的證悟蘄向，從活動的進程中說工夫主體的彰顯本體，至於宇宙論的知識間架的使用則是作為一個廣大的存在的背境，與工夫歷程中實作的進展，但是當世界觀的論究只在於現實世界的系統內言說時，這個反映於宇宙論知識間架的工夫歷程與境界展現便較不明顯，如儒學之系統。如果是一多重世界觀中的宇宙論知識間架作為工夫實作的背景的型態者，則在主體的自覺體證的發用中將逐步打開存有者身形神魂的宇宙論形變之情狀，如道佛之系統。此即從人體宇宙學中建立的存有者變化 之論說，這並不是一個將工夫的活動交給宇宙論的要求下的論理，並不是宇宙論中的超越意

志來命定要求決定工夫實踐，而是工夫實踐主體自身的實踐活動歷程中顯現出存有者在宇宙論中的定位的改變，這是一個人在宇宙論中的地位的探研之學，這是中國道佛兩家特有的實踐哲學的另一層義理模型。

牟先生的究理實有之學，因為一起始便是一個本體論本位的存有論思維，因此即就中國儒釋道各家之存在觀念的理論體系中要求其體系對實有問題有一表態，然而，論理的範域實則各家不一，莊子逍遙遊中的堯往見四子藐孤射山窅然喪其天下之說即為一最顯明證，藐孤射山為一神仙的生活世界，對於現實世界的天下概念的價值系統因之隨而改變，亦即莊子本體論的造化逍遙觀念便以道通為一的型態取消一切現實世俗世界的關照心理，因此，即便中國哲學的本體論的根源問題仍是一整體世界的終極實相的關懷，但是關懷的起點無論如何更已先在地決定於各家的宇宙論世界觀的前提了，在這個前提下我們來研探牟先生論證實有的哲學問題意識，並以儒家的道德意志作為現實實有之根源之論理證立之說，便發現了一個基本哲學問題意識的取向關懷的問題，世界實有是否應當作為一切理論建構的阿基米德的起點？另外一個問題則是世界觀的定位標準何在？

道佛兩家顯然有著與儒者不一樣的世界觀，在不一樣的世界觀下的本體實證之解悟觀點亦必然不同，哲學論理的進行亦可謂為一個自證圓熟之論理系統，各家各自依據其世界觀察知之知識間架而構作宇宙論本體論工夫論境界論之理論體系，型態定然有異，因為基礎認知不同，故而亦造成根本關懷之不同。如欲要求共同問題之意見表態而重為建構判教標準者則多生誤解。但是建構回應共同問題的判教標準又實為一切哲學研究創進發展之必然情勢，於是論究判教標準之相應與否及準確與否便是對於新哲學體系建構的當然要求，在相應性及準確性的探求之下，我們認為論究世界實有之哲學問題意識並不是道佛兩家的終極問題，因為體系中的宇宙論知識間架已然明白地昭告了世界的結構，是一個在氣化流變中的多重與在心識流變中的多元，本體論的探究便將即在此一多重多元的世界結構中意識其終極實相的確

義，佛家體苦與空，莊子體通與全，儒家則即在現實經驗世界中體證道德，至於證明世界實相的工作則是落實於工夫活動中的境界追求，並非一知識活動中的概念定義，各家各自發展工夫實證實相，當存有者的工夫純熟、境界完滿之際，亦即是存有者與整體存在界的宇宙秩序心靈同合為一之際，即傳統中所說的天人合一之境之達至時，這時真正是一個宇宙秩序即個人秩序、個人存在即宇宙存在、人的完成即世界的完成的天人合一之境，這是《易傳》中言於大人境界之說者亦是佛教哲學中言於佛性概念及佛身觀者。

亦即實有意識實為一源自西洋哲學的問題意識[179]，中國哲學的人生哲學本位的哲學意識實為一實相意識，西方論究實有，以整個經驗世界為對象所作的探討，在柏拉圖中分為兩層，在亞里士多德中即就實在世界而研議實體之範疇學，及由形式與質料因構作一存在的連續等級而上達上帝下迄原初質料，史賓諾沙說這個世界中的一切都是合理的，萊布尼茲說這個世界是一切可能的世界中之最好的，然而康德卻說我們只能訴諸上帝設準來保證世界之實有存在，於是牟先生訴諸一創生實體的普遍道德性意志理性來保證世界實在性，至於中國本位傳統的道家系統之世界觀，則由秦漢之際起即一再地直接論說宇宙發生的階次歷程，如太初太素太易諸說者，世界實存已為一先在的事實，並不從事於在知識概念的定義脈絡中去論證其實有，並不像西洋哲學所有的論說實有實為為實有而奮戰的論理關懷心靈，當現實的經驗本身不足以斷說實在之時，則求諸於一超越實體即上帝概念來保證實有，並因此基於對於上帝概念的不同定義而發展出各家不同的實在與現象關係的形上學體系，或為柏拉圖的理型與經驗之兩重，或為萬有在神論或泛神論系統的統一世界觀，或為單子論的多元世界觀，或為絕對精神發展的辯證史觀。

但是中國哲學的人生哲學本位之論理關懷是首先定位在對於生活世界的實相的確立，由之而定位價值、由之而確立生活標的，儒家即於現實世界確立價值標的之工作心靈亦首先並非為證說世界之實有，而乃首先為確立道德信念之為實相者也，一旦道德信念為其確立，接

下來的工作便是建構人存有者的價值追求活動之一切需求理論，孔子說境界孟子說工夫中庸說本體易傳說宇宙，這都是即在現實世界的道德意識已爲先在地確定爲世界實相之後的論理構作，所以世界實有的問題不是中國哲學論理的起點，世界實相的問題才是論理的標的物，道德意志作爲實相的標的物是儒家系統的證量，通與全是莊子的證量，苦空是佛家的證量，各家皆有證量，本體論終極實相的證量來自實踐的體悟與宇宙論知識的先在背境，理解本體論的進路需訴諸宇宙論，證明本體論與宇宙論的理論需在工夫實踐中，所以中國哲學亦都是一個實踐哲學的進路，統合實踐學與形上學的論說乃匯聚於境界哲學的實際展現之中，中國哲學的一切形上學語言都是境界的展現之學的語言，形上語言即境界語言，故而中國哲學的形上學即是境界哲學，價值心靈的多種表述實爲各家展現本體實相的證量，實有問題應退位，成爲一個論理的虛位。使各家獨立的宇宙論知識得以顯出其在理論體系中的應有之決定者地位，復再以整體存在界的關照，論究實相，而不論究實有，因此道德創生型態之實相亦只爲實相型態之一，其並未有義理之優位。

當然，就牟先生而言，存有論哲學基本問題的理論關切便是一個對於實有之奮戰，必須即在理論體系中解釋世界實存的義理基礎，對於此一基本觀點，我們有兩種方案來予以對應，其一爲擱置存有論基本問題在中國哲學詮釋模型中的術語使用，另以本體論與宇宙論兩種問題意識來替代，本體論只論究本體實相，至於世界實有與否？世界結構如何？在什麼層次上言說世界的整體問題？等問題，則交給宇宙論系統予以論說；其二爲解消實有問題與存有論問題在概念分析上的同義定義，存有論只爲關切整體存在的實相問題，實存與否以及如何實存的問題成爲另一層的理論問題，使存有論只等同於本體論問題，使宇宙論問題獨立於存有論問題之外。如此，則儒家哲學所論理成實的世界實有於道德意志之理論型態成爲中國哲學的形上學諸理論型態之一，如此將更可相應於對道佛哲學之詮解，亦能使中國哲學的形上學義理建構更有進程。

關於前所論究之第二個問題，即儒家是否即爲實有而道佛是否即非實有之學？筆者認爲，當我們以中國哲學爲一對於世界實相之追求之學之時，中國儒釋道三學即已皆爲一實有之學，此一實有之意義則等同於價值標的及終極意義之義，而牟先生之實有之學則只爲經驗現象界之實在性之實有，雖然牟先生以存有論之圓熟只在儒家道德創生義中，道佛皆未予證說及此，實則道佛有本體論之探究即有其對於存在世界之終極確定，有確定就有意義、就有價值、就有追求的標的、就有人生的理想，就在人存有者之工夫實踐中點化了整體存在界的意義理念，此時無論現實經驗世界在道佛系統中，從其自家宇宙論觀點下是實有恆在還是生滅變化不已者，皆已不是第一序的使其有意義有價值的問題焦點了。依莊子，世界是一逍遙自適無目的有巧妙的造化安排，修證者體此自在即是價值之標的，即是境界之完美，即是天人合一地理念化了存在的整體。世界存在的客觀現實是爲一氣變通流中的輪轉無窮，是實乎是虛乎都已經交代了存在之學，實有與否更應歸結於宇宙論知識的論理探究，即在宇宙論知識間架中來論究本體實相才是中國哲學各家義理理解的要點，即在本體實相中的工夫實踐及境界完成便正是各家對於世界理想的落實，便是使世界成爲一個有意義有價值有理想可以追求的義理對象，此時個人要接受哪一種理想的追求便是個人自己的選擇了，而哲學研究之任務便是將各家的理想價值之終極意境，經由本體論及宇宙論的宣說而予確立，並經由工夫哲學及境界哲學的實踐及展現而予以證成，當然，眞正的證成只能是在具體的生活世界中的完成，理論中所言說的證成都只是一套言語系統而已。

九、對牟先生在天臺學中的存有論建構之重新檢討

牟先生以天臺學的「一念無明法性心」之即三千世界而成佛之說作爲佛教存有論的圓教義理之型態，此說中首先是將三千世界的天臺概念作爲一性具說下的存在之整體，從此一步再來論究天臺成佛觀之

是否保住了存在之論題[180]。然而，「一念三千」之三千世界之說在天臺本是一「一心三觀」之工夫哲學下的觀法因緣，三千並非針對存在界之實指之說，天臺並未對於存在界之整體進行一宇宙論式之知識建構之工作，三千是一浮動的境界，是天臺止觀工夫中的修行者的心念廣攝，喻其念慮範域之廣大，即三千世界而收攝一心之中乃本於性中之所具，因此得保一切修證之可能，故云十界互具，而得即九法界而成佛，故斥華嚴爲「緣理斷九」，即佛應不壞惡法門而成佛，此中所論皆爲天臺工夫哲學思維脈絡下之義理進程，因此十法界即法界互具而成之百界及復合十如是之千如是，及復合三世界之三千世界之說皆爲介爾一念的性具涵幅，並非存在世界的客觀的法，依佛教教義本懷，實無法的客觀存在之說可立者，性具之具仍是心具即是念具，若無一念清淨之般若智之貞定攝住，即是迷界因緣，此一念是一無明之念，雖然天臺家亦提出一念無明法性心之說以無明即法性法性即無明，然此皆未能即謂爲天臺家在作存在界的證說活動，而只能認知爲一工夫活動中的心念轉攝之工夫，既是無明即不證立存在，既不證立存在，又如何安心於其保住存在呢？是佛教教義系統者即不應有對存在界予以保住之論理。修行者可以即於一切無明之念識中而轉染歸淨，但是從不保住依無明染識而起現之一切存在。

　　牟先生之存有論哲學問題意識中，先在地以一切存有論系統必須論至存在之法的安立及必然而後可，於是以天臺性具說來批評華嚴「緣理斷九」是說天臺即九法界而成佛之說是保住了存在，但是天臺保住了存在了嗎？天臺批評華嚴「緣理斷九」之說是佛教教義內部之工夫爭訟，其實天臺是工夫論的關切而華嚴是境界論的關切，簡單地說，即依天臺系統而成佛之成佛境界者之境界本身之哲學問題，依然是一個佛教教義裏的哲學問題，成佛的境界當然只是就佛境界而爲言說的一任清淨法的存在，其一旦稱性而起，則隨緣不變不變隨緣，此指成佛者之任運的境域乃稱性而起者，稱性而起依起而有法之存在，未起之法即無有存在，依佛境界而言如何需有不在佛性境界之外之存在？此豈非一矛盾命題。此華嚴一境界哲學之言說而天臺一工夫哲學

之言說而牟先生皆平面地都以之為存有論之言說，一在天臺之工夫攝受之念具之境中論理存在；一在華嚴佛境之性起展布中論理存在，此皆非為佛教教義論理存在之準確位置。

佛教論理存在之說實無定說，即在天臺學中亦未能盡說，天臺乃依禪觀進路之工夫哲學建立宗派，由「一心三觀」、「三諦圓融」至「性具三千」、「不斷性惡」諸說一路下來，皆只以現有之佛教教義系統中之得為言說存在界之一般說法系統下來說工夫之進境者是，佛教存在之說因著其為無明起現之緣起論的宇宙學故而絕無定相宇宙之可能，故而華嚴由境界哲學入路之時即以法界緣起說一重重無盡之世界觀者，因此即於一切存在而成佛之保住存在之說並非佛教教義之重點，即於一切境界而皆得成佛之說才是佛教論理之重心所在，天臺之十法界互具之說原為言說存有者之心念流轉之可能，並從而論說存有者之在一切境界即此十法界中之皆能成佛，只要在任一法界之存有者心念能拳拳守在佛法界中之即可。對存有者而言，其存處於哪一個存在界亦即存在於哪一個法界其實也是自心流轉之自造業果，因此任一法界之存在皆無存在之必然，既無必然則無從保住，保住一說就佛教教義而言實為多此一說，天臺並不論說存在，天臺實為論說工夫之可能而強調即於一切法界，亦即存有者自身所處之世界亦即任一境界之當下皆乃可能成佛者。天臺既不論說存在故即無由保住存在。

牟先生認為佛教存有論要得成立必須說及存在並保住存在這是一回事，天臺是否說及存在及說盡存在更在成佛工夫作用中保住存在這是另一回事，依牟先生之理論關切，一切存有論義理之成熟，必須即在存在諸法中使其有存在的創生及存在的必然，而此即唯有道德意識為唯一可能之存有論原理，即以道德意識本身為一創生意志之實然作用而予整體存在一創生且必然之保證，即此之故，佛教存有論系統中並不具備此一創生性意志之道德意識，其各系統中之最高存有原理亦即最高本體範疇之作用，只在呈現存在諸法之如實而然而已，當其如實而然之際之工夫活動如能使諸法之存在皆得一成佛圓境之完成者，即為保住存在之圓教義理系統，此天臺即三千世界而成佛之說之可貴

者，然天臺之即三千世界成佛之說乃修證者之得即於任一境界皆成佛之說者，非為任一法界之當有一眾生成佛之際即全體是佛，因此天臺並未進行保住諸法存在之論理工程，即便天臺後期思想中發揮佛不斷性惡豈能壞九斷九及批評華嚴為「緣理斷九」之諸說中，亦只能保證任一存在法界之眾生皆有成佛之可能，並未保證任一法界之存在為一存在上之必然。

人存有者或任一存有者可有在一切處得成佛之可能，成佛者得有在一切處對一切存有者皆渡其成佛之願量，但並不表示成佛者對一切存在之法將予以存在之保住，作為存在之法之法界觀念在天臺「一念三千」觀法中拉開來的是一個證法心念的量域，三千在理是一個修證者的心念在般若空觀之實相如理之境中，轉一切惡法為中道正觀，不是證一切存在為存在之必然，般若思維即於一切處而觀其如實宛然之工夫實作之活動者乃因空觀之本身即為不住之絕對思維，不住善不住惡不住地獄亦不住於佛，住即有對有對即二佛法不二即般若思維中定於清淨境界之中，故般若思維之發動即得於一切存在之境界中當下轉化，天臺家本為般若學之法脈，般若學思維中即空即假即中的三諦圓融思維之發動即在當下一念中無論性具三千皆得三千在理，因此在工夫的發動中即一切法而有成佛之可能，但是這並不是就一切法而證其為實，即便是無明即法性法性即無明之說者，亦皆需在一工夫實作之境界含攝之狀態中才可，並非一只是形上學的客觀論理，而是一在工夫境界實作下的言說，言說其一切存有者得即於一切存在處境中之境界而當下使其清淨無染者。牟先生在存有論圓成的義理興趣的強烈信念中，迫使本來只在工夫境界中言說的天臺禪觀法門之學，轉成天臺形而上學而溢出地為天臺論說了客觀存在之存有論哲學，同樣地在華嚴言說成佛境界的法界緣起一切清淨之佛境界之說中，亦轉化之為一言說客觀的存在界之存有論哲學，又窄化其隨緣起現之境界創造在未創造處有一存在學上的法界掛漏。

十、結論

　　牟先生的哲學體系宏大綿密，理論進行之層次過多，欲由一篇短文簡單結構之實非可能，更遑論批判及解構，本書次章將再次討論牟先生的哲學觀念。

註釋：

170 本文已發表於1998年9月，〈試論牟宗三哲學的儒佛會通（上、下）〉，《法光雜誌》第107期，1998年8月；第108期。

171 參見其言：「你要解脱，表示你的斷德，也要就著三千世間法而解脱。所以，當我解脱的時候，當我表現般若的時候，當我成法身的時候，那一切法都在這個般若解脱法身裡面保住了。這裡面確有妙趣，不要說你修行到了，你就是了解到這一套也很美。這比上帝的創造美多了，甚至比「天命不已」的創造還美。但我並不做佛弟子，我還是贊成儒家這一套，這才能心安，才是安身立命之處。」（牟宗三《「四因說」演講錄》，鵝湖出版社，1997年9月再版，頁231。）

172 參見其言：「照儒家的立場，肯定這個世界繼續下去，最後根據是道德的創造性（moral creativity）。所以儒家一定肯定道體，這個就是道體的所在。道德的創造性直接從我們每一個人都有的道德意志、道德心性而顯。客觀地講就是天命不已，天命不已就是創造不已。」（牟宗三《「四因說」演講錄》，鵝湖出版社，1997年9月再版，頁117。）另言：「我們不想這個世界崩潰，是靠有一個於穆不已的天命在後面運用，不停止地運用，那麼，這個於穆不已的天命從哪裡證實呢？最重要的是從孔子所講的「仁」與孟子所講道德的心性。儒家講仁，講心性之學。「仁」是生道，心性之學就是顯最根本而親切的道德創造性，道德創造性從我們的道德心性而顯。拿這個道德心性的創造性證實天命不已的那個創造性。這一套本體宇宙論沒有像西方獨立地分別地從「存在」（to be）那個地方講ontology，也沒有分別地從上帝那裡講cosmology，它是本體宇宙論合而為一地講。本體、宇宙論合而為一的表示，哪些句子表示呢？就是《易經‧乾卦‧象辭》所說：「大哉乾元，萬物資始，乾道變化，各正性命，保合太和，乃利貞。」這就是本體宇宙論合一的一個創造的過程。〈乾卦〉的四德：「元、亨、利、貞」四個字也是表示一個本體宇宙論的過程（ontocosmological process）。這是《易傳》表示。《中庸》怎麼表示呢？《中庸》從「誠」表示。「誠者，物之終始，不誠無物」（第二十五章）。「唯天下至誠為能盡其性，能盡其

性，則能盡人之性，能盡人之性，則能盡物之性，能盡物之性，則可以贊天地之化育，則可以與天地參矣。」（第二十二章）「其次致曲，曲能有誠。誠則形，形則著，著則明，明則動，動則變，變則化，唯天下至誠爲能化。」（第二十三章）這些話都是表示一個本體宇宙論的創造過程，拿「誠」來貫穿，這不是很具體嗎？《易傳》是拿「大哉乾元」來貫穿。「誠」、「乾元」，就等於西方上帝那個地位。（牟宗三《「四因說」演講錄》，鵝湖出版社，1997年9月再版，頁118-119。）

173 參見其言：「我稱道家的形而上學是境界形態的形上學，不是實有形態的形上學。西方的形上學、儒家的形上學都實有形態，但道家不是實有形態。（牟宗三《「四因說」演講錄》，鵝湖出版社，1997年9月再版，頁73。）

174 參見其言：「道德的形上學（moral metaphysics）是以形上學作主，道德的形上學就是通過道德的入路建立形上學。形上學是對天地萬物有一個交代，有一個說明。形上學包括本體論與宇宙論，就是對著天地萬物說。」（牟宗三《「四因說」演講錄》，鵝湖出版社，1997年9月再版，頁53。）另言：「道德的形上學是指康德所說的超越的形而上學講。形而上學有兩部份：一個內在的形而上學，一個超越的形而上學。這個超越是超絕的意思。超越的形而上學講上帝存在，靈魂不滅，自由意志。超越的是超離經驗，因爲上帝存在，靈魂不滅，自由意志是超離經驗的，經驗所達不到的。康德除超越的形上學之外，還有一個內在的形上學。「內在」（immanent）對那個「超越」講，immanent譯作「內在的」不太恰當，immanent是內指的意思，經驗範圍內的意思。在康德，這等於對知性的純粹的分解，講範疇那部份，講範疇那部份都是內在的形上學。就是傳統講的ontology，到康德來一個轉化，把ontology轉化成對知性的超越的分解，代替以往的ontology。以往的ontology講本體、因果、時間、空間。照康德看，這種形而上學是內在的形上學（immanent metaphysics），是現實經驗範圍之內的，內在的形上學所說明的天地萬物都是在經驗範圍內的。（牟宗三《「四因說」演講錄》，鵝湖出版社，1997年9月再版，頁56。）」

175 參見其言：「中國的存有論，本體宇宙論，是動態的。」（牟宗三《「四因說」演講錄》，鵝湖出版社，1997年9月再版，頁94。）另言：「中國人從什麼地方表現存在呢？就是從「生」字表示，「生」也是個動詞，生就是個體存在。這樣了解存在是動態的了解，所以儒家講「生生不息」，「生生不息」不是動態嗎？因為是動態的講，所以講本體論就涵著宇宙論，中國人本體論、宇宙論是連在一起講，沒有分開來成兩種學問。但西方人講形而上學分本體論（ontology）和宇宙論（cosmology）。」（牟宗三《「四因說」演講錄》，鵝湖出版社，1997年9月再版，頁95。）另言：「中國人的傳統從「生」講存在，所以沒有像西方那樣分別講的本體論與宇宙論，它是本體宇宙論合而為一地講，成本體宇宙論。這是動態的講法。」（牟宗三《「四因說」演講錄》，鵝湖出版社，1997年9月再版，頁117。）

176 參見《智的直覺與中國哲學》臺灣商務印書館，1980年三版。另見其言：「照康德講的法，人沒有「智的直覺」（intellectual intuition）這種能力。智的直覺是直接看到，而且這個直覺不是認知的，不只是看到的。他看到這個東西這個東西就出現，上帝看到這張桌子祂就創造這張桌子，因為上帝是個創造原理，所以智的直覺是一個創造原則，不是個認知原則，不是個呈現原則。這種意義的智的直覺，中國人也有，而且儒釋道三教都肯定人有智的直覺。……從道家的玄智，從佛教的實相般若，從儒家講仁、講良知而發的直覺，統統是智的直覺。智的直覺不是個認知的能力，它是個創造的能力，所以從這個地方講創造性。」（牟宗三《「四因說」演講錄》，鵝湖出版社，1997年9月再版，頁193。）

177 參見《中國哲學十九講》臺灣學生書局。

178 參見其言：「基督教說上帝、儒家說「天命不已」，是實有形態，那叫做實有形態的形上學（"being-form" metaphysics），或存有形態的形上學。西方的形而上學，從希臘開始，不管是存有論（說本體論也可以）、宇宙論，統統是實有形態。」（牟宗三《「四因說」演講錄》，鵝湖出版社，1997年9月再版，頁77。）另言：「西方形上學統統是實有形態，不管唯心論、唯物論、近代的、古代的，都是實有形態。境

界形態譯成英文很困難，因爲西方沒有這個形態，中國先秦經典也沒有「境界」這個詞。境界這個名詞從佛教來，但我們平常說「境界」跟原初佛教說的「境」「界」也不一樣。現在用一般人了解的普通意義來說，「境界」是從主觀方面的心境上講。境界形態我譯作「vision form」，就是說你自己的修行達到某一個層次或水平，你就根據你的層次或水平看世界，你達到了這個水平，你就這樣看世界；你若在另一水平中看，你的看法就不一樣。你看到的世界是根據你自己主體的升降而有升降，這就叫做境界形態。」（牟宗三《「四因說」演講錄》，鵝湖出版社，1997年9月再版，頁77。）

179 參見其言：「西方人依實有之路講形上學（metaphysics in the line of "being"），西方形而上學一開始就從「有」（being）著眼，爲什麼講有呢？什麼叫有呢？「有」是從動詞「to be」來。中文沒有動詞「to be」，那麼，中文怎麼了解這個存有論（ontology）呢？文字沒有，但思想義理總可以接觸到這個道理。……中國的存有論，本體宇宙論，是動態的。」（牟宗三《「四因說」演講錄》，鵝湖出版社，1997年9月再版，頁94。）

180 參見其言：「通過「動力因」來說明天地萬物的存在，照佛教講就是說明一切法的存在。這一切法的存在，不管是阿賴耶識緣起或是如來藏緣起，一切法的出現最重要的就要靠無明，還是原初的業感緣起，從無明開始。所以，照佛教講，這個「動力因」既不是靠上帝，也不是「天命不已」，也不是道家的那個「無」，而是無明。由無明而有一切法。那麼我們修行成佛，成佛就要從無明中解脫，那麼，我們成佛以後，一切法還保住保不住呢？問題就在這裡。所以，這個地方佛教提出一個圓教，達到眞正的圓教，才能保住一切法。沒有達到眞正圓教的時候，一切法統統保不住，就是說從無明所緣起的天地萬物一切法到時候斷掉，沒有了。這就保不住了，沒有必然性。沒有必然性怎麼成呢？因爲佛教不是斷滅主義。」（牟宗三《「四因說」演講錄》，鵝湖出版社，1997年9月再版，頁228-229。）另言：「我們修行成佛是就著法而修行，就著法修行把你的病去掉，這個法並沒有去掉，是怎樣能夠把這個法圓滿

起來。就著法而修行就是說沒有一個法可以離開。就著一切法而成佛，在成佛的過程中就把一切法保得住。……你覺悟時候也不是說離開這個生死海，就著這個生死海而成佛。那麼，成佛的時候一切法統統乾淨了，在這個地方，它可以把一切法保住。假定成佛的道路不是圓教，你還是保不住。成佛要是圓教才能保住一切法。這個圓教的意義就是天臺宗所表達的。」（牟宗三《「四因說」演講錄》，鵝湖出版社，1997年9月再版，頁229。）另言：「你要解脫，表示你的斷德，也要就著三千世間法而解脫。所以，當我解脫的時候，當我表現般若的時候，當我成法身的時候，那一切法都在這個般若解脫法身裡面保住了。這裡面確有妙趣，不要說你修行到了，你就是了解到這一套也很美。這比上帝的創造美多了，甚至比「天命不已」的創造還美。但我並不做佛弟子，我還是贊成儒家這一套，這才能心安，才是安身立命之處。」（牟宗三《「四因說」演講錄》，鵝湖出版社，1997年9月再版，頁231。）另言：「『三千果成，成稱常樂』，你通過修行達到佛果的時候，三千法統統是常樂，不但你的法身常樂，三千法統統是常樂，統統純潔化。這樣你才能保住三千世間法。保住三千世間法，佛教式的存有論才能夠出現，才完整。」（牟宗三《「四因說」演講錄》，鵝湖出版社，1997年9月再版，頁232。）」

第六章　對牟宗三儒佛會通的方法論檢討[181]

一、前言

　　牟宗三先生龐大的哲學體系，需有多重解析方能適予澄清，本文
將再次進行對牟宗三先生儒佛會通議題的檢討，藉由牟宗三先生的哲
學體系之檢討，探討牟先生在中國儒佛哲學之間的檢擇與方法論的運
用，並以「工夫理論與境界哲學爲中心的基本哲學問題詮釋法」，重
新議定牟先生儒佛詮釋體系的方法論意義，從而建立中國哲學詮釋體
系的新視野。文中將指出，牟先生在天臺學中將智者「一念三千」的
工夫哲學轉化爲形上學存有論的語言，從而以之爲圓教圓滿的典範，
實則是將佛教性空本體學予以實有化了的作法，應是悖離佛教基本立
場的創造性詮釋的發揮。而牟先生在儒學詮釋系統內以道德意識爲創
生實體而有別於佛道的檢別模型，是基於現世實有的世界觀下的本體
論的獨斷，檢別儒佛應正視宇宙論認知的差異的事實，才可能準確地
理解哲學體系同異之別的要義。

　　「儒佛會通」作爲一個議題，在談論它之前，首先要界定討論的
脈絡爲何。筆者認爲，「儒佛會通」作爲一個社會倫理的價值運動，
就求同面而言，它是可以有著許多倫理德目上的溝通，但是作爲哲學
體系的終極義理型態之理解與詮釋而言，則只可能有理解上的溝通，
卻不可能有詮釋上的會通。換言之，儒佛可以彼此理解與欣賞因此可
以溝通，但最終卻是一個世界觀與價值上的抉擇，因此在詮釋上只有
型態差異的釐清，卻無義理間架的會通。

　　在這裡，如何標的儒佛義理間架的釐清，這就涉及中國儒佛哲學
體系的解釋架構之方法論問題，換言之，我們亟需一個能夠在理解上

溝通儒佛、在詮釋上釐清儒佛的中國哲學詮釋架構，才可能對於儒佛會通的議題有其終極性的分疏。當代大儒牟宗三先生，畢生從事中國哲學基本義理詮釋及解釋體系創構的哲學思辨工作，其於所著《圓善論》書中標舉儒學義理詮釋之極致型態[182]，並且是由中國天臺佛學的義理間架轉引而出者，由其所論之儒學的圓教與佛學的圓教觀中，讀者可以得獲溝通儒佛及釐清儒佛的方法論間架，藉由對這個方法論間架的詮釋模型之批判與改正，還可以更進一步創造中國哲學在當代意義的義理進程。以下，筆者將一方面簡述牟宗三先生的基本主張、思維脈絡及問題意識，另方面藉由提出「工夫理論與境界哲學為進路的基本哲學問題詮釋模型」[183]，來再次重構儒佛哲學之間的溝通與釐清。

二、牟先生中國哲學詮釋體系的基本架構

　　牟先生主張，中國儒學自孔孟立教，經《中庸》、《易傳》而完成了道德創生之儒學存有論體系，迭進至象山、陽明更開了圓教的規模，而完成於龍溪的「四無句教」，抑或最終結穴於五峰的「天理人欲，同體異用」之學中[184]。至於中國天臺佛學，則以「一念無明法性心，即三千大千世界而成佛」之說，作為佛家圓教之理想型態[185]。依據牟先生的思維，他認為中國儒佛哲理的極致之完成，必須同時交代存在與價值兩方面的問題，亦即康德哲學問題中的「德福一致」的問題，康德以「上帝之存在」來保證「德福一致」，然而牟先生認為上帝是一個情識的構想，不是一個真實的實體，所以理論建構並不完整。而中國儒家的仁心與佛家的般若智，則都是一個普遍的理性心，且為真實之實體，它既是主體的本心，又是整個世界存在的理性實體，為使「德福一致」，實踐者發動其仁心或般若智即可達至極境。然而儒家之仁心又高於佛家之般若智一層，因為儒家之仁心為一道德意志，具有創生作用，可以真實地既創造世界又具價值理想性地美化了世界，至於佛家之般若智，在天臺家的「一念無明法性心」中，固

然可以保住所有的存在界，使其皆有成佛之可能，但卻終極地不能創生萬法，故而尚非圓教之終極理想型態。參見牟先生言：

> 有此無限而普遍的理性的智心，故能立道德之必然且能覺潤而創生萬物使之有存在。只此一無限的智心之大本之確立即足以保住「德之純亦不已」之純淨性，與夫「天地萬物之存在以及其存在之諧和於德」之必然性。此即開德福一致所以可能之機。[186]

> 無限智心雖可開德福一致圓滿之機，然而光說無限智心之確立尚不能使吾人明徹德福一致之真實可能。如是，吾人必須進至由無限智心而講圓教始能徹底明之。蓋德福一致之真實可能只有在圓教下始可說也。圓教之確立深奧非凡，並非籠統地一二語所能明。關此，佛教方面之天臺宗貢獻最大。以下先依天臺宗之判教以明圓教之意義，次則藉其所明之圓教模式以明儒道兩家之圓教；最後歸於儒家圓教之境以明德福一致之本意。[187]

由以上牟先生之所說，可以初步獲得牟先生觀點下的儒佛溝通及儒佛釐清的視野，接下來，則要再度分析牟先生的問題意識及其所能得致的觀點與限制。

三、對牟先生中國哲學詮釋體系的初步檢討

從以上牟先生哲思的簡述中可以見出，牟先生要追求的毋寧是一個論盡實有並為道德意識建立堅實地位的存有論。牟先生自康德哲學問題意識中所轉進者，首先一步即是如何將儒家哲學構作為一具有創生性格的實有哲學的問題。其次就是如何將儒家的道德理想使其在理論建構上得有必然實現的圓滿的善的問題。牟先生所提「無執的存有

論」及「非分別說」及「縱貫縱講」等理論，皆爲證說儒學爲一具創生實有性的存有論體系而作，其《圓善論》一書之構作，則主要是在論說儒學體系是能將圓滿的善給予實現的著作，這其中關鍵的問題就是康德所提的「德福一致」問題，「德」是那個價值理想，「福」是那個現實存在，牟先生爲了要論證儒家的「德福一致」，特別先將中國大乘佛教的天臺宗哲學的圓教觀念構作爲圓善觀念之理想典範，並由此借路，再將具有創生實有性格的儒學體系，檢出其圓教的義理規模。也就在此處，牟先生構作了他的儒佛溝通的觀念幅驟，也從此釐清了儒佛的分際。溝通之旨在儒佛皆有圓教型態，分際之旨在存有論的創生系統之差別上，這就進入到「縱貫縱講」的儒學創生實有系統，與「縱貫橫講」的佛學解脫論系統之區別上，前者不只保住萬法，更且創生萬法，後者僅只保住萬法，卻不創生萬法。就具有保住萬法之意旨言，即其爲圓教系統之「德福一致」的完成。無論如何，牟先生的儒學及佛學皆自此而完成，論理過程中留下了太多的哲學問題，以下將一方面檢討牟先生的方法論使用，一方面提出改進的方案。

就儒佛皆有圓教型態而言，牟先生的本意是要勾勒中國哲學的價值理想與現實存在的一致性之保證的理論系統，這就是康德哲學所留下的圓善論的問題，牟先生藉由中國大乘佛學中的圓教的觀念予以接續，於是在佛教天臺系統中找出其以「一念無明法性心」爲主體而即三千大千世界而成佛之說，爲此圓教觀念的終極理想型態，理論上的意義即是理想人格的實現，必須要在存在世界的全體處處實現，實現之使其現象世界的存在爲實，此即爲佛教式存有論之完成。此一義理格式亦得以轉爲說明爲何王龍溪「四無句教」及胡五峰「天理人欲，同體異用」之說即爲儒家存有論的圓滿完成，此即爲在此一作用中的一切存在，皆當下點化爲純粹至善的道德理想境中，則主客一體，同登圓滿。

依據此說，筆者認爲，牟先生則**「幾乎使得佛教存有論成了一實有之學的存有論系統」**，而這正與佛教「緣起性空」的基本哲學立場

適成對反。要釐清這個問題，需要將整個牟先生哲學的術語使用重做議定，並建立新說，才有可能。直接就天臺圓教系統而言，談論「十界互具」以及「即三千世界而成佛」之諸說，**實應先要區分修行主體的言說進路，與存在法界的言說進路；也要區別工夫境界論哲學的言說進路，與宇宙本體論哲學的言說進路之差別，以牟先生的語言而言，即實踐哲學與形上學之區別**。由於牟先生以實踐哲學構作形上學[188]，這個構作從中國哲學方法論的角度言，無疑是準確的路徑，但在牟先生所構作的體系中，卻有混合兩者的現象，其結果，使得許多文本詮釋的準確度被犧牲，創造誠固其然，但理解卻有疏漏，應予釐清。

牟先生的哲學思路，是通過西方哲學傳統的存有論進路而建立起來的，其以亞里士多德的範疇學爲客觀的存有論之學，說其有「執的存有論」、「分解的進路」、「分別說」、「思辨哲學」、「內在形上學」諸義。牟先生並將中國儒釋道三學，置於康德所開啓的實踐哲學的類型中，而重構一種新的存有論的表達方式，以有別於一般的西方哲學，提出「無執的存有論」、「非分別說」、「實踐哲學」、「超越形上學」等義，關鍵即在這一系列的形上學類型諸說，是基於主體實踐義的理論類型，而不是在客觀思辨下對範疇對象作分解的概念建構。這個主體的實踐，基於一個普遍的心靈，這個普遍的心靈，一方面是主體的意志，一方面是整體存在界的共同理性意志，牟先生以無限智心說之，儒釋道各有其無限智心之型態，然又有所不同，儒家的無限智心有創造的作用，故而儒家的實踐活動既創造了存在界的整體，又以其主體心靈的實踐活動理想化了、價值化了整體存在界，故而是一個在主觀實踐進路下的客觀實有型態。至於道佛兩家的形上學型態，則同樣是在其各自的無限智心的活動下，依據其主體心靈的作用，而價值化、理想化了整個存在界，只是這個整個的存在界，並沒有在存在本身的問題上，被這個主體的心靈給創造出。換言之，道佛的整體存在界的存在性沒有被保證，這是道佛形上學理論的缺漏，因此道佛的存有論系統不是一個實有的系統，但是由於道佛的主體實

踐活動也確實理想化、美化了存在界的整體，故而道佛的存在界仍可被主體作用的姿態處理到，故而牟先生謂其爲一「境界型態的形上學」，以有別於儒家的「實有型態的形上學」。由此可見，牟先生在中國哲學詮釋模型的建構上，是如何受到西方哲學的思辨傳統的影響。

牟先生非常清楚地知道，從主體實踐的角度說起時，儒家哲學也是一種「境界型態的形上學」[189]，如果再進一步更徹底地論說儒學的實踐進路之義理性格的話，筆者也要說，儒學也是一種「實踐進路的境界型態之形上學」。作爲「實踐進路的形上學」是儒釋道三教的通式，是說它們都是從主體實踐活動的脈絡，言說整體存在界的實相，而不是針對外在客觀事務的對象，作範疇學分析而已。從這個意義來說，中國哲學應該擺脫西方存有論的問題意識，也就是說，不能一直使用存有論這個基本哲學問題的術語，來作爲分析中國哲學的形上學的核心術語，而應該加上宇宙論和本體論這兩個詞彙，來談中國哲學的形上學，因爲在實踐進路的義理進程中，理性活動所開發的是主體的心性，與由之而對越出的整體存在界的意義與價值的把握，從而成爲中國哲學脈絡下的本體論意旨，因此本體論的本體概念之義涵確立，一方面是由宇宙論的現象觀察而得，另一方面成爲主體心靈的意志蘄向與性分確定，從而進入牟宗三先生所謂的超越的形上學的無限智心的當下擴充，使成爲整體存在界的總原理者。因此若是要說中國哲學的存有論，則一開始就是一個存有者的實踐活動，而不是對客觀存在物的對象的範疇解析，是存有者主體的自立意志之開顯，開顯出儒家的道德意志是一個型態，或是道家老子的玄德，或是道家莊子的逍遙，或是原始佛教的苦觀，以及大乘佛教的空觀等等型態。它們都是在主體實踐活動當中直接揭露的內外一體的本體論原理。

就儒釋道三學皆爲「境界型態的形上學」而言，嚴格地說，這個形上學就是一個境界哲學，是說形上學的原理在境界的展現中被實現了，因此，在中國哲學言說系統中的整體存在界的眞相，其實都是主體實踐後的境界把捉，也就是說，各家可以有自己的把握結果，沒有

定於一尊的可能。因此牟先生對於儒學體系以創生性說實有、以道德意志說創生的哲學詮釋完型之認定，只能是牟先生對儒學詮釋的結論。筆者並不反對儒學在牟先生的詮釋系統下成為一個具有道德意志的創生性實有型態的形上學系統，這毋寧是對於儒學在當代研究意義下的義理進展，筆者反對的是以創生性說實有的形上學有其義理的優位，因為這只是中國儒釋道諸境界哲學系統中的一種型態而已。牟先生以之為縱貫縱講，以之為在存在上創造及在價值上完成的保住了萬法，這其實是預設了儒家形上學的宇宙論視野，而再構作的本體論優位之哲理判準。筆者這麼說是因為中國道佛哲學是有不一樣的宇宙論的，在不同的宇宙論下，對於存在的問題是有不同的本體原理的，因此實有與否不需是道佛世界觀裏的優位的問題，它只是儒家世界觀的絕對預設。牟先生對儒學的觀點，也是一個轉引自西洋哲學的觀點，西方哲學以上帝創造世界而保證世界實有，牟先生認為並不成功，關鍵在於上帝是假設性的存有，故而世界之實有只能由儒家的道德意識來保證以及創造，因為仁心無限，故能保證創造的持續。牟先生說「為實有而奮戰」是西洋哲學的天職，於是牟先生也說儒家是中國三教中唯一「為實有而奮戰」的理論成功者。然而，筆者要指出，這個實有的立場只能是基於儒家的世界觀而提出的。

　　世界不一定要實有，佛教就說緣起性空，以世界必須實有的立場去檢證儒釋道的本體論哲學，討論何者能符應這個要求，而作義理優劣的辯證，這是牟先生特有的工作方式，也因此而說佛教終究不是「縱貫縱講」的理論，「縱貫」說體系是否討論整體存在界，「縱講」說體系是否主張實有且創生，牟先生遂以佛教並非一個本體論的生起論說之[190]。這個本體論的生起論，其實已經預設在實有的世界觀中了，若是要查看哪個本體論是談生起的，也就是談創生的，那當然只有儒家是符應的。此說就儒佛之釐清而言，是一個可以別異的論說，但是就理解而言，卻未必準確。這其中的關鍵就在世界觀的問題，究竟是以什麼樣的存有者的認識能力來檢別的世界觀的問題，而存有者類別是一個宇宙論項下的問題，若不究查，則無由定出儒佛

之別異。佛家的世界觀顯然含具多類的它在存有者，因而有著多樣的「可存在的世界」，而非只以「人存有者」的現實世界為唯一世界，若是只以人存有者的類型來論究實有與否，所見必不全面。以現世存有者的世界認知情狀決定世界實有之本體論斷，這是儒家眼中的本體論斷，但是佛教與道教的世界認知情狀便不然，道佛的本體論斷將因有其不同的宇宙論基礎，因而亦有不同的本體論論斷。因此，牟先生所預設的現實世界實有之本體論斷的前提，便不能是中國儒釋道哲學的共同前提。牟先生於《四因說演講錄》中有一段話說得極好：

> 西方形上學統統是實有形態，不管唯心論、唯物論、近代的、古代的，都是實有形態。境界形態譯成英文很困難，因為西方沒有這個形態，中國先秦經典也沒有「境界」這個詞。境界這個名詞從佛教來，但我們平常說「境界」跟原初佛教說的「境」「界」也不一樣。現在用一般人了解的普通意義來說，「境界」是從主觀方面的心境上講。境界形態我譯作「vision form」，就是說你自己的修行達到某一個層次或水平，你就根據你的層次或水平看世界，你達到了這個水平，你就這樣看世界；你若在另一水平中看，你的看法就不一樣。你看到的世界是根據你自己主體的升降而有升降，這就叫做境界形態。[191]

　　以上這一段話，真是一切中國哲學皆是境界哲學的關鍵依據，惜牟先生未盡全發揮之，此即筆者所提出的中國哲學的詮釋模型中的「以工夫理論與境界哲學為中心的基本哲學問題詮釋法」所欲揭示的觀念。牟先生談佛教境界可以如此認識，但談三教辯證就決意執守在儒家的境界中了。

四、對於牟先生中國哲學詮釋體系若干用語的再詮釋

　　既然儒道佛皆是境界哲學，那麼牟先生許多關於中國哲學詮釋模型的語言，就可以再作轉化，以使其更爲準確。例如「無執的存有論」是不執於存在物對象的範疇解析[192]，那麼它言說什麼呢？它其實就是言說主體實踐活動的工夫與境界，又因爲它的主體實踐的工夫與境界也是一個對越整體存在界的形上學語言，因此說它是一種存有論，所以牟先生所說的「無執的存有論」其實是一種工夫活動之後對於世界的認識之開顯，開顯之而使其成爲一個新境界的世界，更進而在這個新境界下的世界實知中，言說客觀的世界觀結構，又即於這個境界所得致的工夫心法，而言說這個境界的世界的本體原理，而成就其客觀的形上學體系，因此，無執是無執於具體存在物的存有論範疇，而返歸於主體的工夫境界活動中，從中整體掌握存在界全體的宇宙本體，而建構的形上學系統，謂之「無執的存有論」。

　　又例如牟先生的「非分別說」的表述系統[193]，「非分別說」在說什麼呢？它在說的也是一種境界，因著主體的實踐而達致的存在處境是一個在活動中的狀態，是一個整體的意境，故而需要描述一個情境，因此就不是對於具體存在對象的範疇分析的理論活動，所以沒有確定性描述的語言，而是主客合一的意境，故而不是「分別說」，而是「非分別說」。牟先生時常以莊子的語言來界說「非分別說」，莊子確實少作哲理建構，但他的語言充滿哲思的深蘊，他的哲理言詮正是境界哲學的特質，莊子的「非分別說」或是言說故事——藉由故事彰顯境界，或是言說情境——透過工夫彰顯境界，都是境界哲學的特有表述方式。

　　又例如牟先生所說的「詭譎的相即」，到底是什麼東西在相即？其實是境界在相即，在主體的實踐活動中，主體的境界調升轉換，從主體言是境界，從整體存在界言是本體，即本體即工夫，即工夫即本體，這都是在言說實踐的中國哲學系統內才有的事，因此所謂的詭譎的相即，就是在工夫實作後，主體的境界的達致之時的義理交迭，即

主體與本體的價值意識合一，而謂之相即。又為什麼是詭譎呢？因為當牟先生把在主體的工夫活動與對客體的世界描述合而為一時，他自己覺得這件事情十分詭譎。其實，這是中國哲學正常的理論模式，中國哲學作為境界哲學的義理型態，必然是由工夫說本體，在本體做工夫，不是由存在物說範疇，不是從範疇認識存在物，因此主觀的境界與客觀的世界相即，實踐哲學與形上學詭譎地合一。其實，當我們認定「中國哲學的形上學」，是依牟先生以「存有論」說之的基於工夫實作之後的「境界哲學」，那麼一切中國哲學的存有論語言便必然是拋開存在物的範疇的實體之學，而為一工夫境界語言之客觀化的理論，此時即不必再言其為詭譎了，它就是這樣的一個義理型態，並不詭譎，詭譎是依西方存有論哲理意識下的牽強語，以為應有確定性描述分析，卻沒有這種分析，而是實踐後的感受，故而多半是「言語道斷、心行路絕」，故而說成詭譎。

五、對於牟先生天臺佛學詮釋體系的檢討

經由以上牟宗三先生術語的重述，將可對牟先生論說天臺圓教觀提出一些不同的看法。回到前述所謂「基本哲學問題的言說進路」，筆者認為，牟先生的天臺哲學詮釋系統主要為一種形上學建構，由牟先生所掌握的荊溪知禮性具實相學說法中，其更多的理論關切實為一宇宙本體論的形上學關切，是在一個由「念具三千」及「十法界觀」中定位實在世界的宇宙論基調上，思考本體論哲學的問題意識而建構者，故而謂之無明與法性同體相即，這就是要把因無明而緣起的十法界與證空而成佛的法性境界合一地建構，這樣的義理進程，表面上是宇宙本體論的語言，背後又仍然是工夫境界論的語言，也只有在工夫境界論的認識背景下，這樣的義理建構才有可以理解的空間。也就因為如此，牟先生便提出這樣的說法：十法界之存在是在無明緣起下的存在，固然有眾多的眾生皆在無明中，因而有諸多法界總在流轉生滅中，但是以諸多法界為一實有之法界，而要求成佛者來盡全地點化

之，且必須「十界互具」而不能「緣理斷九」。以上的說法，是把在宇宙本體論下的形上學建構，強加於工夫境界下的實踐活動，這是一種基本哲學問題的錯置，這是沒有區分工夫境界語言與宇宙本體語言的作法所致，因為成佛的主體境界跟現象世界的存在仍是兩回事。當然，我們從牟先生所引的荊溪知禮之語言中亦確實有此一風味在，因此牟先生恐怕是正確理解天臺後期學說[194]，這是天臺後期學說本身的理論問題，亦即對性惡法門必然存在的強調，本來可以是工夫活動中對於性惡境界的必可超克之觀想，卻不能以性惡法門化現的存在世界有其宇宙本體論上的必然，如果有此必然，那麼普遍的清淨的無限智心便不是最高範疇了。這其實又與王龍溪在已經超克了工夫活動之後的「四無句教」境界中的無善無惡之說者不同，「四無句教」是工夫實做之後的境界語，性惡法門之性具說之強調卻是一個宇宙本體論的存在學的形上命題，這是天臺後期家風形上學興味過濃所致的義理混淆所致。

當然，牟先生所依據的智者「一念三千」之說，迭經荊溪、知禮之詮釋後，確有朝向形上學義理建立之傾向，牟先生對於荊溪、知禮天臺學之理解亦未必失真，但是智者之言說是否必即合義於荊溪、知禮之發展，恐仍有爭議空間[195]，此處先不追究智者哲理系統的真相，此處只能先拋開智者與荊溪、知禮之天臺學，而直接以牟先生自己的天臺圓教觀討論之。

首先，天臺家所說的三千世界，在牟先生的存有論進路的中國哲學解讀模型中變成了一個盡全的存在世界的描述語，所以牟先生依據圓教義理之要求，便認為天臺家的「在一念無明法性心中的即三千世界而成佛」之說是圓教義理的極致。此處必須指出，所有佛教哲學的系統都不該有對於存在世界的執定的世界結構之描述語，十法界觀是一個極為明確的世界存在結構之語詞，但它仍不能在佛教宇宙論的系統內被執定地說為即是一客觀世界的確定結構描述語，因為六道的世界此起彼滅，不能定執，也無須定執。究其實，三千乃言其心念慮動之際的重重網絡之繁複交迭，雖然綿密三千，卻仍得收攝於一心之

內，故而「即三千世界而成佛」之說，原應為存有者主體在任一境界的當下都有成佛的可能，只要心念一轉，當下即證性空般若智慧而開始趣入涅槃，故而「即三千世界而成佛」之說是說實踐主體成佛可能性之範域無限，範域無限即當下即是，重點不在範域無限而在當下即是，並非即將三千世界作為一個客觀現實的存在界，而皆予以價值理想化，所以必須理解為三千之念而非三千世界。智者之言亦謂：

> 當知四句求心不可得，求三千法亦不可得。……心滅尚不能生一法，云何能生三千法耶？……亦縱亦橫求三千法不可得，非縱非橫求三千法亦不可得，言語道斷，心行處滅，故名不可思議境。……當知第一義中，一法不可得，況三千法。[196]

　　本文就是筆者主張將智者所言三千的理論視為「一念三千」而非「三千世界」的依據，是牟先生自己把工夫境界語轉成形上學宇宙論語來認識，並非就是智者思想的準確詮釋，這都是牟先生太儒學立場的詮釋結果。儒家成聖觀念涵具將現實世界給價值地美化的理想，牟先生以儒家價值本體也是現實上使世界存在的根據，即仁心創生實有世界之說者，筆者不能說道德意志是世界存在的根據的形上立場不對，但是，在哲理言說的進程中，人類的理性活動只能言說至世界之實況乃在人類主觀意志設定中所成，有各家之說就有各種特定型態的存有原理，亦即人類對於世界實相的描述，終究只是一個主觀意志的境界彰顯，只是一個言說系統，這個言說系統只能主張世界在人存有者的主觀意境中被認知，世界實相之描述其實是一個主觀境界的彰顯，世界實相之證立也只在主體實踐的工夫與境界之進程中被證立，因此工夫到哪裡境界就到哪裡，境界到哪裡世界觀也就到哪裡。

　　然而，牟先生卻在《圓善論》及其它書中仍執以天臺佛家「三千世界」為一自然存在之客觀的世界之法，觀其言：

一切自然存在（經驗對象）皆是教中所涉及之法，十八界，乃至三千世間，亦是自然存在，皆是教中所涉及之法，而其本身不是教。[197]

今說一念無明法性心即具三千世間之無量法即爲法之存在之盡而滿。此種盡而滿即爲法之存在之存有論的圓滿教。[198]

但此由《法華經》所說的圓教之爲無諍與《般若經》之爲無諍不同。蓋由般若所說的圓通無礙只是般若智之作用的圓，它只是就一切法融通淘汰而歸於實相，……它對於一切法無根源的說明，只就已有的或已說明了的法而融通淘汰之令歸實相，……但由《法華經》而開出的圓教，則是就法之存在而說的存有論的圓。此是豎說者，作用的圓是橫說者。豎說者爲經，橫說者爲緯，經緯合一方是最後的圓教，而以豎說之經爲圓之所以爲圓之主導也。以般若爲共法故。[199]

　　牟先生將天臺家「三千世界」之說設想爲一存在世界的全體，然後將「一念無明法性心」之主體工夫在「無明即法性、法性即無明」的作用中，將此三千世界的全體下載點化爲成佛境界，這是一種將工夫境界語言轉化爲存有論語言的義理跳躍，亦即宇宙本體論哲學的語言跳躍，而曰成佛乃「即在三千世界而成佛」，亦即成佛乃不「緣理斷九」者，即因「十界互具」之故，於是，「十界互具」及「性具三千」都成了牟先生所設想的天臺性具說中的存在的全體，依據康德「德福一致」之圓善論的要求，必須涵蓋「三千世界」皆爲成佛範域者，方爲存有論的圓滿。

　　然而，從宇宙論角度言，三千不能即謂爲佛教世界觀的盡全狀述語，就本體論言，由般若性空定義之法性概念是佛教本體論的最高概念範疇，從工夫論而言，無明與法性的同體相依是工夫主體的內證活動，因其一心中本具三千迷念，如能當下證空悟理，則「三千在理，

咸稱常樂」，這又是工夫作用之後發生在工夫主體者的自我境界中之事者，是主體之自我成佛，證性空遍在，觀一切眾生皆有成佛之可能，見佛性本具，自證涅槃，且可發願誓渡一切眾生，且事實上在永恆的存有歷程中不捨眾生，而得作爲眾生必可成佛之永恆證體。但是一切的國土仍爲眾生在無明迷轉中的自設國土，成佛者之自佛境界並不能使一切眾生當下是佛，成佛者當然不捨眾生，當然在一切世界渡化眾生，但所謂之渡化卻是眾生自渡，因此成佛者之成佛境界是成佛者自身之境界，轉化爲存有論語言則是一自身之世界實相之已爲證空之本體所全攝把握，並非眾生所各自構作之在無明迷境流轉輪迴的所有世界皆已清淨，這也正是境界哲學之根本性格並非客觀形上學之緣故。

客觀形上學之分解的進路可以追求實體對象的範疇分析，分析確定即全體皆是，但是工夫境界進路的形上學語言卻是只有主體自證之境界世界，其工夫實作之後所達之境界及所言說之世界，只是一被主體境界所彰顯的形上學觀點，只是主體之親證下的證量，當然這一個證量可因後學者之同做工夫而有相同之證果，亦即同樣進行般若工夫的學佛者可以同證佛境，因此而具有其客觀普效性，因此可說一切眾生皆可成佛，即如仲尼所言之：「我欲仁，斯仁至矣！」者。儒家主張人人皆可爲君子、皆可成聖人，這是說的聖人親證所開顯的境界可以在一切人存有者身上獲得證明，只要他自身亦做著同樣的工夫，但是那個成聖的境界仍是在於聖人的實做境界中才有其呈顯，自然經驗義的世界仍然是善惡渾淪，而佛教宇宙論中的娑婆世界仍是一凡聖同居土，所以說成佛「遍十法界而成佛」不能理解爲十法界已清淨，且界內眾生亦皆成佛之意。

故而於佛教哲學中，被牟先生所說的圓教義的佛教式存有論之圓滿，亦即對於存在義的客觀自然世界的全體清淨的形上學存有論之觀念構作，實爲不需有之論理，此非佛教工夫活動的根本關鍵，亦非佛教宇宙本體論的關懷重點，務力於形上學本體論的善惡同體相依的哲學構作，將使工夫境界活動滑落，甚而遺失。佛教世界觀應永保其在

一存有者的活動義中的永恆開顯，而保留多重世界結構的形象，只在主體的或迷或悟中有其或清淨或迷惘的情態之別，世界將永不需客觀實存地確義化，那個客觀實存確義化的哲學心靈不是取空證空的佛性本體的展露型態，而是牟先生自己依據西方哲學型態的實體學問題意識的構想。

六、對於牟先生儒學詮釋體系的檢討

牟先生將儒學詮釋體系放在圓教論的關照下，因而建立儒家是有道德創生實體的形上學體系，此處，有幾個問題必須提出討論。首先就是儒家道德本體的世界創生者的角色功能，到底有多大的理論效力的問題？它只是一個心理上的強勢意識形態呢？還是一個具有現實意義上的眞實？牟先生於《圓善論》書中說到：

> 此普遍而無限的智心乃是一存有論的原理，或亦日本體宇宙論的原理，乃使一切存在爲眞實而有價值意義的存在並能引起宇宙生化而至生生不息之境者。若把此無限智心撤掉了，則一切存在終歸於虛幻而不實，因而亦就是說，終歸於無。此終歸於無是價值地說，非經驗地說。[200]

說儒家的道德本體使世界有意義，這是一種工夫境界哲學的論理進程，這其實正是中國儒釋道三學的通式，是凡境界哲學都是透過主體活動而彰顯一種存在意義的存有境界，這點牟先生在理論上則是徹頭徹尾地保住了論說的一致性，但是在使世界存在這點上卻是牟先生論說非常值得檢討的地方。牟先生認爲，儒釋道三家各有不同的方式在說明世界的存在，關於道家的言說及牟先生的詮釋這點本章暫且不論，儒佛之間的關鍵即在儒家有創生世界而佛家則無這一點上。此說，筆者有異議。佛教的緣起論及唯識說都是對於存在的交代之學，只是佛教對於世界的存在是視爲緣起緣滅並無存在的必然性而已，但

是世界是多重的，此起彼滅之際倒也維持了存在世界的平衡，提供了存有者主體在輪迴轉生中的一切去處，因此佛教對於此一現實世界的存在必然性固然並未予以保證，但是對於它的出現與存在倒是不缺說明的。

但就儒家而言，牟先生認爲對於世界的存在問題只有儒家哲學提供了一個必然存在的創生道體的義理保證，那麼，既然如此，牟先生於前述引文之末句中說這個無限智心如果撤掉，則一切存在歸於虛幻，但卻又說，「只是價值地說而非經驗地說」，此說就有問題了。若是只是價值地說，那就與存在無關了，亦即無限智心之外又另有一氣化實體能使現象存在了，如此則無限智心並非最高實體了。牟先生在中西比較及三教辯證的問題上必欲高儒貶它，但是，直接討論儒學的時候卻又有從道德實體創生天地的立場退卻的現象，似乎道德實體並不是眞能創生天地萬物的了。以下比較一下他對西方哲學的說法，西方講上帝創造是實講的宇宙天地之創造，不論宗教信仰、文化知識、及哲學論證上都是如此認知的，不信上帝者當然另當別論。牟先生另文有言：

> 圓善之問題，依康德，必涉及目的王國與自然王國之綜和，此兩王國之合一即上帝之王國。[201]

又言：

> 無限智心於神感神應中潤物、生物，使物之存在隨心轉，此即是福，此爲自然王國（此自然是物自身之自然，非現象層之自然，康德亦說上帝創造自然是創造物自身之自然，不創造現象義的之自然）。兩王國「同體相即」即爲圓善。圓教使圓善爲可能，圓聖體現之使圓善爲眞實的可能。[202]

由於牟先生認爲上帝是情識之構想，故而目的王國與自然王國的

相即不能成功，要真能成功，唯有以中國儒釋道三家的無限智心來代替，尤其是儒家的道德本體，儒家的道德本體負擔創造世界之功能，道佛兩教皆只在作用的無的層次上保住萬法，只有儒家的道德意識才是在存有的層次上創生了萬法，因此牟先生所定位的儒家的道德的無限智心應該是一個宇宙的創造本體，如果沒有了它，則世界必不存在。但是它是必然有的，聖人即已體現之，而一般人亦得以在經過工夫努力之後亦體現之，這就是它作爲一普遍原理而成爲人性中的性分內定者是，既有此性，只要有心去實踐，則它必然呈顯，而共同參與至這個普遍道德理性對世界的創生作用中來，此即參贊化育者，但是這個參贊化育仍表現出作用上的有意爲之之激動不已，真正達至實際上就是創生世界的本體本身之境界者則是一切無事，如龍溪「四無句教」中言者，此是作用層上的無的境界者。

　　牟先生又認爲，這個道德意志理性是時時刻刻作用在一切萬物之中，以及古今往來的聖人君子之心中，這就產生的一個理解上的問題，它究竟是道德實體還是聖人心體？這個道德實體若沒有了聖人心體的作用時它還是否存在以及作用？牟先生總是把道德實體與聖人心體一起同構，這若是從知識論進路說是可以的，是聖人心體的實踐證成了有道德實體，但是兩者仍是有所分別的，不能說爲同一，意即兩者的同一不能是個形上學存有論的立場。否則聖人不出現，天地即不存。意即天地間仍需有一獨立的道德實體之永恆存在，而天下間卻可能缺乏聖人的存在之時。若是兩者同一，聖人心體及其作用即是天道實體的存在及作用，那麼天地間在某一時刻中若連一個聖人、君子、善人也沒有的時候，這個天地是不是要毀滅了？依照上帝的角色功能而言時，沒有了上帝就是世界末日了，在牟先生哲學體系中取代上帝的儒家道德本體，設若不在任何一個人存有者身上被呈顯時，天地是否要被毀滅了？亦即在天地宇宙之間永恆地必然要有聖人存在的，並且這個聖人是既體現那個德，又保證那個福，因爲這是上帝的功能。因此也就是那個替代了上帝的無限智心的功能，因爲它必須呈顯，而不能只存有而不活動，故而必然在聖人的實踐中彰顯，並由此而由聖

人來體現「德福一致」的普遍要求。

　　筆者認為，無限智心首先需是天道實體的角色，聖人是稟受其命且充分實現展現之者，然因牟先生又有「德福一致」的立場，那麼聖人的作用動能就必須十分強悍，可是，基於這個要求所預設的義理需要而言，牟先生在處理「命的問題」及有限的人生對於德福追求的不可必的說法上便又出現了漏隙。牟先生認為命是自然氣化邊事，儒者有命上的不可逃，道佛亦有，成佛者亦「除無明有差別」，道教的修鍊術中長生不死者亦不可能[203]，總之人不是神，神則沒有存在的限制，因此沒有命的超越的問題，牟先生言：

> 所性之道德面雖是絕對價值之所在，然存在亦有其獨立的意義不可被化除，是以幸福亦不能被化除。存在與幸福而被化除則人即不復是人，而成為神。神之存在是永存，不是吾人（有限存有）之存在。人之存在是偶然的，函著不存在之可能。神之存在是必然的，不在時間中，其不存在是不可能的。復次，神亦無幸福不幸福之可言，因而神亦無所謂「命」。是故就人而言，存在與幸福有獨立的意義，不能被化除。人既不只是「物」，亦不只是「神」，乃是神性與物性之綜合。[204]

　　牟先生這裡所謂的神，其實是西方上帝概念下的神，可不是中國道教哲學系統之中的神，也不是佛教世界觀中的各種不同境界的佛性存有者，這段話的重點在於：價值由無限智心負責，但是存在涉及幸福，追求價值若不及幸福則失去價值的意義，因此追求價值的德必須與獲得幸福的福有其一致，而福是在存在中說的，而存在的部分總是有其脫離於德的獨立性，故而又要其福，又不能由德的追求而有必然的保證，這就是牟先生碰到的理論困難。若是接受上帝存在，則問題已經解決，因為上帝能保證「德福一致」。但是牟先生必欲高中國儒釋道於西方上帝，故說上帝是情識的構想，沒有存在的必然性，只有

中國三教的無限智心眞能涉及存在，換言之，西方上帝有的能力在中國三教的無限智心都有，但是西方上帝不是眞實的存在，而中國三教的無限智心都是在個人心中眞實存在的，因此，現在要談的是，無限智心與存在的交涉問題，亦即幸福如何可能的問題？牟先生又說：

> 而命限則只可以轉化其意義而不能消除之。命限通於一切聖人，即於佛亦適用。[205]

　　牟先生這樣的命題是很唐突的，命限的問題有兩條思路，其一爲存在的生死歷程，其二爲幸福與否的人生命運問題。兩個思路都涉及宇宙論的知識立場。生死問題中西古今皆無否認之體系，唯宗教理論皆有死後永生的立場，在永生中命限的問題即已被撤銷了。說到底，只有重於現世世界的儒家哲學體系，還在爲活著的人生的命運限制與德福一致的問題在奮戰。佛教的命限問題乃繁瑣地涉及所謂佛的存有者何指的問題，不同學佛境界層次的佛性存有者的命限問題是關涉乎佛教世界觀宇宙論的命題的，佛教宇宙論是一個一元多重的系統[206]，不同層次的存有者的命限，有不一樣的結構，問題複雜，不能如此簡單帶出。更何況，佛教講因果業報，命限的問題在此處已獲解決，即是絕對命定、也絕對自由。至於道家道教，牟先生說道教必須在人死後才能說神仙之事，因此對於活著的人而說其存在的永恆而有其福者亦是不可能，其實，道教的神仙學，在把軀殼脫掉之後，則進入了一個更眞實美好而長久的世界之中，在那裡也是得到了命限的撤銷，也是解決了命限的問題，總之，這是一個不同的宇宙論下的知識。道佛兩教都有它們自己的解決，並非不能解決。但是對牟先生學說的討論重點，還不是在於道佛和儒家對於命限問題的能解決還是不能解決，而是在於牟先生的宇宙論思維是有著嚴重的疏漏的，因爲牟先生整個中國哲學論理系統中都不能對宇宙論的知識有眞切認知，即如無限智心而言，它若不能管束存在，那麼無限智心便只是價値意識的原理，至於存在的始源，便要交給另一個不明的實體來作用及承擔，這當然

和西方上帝的概念角色不同，上帝既負責價值也負責存在，故而能保證「德福一致」，只是不能保證永生不死。但是在牟先生以無限智心詮釋下的三教系統，卻認爲道佛不能解決存在的幸福問題，而只有儒家眞能解決，但就在牟先生爲儒家建立的德福一致理論體系中，充滿了奇異的詭思。

在儒家的系統中，對於命限的問題，在牟先生創生實體義的儒學詮釋觀點之下，則將使聖人角色負擔重大，如果說對於必然涉及福的創生本體在存在上必然予以創生並保證其爲「德福一致」的話，那麼這個「德福一致」不由聖人來體現卻還待誰？如果現實世界的人存有者不能有任何人來體現這個「德福一致」的效果的話，而這個創生本體又必然要有的話，那麼這個創生本體就成了一個不能作用於現象存在的理體，這就是牟先生認定的朱子的只存有而不活動的理，那麼牟先生認定的朱子則實際上體現了牟先生的論理，牟先生斥黜朱子之餘卻成了他自己所認定的朱子的發揚者，因爲道德意識竟不能在一存在的命限上保證眾生之福，那麼天地間將有一個道德意識之外的更有主宰者在主宰著存在的福的來去命運。當然這是儒者不可能同意的命題，但是理論的結果卻變成這樣。所以要不就是放棄儒學之道德本體的對於存在的創生性格，而成爲一種純粹的心理意境的境界活動，只在現實世界撐起一個頑強的道德意識，使自己的生命以及相關的一切生命進入道德心境之中，然後基於普遍道德理性的存在的信念，持續實踐並保持信念而一生一世地進行下去，甚至亦於命終時承載著命限的傷痛而去。要不就重新認識世界實相，而將道德創生本體的理論效度作適度的修正。

牟先生對於儒家的聖人不認爲他可以逃脫命定的限制，這其實是一個生活上的清醒的認識，只是牟先生的儒家哲學詮釋體系的構作的論理推演，卻似乎不應該這麼薄弱地棄守存在的範疇，因爲牟先生很清楚地屢屢言說要「德福一致」，德是主體邊事，福就涉及存在。要不牟先生就不要守住這個「德福一致」的命題要求。上帝存在就是保證「德福一致」，其保證之方式是主張「靈魂不滅」，因而在死亡

之後進入上帝之城而得永生，即保證其福。但是牟先生不要一個西方的神，於是牟先生所謂的「無限智心」就必須承擔這個西方上帝所留下來的「德福一致」的角色職掌，現在牟先生卻又說聖人有命限之不可逃，而神則沒有這個問題，如此一來則只是理論體系之不一致之顯露而已。至於牟先生又說佛家的成佛亦有命定的限制一事，如就佛家的「常樂我淨」及「不退轉」諸觀念而言，佛教哲學實已處理了這個「德福一致」的問題。而道教修煉成仙之後，也是獲得了所企想之福報的結果了，總之各家系統不同，沒有必要高儒抑道佛，牟先生企圖讓儒學成為成就一切世界實有的哲學體系，但是現實上卻明知不可，但是理論上卻寸步不放。這才造成他的儒學命限問題的討論，陷入了詭譎奇異之境。

牟先生說：

> 此即命可轉化而使之無礙（成為正命）而卻不能消除之之意也。……無可奈何而安之若命，然則命者即是你氣化方面所無可奈何者。雖無可奈何，然而重性不重命，君子進德修業不可以已也。[207]

> 這德福渾是一事是圓聖中德福之詭譎的相即。因為此中之心意知本是縱貫地（存有論地）遍潤而創生一切存在之心意知。心意知遍潤而創生一切存在同時亦函著吾人之依心意知之自律天理而行之德行之純亦不已，而其所潤生的一切存在必然地隨心意知而轉，此即是福──一切存在之狀態隨心轉，事事如意而無所謂不如意，這便是福。這樣，德即存在，存在即德，德與福通過這樣的詭譎的相即便形成德福渾是一事。[208]

> 然而吾之存在以及一切其它自然物之存在不必能隨良知轉，

因而亦不必能表示吾有福，此則德福仍不一致也；縱或偶爾
有之，亦是德福之偶然聯繫，非必然聯繫，此即仍無圓善
也。必升至「明覺之感應為物」，然後始可至德福一致。因
為此時之「物」不只是事，亦指一切存在。而「明覺之感應
為物」即是心意知物渾是一事，因而亦即是「四無」也。又
在四有中不必能得德福一致之必然聯繫，只有偶然聯繫，故
福之得不得有「命」存焉。然而在四無中則無命義，因命已
被超化故。[209]

　　其實，命的現實問題是宇宙論範疇內的問題，是人存有者的氣性
生命的長短、生死、禍福、壽夭、運命等的問題，牟先生在中國哲學
詮釋體系中一直地沒有正視宇宙論的哲學問題，牟先生所使用的儒學
本體宇宙論的概念開展[210]，仍是置放在現實世界的認知情狀上所作的
概念架構設施，即便如宋儒張載講的氣質之性的氣質是浮沉升降聚散
鬼神諸說者，也仍未說出個宇宙論客觀間架的所以然來，這是儒者
對於發生在中國哲學史上的諸宇宙論概念，予以抽象化地收攝進來這
一個現實的世界之解釋體系之內的作法，因而不能真正解決道德意識
為本體論原理下的「德福一致」的問題，因為對於氣性的生命不能有
現象的知識予以解釋之故。其實在中國哲學的傳統上，是有對於存在
的現象予以命運的處理的哲學系統，這是在中國象數易學傳統中的構
作，這可以是中國儒家哲學更應吸納消化的哲學陣地，即如何在存在
的福的保存的問題上，經由源自宇宙論知識系統的象數派易學中，尋
求知識上的解決，從而保存住道德意識本體的創生性格，使其在命限
的問題上有一個正面的認知，即存在的隨心而轉者，並非主觀態度地
自我轉向而安時處順而已，這是莊子的自然決定義的本體論對於自然
生命的心理態度，若以儒者強悍的道德意識以為整體存在界的本體原
理者，存在的隨心而轉者應該是存在的被轉，而不是主體的心態的自
轉而已，這是佛家唯識觀念的積極面，儒家應該發展的是對於宇宙運
行變化的在於現實生命的命運規律上的精確知識，從而使得在修養工

夫達至極致之後，對於氣運生命的自作處理，亦有其能自作主張、清楚把握的道理在。

事實上，這樣的觀念架設在《中庸》、《易傳》之文中已經出現，而其承續的發展應該是宇宙論哲學的職責，象數易學及道教修煉學是中國宇宙論哲學的展現型態，儒者應搶攻這個地盤，否則，對現實世界懷抱強大理想的儒者，竟然自己逃脫不了命運的限制，自己逃脫不了或許可以安時處順，但是天下百姓的安危又如何維繫呢？難道跟著儒者一起在命限中忍受痛苦嗎？其可乎？其不可乎？

七、結論

牟先生所言之「德福一致」之終結於「四無句教」而得以達致之說者，是把境界哲學的言語格式給予形上學存有論化了的論理作法，聖人在一體道、覺潤的生命意境中，將存在的一切予以價值地絕對完滿化了，這正說明儒家哲學的理論型態最終仍得歸向於在境界中落實，是境界的進展決定了理論的完成，是境界的成就定位了理論的型態，所以可以說，中國哲學是一個徹頭徹尾的境界哲學，一切存有論的語言最終落實在境界的語言之內，這是一個境界的活動，是在工夫實做中的境界的開顯的活動，工夫到哪裡境界就到哪裡，境界到哪裡世界就到哪裡，世界到哪裡形上學存有論就到哪裡。因此也得見出，儒學的最終義理成就，對於存在的經驗的現實是一個不予處理的態度，直接接受命限中一切存在的情況，而只在心理活動中的本體工夫來把握世界的終極意義，這是因為儒者所見及的世界，即是這個實然的經驗世界，在這個實然的經驗世界中的一切現實，是如其現象而眞實的，而其本體的意義，則由一個覺潤了的聖人心境來彰顯，聖人彰顯的是道德的理性，是道德本體的無限智心，世界也就在存在的本體上顯現了道德意志的終極意義，儒學義理由此完成，生命的強度可謂強悍至極矣，然而世界的眞相卻未解決，儒者得以其強悍的生命來貞定現實的墮落，但卻終極地不能對現實的軌跡有其或在知識上的理解

或在存在上的改變，這是需要哲學基本問題中的宇宙論哲學的知識間架之多元開展下的理論進路。然而，儒家最終仍未強勢地藉由對現象世界的掌握技術而捍衛儒者的價值立場，而是在主觀的境界上自我提升關照而予以化消，高則高矣、美則美矣、有氣魄卻沒力道，反而不如道佛兩教，道教與佛教同在中國哲學傳統型態中則以宇宙論的知識之特出而建立了不同的哲學體系，既有價值上的辯證，更有工夫境界上的成就。就命限的問題，在永生的神仙或不死的阿羅漢境界中，都算是已經解決了現實世界能否有幸福的問題，儒家沒有開發宗教哲學的宇宙論系統，這是理論型態的差異，筆者不欲主張此處有高下，理論不同、世界觀不同，於是德福配搭的狀況也就不同。大家平等立場互相欣賞即可，而無須必高儒於佛，卻其實解決不了儒家自己的存在命限的問題，變成主觀意境的立場而已，僅只於主觀境界亦無不可，仍然顯現儒者的氣魄，只是理論的效力便大有縮減，亦即無限智心的創生天地義被限制了，悄悄地讓位給一個沒有說出來的氣化邊事，因此唯有將儒佛會通的課題拉至宇宙論知識的基礎上，正視道佛的世界觀宇宙論，才有重開儒佛會通的觀念辯證之新契機，否則徒然在所謂的本體論的體用、動靜上架構抽象的玄學體系，是不能釐清問題的。筆者以為，從工夫理論與境界哲學作為討論中國哲學的主軸進路，並及於澄清宇宙論知識間架的世界觀差異的作法，應是中國哲學再開新頁的必有成效的新途徑。

註釋：

181 本文已發表於1999年11月，香港《人文論壇》，1999年11月第71期，香港人文哲學會出版。原題目為：〈從牟宗三哲學談儒佛會通的方法論探究〉。

182 牟宗三，《圓善論》，臺灣學生書局，1985年7月初版。

183 關於「工夫理論與境界哲學為中心的基本哲學問題詮釋法」請參見拙著：〈功夫・境界・世界觀〉，《普門雜誌》第206期，頁82~85，1996年11月。或〈功夫理論與境界哲學〉，「紀念馮友蘭先生誕辰一百週年國際學術討論會」，（北京清華大學主辦）1995年12月。本文收錄於拙著《功夫理論與境界哲學》一書中，北京華文出版社1999年8月第一版。以及拙著：《中國哲學方法論》，臺灣商務印書館，2013年8月初版，本文收錄於該書第一章。以及另文：〈現代中國哲學在臺灣的創新與發展〉，《哲學雜誌》，第25期，頁094~115，1998年8月。本文收錄於拙著：《中國哲學方法論》，臺灣商務印書館，2013年8月初版，第二章。

184 參見牟先生言：「而真正圓教（所謂同教一乘圓教）則似當依胡五峰『天理人欲同理而異用，同行而異情』之模式而立。」《圓善論》臺灣學生書局，1985年，7月，頁324。

185 參見牟宗三言：「今說一念無明法性心即具三千世間之無量法即為法之存在之盡而滿。此種盡而滿即為法之存在之存有論的圓滿教。」《圓善論》頁276。

186 參見牟宗三，《圓善論》頁263。

187 參見牟宗三，《圓善論》頁265。

188 參見牟先生言：「當我們說存有論時是站在西方哲學的立場，——中國的學問都是實踐的，——因此可以有個實踐的存有論，也可謂實踐的形而上學。」《中國哲學十九講》臺灣學生書局印行，1983年初版，頁93~94。

189 參見牟先生言：「儒釋道三教都從修養上講，就是廣義的實踐的。——這種形而上學因為從主觀講，不從存在上講，所以我給它個名詞叫『境

界型態的形而上學」，這是大分類。中國的形而上學，道家佛教儒家都有境界型態的形而上學的意味。但儒家不只是個境界，它也有實有的意義；道家就只是境界型態，這就規定它系統性格的不同。」《中國哲學十九講》頁103。

190 牟先生言：「本體論的生起論並非是佛法。天臺、華嚴、禪三大宗亦並非是本體論的生起論。是故佛家的圓滿系統仍是縱者橫講。蓋以其並不以道德創造爲基幹也。」參見《圓善論》頁265。

191 參見《四因說演講錄》牟宗三著，鵝湖出版社，1997年9月再版，頁77。

192 參見牟宗三，《現象與物自身》，臺灣學生書局，1975年8月初版。

193 參見牟宗三，《中國哲學十九講》〈第十六講〉，臺灣學生書局。

194 參見牟宗三先生著《智的直覺與中國哲學》。牟先生在該書中大力地發揮著天臺性具說的義理系統。

195 參見《天臺性具思想》陳英善著，東大，1997年8月初版。該書中對於天臺前後期義理重心之轉向作出說明，與本文之觀點極爲相符。

196 參見中國佛教思想資料選編，第一卷，頁37。臺北弘文館，1986。

197 參見牟宗三，《圓善論》頁269。

198 參見牟宗三，《圓善論》頁276。

199 參見牟宗三，《圓善論》頁278。

200 參見牟宗三，《圓善論》頁307。

201 參見牟宗三，《圓善論》頁330。

202 參見牟宗三，《圓善論》頁333。

203 參見牟先生言：「即使後來道教經過修鍊期望長生不老，亦是有限度的，並不眞能長生不老，亦要羽化而登仙，還是要把軀殼脫掉的。」《圓善論》頁145。

204 參見牟宗三，《圓善論》頁171~172。

205 參見牟宗三，《圓善論》頁154。

206 參見《一元多重世界觀》李杏屯著，臺北慧炬，1989年8月初版。

207 參見牟宗三，《圓善論》頁154~155。

208 參見牟宗三，《圓善論》頁325。

209 參見牟宗三，《圓善論》頁326。

210 牟先生於《四因說演講錄》中大力發揮這個觀念。

第七章　對牟宗三佛學詮釋基本立場的方法論反思

一、前言

　　在二十世紀的中國哲學研究中，論於哲學的創造系統，筆者認定，牟宗三先生的系統當是並世無雙的。但這並不表示，牟先生的創作觀點都是令人信服的。筆者從事中國哲學研究，對於傳統儒釋道三教之學，皆是衷心欽仰，希望將其精蘊深入理解，並進而正確詮釋，而有以助益於當代中國哲學研究的成果。然而，在當代的學術環境中，欲進入傳統，沒有不通過西方哲學以及接受二十世紀的當代中國哲學家的洗禮而能有進一步的成就的。當然，筆者是就在哲學學門裡的學術工作者而言。因此，研究傳統，就意味著接受西方哲學的工作方式，並面對二十世紀中國哲學家們既有成果的繼承與發展。

　　這其中，牟宗三先生的著作無疑是最需要被正式面對且詮釋超越的對象。然而，當筆者愈深入牟學底蘊，愈返回傳統檢證，卻愈加地發現牟先生的中國哲學創作，是創作有餘，卻忠實不足。這就是說，牟先生自發地創造了一套新的哲學系統，且可以說是一套新儒學的當代系統，並同時討論了道佛兩教，並且出入西方哲學亦甚，但卻是，自覺地要建立一套以儒學為究極哲學的中西哲學詮釋體系，做法是，吸收西方哲學以及道佛兩教中的理論模型，用作詮釋儒學之用，且反過來批評這些模型在道佛兩教及西方哲學自身中之不足。這就造成，在牟先生討論下的道佛兩教，甚至是儒學系統中的程朱之學，都在他的詮釋之下被扭曲了形象，造成形象的誤解。因此，成為一代哲學家

的牟宗三，成就他自己的哲學的同時，卻犧牲了儒家以外，甚至是孔孟、陸王以外的其他中西哲學系統。

如此一來，中國哲學究竟是進步了還是退步了？可以說，牟先生自己的儒學代表了中國哲學在當代的進步，但是，不能擺脫牟先生的影響下的學者們，在他們的道佛哲學甚至西方哲學的理解中，卻反而是造成了偏差的效果。當然，學西方哲學而眞受牟先生影響以致誤了西方哲學者寡，然而，學中國哲學而受牟先生影響以致誤了中國哲學者眾，尤其是道佛兩教之學以及程朱之學。這其中，最受影響的當然還是程朱之學。牟先生程朱詮釋的意見仍然橫掃當代儒學界，能有反思、敢於批評者少，附和其說、甚至以此說批評別人的研究者比比皆是。

而中國哲學界的道佛研究群中，受到牟先生影響者相對較少，這是因爲，從事道佛研究也同時進行儒學研究者人數並不多。從事儒學研究者少有能不受牟先生影響，就算不全部接收他的思想，也難以見到反對他的思想者。但從事道佛研究者，畢竟仍有許多研究方法、進路以及典範，可以依據奉行，不在此處高唱牟先生思想也不會受到理論的束縛，但這在儒學陣營中就不是這麼一回事了。就此而言，牟先生的中國哲學研究成果，竟是形成了一堵高牆，正在阻礙中國哲學的繼續發展。

筆者對牟宗三先生的研究，先從其儒學詮釋系統開始，並涉及其儒佛會通問題。對牟先生曲解孔孟、陸王以外系統的現象，深深不以爲然。但是，牟先生學術影響所及，卻使得所有受到他的影響的學者們，難以接受不同的意見。爲使牟先生哲學研究的成果，獲得清楚準確的定位，筆者遂展開更爲地毯式的研究，先從他的《心體與性體》入手，做逐家逐章的研究，再進入道家及佛教的研究，後兩者的研究則以著作史進度爲模式。本文之作，即是在筆者對牟先生儒學研究差不多快告終，而道家研究已完成過半，所展開的佛學研究。

筆者發現，牟先生詮釋儒道佛的關鍵問題是，牟先生批評眾家的思路，就是爲圓成他孔孟、陸王的終極型態，而這個型態，一方面是

他擷取自康德、海德格以及道家郭象、佛教天臺而來的，一方面又以儒家型態的特色，主張儒學超越康德、海德格以及郭象、天臺，然後就在他討論周敦頤、張載、程顥、程頤、朱熹、劉蕺山等系統中，他又藉由批評而更強化他的系統。在這個系統的發展中，牟先生前此有《才性與玄理》[211]的道家詮釋基礎，過程中有討論康德及海德格和中國哲學詮釋的兩部著作，《智的直覺與中國哲學》[212]及《現象與物自身》[213]，並同時建立佛學詮釋體系，可以說，他終生的儒釋道哲學的建構，都是以與康德對話為基調，在完成《心體與性體》[214]之後，才展開與佛學的對話，創作《佛性與般若》[215]的同時，稍前是《智的直覺與中國哲學》，同時是《現象與物自身》，因此這兩部中西會通之作，可以說一是對康德的吸收與反省，二是對佛學為主的儒釋道三教的再反思與再創作。此後，則還有《中國哲學十九講》[216]以及《圓善論》[217]和《四因說演講錄》[218]的出版。這後面的三部著作，佛學討論的分量都不少。

筆者認為，牟先生的佛學研究，深度是極深的。但他為了超越西方哲學，為了圓成儒家哲學，為了建立自己的終極哲學，因此對佛學有嚴重的誤解，誤解因問題意識的脫節而致，牟先生脫離了佛學自身的世界觀與價值觀思維，固然深入佛學經典的文本詮釋討論中，卻因問題意識屢在康德與儒家，以及他自己為超越康德而建立的新儒學終極系統，遂將佛學中的問題，委曲以適應於牟先生自己的圓教系統，藉天臺與華嚴後人對圓教別教問題爭辯之詮釋，重新建立解釋系統，在整個中國佛教宗派之爭中，先宗天臺，而抑華嚴，再以儒佛別異之標準，再越天臺，而入儒家，終成儒家之圓教哲學。以此來看待他的佛學研究，創造有餘，卻忠實不足。

但是，牟先生畢竟是深入過佛教哲學的，可惜他的佛學在佛教學界卻甚無影響。不過，在儒家學界，對儒家學者了解佛學理論，或對一般非哲學界的學人了解儒釋道三教哲學，卻仍有重大的吸引力。筆者的研究工作，目標在於說明牟先生佛學思路的軌跡，以呈現牟先生建立新儒學體系過程中，如何採摘佛學元素而又揉捏形成一套新佛學

的思辨歷程。這個歷程，充滿了牟先生哲學創作的精彩，但無論如何不能作為研究佛學、理解佛學的利器，否則佛學的本貌將受到嚴重的遮蔽，而中國哲學的當代進程亦將受到阻礙。筆者認為，把牟先生思辨的歷程清楚呈現，當能免於此一缺陷。也將有助於接受牟先生儒學思想的儒學學者，不致一頭栽進他的佛學詮釋意見中，而以為佛學即是如此。

筆者的討論進程，將首先以牟先生著作史進程為主，再轉進牟先生天臺華嚴詮釋之細節。找出他的核心問題意識，及藉由佛學元素所創作的重要理論。至於討論牟先生的天臺華嚴詮釋，目標在與牟先生對天臺華嚴命題的詮釋進行對談，這一部分將另待後文。

二、牟宗三先生哲學活動的型態定位

牟先生是要做哲學家的，哲學家多半是遍注群經的，藉遍注群經而創發己說。遍注群經中，必以新的體系標準重新約定傳統哲學的理論意義。新體系的創造力愈強，則對傳統哲學的改造必愈多。改造中有借力發揮，但也有曲解的可能。筆者不從事西方哲學研究，對於牟先生消化康德及海德格哲學是否有所曲解暫不置言，但是，牟先生的道家詮釋，是有為顧及他的終極哲學體系的要求而變造曲解的實際。至於牟先生的佛學詮釋，則是本文及筆者此一系列要研究的主題。筆者認為，牟先生在一大關節處也是有變造曲解佛學的實際。此一大關節，即是佛教理論中是否必須有保住一切法存在的立場。這就是他在天臺、華嚴之抉擇，以及以儒學為宗旨、以道佛為旁出、以三教皆言「無限心」與「智的直覺」而有型態之不同的詮釋意見背後的理論立場。

這些立場的出現，都是因為牟先生要建立終極哲學的態度而必然會有的。可以說，牟先生終其一生都在做哲學爬梳及思辨奮鬥，沒有一刻停息。過去的理論不會一成不變地在後期中呈現，新的歷程中必然帶進新的思想結晶，中西哲學皆為其所用，即便到了人生的晚期，

寫《圓善論》講《四因說演講錄》時，都還有新意見的創發。牟先生是要建立新哲學的，讀完了他的哲學可不必再讀其他的哲學了，因爲理論的最終極實相已爲他所發掘，他也自信地解決了所有的哲學問題。

當然，人類的哲學活動是不可能停止的，哲學的問題是不可能不被再創造的，因此哲學理論的再創造也就不可能停止於牟宗三哲學。牟宗三哲學也沒有被所有的哲學工作者接受，即便是中國哲學領域的學者也是會有反對意見的。

筆者對牟先生哲學的討論，首先是想要吸收他的特長而爲己用，這就表現爲對他綿密深邃的思維力道的學習而成爲自己的功力，其次是要對被他所詮釋的儒釋道三教哲學之文本意旨做訂正，這就表現爲重反三家各系哲學理論的文本詮釋之比對，這裡，就是要反對牟先生哲學創作的最重要的關鍵處。筆者認爲，牟先生對宋明儒學家的理論多有曲解及誤判，對道家郭象以外之諸家亦有曲解及誤判，對天臺山家以外之天臺學及其它佛學體系亦有曲解及誤判。澄清這些曲解誤判，即是筆者要努力的重點。

牟先生可以成就一代新哲學體系典範而建立新儒學，新儒學也可以藉由孔孟陸王之學思元素而凝聚結晶，而談出動態的、實有的、非分別說的、即存有即活動的、圓教的、道德的形上學及基本存有論。但這其中對周敦頤、張載、程顥、程頤、朱熹、戴山的多種批評意見，卻不能視爲即是這些儒學家理論的眞相，這些工作，筆者已在其他研究中呈現。牟先生對道家的詮釋，僅以郭象之無道體哲學以爲道家的本質，建立十分別異於儒學的境界型態形上學，這也不能視爲老莊王弼的理論眞相。而他的佛學，竟顯爲儒學之旁支，且評判的標準，竟爲以能否保住一切法爲結論，這正是違反佛教世界觀的理論立場。

牟先生當然是成就了他的創造性哲學，且毫無疑問地位居二十世紀中國人哲學家的第一人，但是創造有餘，卻忠實不足。筆者以文本詮釋的進路重新比對傳統哲學的理論意旨時，便不能不訂正其說，轉

化其學。

三、牟宗三先生佛學詮釋的型態定位

　　佛學作爲中國哲學的一支，系統龐大，意旨深遠，遠非儒道哲學所能企及，此事牟先生深有所知。牟先生卻不因佛學典籍更爲浩瀚、理論更爲深奧而捨棄研究，相反地，牟先生直入核心，以中土唯識、天臺、華嚴三教的盛大著作及教義爲攻堅的對象，疏解文本、抉撥意旨、巡弋關鍵、定位宗旨，而建立學說。當代學人可以不同意牟先生的佛學研究立場，卻不能不承認牟先生亦爲一佛學理論大家。研讀他的佛學著作，固然有會陷入他的語言系統中而被全面收編之疑慮，卻不能不讚嘆他對佛教哲學問題的意旨疏理之深厚實力。佛學理論在牟宗三先生的筆下，確實功力大進，比起時下佛學研究的重視文獻、比對文句、挑剔概念、爭議大小的研究成果，牟先生的研究才眞可謂有哲學思辨的高度與密度。

　　但是，牟先生的研究卻自始是在他的終極哲學的建構之思路下進行，佛學理論被放在面對康德、面對海德格、面對儒家的脈絡中認識、討論及判斷，這樣一來，佛學本身思路的順暢就被打斷了，佛教內部各宗派爭辯的原意就被重新解釋了，而佛學之所以爲佛學的特質及理論立場也被改變了。佛學也成了牟先生爲建構他的終極哲學的元素之一，因此而產生的詮釋及批評便有了曲解與誤判。

　　當然，純粹研究佛教思想的學者可以僅以不中理即可不關心牟先生的這些研究成果，但是，關心中國哲學現代化的哲學研究者，卻不能不正視牟先生這些討論的結果，因爲它畢竟是中國哲學在二十世紀的幾大建構型態中最重要的一支。它調整了中國哲學工作者群再度進發的新地基，這個地基的面貌不清楚，中國哲學再進發的路線就非常有爭議了。

　　以下，筆者將透過牟先生在佛學相關著作中的理論立場，進行陳述，說明他的問題意識與思維脈絡，將他的定見的思路澄清，一方面

呈現牟先生佛學研究的成果，二方面提出依據佛教本旨及文本詮釋的研究心得，而表達若干對牟先生理論立場的反對意見。

四、牟先生佛學研究之相關著作

討論牟先生佛學研究的著作，應以《智的直覺與中國哲學》、《現象與物自身》、《佛性與般若》、《中國哲學十九講》、《圓善論》和《四因說演講錄》這六部書為主。其中，《佛性與般若》當然是牟先生直接講佛學且是有系統性計畫寫作的大部頭作品，但其中觀念的開啓、強調、發揮與舖陳，卻在其它幾部著作都仍有極精要且夠份量的展示，甚至一些畫龍點睛之語就出現在這些其它著作中。

牟先生完成《才性與玄理》及《心體與性體》之後，對中國哲學的掌握以及自己的體系開創，已有沛然不可阻擋之勢，牟先生雖以發揚儒學為終生學術的目標，但他的儒學創作卻不停止於《心體與性體》之作而已。而是要進入道佛，消化西洋哲學，以康德所解決的西方哲學問題為地基，建立終極哲學，這其中，佛學有超越康德哲學的思想要素，便吸收擴充以為己用，這便是《智的直覺與中國哲學》和《現象與物自身》兩書對佛學討論運用的重點。至於《圓善論》，則又是以康德哲學為地基，高舉儒學，旁及道佛的發揮。而《四因說演講錄》，則是消化亞理士多德哲學，而結穴於中國儒釋道三教的發揮。

五、《智的直覺與中國哲學》中的佛學討論

《智的直覺與中國哲學》一書成於《心體與性體》之後，《佛性與般若》之前，共二十二章，儒學一章，卻有兩、三章的篇幅專論佛教，可以說是牟先生在《心體與性體》的基礎上，由西方哲學的再反思而開始討論佛教哲學的起點。

本書在中國哲學的討論上，最重要的是針對康德所提「智的直

覺」一觀念的闡釋，提出儒釋道三教皆有「智的直覺」的理論立場。智的直覺是康德的觀念，康德謂只有上帝有之而人不能有，智的直覺是智及之即呈現之而創造之，康德談知識論問題，設定人類理性的限制，但上帝無此限制。牟先生以為，人類不能有之的話，道德實踐活動即不可能，準此，主張儒釋道三教皆有之。但儒家是以道德意識呈現之且創造之，是智的直覺的正道，道佛兩教雖有卻難說。道家此處不論，佛教部份，以圓教之般若智說之，此說見於第十九章〈道家與佛教方面的智的直覺〉，但牟先生深知講佛教要講創生是困難的，雖訴諸於般若智，但般若智不負創生之責，於是整個討論轉進入圓教之在天臺和華嚴的不同路數中說。且完全站在後期天臺對華嚴「別教不圓」及「緣理斷九」兩條思路的立場中解析。

第二十章談天臺，牟先生於《佛性與般若》書中初步的一些討論立場已於此章中呈現，牟先生以「無住本立一切法」的思路串起天臺圓教體系，藉此說讓一切法被保住，前說智的直覺儒家有之且為正解之路，重點在智及之即創造之。至於天臺家的圓照之智首先不同於識知，識知及現象不及本體，圓教之般若智在天臺家重在「以無住本立一切法」，無住即般若，卻立一切法，立一切法即保住萬法。此又轉進入天臺性具而華嚴性起之不同處說。性具者具一切法於般若無住智中，經般若智詭譎之作用而全體保住，性起者，一切法依真常心轉生滅法隨緣而起，生滅法隨緣而有，本起於無明，真常心轉無明生滅法為佛智，無生滅即無轉，無轉即無起，起而不必然，萬法不因此而保住。此性具之得依詭譎般若智而立一切法，卻性起不能因無明轉真而保住一切法，兩者差異在此。性具優於性起，天臺優於華嚴，關鍵在照顧到萬法之存在的保證與否。但無住為本以立萬法的路數是詭譎之路，詭譎才能圓融，詭譎之路是圓教的理論在說明的，圓不圓依表意的方式說，詭譎圓融方能表意，這些就是依天臺圓教的理論立場說的。

在此，牟先生又有「性惡法門」與「一念三千」兩概念加入討論。「性惡法門」即關注到生滅法之一切污穢世間的存在性，性具說

搭配性惡法門，是牟先生以爲天臺學能關注現象世界的存在不至灰滅的思路。而「一念三千」之說亦然，三千之念亦即現象世界的種種世間，一念有三千，雖起於一念無明，但無明即法性、法性即無明，牟先生即以「一念無明法性心」觀念，定位性具、性惡及三千無明皆法性。但此一念只是佛智之詭譎圓融之智思，因此在天臺圓教之說中，現象世界並具保住。

說華嚴「緣理斷九」是依天臺後學之意而說的，華嚴以眞常心隨緣不滅而成佛，此時十法界只成就佛身一界而已，餘九界皆爲捨離，故謂斷九。斷九即不能保住一切法，此牟先生擇天臺捨華嚴之理據。

以上諸說已有種種糾結。筆者以爲：牟先生說智的直覺之意旨筆者可以接受，但以之說中國哲學的特色即可，無須以爲康德之說有其疏漏，畢竟問題意識不同，系統不同，若不強要建立終極哲學，則尊重康德創說即可。

至於論佛學而以保住萬法爲立場以評價天臺、華嚴之說，筆者不以爲然。此中有成佛問題與萬法創生保住問題的糾結。萬法之存在是宇宙論問題，是菩薩與佛之親證體悟後的言說，並非僅依思辨即可擇優汰劣的。此處，筆者不認爲牟先生有眞正進入佛教宇宙觀然後轉出其思辨，而是在他的形上學存有論思路中做的判斷。「一念三千」並不是萬法存在的概念，而是主體執染的概念，牟先生以之說天臺之萬法，此於文本詮釋上不準確。成佛是主體完全清淨之工夫論事業，九法界眾生非佛存有者，佛需使九法界眾生皆成佛，但九法界眾生一旦成佛即全是成佛界而非仍在九法界。佛當然不捨九法界，但九法界皆是虛妄世界，不需保住。保住九法界甚至保住三千世界都是不可理解的觀念，都不是佛教的觀念，正是牟先生對天臺學的曲解誤判。

佛不斷性惡法門可說爲佛不捨離下界眾生而與之親近互動，但不可說爲佛欲保住污穢染法。

至於依詭譎圓融之般若智而說圓教以別異華嚴之別教，則是牟先生將天臺言於工夫境界論的詭譎命題，混淆於華嚴言於本體宇宙論的形上學命題，工夫境界論語多詭譎誠是其然，但表意上之圓融與形上

學理論裏的解析命題不應有高下之別，此處無可比較性，不應比較。

其實，牟先生這些說法本身都非常詭譎。牟先生對佛教哲學的討論可以說是一層詭譎之深又深，卻又再跳入另一層詭譎之奧又奧，前面的抽象模糊尚未釐清，後面又再加入更為抽象模糊的理論。

在《智的直覺與中國哲學》中除了對康德理論的轉化之外，牟先生還討論了海德格的基本存有論觀念。但他一如改康德之僅有上帝能行智的直覺之說，而轉為儒釋道皆能由實踐而行智的直覺之論。他認為海德格的基本存有論之路走現象學途徑是不能成功的，存有論必究其實，則唯有講實踐的道德的形上學始為可能，這其中儒釋道三教皆有基本存有論，也才是真能講基本存有論，當然，最後還是唯儒家才能澈究其說。

六、《現象與物自身》中的佛學討論

此書成於《佛性與般若》撰寫期間，主要是講康德的知識論問題，共七章，最後一章主要就在講佛學。本書所提最重要的觀念在「執的存有論」與「無執的存有論」上。以及以無限心說儒家之為主流而道佛為旁支，以及要建立一原型的哲學等。

首先，前書中牟先生已將「智的直覺」說為主體皆有之直覺，以儒釋道之主體皆有之而非僅依康德之只有上帝有之者。既然人皆可有智的直覺，此即一自由無限心，則康德所立的現象與物自身之分別，在人主體之處，便即有知此物自身之能力矣！知此物自身而立一本體界的存有論，以此而有別於現象界的存有論。此說，配合唯識學的理論，牟先生以為唯識學中的遍計所執性之所執之世界即是現象世界，現象世界的存有論即依執而有故為執的存有論，另，牟先生也以此會通了唯識學的「心不相應行法」與康德的知識論理論中的「範疇學」。

至於無執的存有論，以佛家貢獻最多，此即般若智之貢獻處，言其直入實相，即康德之物自身。牟先生對此之討論，首先以自由無限

心三教共有，但呈現爲道德意識、無爲之智與般若心，而以儒家之道德意識爲其主軸，因道德意識即欲實現之意志，故意識之即創造之，故儒爲正宗。道佛亦有無限心，但意旨不同，頗費曲折。儒家的道德心與佛家的眞常心皆是同時是道德的亦同時是存有論的，因此牟先生亦斷言絕對的眞常心即是絕對的實在論。話雖如此，華嚴系是以眞常心做分解地說，既分解即不圓，天臺系卻非以眞常心說而是以般若智說，般若智乃非分解說，故只有天臺系之說爲圓融之教，華嚴之說只別不圓，關鍵在「緣理斷九」成就佛身卻捨離九界。此一大套說法即又以「無住本立一切法」、「一念無明法性心」及「性具」等天臺觀念切入。

　　牟先生以天臺依空宗而提「三諦圓融」觀，當下依般若智而轉無明識爲法性心，即現成之識念而予即般若之智及，只在般若智之作用中成就一切法。並不是如眞常心之予一切法以根源的說明，並不是以般若智之作用爲存有論地生起萬法，而是般若智之不捨不著之作用地具足，是妙用地圓而非存有論地圓。淺白地說，即是天臺就現象萬法直接以般若智空慧待之因而圓之，而未如華嚴宗分解地以眞常心論究萬法之根源，然有分解即不圓融故非圓滿之教。

　　牟先生的意思就是天臺宗依般若學說現象萬法在「一念無明法性心」中保住了，於是可以說「無住本立一切法」，就是當下一念之清淨而萬法具足之意。但，眞要生起一切法卻不能單由般若智入，而須依佛性觀念入，亦即就成佛事業而說的萬法之保住。牟先生所認識的成佛，是以一切眾生得渡爲條件，其中有兩義必須具備，「存在之根源」及「存在之必然」。前者依「無明即法性」，此時主體智及之，智及之即具足之，具足之即萬法無論染淨皆含具在中，以此，說明萬法之根源性問題。簡言之，念及之而成立現象界的執的存有論，智及之而成立本體界的存有論，則存有論有可說處，但仍非眞成立。眞成立要論究必然性問題，至於「存在之必然」問題，則交給天臺學所講之即九法界而成佛之說。

　　但這還是要在性具系統處說起，性具說中，牟先生直接將「一念

無明法性心」和「一念三千」說合在一起了解，一念智悟即三千世界為法性，但亦同時具足三千，即具足一切法，即於般若智中性具萬法。故成佛者不犧牲九界而成佛，而是即九法界而成佛，關鍵就在即不即，即者，即煩惱即菩提，即生死即涅槃，即九法界而成佛。牟先生以為此即才是真圓，此圓才是真保住萬法，真保住萬法道德才真有可說，存在的必然性有成佛者之保證才真有存在，有真存在才有真圓，圓教是即一切法之存在皆予保證且皆予點化成善，此方即為圓善。此圓不圓之關鍵就在即不即，此即不即之要點在「無明」、「法性」之當下一體，兩者一體即對一切現象以般若智的作用而提升為本體，故有即煩惱即菩提、即生死即涅槃之立場。

至於華嚴真常心之系統者，牟先生判其不圓，不圓者不盡全一切法。固有成佛者，然其「緣理斷九」；固有真常心，卻隨緣才起，無緣即無起，即不依據無明緣起即無真常隨起，無起即不具足。只有天臺之性具才是具足一切法，天臺言「一念無明法性心」則具足「一念三千」之法，具則全具，當下即是實相，即予保存。華嚴之性起則只能是隨起，無緣起則不隨起，因而不全起，因而不全具，因而不保住萬法。且華嚴言成佛而捨離下九界，故只為別教之圓，非圓教之圓。圓教之圓者，即一切法而成佛。故牟先生大言說：圓不圓就是即不即的問題，而即不即又是即不即無明而法性的問題，在性具中即法性，在性起中只隨無明而已，故性具為圓，性起為別，言別言其只佛性存有一家圓滿而已。

最後，牟先生又倡無限心三家同有，但有主旁之別。儒家是正盈之教，道佛是旁通偏盈之教。而原型的哲學實是可能，故有聖人也有理想的哲學家，牟先生以孔子為聖人典範，則牟先生他自己則是理想的哲學家並創造原型的哲學體系者。

以上牟先生之所說，具見本書《現象與物自身》。筆者以為，牟先生對華嚴以真常心說世界之起源，與對華嚴成佛概念之理解，有扭曲誤判之處。對天臺所言，有過溢之辭。過溢者，溢出天臺原意。

依方東美先生說所說之華嚴宗哲學，華嚴宗是說世界是佛身演化

的，故有法界緣起之說。法界者佛身、法性之世界。依牟宗三以佛性論爲談存在保證之必然性問題而言，佛存在當爲佛教哲學第一原理，現象世界無論是十法界無論是三界無論是十八界等等諸說，皆是佛身演化，既然如此，華嚴宗豈不將法的存在必然性予以絕對保證了，且不僅予必然性之保證，甚至還予清淨性的保證。因眾生即本來是佛，而謂之心佛眾生三無差別。

華嚴宗以眞常心說法界，是以佛境界說世界，卻正是一標準的本體宇宙論之學。天臺宗於般若學進路講「三諦圓融」、講「一念三千」、講「一念無明法性心」，卻講得是工夫論哲學。當然，工夫論哲學預設本體宇宙論哲學、預設存有論形上學，但只有在講工夫論時會有詭譎之辭，詭譎之辭即般若空智的任運，《金剛經》中「佛說佈施，即非佈施，是爲佈施」之說，即是詭譎之辭。詭譎之辭不是不肯認一切法，而是於境界上在言說中予以超脫，即現象即本體，故謂「一念無明法性心」，並非在一念無明處要立一切法，表意之超脫卻仍預設佛教基本理論，因仍預設故亦是落實在本體宇宙論處，故而天臺並非不具備如眞常心系的本體宇宙論立場。至於其工夫論之諸講說，確實被牟先生上升爲存有論的系統，而以爲其與直接說存有論的華嚴系統有別。

關於「緣理斷九」之說，佛之成佛即是主體成佛，不是存在的世界成佛，存在的世界即是現象即是虛妄的即是終究會毀滅的，佛學中從沒有說成佛說到現象世界成佛的話上。至於現象世界或九法界的眾生，佛絕對不捨眾生，華嚴宗亦從未說其捨卻九法界眾生，這是天臺後學的無謂攻擊，筆者大膽說，天臺後學嚴重混淆佛教哲學問題。他們是拿智者大師講華嚴時只照高山之說來做的文章。一切眾生皆可成佛當是華嚴立場也是諸大乘各宗派之共同立場，而成佛當不是在九法界位，成佛當即是一乘成佛，此亦法華經義所指，可以說成佛者不捨一法因而有化身遍在九法界而性具惡法以留惑潤生，但絕不是九法界眾生即是佛身位格，更不是九法界仍是九法界卻因佛之成佛而予保住九法界。法界流轉還滅，國土世界即器世間，此是成住壞空流轉不

已，亦生滅不已，豈有保住之需？此說即非佛教立場。原型哲學只是牟先生的個人設想。為此一目的卻改變佛教世界觀立場則已非佛學研究的正解。

七、小結

以上依《智的直覺與中國哲學》和《現象與物自身》而說的牟先生的佛學詮釋，牟先生之說已偏離佛學基本理論立場，更多的討論將在針對牟先生巨著《佛性與般若》書中的討論而展開，後文繼續。

註釋：

211 牟宗三，《才性與玄理》，臺灣學生局，1980年3月修訂5版。

212 牟宗三，《智的直覺與中國哲學》，臺灣商務印書館，1980年10月第3
　　版。

213 牟宗三，《現象與物自身》，臺灣學生書局，1982年4月3版。

214 牟宗三，《心體與性體》，臺灣正中書局，1968年1版。

215 牟宗三，《佛性與般若》，臺灣學生書局，1982年1月修訂3版。

216 牟宗三，《中國哲學十九講》，臺灣學生書局，1983年10月初版。

217 牟宗三，《圓善論》，臺灣學生書局，1985年7月初版。

218 牟宗三，《四因說演講錄》，鵝湖出版社，1995年3月初版。

第八章　對牟宗三般若學詮釋的方法論反思

一、前言

　　牟宗三先生是二十世紀最偉大的中國哲學家，他的創造力無人能比，他固然是當代新儒家哲學家，但是他對道佛兩家的研究亦深入骨髓，雖然筆者認爲他的道佛詮釋充滿偏見，但他思路之精密，論理之詳盡，卻絕對是哲學思辨的典範，且牟先生即同時以道佛詮釋而反證儒學之優異，因此其道佛詮釋亦是其儒學建構的重要環節，欲理解其儒學體系，必須通過他的道佛詮釋。

　　牟先生作爲當代新儒家，已經完成了他自己一生的使命，成爲二十世紀中國哲學的最高峰，但也絕非中國哲學的最終眞理系統，只是，自有牟先生之後，未來的中國哲學不能不從他的肩膀上走過，否則絕不足以接續中國哲學的創造發展。筆者有意全面檢討二十世紀中國哲學的成敗得失，以爲中國哲學走出新路，這就首先必須要全面整理牟宗三哲學創造的成敗功過。筆者對於牟先生的創作，都視爲發展中國哲學的資糧，有贊同也有反對，贊同者吸收而用之，反對者爲文批評以揚棄之。筆者對牟先生著作的討論，特別針對他的中國哲學儒釋道三家的重要作品，採取了地毯式全面研究的方式，從《心體與性體》的儒學系統開始，做逐章的討論[219]，又從《才性與玄理》到《智的直覺與中國哲學》、《現象與物自身》、《中國哲學十九講》等書來討論他的道家詮釋意見[220]。對牟先生的佛學意見，則先從《智的直覺與中國哲學》和《現象與物自身》兩書討論起[221]，接下來企圖對《佛性與般若》做逐章的討論。

牟先生著書的風格，在談每一個主題的同時，都會不厭其煩地重述前此所有相關的討論意見，以成立眼前的主題之宗旨。他的《智的直覺與中國哲學》和《現象與物自身》兩書與《佛性與般若》之著書時期十分接近，可以說就是同時寫作的，該兩書的討論方式比較是直接創造性地跳躍表述，而《佛性與般若》則是依經依論逐段對談而衍生，但三書之間的意旨是完全一致的，因此，牟先生每一組觀念都是無限延伸地可以與他的其它觀念進行串聯扣合，這當然也正是顯示了他是在思辨中進行的創作，卻也正是因此，討論牟先生的作品，實在難以細分而切割為若干片段的意旨命題，而是應該從他全套的中西比較、三教辯證、及各家詮釋史觀中才能說清楚他的觀點，切割了會見樹不見林，但不切割的結果又是樹林太龐大，而不知從何說起。於是，筆者遂不以自己另訂綱領架構的方式重說牟先生的思路，而就是就著他的章節，說其中的要旨，且提出筆者的批評反思意見，以此方式來討論牟先生的哲學。此即本文表述形式所以如此的原因。

　　牟先生以為，般若學光說實相，亦即抽象的本體論意見，而對於現象世界的存在完全不涉及，也就是說沒有宇宙論，因此沒有系統相，般若經論中所出現的系統相都是等待被隨說隨掃的對象而已。牟先生此說，筆者有批評意見。既然般若經論亦出現了系統相，則此系統相即是其預設的知識立場，也就是其它佛經論著中的理論知識，只是般若學的問題意識不在建構系統，不在說現象宛然的一切類項範疇，甚至不在說工夫理論的一切次第，而是直說本體空義，即緣起故性空之宗旨，亦即建構本體論的命題，因其立場是空法不二，故而建構之即掃相之，但理論系統即是預設著前此之佛教經論之一切宇宙論及工夫論的命題，否則般若不是憑空而出的理論嗎？大乘三系沒有什麼理論是憑空而出的，都是預設原始佛教而又彼此相依的。

　　牟先生說般若學不涉及存有論的問題，亦即沒有談到現象世界之如何發生的問題，所說雖是大乘佛教共法，但意旨不深不全亦不圓。筆者卻認為，般若學為說價值意識的本體論之空性智慧，並立即轉出本體工夫的命題，重點不在說現象世界之如何而有，亦不在說成佛之

必然保證，而是說成佛運動的修養工夫之活動蘄向，宗旨清楚，不需要以它並未討論到的問題去說它的意旨的缺點，事實上，般若學所需要的存有論問題之理論系統，都已經預設在其前及其後之所有佛教經論的思想中了。它自身雖無系統相，但絕對是整個佛教哲學中的一個必要的環節，且與其它環節緊密扣連。筆者之意即是，佛教經論中的般若學、唯識學、佛性論、法界觀等等諸說，其實都是佛教哲學的問題發展與理論解決的思想發展項目，後面的理論預設著前面的基礎，藉由所面對的新問題，創造新說以解決之。牟先生特別關切圓不圓的問題，且又有特定標準及特定要求於此圓不圓之宗旨中，因此對各家皆有批評，而這正是筆者認爲不必要的事情，各家知其理論目標，究其如何解決，以定宗旨功能，這即是哲學研究的目標。牟先生自是要做哲學家，要提創造性理論，但若是逾越了正確理解、準確詮釋的文本解讀工作，自然是要被反對的。

　　筆者以爲，大乘階段的般若學，當然是以原始佛教的理論爲基礎，只對其中的終極意義及價值意識問題，有所申論，故說性空般若之旨。般若學說本體，亦提供本體工夫，但現象世界並未交代，因而有唯識學說出，交代現象世界的出現緣由，因眾生有漏皆苦，故而以染法妄心說此現象之所以有生老病死之苦的出現緣由。但是問題又來了，生命因妄執而有，則成佛的可能性便不能談了，於是由妄心到真心，立如來藏觀念，無論是阿摩羅識或是起信論系統之真如心，就是在既能說現象生滅的基礎上，又有真如之不生不滅的作用在，從而爲成佛可能性的問題提供了保證。但是，事情還沒結束，既然有漏皆苦，又眾生必可成佛，那麼究竟這輪轉因緣、此起彼滅的現象世界及生命種種是爲何要有？方東美先生回答了這個問題，那就是世間的一切根本都是佛身演化，一切都是佛意，眾生都是佛，生滅歷程就是成佛運動，佛身演化、眾生成佛就是現象世界一切存在的終極意義，因此以佛眼觀之，所有世界一切法界都是互助成佛的存在系統，彼此在種種善惡因緣中交涉互融而齊入佛境的佛法因緣，這樣就算是說完了佛教哲學的各種基本問題[222]。

然而，牟先生卻有對般若學的空理之批評，以其不涉及存有論問題，不能接觸法的存在的問題，這就跟支那內學院主唯識、譏如來藏的思路是一樣的了；牟先生又有對如來藏思想的批評，以其不能保證成佛，而只是一個空理而說之。就唯識學言，牟先生定位有前後期唯識學，前期注意到成佛可能性問題，而往如來藏真心系統發展，後期走回印度唯識學的堅持妄心緣起的系統。此中還有種種環節，但重點在，妄心唯識學不能交代成佛保證問題，故而清淨心系統尚高一籌。但是，如來藏清淨識、真常心系統雖然能交代成佛可能性問題，卻對整體存在界的存在性不能給予保證。因為它的如來藏真如心只是隨著生滅因緣而適予清淨而已，因此生起現象世界的仍是阿賴耶識的染法因緣，而使修行者修證成佛的保證卻在真常心如來藏識，於是清淨的如來藏識真常心跟現象世界脫了勾，牟先生以為它是一個但中之理，亦即只是一無關實際現象存在的理體，這種說法又跟牟先生批評朱熹之理是只存有不活動的意思是同一型式了。

　　以上，筆者以為，般若學就其功能認識之即可，現象存在的問題它都預設在前後的系統中了，因此般若不缺討論存在的立場。唯識學亦是本身問題意識鎖定在生命是苦的現象生成之說明上，因此重於妄法緣起，其實只是原始佛教十二因緣之無明緣起的更細節發展而已，亦是接續前說，向前一步。至於它所遺漏的問題，確實有後起的系統來更建新說以補充之，如來藏系統即因此而生，便是解決了問題，如來藏係依真心而有現象世界，且因真心而終能去染還淨，故而現象世界仍是根本依於清淨之真如，而主體成佛即獲得必然性的保證了。至於此一真心如來藏本來即是阿賴耶識，由《起信論》以一心二門統合之，既能因無明生滅現象，又能因真如而使主體清淨成佛。因此牟先生所批評的但中之理之說，不能成立。這和他把般若學說成了只是般若智之實相學的批評是一樣的，般若智若只為理而不即存在之法，則如來藏識之心真如亦被如此定位了，於是現象之興起還是在無明妄心處，其起而不得保證，其證佛又捨棄現象，真是兩不掛搭的理論。實則不然。關鍵還在，無論是虛妄唯識或真常唯心系統，只有阿賴耶

識或如來藏識是眞，是必然，是永恆，是佛種，是佛身，是法身，是法界，一切現象世界十法界三千世界都只是暫時存在，是生命歷程的共業現象，本身不是目的所在，亦無定法可說。但是，牟先生討論佛學，必欲使此現象世界有一存在之保證，於是在般若唯識起信華嚴天臺各家中苦心尋覓，終以為天臺可得，其實天臺亦不可得，若眞可得，即超越儒家矣，然雖不可得，卻因表述的詭譎而有高明於其它各家之處，此其圓教不圓教的問題，於是牟先生的佛學宏論即此佈局完成。

牟先生說華嚴的定位是從眞常心系統說起的，亦是說得起信論的定位，華嚴宗哲學正是在這樣的定位基礎上再發展的，華嚴宗說法界，本指向整體存在界，然依牟先生的詮釋，一如起信論的心眞如之定位，亦是不落凡間，而只是佛自身的圓滿，是佛之自我套套邏輯的稱性而起之展現，本身不是即在現象世界的眞實經驗。於是，對於現象世界之如何同登佛境的問題不能交代，對於現象世界整體存在之如何保證的問題不能交代，故而尚不眞圓，一切必待天臺宗才能澈竟佛法。

牟先生這樣的思路，始終有對於一切法的根源存在之保證的問題要解決，其實這正是儒家的問題，且是針對經驗現象世界而說的，但佛教理論的世界觀早就跳過經驗現象世界，而是到了成住壞空、此起彼滅、重重緣起的大千世界宇宙中討論的，因此說保住存在已經不是佛法的要旨，牟先生卻緊抓這一條鐵律，來要求、比對、評價教佛教各宗派哲學的高下優劣。除此之外，牟先生又認死了佛教是性空之教，不能有說實有的立場，即便說最高存有範疇，亦不能是遍現象世界而為實有的型態，是故在詮釋上都將其拉出現象世界之外，說其為一但理，說其與現象生滅世界是異體而非同體，亦即是有一眞常之「但理」，以及一生滅之現象，它們成了兩個世界。這是如來藏眞如心的型態，也是華嚴宗的法身法界的型態，因此理論上未達眞正圓教的境界，圓教境界必須不捨一法同登佛土。於是，既是性空，又能說及存在，還能提出成佛工夫理論的格式，以及必然成佛的保證的系

統，就剩天臺，牟先生說它是同體的型態，即眞如與生滅是同體，無明即法性，法性即無明，佛學至此臻至最盛而圓滿。然而，即便是天臺，亦只能保住現象世界亦同登佛境，且化跡爲本、詭譎圓融，卻仍不能有永恆地創生這個世界而有實體論的立場，因其畢竟是緣起性空的路子，這就又是從儒佛之辯來講的詮釋立場了。

牟先生這樣的討論，可謂盡詮了中國佛教史上的各家重要核心理論，也可以說是依據他自己的問題意識而詮釋了這許多家的重要理論意義，但是，各家是否正如其說？筆者不以爲然。牟先生一在中西哲學比較上高中哲低西哲，二在三教辯證上高儒家低道佛，三在佛教內部上高天臺低華嚴，許多理論模型都有互引套用的操作。筆者必須說，牟先生有相當嚴重的問題意識的錯置，亦即並非在各家原有的問題意識脈絡上解釋其說，而只是在牟先生自己關切的問題中判說其旨。以上說眞如法界是「但中之理」的思路，不正是他說宋儒程朱系統之理是只存有不活動的幾乎同義詞嗎？所以一切都是牟宗三問題意識及牟宗三哲學創作而已。

依筆者之見，前此說妄心唯識系統的理論，就是爲說現象世界之所以有生老病死之苦的緣由而說的，生命主體依妄執而進入歷程。此論說明了有漏皆苦的原因，卻不利於眾生皆可成佛的理想。於是有如來藏識系統出現，提出了主體自身內部可以成佛的動力因緣，起信論之系統更進一步，不只有主體內因，尚有已超三界外的菩薩以上存有者的心眞如之外緣作用，故成佛有必然性之保證。牟先生以爲妄心唯識系統有對一切法做根源說明的功能，但是缺乏成佛保證，故而不澈底，此說筆者同意。但說如來藏眞常心系及起信論之心眞如系是但中之理，不生起世界，此一詮釋，筆者反對。關鍵在於，如來藏識爲救阿賴耶識不足而說，主要爲處理修行者眾生之成佛必然保證性問題而設，但沒有取消阿賴耶識的所有功能。起信論說主體修行之內因外緣之必然成佛意旨，由心眞如與生滅二門所說者，主要說的是主體個別自我的生命歷程，它也沒有丟掉生滅門的意旨及功能。實際上涉及整體存在界問題的討論，其實主要是法界觀的功能，這是天臺及華嚴這

些後期宗派才會討論的重要議題。天臺說十法界，重點在展示整體存在界的範域，華嚴說佛法身義之法界，重點在說整體存在界的發生起源，牟先生說其不負緣起之責，其實它正是負責說緣起的理論。

　　牟先生說其但空不及存在之思路的依據，是因佛教畢竟是依緣起性空的宗旨，他認爲如來藏進路之唯識學及起信論之心眞如仍是隨無明妄心緣起而隨起的系統，其起乃是因無明之偶然性而起，故無必然性，其成佛雖有眞如眞常之作用而能保證，但只有作用上之保證，卻無存在上之保證。華嚴宗的闥盧遮那佛之法界緣起，只是成佛者之佛身之自我示現，卻不是整體存在界的現象世界之整體活動。說到底，如來藏及佛法身都是性空之「但理」，而非緣起之基柱。牟先生此說當然也是有原典文本的依據，但這就是善讀不善讀的問題了，亦即是否正確理解、準確詮釋的問題了。

　　筆者不同意牟先生的詮釋意見，但是，本文之作，重點並不在和牟宗三先生辯論，而是要展示他的思路的脈絡，呈現一家哲學思維的歷程，這個歷程，是最有哲學學習及思辨訓練的功效，更是當代中國哲學創造的實際演練。本文之作，即是筆者爲牟先生推演他的思路而做，目標在清晰說明牟先生思維的理論脈絡，脈絡澄清，則接受不接受、批判或贊成的話就好說了。

　　牟先生的理論，實際上是不好理解的，無論儒釋道三家，他所建立的系統，都不是表面上幾個命題就算了的事情，每一個命題都是他千錘百鍊的思辨結晶，學習這一套思辨的過程本身就是最好的哲學訓練，因此，理解他的思維過程之後，就可以走出自己的哲學思路，此時，牟先生的三教詮釋，便有許多都是可以揚棄的了。

　　本文寫作方式爲依據牟先生論述的次序，撿其具有重要哲學立場發言的段落，做一一對應的對話討論。可以說是地毯式的研究方式。當然，《佛性與般若》卷佚浩瀚，逐一對談絕不可能，也只能是跳躍地討論重點而已。

　　本文依寫作計畫，將針對《佛性與般若》第一部第一至第三章，第四章以後亦另代它文。

二、牟先生在《佛性與般若》序文中的工作態度

《佛性與般若》可謂牟宗三先生畢生中國哲學著作中最艱難的兩冊，艱難意味所討論的議題本身最爲深奧，亦意味牟先生疏理此一環節之用功程度及筆力之輕重，亦表示讀者研習牟先生著作時，它就是一部最難讀懂的專書。自此之後，牟先生的直接撰寫之著作就是《圓善論》，此書稍有於孟子學及康德學的再發揮，其它就是全部牟學的綱領性綜述，內容上已不若單講佛學的艱難了。坊間再有看到的牟先生著作則是課堂講授的錄音稿，其中依然是佛學部分最爲深奧艱難，但已不出《佛性與般若》的範圍。

《佛性與般若》的章節架構分三部講，在這三部的分類及三部內容的章節次序中，就可以看到他的佛學立場。第一部的第一至第三章談般若學及龍樹學，龍樹學即般若學，而牟先生視般若學爲共法卻不澈竟。第四章談大涅槃經，佛性的觀念已正式提出，可謂本書般若與佛性的兩路佛學已首次充分展示，故第一部爲綱領。接下來的第二部講唯識、楞伽、起信與華嚴，即是定位華嚴學爲從唯識學進路入手的理論最高峰。第三部全講天臺，且拆爲二分。一分講理論，一分講宗派史。天臺自是牟先生心目中的最高，爲說此事，即是整部《佛性與般若》的重點，路數上先說般若，再說唯識，再將華嚴放在唯識學發展的最高峰，最後由天臺另端別起，成爲終極圓滿之佛教理論。

此書之〈序〉中要點有三，首先即明講其佛學研究歸於天臺，乃個人思辨結果或氣稟傾向使然，其次亦說明他自己對佛教中國化問題的看法，以及第三講他自己的佛學研究及著作撰寫的歷程，這就揭開了牟先生談中國佛教哲學的開場，亦是決定牟先生佛學立場的初衷，值得注意。

首先，牟先生定位了他對中國佛教各宗系統的根本理解立場，參見其言：

> 本書以天臺圓教爲最後的消化。華嚴宗雖在時間上後於天

臺，然從義理上言，它不是最後的。它是順唯識學而發展底最高峰，但它不是最後的消化，真正的圓教。本書於天臺圓教篇幅最多，以難了悟故，故須詳展。又以爲此是真正圓教之所在，故以之爲殿後。

本書以般若與佛性兩觀念爲綱領。後來各種義理系統之發展皆從此綱領出。吾人通過此綱領說明大小乘各系統之性格──既不同而又互相關聯之關節。般若是共法；系統之不同關鍵只在佛性一問題。系統而至無諍是在天臺圓教。故天臺圓教是般若之無諍與系統之無諍之融一。徒般若之無諍不能決定系統之不同也。[223]

上文即是牟先生談他的佛學研究的根本立場：歸宗天臺，以及以佛性與般若兩路縱貫全書。首先，牟先生歸宗天臺當然是他個人佛學哲思的結果，這其中卻有繁複綿密的論證細節，本文撰寫的最高目標，也可以說即是將這些論證細節清晰展現，這卻不是容易的事，甚至可以說十分艱難。其次，對於牟先生提出佛性與般若作爲討論佛學的兩個軸線，對於這兩個軸線，筆者有意見，一般來說，中國大乘佛教是以般若、唯識及佛性論爲三系，依據筆者的研究立場，般若學說本體論，含本體工夫論；唯識學說宇宙論，預設般若本體，含本體工夫及身體工夫論[224]。佛性論說佛境界，含前此般若學及唯識學的所有基本理論。因此，牟先生說的般若與佛性的兩軸線，就會有照顧不及的缺點。又，任一宗派系統皆有其所論之重點，也有互相預設的理論事實，當然也有因誤解而彼此攻擊的現象，更有因過度推崇己宗之學而批判它宗的事實，不過，差異雖需呈顯，對立卻是可以解消的，這是筆者的基本立場，也是本文寫作的真正用力之處。總之，牟先生說般若是共法，但對佛性問題的意見才是決定宗派差別的重點，文中又有無諍及諍之分類，無諍當然高於諍，於是牟先生有天臺之無諍高於一切系統的立場。此二義必須再爲檢討。

首先，就般若爲共法言，筆者以爲，般若確實是共法，完全贊

成，但這就表示唯識學中有般若，也就是說宇宙論系統中有本體論，這也表示，說佛性的境界論中亦有般若思想，亦即境界論之完成亦是預設了明確的本體論。因此般若之共法是遍在一切佛教宗派系統中，它就是價值意識的本體論，佛教本體論的意見就是般若性空，它是從原始佛教的苦觀轉換至大乘佛教的空觀的。原始佛教重個人生命歷程，故而說有漏皆苦。大乘佛教廣論一切現象，以緣起說性空。性空放捨一切個我的執著，解脫了個人之苦，轉出來面對眾生即是慈悲救渡的精神，這就接上了佛性論階段的經論要點，佛性論談成佛者境界，即是在運用空性智慧行救渡事業者。所以，說般若是共法，筆者是完全同意的。因此，並不需要獨立般若學出來，而追究其功能之不全備，或說其立論之不徹竟。這是因為，般若學就是談本體一事，本體既定，則其後任何宗派系統，必以般若為其本體，因此般若之學遍在一切大乘佛教宗派之內，作為本體論問題的佛教根本立場。它的徹竟就是要徹竟在與其它系統的理論一起建構而成立的新宗派之中。

其次，就差別言，牟先生談差別於系統之間，系統由佛性問題的立場決定，而不是般若問題。此時，牟先生所講的佛性問題，是從唯識學談存在的根源而發展出來的問題，因此佛性問題是成佛者對存在世界的處置的問題，這就有唯識學之妄心及淨心兩系統，也有楞伽經及起信論之心真如系統，又有華嚴宗的法界緣起系統，這都是在面對佛性論問題，也就是在面對如何成佛與世界存在的問題。筆者以為，牟先生把許多不同的佛學基本問題都當成了佛性的存在根源問題一起討論了，這就會有混淆，這個混淆，就會將唯識、楞伽、起信、華嚴都放在第二部中一起討論。可以這麼說，牟先生把論於現象存在的宇宙論問題的唯識學說，和論於如何成佛的工夫論問題的楞伽經和起信論系統，和論於成佛者境界以及世界存在根本意義的華嚴法界觀之境界哲學問題，通通混在一起談，視為同一問題的系列發展，因此還有究竟不究竟的差別，甚至有前此各系統之「諍」與天臺之「無諍」的判斷立場。

從筆者以上的簡單釐清，可以見出其中存在太多問題，因此，本

文以下的討論，就是要對牟先生的這些說法，以筆者的問題意識與研究方法，重新疏解[225]。

接著轉入牟先生於〈序文〉中的第二個問題，即牟先生對學界談佛教中國化問題的意見。無論如何，牟先生對中國佛學的詮釋固有個人特殊立場，以致有學界的批評討論意見，但是，牟先生的佛學研究進路，卻絕對是哲學研究的進路，而在這個進路下，對中國佛學與印度佛學的關係之意見，常常是不同於其它學科、學門的看法的。參見其言：

> 近人常說中國佛教如何如何，印度佛教如何如何，好像有兩個佛教似的。其實只是一個佛教之繼續發展。這一發展是中國和尚解除了印度社會歷史習氣之制約，全憑經論義理而立言。彼等雖處在中國社會中，因而有所謂中國化，然而從義理上說，他們仍然是純粹的佛教，中國的傳統文化生命與智慧之方向對于他們並無多大的影響，他們亦並不契解，他們亦不想會通，亦不取而判釋其同異，他們只是站在宗教底立場上，爾爲爾，我爲我。因而我可說，嚴格講，佛教並未中國化而有所變質，只是中國人講純粹的佛教，直稱經論義理而發展，發展至圓滿之境界。若謂有不同於印度原有者，那是因爲印度原有者如空有兩宗並不是佛教經論義理之最後階段。這不同是繼續發展的不同，不是對立的不同；而是雖有發展，亦不背于印度原有者之本質；而且其發展皆有經論作根據，並非憑空杜撰。如是，焉有所謂中國化？即使如禪宗之教外別傳，不立文字，好像是中國人所獨創，然這亦是經論所已含之境界，不過中國人心思靈活，獨能盛發之而已。[226]

牟先生這一段意見，筆者是完全同意的。這其實是歷史學研究、文獻學研究與哲學研究的進路之差別，史學研究更重地域而說中國

化，文獻研究更重語言而說中國化，哲學研究唯論理論故不說中國化。純就理論言，牟先生以為在印度創作的空有兩宗非佛教哲學最高發展，這個最高發展的問題，便留給了牟先生廣大的理論發揮空間，馳騁思維，抉撥排比，儘管有許多根本關鍵之處，筆者不同意其說，但仍有更多基本義理理解的部分，絕對是牟先生的討論才是真實準確的，這其中，尤其以對唯識學的批判定位為佳，牟先生於唯識學真妄系統的衡定諸說，筆者也多是同意的，甚至即是透過牟先生的說明，才使唯識學說的理論定位清晰明白。總之，牟先生是當代中國哲學界研究佛學最深入者，但也幾乎就是曲解佛學最嚴重的一大系統，故應全面檢討，重新改正。

〈序文〉的第三個重點，牟先生也簡述了他的佛學研究歷程及個人氣質傾向，其言：

> 我之熏習佛教由來已久，……近二十年來，漸漸著力，然亦未能專注，只是隨時留意，隨時熏習，慢慢蘊蓄。先寫成《才性與玄理》，弄清魏晉一階段。後寫成《心體與性體》，弄清宋明一階段。中間復寫成兩書一是《智的直覺與中國哲學》，一是《現象與物自身》，以明中西哲學會通之道。最後始正式寫此《佛性與般若》。吾人以為若南北朝隋唐一階段弄不清楚，即無健全像樣的中國哲學史。我既非佛教徒，故亦無佛教內部宗派上的偏見。內學院的態度，我自始即不喜。……然當我著力浸潤時，我即覺得天臺不錯，遂漸漸特別欣賞天臺宗。這雖非偏見，然亦可說是一種主觀的感受。主觀的感受不能不與個人的生命氣質有關。然其機是主觀的感受，而浸潤久之，亦見其有客觀義理之必然。吾人以為若不通過天臺之判教，我們很難把握中國吸收佛教之發展中各義理系統（所謂教相）之差異而又相關聯之關節。[227]

這一段文字有兩項具理論意義的重點，其一為牟先生認為隋唐佛

學弄不懂，就不可能清楚中國哲學史。其二爲在佛學中他個人獨喜天臺。就第一點而言，確乎其然。雖然不是每個治中國哲學的學者都是治中國哲學史的學者，然而，一旦談中國哲學史，則必定是儒釋道三家都要入乎其內才能出乎其外的。牟宗三、馮友蘭、方東美、唐君毅、勞思光等大家無一不是如此。雖然，其出入道佛仍有程度比重的差別，以及相應準確與否的不同。他人不談，就牟先生而言，其於佛學之涉入可謂研思極深，《佛性與般若》兩巨冊的卷佚，絕非普通開談，也不是偶發玄智地任意演繹，更不是初學者的研究整理之作，而是深思力辨的哲學專論，其中，提出了基本佛教義理的理論解釋意見，也提出了對於中國大乘宗派理論高下的檢別意見，只不過，對於最重大的理論問題的立場，筆者卻是不同意牟先生的說法的，筆者甚至認爲，牟先生於佛學的了解有數點關鍵不透之處，從而導致有嚴重的誤解進而曲解，而這都是因爲牟先生必欲高天臺低華嚴、起信，爲此，他並且建立或發揮了不少的佛學術語，如圓教問題、但中之理、恆沙佛法佛性等等，而用之以對各家說高說低。此外，這數點不透，也表現爲他在高儒家低道佛的理論判斷上。所以，雖然不通隋唐佛教即不能有完整的中國哲學史觀，但即便研究了隋唐佛教，若是理解不準確，則也會有偏頗的中國哲學史觀。只是，哲學家就是有特定意見的學者，是偏頗還是正解？亦是決定於一特定的標準的，而哲學家就是標準的建立者，牟宗三先生就是建立標準的哲學家，而筆者又正是不同意牟先生所建立的標準，故而發文討論。

第二點，牟先生傾向天臺。天臺與華嚴初無衝突，雖有不同的判教觀念，但不是不可融通。唯後期天臺，與華嚴爭議，而牟先生顯然於此類爭議十分認同，且心有所屬，故獨厚天臺。且牟先生更是發爲理論建構，論證精詳，而這一部分，正是筆者要追究的重點。

三、第一部般若思想之《大智度論》與《大般若經》

牟先生對佛學宗派思想的基本理解架構，就是般若與佛性兩大

塊。而這一立場實已充分表現在《佛性與般若》兩大冊三部分的第一部分中，牟先生依大般若經與大智度論、中論說般若思想，另依涅槃經說佛性思想，可以說，佛性與般若兩大塊的佛學領域已在其巨著之第一部分中完整討論了。唯，牟先生認為般若是共法，不決定宗派，決定宗派者是佛性思想。故而大涅槃經只是開頭，第二部之唯識、楞伽、起信、華嚴及第三部之天臺才是宗派系統教相的決戰之地。說到底，牟先生有他自己關心的哲學問題，並將之交由中國大乘佛教各宗派系統來回應、解答及較勁，這個問題，關鍵地說，就是保住世界的問題。但，筆者認為，這不是佛教應有的問題，這根本是儒家的問題，無奈，牟先生一方面深入佛學教義理解思想，另方面卻不斷以非佛教體系的儒學思維干擾佛教各家思想的理解、詮釋與評價。然而，筆者這樣的解讀立場，也是不易說清楚的，必須在牟先生體系建構的蛛絲馬跡中找到重點才能論斷，而般若學思介紹的這一部分，其實已經有證據顯示牟先生還是在儒家的根本關懷中議論佛教。以下筆者將依牟先生的討論意見逐步疏理出此一重點。

首先，牟先生定位般若學的角色功能：

> 《般若》部只是融通淘汰，蕩相遣執，則是事實。此見《般若經》之獨特性格。此一性格即是不分解地說法立教義，但只就所已有之法而蕩相遣執，皆歸實相。實相一相，即是如相。即使佛、一切種智、涅槃，亦復如此。故云色、色性空，識、識性空，乃至一切種智性空。如有一法勝過涅槃，亦是如幻如化。此即示《般若》部無有任何系統，無有任何教相。它不負系統教相之責任，它只負蕩相遣執之責任。[228]

牟先生從大般若經的經文演義開始，指出經文對一切法蕩相遣執、令歸實相，又說般若部無有系統。首先，實相即性空，說性空則言於佛、涅槃、一切種智皆是此空義，說到這裡，牟先生就是在說佛教本體論的空性般若智。佛教有本體論，談意義或價值，現象

世界無論如何緣起輾轉，總有一根本意義需要追究，此一根本意義即是本體、即是實相，此就其存有論定位說，就其價值意識說，即是般若、即是空性。也就是說，般若學，存有論上是本體，價值意義上是空性。它的存有論定位如同儒家的天道實體，但儒家天道實體的價值意識是仁義，而大乘佛教是性空般若。若牟先生的思路停止於此，則筆者要說，牟先生的佛學基本立場是正確無誤的。但，論到系統的問題，就表示出了牟先生其實是溢出佛學教義系統去談佛學理論意旨的。

　　牟先生所謂的系統教相，其實語意不清，他接下來的討論重點，是放在法的存在的問題上說，也就是宇宙論的問題，現象世界的存在的問題，成佛以後對現象世界的存在的處置問題。其實，這其中還有工夫論、境界論及宇宙論的不同，但牟先生則混為同一個問題去討論，此處暫不能詳說，再參考牟先生論旨之後再細說：

> 故欲得實相，必須用詭譎的遮詮以顯示。但佛不能不說法。如要說法，即須分解。一切大小乘法皆是依分解的方式而建立者，凡依分解方式說者皆有可諍處，因而亦皆是可諍法。有可諍處，即有戲論性。佛亦不免於戲論性，蓋佛不能無方便。戲論性是分解、諍處、方便之所必函。只要知其為方便而不執實便可了。只有當由分解的方式轉為般若經之異法門，即詭譎的遮詮方式，佛才真歸於無戲論，因此，其所表達者方是真正的無諍法。[229]

　　牟先生前說系統相，指得是中國大乘佛教各宗派的系統差異之相，其實正是講世界觀的本體宇宙論。說般若是共法，指得是不論任何系統，都有空性本體的意旨。本文中，牟先生指實相須以詭譎的遮詮以表之，此義若是指般若學的實際運用是一種遮詮的方式在進行的，則筆者也完全同意。唯牟先生所講的「詭譎」的意旨繁瑣，難究其旨，簡言之，既要講存在，又不直講、明講，以免所講成了有限且

執著了對象因而不無窮且不圓滿，因此有種種表意上的詭譎方式。其實，牟先生正是混淆了哲學基本問題，以及錯誤地要以儒家思維定位佛教哲學思想，因此需要創造「詭譎」的思路以談佛教哲學的般若實相。依牟先生本文之說，要談各家的系統，就是要分解，結果就是有限而可爭辯，因此便不免於是戲論，既是戲論，當然不是圓滿的哲學，至於如何到達佛教哲學的圓滿？就是要有系統卻免於分解相，免於爭辯，免於戲論，作法即是言系統卻以般若遮詮詭譎的方式說。

牟先生這樣的定位佛教哲學，筆者認為實在是不必要的作法。實踐哲學的哲學基本問題就是宇宙論、本體論、工夫論、境界論四大塊，宇宙論說知識，必是分解的，本體論說觀念，則是獨斷的，工夫論及境界論談活動及結果，遮詮及詭譎在此說才是合適的。說現象存在的宇宙論沒有什麼因知解、可諍而是戲論的，說工夫及境界才會有因操作不到位而為戲論的，也才有因實施到位而有遮詮及詭譎的表達方式的。

牟先生接著又說：

> 因此，我們似可綜括說：凡依分解的方式而有所建立者，即有系統性；有系統性即有限定相；有限定相即有可諍處。因此，阿賴耶系統是可諍法，如來藏真心系統亦同樣是可諍法。
>
> 《般若經》不是分解的方式，無所建立，因而亦非一系統。它根本無系統相，因此，它是無諍法。此種無諍法，吾將名之曰觀法上的無諍。即是實相般若之無諍，亦即般若作用的圓實，圓實故無諍。此是《般若經》之獨特性格。[230]

牟先生這一段談話是在很長的分疏之後逐漸提出來的，本文不可能跟隨牟先生分疏的細節逐句講過來，因此跳過許多過程，直接來到這樣結論式的地方。此文中，牟先生以阿賴耶及如來藏真心為系統，般若是非系統，因其無諍，故能圓，其為實相的無諍也是作用的圓

實。此說究爲何義？筆者擬轉譯之。說是系統者是說到了存在的起源以及成佛後對於世界存在的處理，則阿賴耶以無明妄識說生命現象之緣起，如來藏以清淨之眞心說生命現象的緣起，至於成佛後對世界的處理，顯然要到華嚴、天臺等更後期的中國大乘佛學才眞的討論到的。不過，阿賴耶識系統以及如來藏識系統至少已經說到了存在的起源的問題了，亦即，說到了宇宙論的問題，但尚未說清楚成佛者境界的問題。至於實相之無諍及作用之圓實，其實是以空性智慧在談工夫論的問題的，亦即是本體工夫的問題，般若是空，故而工夫必是無諍，說作用即是說工夫，有本體就能夠有本體工夫，說工夫就是說作用，說作用的圓實就是說這般若智慧的本體是可以拿來做本體工夫的，且般若是空是無諍，非是戲論，故是圓實。

　　牟先生說般若是共法，筆者亦說般若是共法，但筆者更要強調，般若作爲共法是就佛教本體論爲般若智而說般若是共法的，般若有作用的圓實是因爲佛教本體工夫無一不是般若工夫的。佛教宗派的差異，是依般若工夫的施做方式之次第、進路等差異之分別而建立的，如禪宗、淨土宗、律宗等，或是就世界之起源及成佛者境界之不同設想而有所分別的，如唯識宗、天臺宗、華嚴宗等。也就是說，有工夫論進路之別異而爲宗派之別異的，也有因宇宙論及境界論之差別而有宗派之差別的。

　　牟先生既以般若爲共法，則般若學是各家皆需要的，那麼各家的差別何在？那就是對存在之法的知解說明，於是有唯識學之阿賴耶識，起信論之如來藏心眞如，有華嚴宗之法界緣起，當天臺以般若之遮詮詭譎而有作用之圓實時，這些各家差別的系統卻因有知解相故而不圓實，唯有天臺之「一念無明法性心」能有詭譎的圓實。此何義？何理？參見其言：

> 但是吾人必須正視還有一個《法華經》開權顯實，發跡顯本的一乘即佛乘之圓實教，此亦是無諍法。此是通過「如來藏恆沙佛法佛性」一觀念而演至者，由天臺宗盛發之。此無諍

之圓實教不同於般若之作用的圓實之爲無諍，即不同於觀法上的無諍。這是通過「如來藏恆沙佛法佛性」一觀念，由對於一切法即流轉與還滅的一切法做一根源的說明而來者，這不屬於「實相般若」問題，乃是屬於「法之存在」問題者。這一問題決定諸大小乘系統之不同，因此，這是屬於教乘一系者。《法華經》圓教既屬於這一系，何以又爲無諍？既是圓實，即當無諍。但既屬於教乘，而又是一系統，似又不能無諍。其所以終爲無諍者，即因它雖是一系，卻不是依分解的方式說，而是依一「異法門」而說，即亦依詭譎的方式說。凡依分解方式說者即是權教，因而是可諍。因此，系統有多端。既有多端，即是有限定的系統。因此，是權教，是可諍法。《法華》圓教既不依分解方式說，故雖是一系統，而卻是無限定的系統，無另端交替的系統，因而它無系統相，它是遍滿常圓之一體平鋪：低頭舉手無非佛道，因此，爲圓實，爲無諍。分解說者中之一切曉敝相皆歸於平實，故爲無諍。依阿賴耶說明一切法，依如來藏眞心說明一切法，此皆是分解地說，故爲權教，爲可諍。「一念無明法性心」即具十法界，這不是依分解的方式說，而是依詭譎的方式說，故爲圓教，爲不可諍。這個無諍的圓實教既是屬於教乘的，即屬於一乘即佛乘之教乘的，故它是就「諸法」之法說的，不是就「諸法實相」之實相說的。在實相般若中，實相是透徹了的。但是「諸法」之法是無限定的，是未圓滿起來的，是留在不決定的狀態中的，因此，顯實相般若，觀法上的無諍，是共法，而又不能決定教乘之大小。故必須引出「如來藏恆沙佛法佛性」一觀念，由之以決定教乘之大小以及圓不圓。凡隨「佛性」一觀念，不及於「如來藏恆沙佛法佛性」者爲小乘，爲通教；及於「如來藏恆沙佛法佛性」而卻是依分解的方式說者，則爲別教（始別教與終別教）；依詭譎的方式說者，則爲圓教。是則《法華》圓教之爲圓實無

諍，由天臺宗以展示者，是就「諸法」之法說的，是將諸法之「諸」圓滿起來的，有圓滿的決定的。總之，它是「法之存在」方面之圓實無諍。因此，吾將名之曰存有論的圓實無諍，以與觀法上的無諍，般若之作用的圓實，區以別。[231]

　　上文中，牟先生都是在下定義，而不是在做論證，因此，必須依據牟先生的特殊定義，才能了解他的命題，那麼，究竟牟先生說了什麼？重點何在？以及筆者的意見為何？首先，牟先生之所說，是天臺宗有般若無諍詭譎圓實的優點，又沒有各個分解的系統之可諍的缺點。而天臺說法是就諸法之存在而說，而不只是諸法之實相在說的，故而文末說它是存有論的圓實無諍，而非只觀法之無諍及作用之圓實。以上簡述牟先生所說，但意思仍是抽象不明，筆者試轉譯如下：般若學以其說實相，故而是佛教本體論，談作用的圓實，即是談本體工夫。談佛性是談法之存在的問題，法之存在就是宇宙論的問題，但牟先生又談到一切法之流轉與還滅的問題，流轉可以是宇宙論問題，但還滅必然就是主體的成佛問題，亦即是工夫論問題，工夫至還滅，那還有境界論問題。牟先生之意即是，天臺宗既有般若學的詭譎無諍，又面對並解決了法的存在的問題，但卻沒有法的存在的系統分解相的問題，因此是一套圓教的系統，並且是存有論的圓實無諍。

　　牟先生說的天臺宗之「一念無明法性心」即具十法界是說及存在的系統，但卻不是分解的，而是詭譎的，因為無明與法性相即不分，不分即非知解，故為不可諍之圓教系統。筆者以為，此說不能成立。關鍵即在，「一念無明法性心」不是在說存在的命題，而是在說本體工夫的命題，是以法性心轉無明，是說不論是在哪一個心思念慮的法界中都能當下即轉，是主體自己在任一法界中皆能運轉心念而由無明熏習轉為法性真如熏習。此一觀念，仍是般若學進路的佛教本體工夫之路，並未升進至存有論問題。至於天臺宗的宇宙論系統，仍是有的，即其十法界觀者，而此即是如牟先生自己所說的屬於知解的系統，因此天臺宗也須是有系統的，所以要說天臺宗獨能免於牟先生所

規定的涉及存在的問題的系統必有系統相，必是知解的，筆者不以爲然。

由般若學的功能說到天臺宗的存有論的圓滿之義，此義又見牟先生發揮於下：

> 由具足亦可說般若成就一切法，不捨不著，不壞假名而說諸法實相，此即是成就一切法。此種成就是何意義？曰：此不過是在般若活智之作用中具足而成就一切法，此是水平的具足，而不是豎生的具足。「是法住法位，世間相常住」，一切法是本來現成的，不過以實相般若穿透之，因此而說具足而成就一切法，成就其空如之實相而不必破壞之。《般若經》只是憑藉已有之法，而說般若之妙用，未曾予一切法一根源的說明。般若具足一切法，此並非說一切法皆豎生地根源於般若，以般若爲最初的根源，一切法皆由之而得一生出之說明。龍樹之論釋以及《中論》之緣起性空皆不過秉承《般若經》之旨趣而反覆申明諸法之實相，亦未曾以般若爲最初之根源，一切法皆由之而生起也。依此而言，吾人可說：平常所謂空宗者實非一系統，一門戶。說明一切法之來源是另一問題。空宗無此問題。如有願做此工作者，不管如何說法，《般若經》及空宗皆可以般若之不捨不著而具足成就之。依此而言，《般若經》及空宗之所說可以說是共法，大小乘乃至佛乘之共法。此是普遍的而無色者，故非一系統。如是，凡想予一切法之來源一說明者皆是一系統，如《解深密經》及前後期唯識學即是一系統，華嚴宗亦是一系統。天臺宗最接近于空宗，然彼畢竟不即是空宗而須自立宗者，以彼亦具有一系統性。然天臺宗之系統性甚特別，與唯識及華嚴俱不同。彼爲講圓教，從無住本立一切法，一念無明法性心即具三千世間，由之說明一切淨穢法門，此即是其系統性。

此與般若具足一切法不同。般若之具足只是般若活智之不捨不著，此具足是作用的，尚不是存有論的（佛家式之存有論）。般若之圓只是不捨不著之妙用的圓，尚不是存有論的圓，此即表示空宗尚非真圓教。真圓教必須是存有論的圓具，而存有論的圓具即是一系統。惟此系統不是分解地建立，故既與講阿賴耶緣起者不同，亦與講如來藏緣起者不同，（因此皆是分解的故），而又最接近于空宗而又不同於空宗而爲一無系統相之系統也。[232]

　　本文中，牟先生先說般若學的功能，再次發揮般若學與存在無涉的觀點。然而，筆者認爲，文中說般若之具足與成就一切法的立論，並不是一種本體宇宙論式的意旨，亦即不是涉及存在的存有論的命題，而是本體工夫論的意旨而已。牟先生說只是以般若實相穿透之，此義即是筆者所說的本體工夫論的命題意旨。其實一切佛經論典在本體工夫論的立場上都必須就是這個命題的意旨，所以說是共法。牟先生此處竭盡所能地將般若學與存在的問題分裂，說它與萬法之間的具足與成就諸義並不是豎生的關係，而只是般若的妙用，豎生是宇宙發生論的問題，這就是說它只是以般若智慧說到了本體工夫，而並未說到對一切法的存在根源是如何而來的問題。此說筆者要明確表示反對。般若說本體，故及於實相，般若預設宇宙論，故及於萬法。現在，牟先生割裂般若與實相的關係，等於說及實相者不涉及存在，而說及存在者又不涉及實相了。牟先生如此對待般若學，是要對於一切佛教哲學宗派中涉及存在的系統予以一有限知解且爲可諍的定位，唯識、起信、華嚴皆然，其有系統相故不圓滿。不過，獨天臺宗不是如此。天臺宗依般若故及實相，但般若本身不及存在，而天臺卻及存在，且是以詭譎無系統相的方式及存在，故而是圓滿之教，因其無限制在故。說天臺宗是圓滿之教，關鍵在它的系統無教相、不知解、無可諍、而圓滿，理由是天臺宗講圓教的系統是依「從無住本立一切法」處說，說「一念無明法性心即具三千世間」，由之說明一切淨穢

法門，此即是其系統性。故，它說到了存在，所以與般若學之全不涉及存在的型態不同，但它雖有系統卻無系統相，因為它是以表達方式上的無住、無明而說出去的，亦即是詭譎地遮詮的，故有般若之作用的圓實的功能。因為只是就已有之現象，以般若之詭譎地提點及之而已，而不是像其它系統之立種種心識之說以面對存在根源的問題的，後者就是系統，天臺是涉及系統卻遮詮地述說，故無系統相，故而是真圓，因其非分解。

　　牟先生不斷講天臺宗涉及存在的命題是無系統教相及非知解的思路，其實不能成立。說「從無住本立一切法」涉及存在卻無系統教相，筆者不同意，此說與般若學具足一切法之只為作用的圓實之意旨其實是完全一樣的，就是佛教哲學的本體工夫論命題而已，根本不是宇宙論命題，根本就不涉及存在的發生的問題，只是主體的工夫作用的語句。說「一念無明法性心即具三千世間」也是涉及系統卻不具系統相之說也不成立，此句意旨是說在一念三千的任一無明運作的心境中，主體都可以以法性心轉念之，因此不論主體在三千念頭中的哪一個層級，以般若智轉念之，就都入清淨位，因此，這些都是天臺宗說本體工夫的命題。說由之說明一切淨穢法門，是說由主體所在之一切淨穢位階都得以般若智慧光照之而清淨之，它也不是在說明現象存在的發生的問題，因此，前此說般若學不涉及存在的立場，在天臺宗的本體工夫論之命題中都成立。唯牟先生將這些詞句命題自以為是地解讀為談論存在的發生的宇宙論問題而已，視其為存有論命題亦即本體宇宙論命題而已。依牟先生自以為的定位，既為涉及存在，又有般若作用的圓實效能，故而為一詭譎的系統、為無教相，故為存有論的圓實教，而與唯識、起信、華嚴之知解的存有論系統不同，此天臺圓於它教之緣故。究其實，是牟先生有文本誤讀及哲學基本問題錯置的失誤所致。也就是將工夫論命題當成了本體宇宙論的命題，亦即是對「立一切法」、「一念三千」等命題的誤讀。

　　牟先生糾結於般若學與天臺學之又同又異的問題，又見下文：

菩薩行般若波羅密時，一念具足萬行，布施具足一切，持戒具足一切，其他皆然。此「一念具」即是「智具」，于無相無得無作中具足一切，此仍是不捨不著之具。此「一念具」顯然與天臺宗一念無明法性心即具三千世間不同。天臺宗之「一念」是陰入心，煩惱心，故亦曰無明法性心。此即所謂「性具」（詳解見天臺宗章）。此是存有論的圓具之說法。及其轉染成淨，亦可說是智具，此即與《般若經》及空宗之旨趣相符順，然其底子不相同也。天臺宗之性具乃是順《般若經》及空宗之旨趣而進一步，由般若智之作用的圓具，進而為一念無明法性心之存有論的圓具，故可為一系統也。此種進一步底可能之關鍵乃在《涅槃經》之佛性。必待顧及佛性之觀念，存有論的圓具始能成立，徒般若經尚不能至此也。[233]

　　本文是從「一念具」與「智具」之同異說般若與天臺之同異，牟先生之意是，般若學中念具即「智具」，而天臺學中念具是「性具」，前者是作用的，後者是存有論的。筆者的立場是，前者同意，後者反對。言於菩薩行般若學之具足諸事，都是工夫論，正是佛教般若學進路的本體工夫論，貫通大乘佛教所有宗派都是成立的。因此般若及天臺皆有智具作用。至於說到天臺宗的「一念無明法性心即具三千世界」，牟先生說為是「性具」，亦即是存有論的「性具」，此意是說這已經是在談形上學存有論的問題了，念中即是主體已備具三千世間一切萬法了。此說筆者不同意。天臺具三千世間之意仍是般若學進路的本體工夫之意，一念無明中，上下轉變結構複雜說為三千，三千淨穢皆有，但以法性心智及之則一切轉淨，此一命題仍是本體工夫論的命題。若說般若學之作用是工夫論的，則天臺學之「一念無明法性心即三千大千世界」之說也是工夫論的，說為有三千世間具足於法性中是牟先生創造性的誤讀。不過，天臺並非不具存有論，只不主要在此命題中說，然而說此命題預設存有論立場，亦是成

立，但絕不需是預設有三千世間。佛教世界觀是此起彼滅，成住壞空，去執著世間是三千、是實有、具存在之保證諸事都非關佛教立場。但牟先生都是時不時地回到這樣的立場來討論問題，以至於對佛教文本會有誤讀錯解之失。

牟先生對於般若學的定位十分關切，便又從傳統上空有兩宗的脈絡再做討論，但是，討論的結果，空有兩宗互相需要彼此，不能否定對方，且互相包含彼此，因此，牟先生自己設定的般若學的定位，受到了衝擊，參見其言：

> 又，「空宗」之名亦不恰。據說，龍樹弟子提婆自標空宗以與無著世親之有宗相對抗，因此在印度自始即有空有兩輪。傳至中國，仍沿其舊。空有對言，令人誤會空宗只講空，不能成就緣起法的有，而有宗似乎又只著重於法數之解釋而不能透徹於空慧。此顯然非是，大家亦知不如此。空宗顯然不只講空，且亦能成就緣起法的有（假名有）。「不壞假名而說諸法實相」豈只空而無有耶？有宗亦不能違背緣生無性，亦能透徹於我法二空，豈只專著重于法數之解釋耶？然空宗有宗兩名總無的解，只是順俗如此說，說及空宗，則說般若三論，說及有宗，則說法相唯識，而空之所以為空，有之所以為有，則無的解也，兩者之本質的差異亦無的解也。今作如此說：兩宗之本質的差異即在有宗是一系統，對於一切法有一起源的說明，所謂賴耶緣起如來藏緣起是也；而空宗則非一系統，緣生法是現成的所與，而不須予以存有論的說明，只須以般若智穿透之，見諸法實相，即是佛。因此，空有兩名皆不恰。空宗只是般若學，有宗只是唯識學，或真常心學。若說空，皆是空：十八空之應用，有宗亦不能拒絕也。⋯⋯若說有，皆是有：不但有起源之說明之一切法是有，「不壞假名」亦是有也。空有兩名不能決定宗派，系統非系統始能決定宗派。如此判之，當較嶜順。[234]

牟先生於本文中，幾乎把空有二宗在概念的差異上所預設的立場的不同之處全予解消，空宗系統亦不能無緣起觀，有宗系統亦不能無空性立場。所以空有二宗其實分不得宗。要分宗，只在系統的問題裡，系統不系統不決定於空宗之理，而是對於法之存在之說明，有宗說明了，唯識、起信、華嚴諸宗都說明了，但空宗卻不直接涉及之，因為緣生法是現成的所與，只智及之即是佛。牟先生這一段文字，是全書中少數讓筆者大多數同意的段落，只最後對於般若學之不需予存有論說明一段不同意。牟先生既已說緣生法是既有的，就表示般若學就是在緣生法的存有論立場上談本體論的觀念而已，它的重點在本體實相的問題，後期學派各家系統內都有般若本體的觀念，只還有其它問題的理論立場而已，因此強說般若學不涉及存在是多說的。總之，空有二宗確實只是建立一個簡易的分類名相，細說下去，般若學與唯識學都是佛教哲學的兩大基本哲學問題的區塊，一是本體論，一是宇宙論。互相需要，缺一不可。只是在談到工夫論及境界論的問題之後，教內各學派對般若唯識空有兩宗的運用和建構始有不同，問題不是空有二宗必須對立差異，而是後來的學派在面對什麼問題，問題不同就會對空有兩宗在取材及發展上有所不同。牟先生以教內宗派的不同就是在對存在的起源之設想上，這其實只是問題之一，牟先生並未深刻認識工夫論問題及境界論問題，他都是在形上學存有論問題內設想，把宇宙論問題收編在此，也把工夫境界論問題收編在此，一方面不能準確無誤地解讀經論文本，二方面不能公平有效地比較宗派。

　　牟先生既已如此高舉天臺，等於就是集空有兩宗之優點而融貫無礙，因此，天臺高於華嚴也就可說了，下一段文字牟先生一方面高天臺於華嚴，另方面將天臺之所以融貫空有的道理再予申說。就天臺申說部分，差不多等於是整部《佛性與般若》的結論要旨了。參見：

　　　　華嚴宗是承廣義的唯識學中之真常心系而建立起的「性起」
　　　　系統。天臺宗則是承般若實相學進一步通過「如來藏恆沙佛

法佛性」一觀念，依據《法華》開權顯實發迹顯本，而建立起的「性具」系統。兩者同是系統，而建立底方式有異：前者是分解的，後者是詭譎的。因建立底方式不同，故性起性具之性字解釋亦異。性起之性是指如來藏自性清淨心說，所謂「偏指清淨真如」，「唯真心」也。性具之性就「一念無明法性心」說：通過詭譎之方式，念具即是智具，無明具即是法性具。念具可以說緣起，智具不可以說緣起，以智非生滅法故，非緣起法故。無明具可以說緣起，以無明即一念心故。法性具不可以說緣起，以法性是空如理，或中道實相理，非心法故，無所謂起不起故，故只言「性具」，不言「性起」。一切法皆在「一念無明法性心」處成立，所謂「一念三千」皆是本有，無一可改。以從勝說，故言「性具」或「理具」。蓋「三千宛然，即空假中」故。「法性無住，法性即無明」，即是一切法。「無明無住，無明即法性」，即是無一法可得，然而亦是「三千宛然，即空假中」。此為「圓談法性」，亦仍是「不壞假名而說諸法實相」，然而卻是中道實相，即圓實相。雖有承于般若實相學，然而與《般若經》及龍樹《中論》所談者異也，以有存有論的圓具故。故性具為圓教，性起為別教。而《般若經》與龍樹《中論》所談者則只是通教。[235]

前文講「念具」與「智具」及「性具」的關係及性具與性起的不同，若念具與智具合則是本體工夫的問題，若「念具」與「性具」合則是存有論的問題，這是在說般若學與天臺學之同異問題。本段重點在講「性具」與「性起」之別異，這是就天臺與華嚴的不同而說的，這是存有論型態中的圓不圓的問題，圓者涉及存在且無教相非知解且無限謂之詭譎的呈現者，天臺得之，華嚴陷知解，故不圓。此圓不圓的問題本段討論極少，故不再申述。倒是「性起」、「性具」的問題是本段的重點，相較言之，更是談「性具」為要。性具者，性中本具

「一念三千」，天臺以之說主體在迷之時，一念之中淨穢萬法分殊說之即是三千。牟先生卻將此三千之念，說成是三千世間的萬法結構，即以之論於存在，即謂之存在之萬法就在此處被說及了。此亦不大謬，真有問題者是在三千之為本有的理解上，此一本有之說，使現象世界獲得永恆的存在之保住，此是牟先生發揮過度的結果。至於，「性具」之三千為何及於現象世界呢？這是因為它是從「一念無明法性心」一命題處來的，既是無明，即有無明緣起，這是唯識學基本教理，而牟先生認為天臺宗哲學直接將般若智之智具即性具說為即是無明，即此無明之在迷一念，本具三千世界，即為緣起法而涉及存在，故而性具系統即涉及存在之系統，然因性中只是般若空智，既是空智即是不著不捨，故而無知解相，因而得為詭譎的圓實的系統。

那麼「性起」呢？前此牟先生論於般若學時一意孤注地以般若學不涉及存在，則此時之性起即比照般若學不涉及存在的脈絡而說其是但中之理，可以說它是一說及但不涉及存在的空疏之理。因為它是偏指清淨真如，唯真心，本身不是緣起法，緣起法在無明緣起中，心真如只伴隨無明緣起而起，故此性伴隨緣起而起，謂之「性起」。「性起」系統對於存在的涉及是伴隨而不是創造，存在仍是依於無明而有，所以還是唯識學的發展，只心真如作用，故有成佛的保證。此處，此空性之「或在性起系統之為但中之理」以及「或在般若系統只有實相作用而無存有論者」，具與現象之緣起分離，這兩路都是牟先生苦心孤詣地將般若智與存在割離的說法，雖已以般若智為主體之性，卻割裂其與存在的關係，而仍只無明在處理存在，這些理解，筆者以為，並不是佛教經論的本意。可以說，牟先生從未脫離唯識學立場說大乘宗派的哲學。而且，將真如與無明列為兩體，存在的是無明緣起的系列，真如之性只依其而起，真如之性只但中之理，幾乎可以說是一個「只活動而不存有」的奇怪的理體。以上對於性起系統之申論，在後文談起信論、華嚴宗時將再深入展開。

再回到「性具」系統，「性具說」即是牟先生建立了一套天臺式的存有論。以無明故有現象，但此現象以般若智而具諸法性，既有實

相透之，卻全體不執，可謂有現象存在卻又要化掉現象的存在，即是其所言之「三千宛然，即空假中」、「不壞假名而說諸法實相」，因立持於空假中，所以有承於般若實相學，因直顯無明緣起，所以是存有論系統，因使般若實相與存有論合，故是存有論的圓具。

以上的討論，是牟先生定位般若學的基本觀念，以般若學的定位為基礎，對比了唯識學至起信論、華嚴宗的角色，更建立了天臺宗哲學的崇高地位，中間還有許多複雜詭譎的思路之輾轉。筆者以為，牟先生說系統不系統的立論基礎不準確，因此一步，割離般若、唯識之空有二宗，也割離起信、華嚴的真如理體與現象世界，至於天臺宗之所以能既涉及存在而又具備圓實，則需一複雜詭譎的轉折方能提出。筆者不同意牟先生這樣的分判，但牟先生的分判仍在《佛性與般若》一書中繼續深化奔馳，因此問題的討論尚未結束，之後還有許多新的理論問題。

四、第一部般若思想之《中論》與龍樹

般若思維初步定位之後，牟先生藉由中論與龍樹思想的介紹，一方面繼續深入發揮，一方面尋出新路線，本文之作，關切的是牟先生哲學思路的重大線索，因此此處的討論，將逐步轉入與重大哲學問題交涉的議題上，一個思路是將華嚴之學視為大梵天的理論的型態，另一個思路是將佛教緣起論與儒家世界觀立場作一義理的拉近，此二思路，都是影響牟先生討論佛學及中國哲學的重大問題，以下藉由他的文字依序討論之。

在第二章〈《中論》之觀法與八不〉中，牟先生關切佛教緣起論跟儒家本體宇宙論的創生說之異同的問題，其言：

> 正以緣起，所以性空；正以性空，所以才是緣起，因而才有
> 緣起的一切法。若不知性空，而認為有自性，則亦用不著緣
> 起了。既無緣起，哪裡還有一切法？「以有空義故，一切

法得成」，這並不是說以空性爲實體而生起萬法也；乃是說以無自性義，所以才成就緣生義，以緣生義得成，故一切法得成也。這「因此所以」是「緣起性空」一義之詮表上的邏輯因果關係，非客觀的實體生起上之存在的因果關係。此不可誤解。此一總原則當爲佛家所共同遵守之通義。後來輾轉發展，亦有可令人生起誤解之嫌疑詞語，如天臺宗之「性具」，《起信論》與華嚴宗之「性起」，六祖《壇經》之「自性能生萬法」，皆可令人誤認爲是本體論之生起論。其實不是。六祖語是漫畫語，其實意不是如此。天臺宗之「性具」更不是如此。嫌疑最大的是《起信論》與華嚴宗，而說穿了，亦不是如此。凡此，吾于各該章中具有詳簡。在此一提，是令人注意「以有空義故，一切法得成」一語之重要以及其實義。[236]

儒家的本體宇宙論對於現象世界的存在是一客觀的實體生起萬法的立場，亦即有一實體性的存有，創生之保住之使萬法因而爲有且永恆地有。牟先生自然是基於儒家的立場在談這項哲學基本問題的，對於佛教哲學的萬法創生與永恆存在問題，自始至終是他對佛學討論的核心關切。轉到般若學及華嚴與天臺學時，首先，般若學是「緣起性空」之學，本來就是就現象萬法的緣起現象說其個別一法之本體是空，所以筆者不斷強調，牟先生割裂般若與存在的思路是錯誤的。本體就是現象的本體，說本體就是說終極意義，般若的存有論地位是本體，般若的價值意識意義是空。牟先生則是爲了「以有空義故，一切法得成」這個命題而展開本段文字的討論。他關心的立場是，並不是有一個空性的實體以實體的身分創生了萬法，如此則儒佛不分矣！所以說般若學時他就竭盡所能地割裂般若與存在的關係，然而，隨著大乘佛學的理論發展，起信論講眞如緣起，天臺講性具實相，華嚴講法界緣起而爲性起，牟先生見到佛教形上學一路往實體創生的理論型態發展，這就是他要面對的問題且要解消的立場。

牟先生說緣起與性空的關係，所論亦當。但是，從印度般若學的建立開始到中國大乘宗派的理論發展，其實是有著不同的根本問題在面對，因而才有不斷創新的佛學理論的建構。先就般若學的發生而言，主要是面對個別存有者的個別存在現象，就其正確認識之道而說為空，因為當前現象一定是在萬緣來去中形成，也不間斷地繼續在萬緣中變化，故而當下現象的實在性永恆性意義性皆不必設定，它就是還是回歸緣起的歷程的當下實況就好了，即是如來，即是不對其採取任何態度，即是空。所以般若學就現象說意義是空，特別是就主體的實存狀態說主體的存在感受之諸狀態是空，因此般若實相智就在作用中由主體的修行而提起並逐步成就而成佛，牟先生說般若學有作用的圓實但沒有存有論的圓實，就是說般若學轉出本體工夫而謂之作用，但般若學不直接論述存在，故非存有論的圓實。其實，般若學就是針對存在現象的意義而說的，般若學就是存在的本體之學，它說本體而不說存在，並不表示它不涉及存在，也不表示它不預設對存在的觀點，更絕不表示它主張了一個現象不存在的觀點。它的主張，就是一句話，現象的意義是空的，不必執定，也不能執定的。但這一切，僅僅是就個別存有者的當前現象而說的。面對個別存有者成佛可能性的問題，需要起信論的一心二門之說，以說現象的出現，且需心佛眾生三無差別之說，以說眾生最終成佛的可能性。

　　然而，為何要有此一眾生的生命歷程及一切世界一切眾生的生命歷程呢？以及這一切世界一切眾生的生命歷程的生發緣由為何呢？這是華嚴法界緣起觀在回答的問題，簡言之即是佛身演化而成，一切最終亦皆終歸反於佛。而這種回答整體存在界的起源問題的華嚴系統，牟先生認為最有實體生起的意旨，而這正是他最要努力否定掉的立場。筆者認為，僅就起信論一心開二門之說以及華嚴法界緣起觀視之，就個別存在世界的成住壞空、生住異滅而言，它有創生，只不永恆，但這一切成住壞空的世界復為一大整體世界來看時，便不能說佛教沒有恆存的本體宇宙論立場，也不能說佛教沒有終極實有的立場了。一大法界緣起恆有，而佛性即其終極實體。牟先生說華嚴最有嫌

疑，其實是不欲華嚴有此立場，否則儒佛不別。但筆者以爲，中國大乘佛學不問這個問題、也不回答這個問題則已，一旦問了答了，就不能不走向這個立場，但這並不是大梵天化，也不是混亂儒佛之別。就此問題，牟先生則是不斷建立說法以疏理之，他倒是沒有將大乘佛學詮釋解說爲大梵天理論，但卻努力否定這個實體生起論的立場。

以下繼續分析牟先生的意見。說生起的問題，牟先生是交給談佛性的理論系統來處理的，般若學不涉及，其言：

> 《般若》只是共法義，《中論》則亦有共法義，亦有限定的通教義。……如是，《中論》與《般若》具是究竟的。但雖究竟，而又不能負諸大小乘之異之責。負此責者是在「佛性」一觀念。如果佛性是灰斷佛，（化緣已盡，灰身入滅），則是小乘與有限定的通教。如果佛性是「如來藏恆沙佛法佛性」，則是別教與圓教。[237]

這個意見前此已經充分展示過了，牟先生其實是太簡化佛教哲學教派的根本問題，因此僅以般若與佛性兩大概念來定位諸家，且關鍵在佛性概念的立場，但以此爲基礎，深入論之，牟先生即處理了教派別異及儒佛異同的問題。若成佛是入滅，則是小乘，若成佛是遍一切處，才是大乘，但大乘中有別圓之別，關鍵是即一切處或不即一切處成佛的差異，參見其言：

> 現在且把「如來藏恆沙佛法佛性」一觀念作一形式的規定：佛性者具著無量數的佛法而爲佛性也。悲願弘大，不捨眾生。無量數的佛法具體地言之，即是十法界法（六道眾生加四聖）。佛性具著恆河沙數那樣多的佛法而爲佛性即是具著十法界而爲佛性。佛性從因地說，依《涅槃經》，即是三因佛性：正因佛性即是中道第一義空，乃是即於十法界法而爲空也；緣因佛性是斷德，乃是即于十法界法而爲斷德也；了

因佛性是智德，乃是即于十法界法而爲智德也。正因佛性顯爲法身，緣因佛性顯爲解脫，了因佛性顯爲般若。此總曰三德秘密藏，亦即佛果。三因佛性合而爲一整一佛性，這樣的佛性根本就是體法空的寂滅相這一模型之應用于或移轉于恆沙佛法佛性上說，那就是說，它根本未脫離體法空的軌道，未少損害或違背體法空的寂滅相。不過《中論》是只表達體法空的寂滅相之強度的（內容的）意義，而此言佛性則是在存有論的圓具下表達了這體法空的寂滅相之廣度的外延的意義，因此必言恆沙佛法佛性也。[238]

　　本文專論佛性概念，其實，牟先生還是把許多不同類型的哲學問題都置放在一起了，光從他對佛性問題的定位說明，就可以看出佛性問題包括宇宙論的、本體論的、工夫論的與境界論的問題在裡面了。但是，如此一來，它就不會是一個有效溝通的良好概念。首先，說佛性悲願宏大，不捨眾生，這就是在說成佛者的境界。又說無量數的佛法即是十法界，佛性即是具著十法界而爲佛性，這就是把整體存在界說爲佛性，是把成佛者與整體存在界等同的說法。如此，佛性遍在一切現象世間，這是宇宙論也是境界論。其次，三因佛性說中，正因等於是本體論，即是般若空性，因爲他說是中道第一義空，那麼，這就是在說本體論的命題；緣因佛性是工夫論，因爲他說是斷德，又說是顯爲解脫，所以這是在談成佛的工夫的問題；了因佛性是境界論，因爲他說是智德，是已有了這樣的一切種智之後的智德，故筆者以之爲談成佛者境界之命題。筆者以爲，這樣的界定更爲清晰，也不會影響到基本佛教理論的理解。然而，牟先生接下來的討論，就顯現出種種混淆與詭譎，關鍵就在，他把般若空性與成佛者境界的問題混在一起了，所以牟先生才會說出強度與廣度的話，以及會說佛性未脫離中道空義的話。其實，說佛性爲說成佛者境界，則其意旨就清晰了。至於說十法界，這是宇宙論的問題。而成佛與十法界的關係，這是另一議題。說般若空性就是本體論的問題，佛與佛皆以無爲法而有差別，所

有成佛者皆是依般若空性爲本體而行本體工夫而終至絕對清淨而成佛的，因此不是什麼強度的意義，說爲內容可也，因爲這就是在說以般若實相爲修行的本體蕲向。又有說爲廣度的意義者，這是佛境界，它遍十法界，因此牟先生又說這是恆沙佛法佛性，也是指涉其在一切世間處之意，但這一方面是宇宙論的問題，另方面是境界論的問題，因此不需要還拉著般若原理說爲廣度的外延意義。牟先生使用了這麼具創造性但卻更爲模糊的話語來描寫這三因佛性的意旨，並沒有使理論更清晰，相反卻是愈陷入詭譎的牢籠中。但，這其實是牟先生要辯證儒佛因而不得不舖陳的思路。

下文即是牟先生對中國大乘佛學不是梵我論的一段討論，劃清了與梵我論的關係，一定程度上也劃清了與儒家的關係。參見其言：

> 正因佛性爲中道第一義空即是那體法空下的中道空之移轉于想成佛的眾生身上來而爲其佛性。這個佛性既是中道空，則空而不空。空是就無生說，無一法可得。不空是就恆沙佛法之爲假名而轉爲無量無漏功德說。此即是「眞空妙有」一語之所示。……正因佛性既如此，則緣了二佛性即是吾人（眾生）藉以具體地體現這眞空妙有者。寂滅相之涅槃雖名曰「無受」，然不亦曰如如智與如如境乎？不亦曰解脫乎？就般若智德與解脫斷德而說爲清淨心亦未嘗不可。以此清淨眞心爲佛性亦未嘗不可。豈因一說清淨心即流于梵我耶？是則就著具備恆沙佛法的三因佛性而說如來藏我，如來藏自性清淨心，亦未嘗不可。此時說常樂我淨亦未嘗不可。此時之常不只是一個「如」常，而是具備著恆沙佛法而一起爲常，此即所謂法身常住。此與上帝之爲常，梵我之爲常，皆不同。它只是恆沙佛法之法不出如，一體平鋪之寂滅相：說無一法可得可，說恆沙佛法，法法宛然，亦可。實則常亦沒有常相。還是不背于那「如」常。此時說「我」亦無我相，那只是因著法身而方便說爲「我」。這只是因著即于而且具備著

恆沙佛法而成佛，因而爲恆沙佛法之中心，即就此中心而説
爲我。佛佛交光，因而中心亦無中心相。蓋每一佛是絕對的
遍、常、一故，無交替的對待相故。因此，說無我如來藏亦
可。豈因一説我便成梵我耶？樂與淨易明，不須説。這樣的
佛性非《中論》所遮之自性執之「佛性」。239

　　這一段文字藉由說三因佛性，以說常樂我淨，雖說常樂我淨，卻
要避免落入梵我論，這就是本段文字的重點，因此牟先生努力於重解
三因佛性觀念與常樂我淨觀念的意旨。首先，正因佛性部分，著重於
說其空不空，空旨已明，即是般若中道義，不空指其功德，以功德說
妙有。筆者前已指出，正因佛性指中道空義即是般若意旨，般若爲佛
教本體論，本體發爲工夫，佛境界之工夫只有救渡功德，佛境界以前
之救渡工夫有渡人及自渡，因此以正因說功德並無不可。但以功德說
妙有就怪了，妙有本就是說現象，是唯識論旨，非功德論旨。總之，
牟先生是要努力去掉此有的，至於如何稱說，筆者以爲，這一段文
字的意旨十分不明。就緣了二因言，筆者前說其爲工夫論與境界論，
牟先生此處說爲具體的體現眞空妙有，說是具體的體現筆者同意，因
爲具體體現正是工夫與境界的作爲。牟先生說斷德是解脫斷德，此正
是說工夫論的意旨。配合般若智德，即是成佛境界，此時可說常樂我
淨。以上以三因佛性的哲學問題意識分析之，意旨尚可，接下來談上
帝梵我問題就是所論之重點了。

　　牟先生說此常爲法身常住之常，但即非上帝存在之常，亦非梵我
論旨，此實有待商榷。並非筆者反對牟先生此說，而是牟先生以佛性
常樂我淨義並非上帝梵我的論述模式筆者不贊成。因爲牟先生的論述
方式似乎使佛性亦不佛性了。因爲牟先生就是在成佛境中說此常樂我
淨，所以是說得主體，但是，當主體說完，就拋棄客體了，所以牟先
生又說佛性之常不是上帝或梵我之常。筆者以爲，上帝梵我的客體義
可以拋棄，但拋棄客體筆者就不同意了。首先，此常，就是一眞實實
體以爲萬法之根源，牟先生必欲規避者，並非梵我論之大我遍在世界

之常義，而是梵我論與上帝概念都具備的實體存在義，由於此義將使儒佛不分，故牟先生又回去強調此佛性之空無如來義，使避免此常有實體創生義。然而，既有主體成佛之事實不能規避，且既已成佛而說常樂我淨，則前此一切使其可以成佛的形上保證，亦即本體宇宙論諸命題，豈能就此罷休，直接拋棄？牟先生以為說到了涅槃無相境即是擺脫了實體梵我上帝的立場，此說極為有待商榷。

　　以下，牟先生還是接續此說，主張佛性非實體性的本體之生起論，此義清楚，但究竟佛性是什麼？牟先生仍是所說不明的，參見其言：

> 以上是就「如來藏恆沙佛法佛性」一觀念所作的形式的說明，亦即分析的說明，故皆是必然的，以明其不備於體法空的寂滅相那個做為共法的模型。此下再就此「恆沙佛法佛性」一觀念說其不同的解釋之系統相。[240]

　　文中說前文是對佛性作形式義的說明，牟先生每當說到糾纏複雜時就創一新名詞以為有所澄清，其實並沒有。所以仍是無助於澄清前文的佛性諸命題之意旨，下文就是他轉出其它進路以說佛性的文字，重點就是割離佛教形上本體的實體義，其言：

> 在「恆沙佛法佛性」一觀念下，如果把如來藏理解為自性清淨心，或真如心，亦曰真常心，由其隨緣不變之兩義而說明流轉還滅之一切法，則為如來藏真心系統。此真心空不空之中理亦為但中之理，亦須由歷別緣修以趣赴之。此是以真心為主，以虛妄熏習為客。此則窮法之源已窮至超越的真心矣。天臺宗以別教名之。華嚴宗名之曰終教，即大乘之最後一階段也。吾借用此「終」字，依天臺宗之判教，名之曰終別教。依華嚴宗，此終教以上，即為華嚴圓教。然此圓教只是就毘盧遮那佛法身而為分析的展示，此無所謂，故天臺

宗亦只以別教視之。此一系統既就佛之寂滅相所顯之清淨境界亦即清淨真心而説一切眾生皆可有之之佛性，故即預先肯定一超越的真心以爲流轉還滅之源。既如此肯定，自有一實體性的實有或本體（即真心）之生起之嫌，因而亦有梵我之嫌。然亦只是嫌疑而已。此嫌疑只在説明流轉還滅之架勢上顯出。及至反本還源，此嫌疑仍可打散。因爲此真心原只是佛之寂滅相所顯之清淨境界，而其起現生死流轉實亦不是其自身之所起現，而是通過阿賴耶而始起現，而其於還滅方面所起現之清淨法亦不是另有一套法曰清淨法，乃是就著流轉方面通過緣修（內外熏習即真如之自體相熏習與用熏習）而反顯者，是故還滅而至究竟，仍歸于那寂滅相，那嫌疑即被打散。不要以爲一言真心即是梵我也。《起信論》雖云此真心「是一法界大總相法門體」，然此語只表示此真心具備著恆沙佛法，而恆沙佛法所成之整一法界皆不出此真心之如相，故此真心爲此一法界之大總相而且是一切法門之體也。一切法門皆通過此真心之「隨緣不變不變隨緣」而憑依于此真心也。此焉得視爲實體性的本體之生起論？[241]

　　本文中，牟先生即是用力於解説爲何佛性不是梵我上帝之實體性的本體之生起論，文中涉及華嚴宗旨，先不展開，簡言之即是將華嚴之法界緣起視爲成佛者主體自身的分析的展示，因而與現象世界無涉，一如其説真常心如來藏識是爲但中之理者；又涉及天臺華嚴的同異界定，後面章節論之更詳，此暫不申論。本文重點是：「故即預先肯定一超越的真心以爲流轉還滅之源。既如此肯定，自有一實體性的實有或本體（即真心）之生起之嫌，因而亦有梵我之嫌。」亦即前説佛性之能終趣涅槃境是因爲佛性概念中預設一超越的真心，如此即有實體論的嫌疑，因而亦有梵我之嫌，此嫌不是嫌其遍在萬象中而是嫌其實體義。筆者以爲，無須擔心實體義。儒佛及印度教、天主教間之差別根本上是宇宙論的問題，不是是否實體性這種存有論形上學的差

別，這是西方哲學史的根本議題，卻不是東方實踐哲學根本議題。牟先生的思路是：大梵天我遍在一切爲其母體，但更重要的是，大梵天實存恆存而爲實體，儒家天道亦是實存恆存以爲創生之源，今佛性有一超越眞心之義，其事先預存，而使眾生終於成佛，因此有儒家天道、梵我之大梵天、天主教之上帝的實體義之嫌。筆者以爲，從存有論形上學說時，確實都有實體義，不實體不能成現象，更不能成佛成聖，但那只是最高最終存有之實，不是現象之實，現象世界成住壞空、此起彼滅，依佛教世界觀言，無一是實，要說佛家與上帝、梵我、儒家之別，就在宇宙論中說即可，宇宙論中各家不同，千差萬別，但就佛教知識立場言，宇宙論無論三千大千世界，最終確實不實，此不實，就宇宙論之現象世界說，不就主體成佛之涅槃境說，涅槃境亦是實，只無相，無相非不實。牟先生欲規避最高佛性非實體的立場，便說成佛前的實體生起義在成佛涅槃境之無相義中解消了，此說，筆者不同意。此說，是不必說而多此一說的。無相並不解消涅槃之實有義，即是此實有、必有才使成佛獲最終保證，理論上使主體成佛的保證性之超越實體，不能在成佛後就丟掉了。

　　總之，牟先生不能使佛教哲學等同於儒家，見其意旨相近之處，便另謀出路說其不同，但只是出路不同，根本終境仍是儒佛相同的，因爲只此一世界便只此一眞理，佛家與儒家之眞理觀的最終歸趣仍必須是相同的，只中間一段叉路有別，此別，則使佛教又不儒家了，但是，此同不同與別不別都是以儒家爲模型典範而論者，此則筆者不能同意之處。見下文：

> 緣起法的自體自性除通過數而成的現象義的自體自性，尚可有通過意志因果或天道性體而成的超越義的自體自性。超越義的自體自性是由於意志因果或天道性體將緣起實法定然而實然之。因天道性體創生之，使之實然而如此，即定然而如此，此即緣起法之超越義（定然義）的自體自性。此不是天道性體之箍定作用，而是天道性體之實現之；此是實理之貫

注，即因此貫注而有自體自性，故緣起法亦得曰「實事」，此時即不得說爲如幻如化之假名。此是儒家義。現象義的自體自性，佛家順俗可以承認之，承認其爲「情有理無」（賢首語），屬遍計執攝。但超越義的自體自性，佛家不能承認。因爲緣起性空，並無超越實體以創生之故。即使言如來藏清淨心，此清淨心並無道德的內容，即無道德意志之定向與創生，所以緣起法仍只是緣起而爲如幻如化之假名（似有無性，依它起攝）。但吾不以爲如來藏清淨心必排斥道德意志之定向。排斥者只是教之限定，並非清淨心本身必如此。清淨心豈因含有道德意志便不清淨乎？豈道德心（如良知，如純善的道德意志）尚不清淨乎？依此，緣起法必不能一往只是假名。如通於天道性體而觀之，則緣起而實事。如只就緣起本身而觀之，則實事而假名。吾不以爲假名與實事必相排拒。因此，性空與超越義的自體自性亦不必相排拒。此將是儒佛之大通。儒佛亦可以說是一眞理之兩面觀。再加上道家，亦可以說是一眞理之三面觀。惟觀者有偏有全，有自覺到與不自覺到而已。並非眞理自身自有如此之限定而必相排拒也。限定只是教相。[242]

前此排拒佛家，但慮其斥之太過，儒學便對佛學失控了，因此本文又要將佛學義理與儒學義理雙方拉近，拉近後儒佛之間便是一眞理之兩面觀，牟先生此說，只是昧於理論事實的儒者心態而已，因此所論乖謬，不成義理。首先，他說緣起法是在說現象，現象自體自性在佛家是性空義，現象有超越實體使其有之是儒家義，牟先生以爲，緣起不必一定是佛家義，即不必一定是性空意旨，亦可以是實事之事實，此說就毫無理論討論的意義了，緣起法在原始佛教十二因緣觀中說出，在大乘佛教宇宙論成住壞空下說出，今以其只是現象，又亦可說實，則是昧於佛教宇宙論的知識事實，單憑己意就經驗世界而說此話。其次，他說佛家清淨義不必排斥儒家道德意志義，就因爲佛家排

斥道德意志義，故而連實體創生義也排斥了，也就是說佛家也可以有實體創生義，因爲緣起法不必定爲假名，也就是說，牟先生眼中的佛教緣起法就是儒家的現象世界而已，走假名性空之路是佛家，走實體創生之路是儒家，前者般若智，後者道德意志，唯系統自覺地選擇而已。說到這裡，儒佛可以是一眞理之兩面。牟先生是統三教而簡義理，所說至此，已是一廂情願之說，不成理論，無法討論了。前此非說佛教沒有實體創生義，現在則說只要接受道德意志則佛家就是儒家，亦是一實體創生的系統了。其實牟先生更擔心佛教有實體創生義，所以必說成佛境之常樂我淨並非上帝梵我而去實體創生義，牟先生此處去實體創生義的做法筆者不同意，但竟然，上文又說佛儒可通，一體兩面，牟先生自我否定，只爲高儒低佛而做此論，不成義理，儒佛之別在宇宙論，不在是否實體創生，此義，筆者將另文持續討論。

五、結論

可以看到的是，終極立場言之，牟先生以儒學掌握最終眞理，佛學亦是一眞理之另一面觀，就在緣起法是否依道德意志而有實體創生之旨趣上，唯佛家走另一路，超越的眞心畢竟是空，只成立在主體成佛涅槃境上，而不建立在實體性的本體創生之形上道體上，雖然華嚴起信之說有實體性的嫌疑，但畢竟一成佛即入無相涅槃而不再是。故而儒佛始終有別。

筆者以爲，牟先生一誤再誤。佛家存有論亦可有實體創生立場，但佛家現象論絕對是無實性空之旨。配合佛教成住壞空、此起彼滅的宇宙論，儒佛同異不能如此簡單陳述，也就不能如此簡單統一。牟先生於詮釋佛家時多有詭譎失誤錯解之處，才有儒佛有別、儒高於佛的立論空間。

以上就大般若經的般若學說，接下來就大涅槃經的佛性論說。

註釋：

219 參見拙著，《牟宗三儒學平議》，臺灣商務印書館，北京新星出版社。

220 參見拙著，杜保瑞，2012年，12月1日，〈從《四因說演講錄》和《圓善論》論牟宗三先生的道家詮釋〉「第五屆《道家、道教養生學術研討會》」臺灣高雄師大國文學系。本文已收錄於本書第四章。又，杜保瑞，2011年12月5~7日，〈對牟宗三由道家詮釋而建構儒學的方法論反思〉，「當代新儒家與西方哲學──第九屆當代新儒學國際學術會議」，香港中文大學哲學系，中央大學中文系哲學系儒學研究中心，鵝湖月刊社，師範大學國際與僑教學院聯合主辦。本文已收錄於本書第三章。又，杜保瑞，2011年11月4~5日，〈對牟宗三道家詮釋的方法論反省〉，第八屆《詮釋學與中國經典詮釋──「全球化」作爲「視域融合」的詮釋學經驗》國際學術研討會，臺灣成功大學中文系與山東大學文史哲研究院合辦。已收錄本書第二章。

221 杜保瑞，2012年4月7~8日，〈對牟宗三佛學基本立場的方法論反思〉，「2012年第二屆兩岸跨宗教與文化對話學術研討會Year of 2012 the Second Both Bands Academic Conference of Cross-religions & Cutural Dialogues」，財團法人鼓岩世界教育基金會、臺灣經典悅讀協會主辦。已收錄於本書第七章中。

222 參見筆者對於方東美先生佛學理論的討論文章。杜保瑞，2011年9月，〈方東美對中國大乘佛學亦宗教亦哲學的基本立場〉，《師大學報──語言與文學類》，2011年9月，第56卷，第2期。頁1~31。國立臺灣師範大學出版。杜保瑞，2011年11月12~13日，〈方東美對華嚴宗詮釋的方法論反省〉，「儒道佛三家的哲學論辯」國際學術研討會，臺灣大學哲系主辦。

223 牟宗三，《佛性與般若·上冊》，臺灣學生書局，1982年1月修訂3版，〈序〉頁3。

224 身體工夫論是宇宙論進路的修煉工夫，知識上預設宇宙論，操做上以身體感官知能爲主，道教佛教多有之。相關討參見：《哲學概論》，杜保瑞，陳榮華著，五南出版社。《中國哲學方法論》，杜保瑞著，臺灣商

務印書館，2013。

225 筆者的研究方法，是以「宇宙論、本體論、工夫論、境界論」的四方架構而進行的哲學基本問題研究法，目的在做哲學史研究，目標重在能進行文本詮釋，效果多在能澄清問題、解消衝突，以及融會同一學派的各系統。參見：杜保瑞，2012年3月，〈中國哲學史方法論——以四方架構爲中心〉（The Methodology of Chinese Philosophy___Exemplified by the four Square Framework），《亞非文集》《Asian and African Studies》，頁3~27。以及杜保瑞、陳榮華合著，《哲學概論》，（臺北：五南圖書，2008年1月初版）。另，杜保瑞，《中國哲學方法論》，臺灣商務印書館。

226 牟宗三，《佛性與般若・上冊》，〈序〉，頁5。

227 牟宗三，《佛性與般若・上冊》〈序〉，頁6~7。

228 牟宗三，《佛性與般若・上冊》，頁11。

229 牟宗三，《佛性與般若・上冊》，頁15。

230 牟宗三，《佛性與般若・上冊》，頁16。

231 牟宗三，《佛性與般若・上冊》，頁17。

232 牟宗三，《佛性與般若・上冊》，頁78~79。

233 牟宗三，《佛性與般若・上冊》，82~83。

234 牟宗三，《佛性與般若・上冊》，頁83~84。

235 牟宗三，《佛性與般若・上冊》，頁84。

236 牟宗三，《佛性與般若・上冊》，頁95。

237 牟宗三，《佛性與般若・上冊》頁115。

238 牟宗三，《佛性與般若・上冊》，頁115~116。

239 牟宗三，《佛性與般若・上冊》，頁116~117。

240 牟宗三，《佛性與般若・上冊》，頁117。

241 牟宗三，《佛性與般若・上冊》，頁118~119。

242 牟宗三，《佛性與般若・上冊》，頁137~138。

第九章　對牟宗三唯識學與佛性論詮釋的方法論反思

一、前言

　　本文將針對《佛性與般若》第一部第四章〈大涅槃經之佛性義〉，及第二部〈前後期唯識學以及起信論與華嚴宗〉中的前後期唯識學部分做討論，即本部之第一至四章。

二、牟先生論《大涅槃經》之佛性義

　　在《佛性與般若。第一部》書中，主要是就《大般若經》及與其相關之論典而談般若學思想，以及就《大涅槃經》談佛性思想的。《大涅槃經》自是講佛性概念的，佛性則主要是就成佛者境界說的，牟先生在談佛性概念的時候，差不多還是把本體論、宇宙論、工夫論、境界論混在一起談了。而且，仍是認爲「般若」論實相，不涉存在，而「佛性」才是論存在的根源，及保住的問題。因此，在這個問題的界定上，他是花費了一些工夫的。參見其言：

> 《般若經》與空宗是就般若妙用說諸法實相，而《涅槃經》
> 則是就涅槃法身說佛性。……《般若經》中是否已有「如來
> 藏恆沙佛法佛性」一觀念，不能明確決定。一般以爲此觀念
> 是後期大乘眞常經之所說。可是若依五時判教，則般若部是
> 在第四時說，當然已知之。一是歷史問題，一是義理問題。

五時判教是就義理說。若依「一切法趣常樂我淨」之語觀之，則《般若經》縱在歷史上早期出現，似乎已知「法身常住」之說，而「常樂我淨」正亦是《大涅槃經》所言者。今依義理說，《般若經》之性格重在盪相遣執，《涅槃經》則重在言佛性。歷史事實問題不是這裡所注意的。[243]

　　以上就是牟先生在約定般若與佛性兩概念因所涉問題不同而有不同的理論功能而說的，文中提到《般若經》論中是否涉及或已知及佛性思想的問題，牟先生這樣的問法，好像般若是一獨立的佛教宗派，因此需要追究它的思想的形態及義理的邊界到哪裡，筆者以為，這是不需要的。從般若到唯識到佛性，是印度佛教經論開發的歷程，也是佛學理論發展的歷程。至於在中國，這些經論基本上是不分先後地都翻譯為中文漢藏經典了，譯完之後，對其分類或結合，以強構整個佛教哲學體系則可，若是對其分類之後，為了要較勁高下，因而有所棄取，如此做法，筆者甚不以為然。佛學史上系統間的爭執就算是事實，後人也不必尋其爭執而續其衝突而設陣營更分裂之，而應是分別定位一一問題，分判角色功能，從而分類整編，而結構為一。筆者以為，般若學即佛教本體論，佛性思想即佛教境界哲學，境界以實踐本體工夫而達致，故佛性中需般若思想以為實踐之本體蘄向，然而佛教經歷兩千年的傳播發展，佛教思想也迭經變化，但仍可找出一以貫之的脈絡。可以說原始佛教重解脫，本體論定在苦觀上，早期大乘佛教是要為苦集滅道四聖諦找到更為合理的形上學依據，此時以般若、唯識為重，般若說本體論，唯識說宇宙論，都是為原始佛教基本立場深化意旨而設。後期大乘佛教則更強調救渡精神，可以說佛教本體思想由離苦得樂的解脫論上升至空，再由空，深化至悲，以為救渡之原理，在此階段，論於主體者，便由原始佛教言於苦、空、無我而轉化為《大涅槃經》的常、樂、我、淨，《大涅槃經》的命題是就主體成佛境說的，原始佛教的命題是就主體在迷的位階而說的。在迷求解脫而自渡，在悟重悲智而渡眾，迷悟之別在空性的體證與否，因此，上

文中，牟先生談般若思想階段對佛性概念知不知道的問題，其實是不需要討論的問題，重點是在，佛性問題的理論廣度就必須是包含般若思想在內以爲其本體論命題的，後文談三因佛性時即可見出。以下正式討論牟先生談佛性概念。其言：

> 「佛性」觀念之提出是在說明兩問題：一是成佛之所以可能之問題，一是成佛依何型態而成佛方是究竟之問題。若如《中論》所說，光只破除自性執之佛性，而只以因緣說明成佛之可能，此則太空泛而又無力。故必須就因緣義進而內在地說成佛之所以可能之佛性，此則不可以自性執視。又，既因但自度不度他爲小乘，則大乘必須度他，成佛必須以一切眾生得度爲條件（爲內容）。此則有待於「悲願」一觀念。悲願大，始能不捨眾生。又，若悲願雖大，而只限於界內，不能窮法之源，而透至於界外，則悲願之大，亦未能充其極。是以若充悲願之極，必須透至「如來藏恆沙佛法佛性」始可。是則成佛不只是籠統地不捨眾生，而且必須即九法界（六道眾生加聲聞緣覺菩薩爲九界）而成佛。即，成佛必須依圓滿之型態而成佛。圓滿型態的佛是以具備著九法界法而決定，則是十界互具爲圓滿型態（九法界加佛法界爲十法界）。此圓滿型態即決定「如來藏恆沙佛法佛性」一觀念。法身佛性是具備著恆河沙數的佛法而爲法身佛性。此恆河沙數就是無量數。此無量數不是一個邏輯的籠統的無量，而是一個存有論的無量。此即示法身必須遍滿：遍於存有論的一切處，滿備著存有論的一切法。此一切處一切法，由於對於一切法有一根源的說明，是存有論地圓滿地決定了的一切法，不只是如「諸法實相」那樣，諸法之「諸」（法之存在）是停在不決定的狀態中。法身佛性既是這樣的遍滿，即因此遍滿而說常。此常不只是（真）如性常，不只是真如理常，而且是遍滿常，此即是十法界之一體平鋪之常，是「法

住法位，世間相常住」之常，此即常無常相，不是如上帝梵我那樣的常。依此遍滿常而說我，此我亦無我相。是以說「我」畢竟不可得亦可。此是大解脫，一切解脫，依此說樂說淨亦可。而樂無樂相，淨無淨相，說樂淨畢竟不可得亦可。此就是《涅槃經》說涅槃常樂我淨之實義。依此，涅槃法身是一個永恆無限遍滿的生命，現實的釋迦自然只是一種示現。涅槃不涅槃（入滅不入滅）亦只是一種示現。[244]

　　這段文字的討論有幾個重點，第一，佛性概念所涉及的問題。第二，成佛者的境界實況問題。就後者言，本段文字開始，就是牟先生由佛性概念的約定而最終說出天臺高於華嚴的理論依據，即是成佛者境界的存有實況的問題。首先，牟先生說佛性觀念在於說明成佛之可能以及依何型態而成佛兩問題，這就是涉及佛性概念是在討論什麼的問題。然而，此段文字所說尚不清楚。後文有更直接且清楚的討論。這段文字所說的重點在成佛之型態，依筆者的轉譯，就是成佛者的境界實況的問題。牟先生說依大乘佛教的觀念，成佛者必須渡他，而不只自渡，且渡他須以一切眾生得渡為前提，此語有歧義。「眾生得渡」是眾生基本離苦還是眾生亦皆成佛？若是眾生亦皆成佛，則只要有一眾生尚未成佛則世無成佛者，因此只能取眾生基本離苦得渡且知所以自渡之道（即知佛法）即可。雖是如此，牟先生接下來的討論的話語還是不清楚，他說佛必須即九法界而成佛，終至十界互具才是圓滿，此圓滿且為一存有論的圓滿，因而能對一切法的存在有一根源的說明。此時之佛，是法身佛性，是一永恆無限遍滿的生命，因而亦可說為常樂我淨。牟先生此處之所說，對於成佛者之法身佛性是一永恆遍滿的生命之旨，筆者完全同意。但是所謂就九法界而成佛且使一切法的存在有一根源的說明之事，筆者不同意。牟先生之意是，成佛需就所有存在世界的眾生都對其有悲願，且都對其行救渡之實，因而使其存在獲根源的說明。此中「都有悲願」及「都行救渡」兩事筆者也是同意的。但說因法身遍於諸法界之一切處，使一切法有一根源的說

明，此義筆者不贊成。牟先生關心存在世界的存在保證的問題，這實在不是佛教世界觀所需要的立場，佛教世界觀此起彼滅、成住壞空，眾生生命輪迴流轉，則任一當前世界的保住是世界觀上不可能，也是修行論上不必要的事情。牟先生此處說能予一切法有一存在的根源的說明，此事亦非成佛者行救渡活動時的目標，救渡並非使其壽命永遠存在，更非保住其存在界的國土，救渡只是使主體自覺開悟而行般若智菩薩行，至於主體的國土本來就是虛妄的，以及主體的存在所積聚的五蘊都是一虛妄，則何須保住？何須予以根源的說明？根源是就眾生無明積聚共業而有之國土與在迷之身命而論者，成佛救渡之就是使其脫離此境，實非對此境給予一根源的說明，更非爲保住，保住者儒家的立場。就因爲牟先生有以法身佛性遍滿而保住萬法之說，故使佛教之存有論有天臺之保萬法與華嚴之唯佛境界之別異。更因爲佛教只能保住之而不能創生之，亦因此得出儒佛別異之分辨原理。總之，牟先生這段討論是他整個佛教哲學立場形成過程中的重要思考歷程，觀念意見的表述充滿強勢的構想規模，從此逐步接上天臺、華嚴的比較立場。又見其言：

因爲佛性須具備著恆沙佛法，法身需遍滿常，這樣才是圓實佛，所以對於恆沙佛法須有一根源的說明。這樣的說明亦曰存有論的說明，即對於流轉還滅的恆沙佛法須有一存有論的圓滿決定。由於這種決定底緣故，所以才有教乘方面的系統多端，以及圓不圓底問題。原則地言之，若依分解之路前進，便是可諍法，因而是權教，非圓實教。而分解復有經驗的分解與超越的分解兩路，故權教中亦有兩態，此即阿賴耶系統與如來藏眞心系統。若依「詭譎的即具」之路前進，則是無諍法，因而系統無系統相，故爲圓實教。故這存有論的決定必待至相應《法華》開權顯實發迹顯本而開出的天臺圓教始眞達致圓滿的決定。而達至此存有論的圓滿決定始眞證成了那恆沙佛法佛性以及法身之遍滿常。此即是說，詭譎的

即具之路是由開決了那分解之路而成者，故不與分解之路為同一層次，因此，圓實教只有一，無二無三。[245]

　　以上這段話是依據前一段討論而來的結論式的表述，談不上有詳細的討論意見，討論的過程是出現在其前其後的各處中，意旨的重點在說明成佛問題與存有論問題的結合中有不同形態，有分解的兩型即阿賴耶與如來藏真心，與不分解的一型，即天臺詭譎相即型。這段話其實也是牟先生《佛性與般若》全書的結論。要獲得這樣的結論，是需要很多的理論建構才能達至的。此處先不展開，僅述重點，牟先生以華嚴談佛法界是遺漏了下九界，故而不圓滿，而天臺的即十法界互具之說，則既是存有論的圓滿，又是表述上的圓滿。筆者則以為，牟先生在這裡發生了太多的誤讀與錯解，才會有這樣的說法。存有論的圓滿是把成佛的觀念與存在的世界的概念綁在一起論述，此兩者，有關係但不是一回事，故不應合論。表述上的圓滿更是一詭譎的意旨，是把說境界的語言和說世界觀形上學的語言放在一起對比，這更是一套路數不對的對比。不過，這些討論在《大涅槃經》這一章中並不是討論的重點，因此牟先生也只是結論式地把話放在這裡，此處筆者也就不再申論，另有其它地方可作細節討論。

　　《大涅槃經》的重點是在談佛性，牟先生亦深切地討論了，但筆者以為，這些討論，也只是顯示了牟先生在深化佛學學力的研習過程，盡量努力使用他自己的語言以消化之，從而理解之、詮釋之、進而轉化之的過程。參見其言：

依是，佛性有兩義：（一）是佛之體段。一切眾生悉有佛性意即悉有成佛之體段之可能，不過為煩惱所覆，不顯而已。依此，一切眾生是一潛在的佛。從此潛在的佛說佛性，即曰如來藏。如來藏之藏有兩義：一是藏庫，一是潛藏。前者表示不空，如來法身是無量無漏功德聚。後者表示此不空之法身為煩惱所覆，隱而不顯。（二）是所以能顯有此佛之體段

之性能，就此能顯之性能而言佛性。此佛性義是「所以成爲佛」之性能或超越根據之義，不是佛之體段之義。

《涅槃經》說佛性首先是佛之體段義，此是正面說的。至于所以成爲佛之性能之佛性義，則不甚嶽顯。但並非無此線索。引至此第二種佛性之義之線索即是緣因了因。《涅槃經》以佛之體段義之佛性爲正因佛性。但此正因佛性必須有緣因了因以顯之。但《涅槃經》卻並未把緣因了因視爲二種因，乃是視了因即是緣因，即以了因爲緣因，或以緣因爲了因。[246]

　　本文中說佛性有體段義及能有此體段之性能義兩種，此說語意不清。從內容來看，說體段就是說眾生皆是潛在的佛，所以談如來藏觀念就是談佛之體段，這是形上學本體宇宙論的進路地說眾生與佛之存在的根源的問題。說性能則是說成爲佛之性能，說爲緣因了因是清楚的，即是工夫論與境界論，但說「此佛性義是所以成爲佛之性能或超越根據之義」，筆者以爲，這句話又是很不清楚的話了。談超越根據沒有不是形上學問題的，因此應該是正因佛性的問題，總之，牟先生談中國哲學的基本哲學問題除了在形上學的多種形態做區分以外，並沒有能夠有效地建立工夫論和境界論作爲基本問題，因此對文本做解析的時候不免失之籠統含混，尤其是，他喜好隨時發明新的專有名詞以應付文本的思路，以上這段文字，看似討論佛性概念的重要發言，卻沒有清楚的實義。下文較爲清楚了：

　　正因佛性即是佛之體段轉爲因地，此是客觀地說的佛性。緣了二佛性是就客觀地說的整一的正因佛性而內部地分析出，此是主觀地說的佛性。正因佛性是客觀義的主體，緣了二佛性是主觀義的主體，此是眞正的主體之所在，亦是普通所了解的佛性，即所以成佛之性能之佛性之所在。客觀義的佛性可曰「法佛性」，主觀義的佛性可曰「覺佛性」。（以了因

爲主，以緣因爲助，從主而言，故曰覺佛性。）[247]

　　這段文字是就正因、緣因、了因三因佛性概念再做疏解之作，以筆者的詮釋，在四方架構中，正因佛性以般若本體說本體論，但仍配合本體宇宙論的一切眾生皆有佛性之說，於是眾生皆有自性清淨心以爲佛性之本體，故而是成佛的超越根據，是客觀說的佛性，是客觀義的主體。緣了二因佛性是主觀義的佛性，是主觀義的主體。以上所說筆者都同意，也認爲所說都清楚可解。說佛性是說成佛者境界，成佛者境界主體遍在一切萬法，它是本來的事實，故而說是客觀，亦是主體。因爲本來就是就著成佛者說的，所以是主體，因爲它是形上學的本體宇宙論的原理，所以說是客觀。至於緣了二佛性就是就著工夫境界論說的，所以說是主觀的，當然更是主體的。但以下說：「此是眞正的主體之所在，亦是普通所了解的佛性，即所以成佛之性能之佛性之所在。」這話就須費一翻疏解了。緣了佛性是工夫境界論，故而眞正是講主體的，牟先生說是即所以成佛之性能，顯然是在講透過此一工夫實踐才能終究成佛的活動，所以此性能是動態的實踐義，其實說是工夫實踐論即可，無須再說爲性能，說性能好像又是在說本體宇宙論的正因佛性。文中又說這緣了二因佛性是普通所了解的佛性，這就是說在論於佛性的境界論義涵時，佛是三十二相八十種好等等佛境界狀態的陳述，故而是一般所謂的佛性本義。最後，牟先生說：「客觀義的佛性可曰法佛性，主觀義的佛性可曰覺佛性。」此語亦精確，說佛性的最核心根本義是說成佛者境界，般若本體是法身概念，主體做工夫就是覺悟的實踐，故說法佛性和覺佛性也可以。關鍵就是，佛性一詞被牟先生用得太氾濫，各種意旨都放進佛性概念上，所以，筆者主張，與其研究概念不如研究問題，不是佛性概念有什麼理論意旨，而是談佛教思想有那些理論問題，理論都是針對問題的回答而構作的，所以，立足問題，談法身就是談本體宇宙論，談覺悟就是談工夫論，不管是否都使用了佛性一概念。

　　下文又是牟先生針對佛性概念的討論，由於不能有效運用哲學基

本問題的概念，以致說佛性說得難解難分，參見其言：

> 以中道第一義空爲佛性既是就涅槃法身說，則是以佛果爲
> 佛性。此佛性是佛之體段義。就眾生說，眾生亦可具此佛
> 之體段。但雖具而未顯，則即將佛果轉爲因地而曰佛性，
> 此即「正因佛性」一詞之所以立。從因地說正因佛性，是
> 就眾生說也。既從因地而說正因佛性，故可云：「佛性者
> 即是一切諸佛阿耨多羅三藐三菩提中道種子」。一切諸佛
> 亦是由本具此佛之體段而始可獲得「無上正等正覺」。但
> 如此言正因佛性還是客觀地說的法佛性之佛性。若問如何
> 能把這本具之「中道種子」顯發出來而得「無上正等正
> 覺」，則須就著客觀說的正因佛性而內在地凸顯出緣了二
> 佛性，此即是主觀說的覺佛性。此則比以「中道第一義
> 空」爲佛性爲更具體也。[248]

　　本文以「正因佛性」爲討論主題，就正因佛性言，文中說中道第
一義空是佛性，又說涅槃法身是佛性，又說佛果是佛性，又說客觀地
說的法佛性是佛性，又說一切諸佛無上正等正覺是佛性，這就是將許
多不相同的問題下的佛學理論都推給了佛性概念來承載，這本是佛學
文義的常態，不過在今日學習佛教哲學，就應該把各種問題分開來
講，才能求其理論清晰與理解準確。當然，牟先生就是在做這樣的努
力工作。文中說若問如何把中道種子顯發爲無上正等正覺，就是說如
何把在迷眾生提升爲成佛運動者，在迷眾生因形上學命題保證故，必
可成佛，具成佛可能性，但是具體的呈現需要靠主體自身的操做實
踐，才能讓客觀佛性顯發出來，這個操做就是靠工夫論及實踐的歷
程，就是覺佛性。所以，牟先生光談佛性概念，實際上很難將各種問
題說清楚。

　　總之，談《大涅槃經》的佛性論這一章，是牟先生由般若學到佛
性論的討論，但是，牟先生花了大力氣在談佛性概念，卻並沒有把問

題說清楚，因此佛性概念仍是陷在複雜的糾結裡。其實，牟先生談佛性，是要進入唯識、起信、華嚴、天臺的辯論高下中談的，本部此章可以說只是個開場，暫結於此。以下進入第二部，說唯識、起信及華嚴。

三、《地論》與《地論》師

牟先生在第一部初步勾勒了般若與佛性概念的理論意旨，之後進入了正式討論佛性概念的第二部，牟先生關切法的安置問題，般若思想不涉及此，只有佛性思想能安置此問題，於是從中國唯識學說發展的歷程談此一佛性概念在諸教派間的進展，牟先生此處的討論從地論、至攝論、至成唯識論、至楞伽、至起信論、至華嚴宗，並以華嚴宗爲佛性思想順唯識學進路的最高峰。

依本文寫作計畫，以下將討論第二部之第一至四章，即其所言之前後期唯識學部分。

參見其言：

> 既有「恆沙佛法佛性」一觀念，故須對於修行中一切流轉還滅之法有一根源的說明，而此種說明是開始於唯識學。但中國之吸收唯識是開始於《地論》師。《地論》師者，講世親早年作品《十地經論》之法師也。但此書並不是正式講唯識學者。唯識思想是講此書者帶進來的，因此，遂有《地論》與《地論》師之不同，而《地論》師中亦有不同之見解。……此《論》只是解釋《華嚴經》之〈十地品〉，並未正面分析八識。《論》文中只有時提及心意識及阿黎耶識，但並未詳細分疏。[249]

本文談唯識學在理論上的兩大功能，流轉與還滅，並以其即是佛性概念在面對的理論問題。筆者此處先從還滅談起。談佛學即是在談

一套實踐哲學，實踐哲學即是要談主體如何實踐以致達到理想完美人格，依原始佛教，實踐以成佛是一解脫的過程，因為生命是苦，解脫此苦即是工夫的目標，解脫以入滅是原始佛教談工夫的話術，因此此處牟先生以還滅說之。說還滅就是在說主體實踐以成佛的理論，此一理論需要可能性的保證，這就是形上學問題，這個問題，還要從流轉說起。流轉可以說就是宇宙發生論，就佛教萬法唯識的立場言，宇宙發生論也等於是主體生命的形成及演化的歷程，於是主體染淨成形並生死輪迴的歷程亦是流轉的議題。這裡，牟先生是把宇宙發生論以及工夫修養論兩種問題都放在佛性一概念中來講了，而宇宙發生論也離不開本體論，工夫論也離不開境界論，所以可以說本體宇宙論與工夫境界論都放在佛性一概念中來講了，這樣其實會造成牟先生在文本解讀上的困難。

就宇宙本體工夫境界論的問題來講，早期大乘佛教談般若就是在談本體論的問題，而唯識學談五蘊八識就是在談宇宙論的問題，牟先生說流轉還滅始於唯識學，雖無不可，但不算清楚也不夠精準。在本書第二部中，牟先生即大致上是以中國大乘佛教的學派發展歷程來說明對於這個流轉與還滅問題的理論解決。於是，首先是地論師的努力。《華嚴經》有《十地品》，世親菩薩作《十地經論》，地論師發揮《十地經論》的理論，對於流轉還滅的問題，關鍵就在阿黎耶識的概念定位中。而地論師之間，對於此一概念竟有不同的詮釋立場，牟先生言：

> 但阿黎耶識究竟如何說，本《論》無有明說，不同之解釋乃依《論》外之思想而說，所謂《地論》師分相州南道北道即於此而分也。南道慧光計阿黎耶識為真，北道道寵計阿黎耶識為妄。說者謂《地論》明阿黎耶識為真如法性，為自性清淨心。若如此，則南道慧光似較合《地論》本義。[250]

其實，《十地品》及《十地經論》所談的問題範圍甚廣，但牟先

生關切的就是流轉、還滅的問題，而且，還是他自己的特殊理解下的流轉、還滅的思路，此先不論。重點是，牟先生在這裡指出了地論師之兩派乃是以阿黎耶識爲眞爲妄之不同而區分的。阿黎耶識當然是主體的實體，但卻有眞妄之不同意見，其實，說眞說妄是針對不同的問題而說的。就主體在現象世界的生老病死以及種種人生之苦而言，阿黎耶識是妄，聚集種種妄染之因緣以成一在迷之生命。但是，唯識也好，般若也好，佛性也好，主體成佛的工夫論必須要談，主體可以成佛的可能性必須要談，談這兩個問題，就必須設計清淨的動力根源在主體之內，以備還滅之需，這就主阿賴耶識是淨。而根源的問題，也是形上學的問題，故而與流轉有關。因此，以阿黎耶識爲淨體之說，當是著眼於此一問題。然而，在一般學術研究的作法中，有時有些學者在研究哲學史的發展時，並不就哲學問題的發掘以了解哲學理論的建構目的及問題之解決，反而是自己有了一套理論就要在這裡面肆應一切問題，其結果，體質不符，解釋不了哲學史的新理論，於是就顢頇以對。以下，牟先生就要說明這妄淨兩路的理論功能，及哲學史發展的實況，以及所造成的能解決不能解決的問題關鍵。其言：

> 以阿黎耶識爲眞淨不合通常之習慣。如世親作此《地論》時，其老兄無著之《攝大乘論》已成，則不應不知。而《攝論》中之阿黎耶識並非眞淨。《解深密經》中之阿陀那識亦非眞淨。世親亦不應不知。《地論》爲世親早期作品。其後來之作品皆不以阿黎耶識爲眞淨。然則（一）《地論》爲不成熟之作；（二）對於阿黎耶識無明確之解釋；（三）南道派似乎有近《地論》本義處，然亦無必然，（四）以阿黎耶識爲眞淨不合一般之習慣。《地論》師於此分兩派，顯因《地論》本身對於阿黎耶識無明確表示故。[251]

言阿黎耶識主要是在唯識學系統中說出來的，原本唯識在說在迷眾生的現象成因，故而是虛妄開始、雜染積聚的狀態，說妄是通常的

作法。但唯識學至中土，已在印度佛性論經典發展完成之後，故而除非捨棄唯識名相系統，否則既要承續其名相，又要面對佛性論在面對的問題，則唯識之淨體意旨便須發展出來。然而，此意並非早期唯識之思路，唯識由無著、世親兄弟建立，無著建《攝大乘論》，世親建《十地經論》，原初走得是虛妄唯識之路，目的在說明迷染世界之虛妄及其成因。故地論師中走清淨眞如心之路以解阿黎耶識者，被視爲不合通常習慣，但此路恐是符合《華嚴經十地品》本來的思路，因爲《華嚴經十地品》畢竟是更晚期的大乘經典，只其對阿黎耶識沒有直接談論其淨妄問題而已。故而世親作論時亦不能免於說清淨阿黎耶識的立場。只此義非其本人後來的主流思想而已。

於是談《十地經論》的地論師分成兩個立場，有淨有妄，這也可以說於是牽引出地論師之後的中國大乘學派的思路與立場。牟先生言：

世親後來不但不以阿黎耶識爲眞淨，且根本不言如來藏自性清淨心。其《佛性論》亦言如來藏，但偏於理言，不偏於心言。故玄奘承之而成爲後期之唯識學，所謂正宗之唯識，與地論師之道寵系（北道派），《攝論》師之眞諦，以及《起信論》，（此綜而爲一，可曰早期唯識學），皆異也。……如果預設一切眾生皆有自性清淨心，眾生在迷，雖以業力生，而業力亦必憑依自性清淨心而生，則即成《起信論》之說法，由自性清淨心轉陷而爲阿黎耶。此即後來華嚴宗「性起」說之所本。《地論》師、《攝論》師、《起信論》，皆「性起」之說也。奘傳唯識乃「阿賴耶緣起」，非「性起」也。而天臺宗則言「性具」。如是，乃成「性起」與「性具」之爭，圓不圓亦由此判。依天臺宗，性具爲圓教，性起乃別教也。[252]

先說歷史，世親是印度唯識學，走虛妄唯識之路，面對在迷眾生

的現象世界之起源的問題而說明之。但在中國之地論師，是在中國最早開始講唯識學觀念者，卻走向清淨心系統，而與如來藏系統合流，發展出《起信論》的系統，是爲牟先生定義的中國的早期唯識學。之後，由玄奘赴印度研習印度唯識學，回到妄心系統，是爲牟先生定義的中國的晚期唯識學。

再說理論，首先，就妄心系統言，牟先生說到世親的阿黎耶識爲妄，系統內的佛性或曰如來藏是偏於理言，不偏於心，這是印度唯識學，也是玄奘所發揚的中國的晚期唯識學的立場。此處，佛性或如來藏只是理而非心之說法，就是在面對還滅的問題，主還滅依一外在之理而非內在之心。還滅之發生，依妄識阿黎耶系統，爲阿黎耶之由雜染無明而爲之緣起帶出的，此時還滅的工夫固然憑依一如來藏清淨佛性，但畢竟非主體心的內在本質，只是一在外之理，意即，並不把如來藏清淨佛性亦內化爲主體的本質而爲主體生起的更根本之動力。這一套討論模式，是牟先生十分重要的一種模式，其於論宋明儒學時即已使用，即析心與理爲二之說，眞鬼斧神工也。此一模式，還將會在他討論起信論及華嚴宗哲學時再度以變形而出現。

其次，就眞心系統言，阿黎耶識爲清淨本質，爲生命發生的更根源的原因，至於在迷的生命當然還是因妄識無明而有的，不過，根本還是淨體，只因陷落而爲無明所罩，此說，則還滅的通路十分清楚，復反之即佛性顯焉。此處，牟先生又提到華嚴亦是此路而爲「性起」系統，以有別於阿黎耶系統，而天臺則另是「性具」系統。筆者以爲，對佛教哲學發展史說，說有十二因緣緣起，說有阿賴耶識緣起，說有如來藏識緣起，說有法界緣起，則都是就現象世界的緣起說的理論，由小到大，由單一問題到複雜問題。由個體生命問題而說的十二因緣緣起，由個體生命以及他的山河大地國土問題而說的阿賴耶識緣起，由主體生命之發生及其修行成佛的問題而說的如來藏緣起，由整體世界一切眾生的發生因緣以及眾生皆可成佛的哲學立場的問題而說的法界緣起，都是說現象世界宇宙論的形上學理論。但是，牟先生又立性具、性起系統，這是依後期天臺與後期華嚴的爭執而有的系統，

此說筆者已論於前章，此暫不論。

　　究竟眞心、妄心系統對理論的影響爲何呢？這是牟先生最擅長發揮的部分，其言：

> 如果阿黎耶識爲眞淨，則阿黎耶識是自性清淨心，依《起信論》，自性清淨心即眞如心，心眞如。在纏之眞如心、心眞如，不但受熏亦能熏。但依世親晚年之思想，只阿黎耶識受熏持種，不言自性清淨心，而眞如只是理，眞如與淨心或淨識或智心並不同一，故不能言眞如心，心眞如，而眞如理既不能熏，亦不受熏，故內學院依奘傳之唯識學即批評《起信論》之「眞如熏習」爲不通。但如阿黎耶識爲眞淨，則《起信論》之思想爲對。問題是在世親寫此《地論》時，究是否視此阿黎耶識爲眞淨。如是眞淨，則受熏亦能熏。如不是眞淨，則只受熏，而不能熏，此即同於其後來之所想。究如何，在此《地論》中很難斷定也。……故世親《地論》之思想，無論如南道派之所說，或如北道派之所說，其最後歸宿當向《起信論》走，因《地論》中明言「自性清淨心」故。南北道之爭只在是否阿黎耶識爲眞淨，不在有無清淨心也。若如此，就世親本人言，《地論》爲其早期不成熟之作。其晚年成熟之思想乃正是奘傳之唯識。然此不成熟之思想，及其發展成熟引發而爲另一系統，如《起信論》之所表現者，反高於其晚年成熟之思想，而在印度經論中亦有據也。此所以華嚴宗視《起信論》爲高於唯識宗，而判之爲終教也。[253]

　　牟先生在這段文字中還是多在歷史問題上敘述，即世親走妄心而由玄奘繼承之路，而淨心之路則是起信論所走之路。至於理論問題，此段文字倒頗有重點。若是眞心，則受熏亦能熏，若是妄心，則妄心只受熏，而妄心系統中的佛性及眞如，便只是但理而已而不是心，既不是心，即不受熏亦不能熏。依牟先生的立場，自是認爲走阿黎耶識

是真心之路是較符合理論需求的，但牟先生也知道，世親走的是阿黎耶識是妄心的路。這些都還是歷史問題，筆者要談的是理論問題。有兩個重點，第一，熏習的問題是工夫論的問題，其與形上學不同；第二，「但理」的理論設計是不成熟的模式。

首先，講熏習，就是主體的受熏及能熏，這與形上學問題說整體存在界之流轉問題不是同一個問題，能熏、受熏是工夫論問題，是就主體說的，說阿賴耶識為清淨心真如，這樣便能說主體的還滅成佛了。而前此說心真如生起的性起系統之語言，則是在說形上學本體宇宙論的問題的語言。因此，問題不是阿黎耶識是淨是妄，而是阿黎耶識究竟要回答什麼問題，若是實踐成佛，則必須有淨心在主體內，也必須有清淨如來藏為世界之生因。若不是在談主體成佛問題，而只是在談現象世界的虛妄雜染的原因，則一切現象皆因妄心阿黎耶識而有的說法是成立的。因此也可以說，妄心阿黎耶識所面對的問題是較早期的大乘佛學在面對的問題，只為說明現象世界之如何而有，而淨心的如來藏佛性概念，則是在面對主體實踐成佛，以及世界存在的意義的問題，可以說是一更後期的理論發展，而系統內亦已包攝了早期印度唯識學的妄心系統於其內。

其次，牟先生說有「但理」之真如在妄心系統中，既不受熏亦不能熏，則妄心不能談工夫是確定的了。牟先生的討論尚未結束，此處只是一個開始，接下來討論他對《攝論》的意見。

四、《攝論》與《攝論》師

《攝論》是印度唯識學宗師無著之著作，即《攝大乘論》，真諦譯為中文論典，發揮真心派的思路，偏離了無著的原意，但正是如此，反映了中國大乘佛學面對理論問題的哲學創造，牟先生反而正視及肯定真諦之譯作方向，參見牟先生言：

> 《地論》師而後，復有真諦三藏譯釋《攝大乘論》，此稱為

《攝論》師，或攝論宗。《攝論》是《攝大乘論》之簡稱。此論是無著造，是正宗唯識宗（所謂虛妄唯識）之基本論典。……真諦雖弘揚《攝大乘論》，然其翻譯不必忠實，多有增益。其所增益者即是參雜之以另一套思想。後來玄奘重譯，力復原來之舊，此則一般稱爲唯識宗，亦曰新法相宗，吾人則名之曰後期唯識學，亦即近時所稱爲虛妄唯識或正宗唯識宗者。至於真諦之譯釋，在當時稱爲攝論宗者，吾人則連其前時之《地論》師統名之曰前期唯識學。此前後期唯識學之差異，主要言之，大體是在前期唯識學是向真心走，所謂真心系，後期唯識學則決定是妄心系，此亦是無著世親造論所表現的系統的唯識學之舊義也。[254]

　　本文主要是歷史脈絡的界定，印度無著世親走妄心系，是唯識學古義，到中國，早期討論唯識學相關經論的學派，反而多重視真心阿黎耶識，地論師的南道派，譯作《攝大乘論》的真諦的思想，都是此路。中國僧人中後起之玄奘，則力返無著、世親的思路，重新約定阿黎耶識在妄心的義理規模。就哲學之討論言，僅以說真說妄說早期說晚期是很簡單的定義，究竟說真說妄背後是在談什麼問題以及提出什麼主張？這是有待牟先生的疏解來發揮的。以真諦譯《攝大乘論》爲對象，真諦究竟面對了什麼問題及提出什麼主張？參見牟先生言：

　　　　真諦順《攝論》固須以阿賴耶充當「無始時來界」語中之「界」字，但他對于阿賴耶卻有不同的解釋。他視阿賴耶不但爲「流轉」之因，且亦爲「還滅」之因。他說阿賴耶是「以解爲性」（此即所謂「解性賴耶」）。如是，則不是以迷染爲性。其迷染而爲「流轉」之因，只是其在纏而不覺。但其本身卻是清淨的，有覺解性的。是則其爲「流轉」之因只是流轉雜染法之憑依因，而不是其生因。其爲「還滅」之因倒是無漏清淨法之直接的生因。此則便成另一系統。[255]

本文中牟先生特有的思路開始出現了，關鍵在解性賴耶的形上學定位問題。這裡說了流轉因及還滅因，流轉因說主體及其現象生命之發生歷程，還滅說主體做工夫以致成佛的問題。牟先生說真諦釋攝論時，以阿賴耶爲解性賴耶，亦即以阿賴耶能有還滅之功能。現在，賴耶具解性，因此，還滅之因在解性賴耶，但是，現象生滅之流轉因，卻未明。亦即，解性賴耶並非生滅現象之生因，而是染性賴耶爲其生因，解性賴耶只是其憑依因，亦即，淨法不生起現象，這就是說，主體有一解性賴耶，只負還滅之責，其與流轉無直接關係，只是被憑依，而染性賴耶才是流轉的直接生因。一個主體分裂爲二，解性與迷染賴耶，就主體在迷的生命歷程言，一個直接生起，一個只爲憑依。不過，就主體要進行還滅的時候，解性賴耶就是還滅的直接生因。牟先生這裡的討論，十分疏漏。他將宇宙發生論與主體生命歷程合而爲一，而在迷雜染與清淨解脫也都說的是同一主體，固然無誤，但應述清。牟先生因爲沒有非常突出主體的存有論角色，所以講流轉與講還滅的理論意義總難說清楚，主體因無明亦即染性賴耶而有生命在迷的流轉歷程，因此在迷的歷程之生因爲無明是可說的，至於主體若有解性賴耶，亦即清淨心，清淨心與在迷歷程的關係是憑依因而非生起因，這樣的話也是可說的，這已經幾乎就是起信論真如與生滅二門的功能與作用了，但起信論明講一心二門，亦即解性染性皆同一個眾生心，故眾生心即成佛主體，只其有一主體忽而不覺而入無明的生滅歷程而已，但其真如將成爲其必然還滅的生因。在此處，生命現象的本體宇宙論歷程也說清楚了，主體的還滅解脫成佛的工夫實踐理論也說清楚了，卻不需分裂爲兩個主體。

　　總之，真諦在說現象是雜染妄心的阿賴耶系統中作注解，他的思路是真心派的，亦即他同時關心到主體實踐成佛的工夫論問題，因此不免多出解性賴耶的思路，這就不免要在《攝大乘論》的形上學設計上有所更改了，而這個修改近乎《起信論》的結構，這就是牟先生本文的重點，且這也是他自己的意見：

……此當是世親釋之原文。據此釋文，……此即示阿賴耶識只間接而曲折地為「涅槃證得」之所依也。清淨法之依止於阿賴耶與雜染法之依止於阿賴耶其方式不同。此亦顯示阿賴耶本是迷染為性（無覆無記式的迷染），並非「以解為性」。若如眞諦之加釋，以「如來藏自性清淨心」視阿賴耶，則「一切法等依」當有不同之説法，此如《起信論》之所説。眞諦將如來藏系統與阿賴耶系統黏合為一，非是。[256]

蓋眞諦本是把作為「無始時來界」的阿賴耶識視為「以解為性」的，他是以《勝鬘夫人經》的「如來藏自性清淨心」説此「界」。此與《攝論》不合。這無形中把《攝論》系統改轉為《起信論》系統。[257]

說無始時來界，等於在說宇宙發生論的根源始有，將阿賴耶識視為以解為性，這當然是為了說明主體實踐成佛的保證，但是，主體有解性阿賴耶就同時表示主體在生成時就已經是根本有解性了，也就是說主體的清淨心是先天地有的，而不能是任何種類的後天地有的，以如來藏自性清淨心的概念加之於此，即是走先天地有的路。這個問題，便成為牟先生關注《攝大乘論》及眞諦譯註的理論發展重點。筆者再次強調，說現象之染污是早期唯識學發展理論的目標，說主體實踐成佛是佛性論階段的佛學理論所關注的問題，這就是阿賴耶識概念提升為如來藏識概念的內在思路之關鍵，眞諦顯然是一直在關注這樣的問題，而這也是牟先生追究眞諦譯注《攝大乘論》的重點問題，但是，在唯識學系統內，對於主體成佛的問題並不是沒有處理，只是它們的處理不如佛性論階段來得透澈而已。牟先生基本上就是對此頗有批評，牟先生討論《攝大乘論》在還滅問題的理論設計上以淨心種子的方式說之，而淨心種子來自聖教，且是清淨法界，主體聽聞而後得之，因此牟先生定位它是漸教修行之路，參見下文：

它的自性既是淨法之種子性，經過熏起而成為淨法（現行的出世淨心），它即能對治那阿賴耶。這種對治是依數數正聞熏習而成的由淺至深由低至高的正聞熏習底連續增長擴大之方式而對治之，也就是說，依漸修之方式而對治之。[258]

攝論原意中之還滅理論，是淨種由外而入，由熏習而漸熟，對此，而為漸修系統，漸修無有不對，也不能說它達不到最高成佛境界，牟先生的問題的關鍵是在有無必然性保證？淨心種子既不為阿賴耶識本有，固能藉由另一超越根源而來，然而是否能有必聞之、且修之、而成之的保證呢？牟先生言：

真心派之真心「不染而染」（《勝鬘經》語）及依真起妄，這並無困難，見下《起信論》章。妄心派以妄心為主體，有漏法的產生固容易說明，即淨種寄於賴耶中，如《攝論》之所說，亦無困難，而從虛妄轉清淨之轉依，若安於漸教，這轉依本身亦無什麼困難。困難是在：這樣下去，究竟是否能得最後的轉依，轉依是否有必然性？轉依是否不終于是一無限的歷程而不能達？轉依是否不終于是一偶然而無必然？這些問題都集中在淨種（亦曰無漏種）之新熏一問題上。[259]

淨種只是經過新熏而有，並非本有，這是《攝論》的主張。依此主張，轉依終于是一無限歷程而永不能達，亦無必然，即成佛是一無限歷程而永不能達，即或有能達，亦只是偶然，而並無必然，亦無眾生皆可成佛之必然。何以故？因並無成佛之超越的根據故。這是一個純理論的問題（教義問題）。唯識宗內部似乎已意識到這個問題，故有關于新熏與本有的討論。[260]

如果依據《起信論》的設計，成佛的可能性的問題已經解決，因為不論是內因外緣都在心真如一路上已保住了，也就是說，正聞熏習的淨心種子就是心真如的本身，只是如此一來，以迷染為性的阿賴耶識概念勢必被改變。不過，這是走如來藏真心系統的路，若依原來走染污阿賴耶識之路，則是設計淨心種子以為後天所開發的成佛動力依據，它既不依染污阿賴耶識而有，因此有理論上是否必能受熏而做工夫的問題，這就是以上兩文中牟先生所質疑之處。筆者以為，理論的發展是一步一步的，唯識學本為說明現象如何而有而建立的系統，首先自然是說因無明染污而有，但又為說明成佛的過程，故有淨心種子的設計，但因前此已將阿賴耶識說為染污，難以更改，不得已只好將淨心種子的來源說為依外在聖教之聽聞而由清淨法界直接流出而得，如此，是否必然成佛的保證便來自於聖教所言之清淨法界是否必然熏習主體，而這正是《起信論》理論設計所面對的問題，起信論即直接將之收攝於內，故一心二門。所以，理論是逐步發展的，攝論並非不解決問題，而是受限系統不好更張太過，若澈底走清淨解性的如來藏之路者，便能解決此一問題，如起信論，就是將聖教的清淨法界直接設計在主體一心之中。然而，此事卻在當代中國佛教界引起爭執，支那內學院對於《楞伽經》與《起信論》如此設想如來藏識的意旨以轉變阿賴耶識的原初設計之作法提出反對意見，而牟先生則是支持如來藏概念的發展之路，但是，非常詭譎地，牟先生還是設想了一套奇怪的詮釋策略來說此事，其實目的仍在壓制如來藏思想的理論圓滿性，參見：

　　　　是故，雖依《勝鬘經》說五藏，而所說的卻是指「如來藏自性清淨理」而言，並非指「如來藏自性清淨心」而言。真心派並非不言如理，但如理與真心為一，故成以「如來藏自性清淨心」為主體之另一系統。世親如此言如來藏並非是錯，乃是因適應賴耶緣起而始如此言。如此言之，即成立一系統下之如來藏。若取分解之路，言如來藏要當以《勝鬘經》之

「如來藏自性清淨心」爲準。《起信論》即相應此「自性清淨心」而建立者。真諦亦向此路而趨。惟其以此解《攝論》則不諦。近時南京支那內學院歐陽竟無門下因宗奘傳之唯識，故力反《起信論》。呂秋逸又力言《楞伽經》之「如來藏藏識」爲「如來藏名藏識」，阿賴耶藏識即如來藏，一識兩名，非有兩層。此則又將如來藏托降於阿賴耶識矣。此要非講如來藏之正宗。《楞伽經》亦未必是此意。《楞伽經》言「如來藏藏識爲善不善因」，並未詳細分疏。然即就此語而言，「如來藏藏識」亦未必即是阿賴耶。蓋阿賴耶只是不善因，並非是善因。（善因起於正聞熏習，而正聞熏習是客。）然則把「如來藏藏識」解爲生滅與不生滅和合之阿賴耶，如《起信論》之所說，豈定不通？而何況《楞伽經》亦言「如來藏藏識本性清淨」？縱使《楞伽經》詞語其義是呂逸秋之所解，而《勝鬘經》與《起信論》又何獨是邪說？只是兩個系統而已。而若就分解之路說，依理真心派實高於妄心派也。而無論真心派或妄心派，依天臺宗之判教，皆屬別教，理未至圓。[261]

本文重要的觀點就是在說如來藏識真如心的設計在理論上技高一籌，反對呂澂先生要回歸染性阿賴耶識的詮釋及批判進路。不過，文中提到「如來藏自性清淨理」及「如來藏自性清淨心」兩概念的區分，說清淨心指得是實踐的動力因在主體心內，能使心如理，就像宋儒心即理命題的意旨般，另清淨理的設計就是阿賴耶識之外的法界清淨本性，不內在阿賴耶識裏，是一超越但外在之理，如牟先生所詮釋的宋儒性即理的意旨，後者正配合漸教說。筆者以爲，牟先生差不多就是要將宋儒程朱、陸王的分判架構照搬到佛教阿賴耶識系統和如來藏識系統裏來了。至於說真心妄心皆爲分解說，故依天臺爲別而不圓之旨，這又是另外一大複雜，以後另外爲文討論[262]。

五、眞諦與阿摩羅識

　　牟先生對眞諦譯《攝大乘論》中出現了第九識的阿摩羅識概念提出討論，以爲這是清淨如來藏的系統，並認爲此說有道理，但這並非唯識宗無著、世親兩人的原來立場，牟先生對此進行分析，筆者以爲，討論牟先生意見的重點不在他的肯定或否定立場，而是他分析這個問題所建立的理論模型，這極似他在宋明儒學中討論程朱、陸王的模型，這樣的思路是否成立，筆者有意討論。首先，就眞諦提出阿摩羅識的問題，牟先生的立場是肯定之但說其非唯識原意，參見其言：

　　　　眞諦順《攝論》之以阿賴耶識爲「界」而以如來藏自性清淨心說之，如是，遂說阿賴耶「以解爲性」。此自不合攝論原義。于他處，凡到言「轉依」時，眞諦則把此「轉依」拆爲滅阿賴耶識證阿摩羅識，如是遂轉八識爲九識。此於翻譯上亦是一種增益的譯解。于《攝論》，此種增益的譯解則見之于其譯世親之釋文。此兩種增益表面詞語雖不同，然可合流。此示眞諦思路之一貫而始終與以阿賴耶爲中心者有不同也。[263]

　　依眞諦，轉依爲滅阿賴耶證阿摩羅，轉第八識爲第九識，說第九識阿摩羅識就是「以解爲性」的「如來藏自性清淨心」之呈顯，牟先生的意思就是這與唯識宗學派的立場不同，此事，筆者以爲是理論的進步，並不一定要去說原來的唯識學理論有多麼地不足，不過，牟先生卻是建立了一套模型來說明這個差異，因而使其成爲兩套極不相同的系統。首先，牟先生深入討論了轉依還滅的生因就是阿摩羅識的觀點，這是因爲，還滅的生因的問題是牟先生極爲關切的理論重點，因爲生因決定了還滅的有無必然性，參見其言：

　　　　讀者可將此譯文與眞諦譯文對看。當然玄奘譯文其語法較爲

清晰而嚴整。此段譯文，如依眞諦譯，問題只在：既譯「轉依」爲阿摩羅識，則于阿摩羅識如何又能説其只「作聖道依因，不作生因」？眞諦言阿摩羅識大體雖由還滅工夫所證顯者而言，然若此第九識不是始起，而是本有（若非本有則不得是常），又若此第九識即「是自性清淨心，但爲客塵所汙，故名不淨」（見下〈十八空論〉），則它不但是聖道之依因（建立因或憑依因），而且亦即是其生因，一如虛妄阿賴耶不但是一切雜染法之所依，而且亦即是其因種。蓋既是自性清淨心，雖爲客塵所染，亦自有一種能生聖道之力量。通過工夫而去客塵，此工夫只是助緣。塵染一去，其自身即是聖道之直接生因。而且即此去客塵之工夫，雖有賴于外緣之引起，而其本質的内因還是在此「自性清淨心」本身。若内部全無一種發自眞常心之推動力，則全靠外力必是扶得東來西又倒，終不得大覺。若以「阿摩羅識─自性清淨心」爲主體，以虛妄熏習爲客塵，則明是眞心派。既是眞心派，不得復言此眞心只「作聖道依因，不作生因」。〈攝抉擇分〉如此簡別，乃是因爲以阿賴耶識爲主體，以正聞熏習爲自外來之客位之故。《攝大乘論》及《成唯識論》皆是此規模。玄奘譯爲「轉依」，就此而言「但是聖道之建立因性，非生因性」，應知這乃是以妄心派爲背景的。在妄心派，正聞熏習既是客，從「最清淨法界之等流」而生，則此虛述語之「轉依」字不是正聞熏習所類屬之聖道之「生因」。聖道從正聞「最清淨法界之等流（聖教）」而生，依世親之《佛性論》，即是從「依我法二空之眞如空理而起加行」而生，（見上章），而此眞如空理之自身並不生。故聖道亦不是由眞如空理而生起。聖道但只憑依眞如空理而生，並非以之爲生因。此亦可説眞如空理但是聖道之憑依因或建立因，而非其生因。但依眞諦，阿摩羅識既是自性清淨心，眞常心，它就是眞如心，心眞如，境智無差別：心與理一，智與如一。

眞如空理既與眞心爲一，而又從主名之曰心（眞實心），則它即是聖道（無爲功德法）之生因，非但「憑依因」而已也。（若「轉依」在妄心派背景下只爲憑依因，非生因，則轉依中之聖道是否能成爲無爲無漏道亦成問題。）[264]

　　以上就是牟先生討論成佛的生因問題，此處有兩個需要討論的問題，其一爲成佛動力因的內在外在問題。其二爲心與理之爲一爲二問題。首先，眞諦既立第九識，則第九識自是主體，則應是本有，則其不應只是成聖道之憑依因，而應是成聖道之生因。說爲憑依因，則似仍是以阿賴耶識爲主體，憑依一外在眞如空理，如此則阿賴耶主體之成佛主動性是會有所不足的，因爲它不是由內而發的自動勢力，只靠外力就會東來西倒，則成佛無必然性。眞如之理必須是內在的，所以阿摩羅識必須即是主體，雖有染污阿賴耶識性在其中，但更有根本清淨如來藏理在領導，雖經客塵所染，但有內在的清淨動力生因，故經修行而最終成佛之事即有其必然性保證。其次，牟先生說依據原來的阿賴耶識系統的話，心與理爲二，此心即指阿賴耶識，此理指聖教之正聞熏習，指我法二空之眞如空理，則成聖道的結構成爲「以染污爲本質的阿賴耶識主體心」以「外在的眞如空理」爲憑依，經漸修歷程而成佛。但因清淨的眞如空理畢竟在外，故成佛無內在的必然性。此心理爲二之結構。至於以阿摩羅識爲主體的結構中，則是心理爲一。主體即心，阿摩羅識即是清淨眞如，則心理爲一。

　　以上，牟先生立成佛動力在內在外？及心理爲一爲二？的架構以分別第八識及第九識的功能之討論，十分有創意。但是，牟先生的話術還可以改進。主體是心，心是染污本質的，這是阿賴耶識系統，但另有聖教正聞熏習之清淨眞如理在，能作爲主體實踐工夫之所依，此時是憑依外在眞如之理，故牟先生批爲漸教不究竟。筆者以爲，聖教清淨眞如理絕不能只是空理，它必有作用，只是以誰爲作用之主體？但是，假如它不被設想爲在人存有者主體之內爲其自性，則牟先生之批評有理，確實心理爲二，因此唯識學之理論設計有所不足，而且說

一切眾生皆有佛性這個理想就達不到了。至於心理爲一者，以阿摩羅識爲眞心，清淨眞如理內在於心，它自己即可作用，故成佛有必然保證，成佛之時，心理爲一。未成佛前，心中有理但爲客塵所染而不得其呈顯，故心理爲一是境界論命題，心與理爲二是存有論命題。

牟先生接著又以阿賴耶識系統再申論一次，並加入法化報三身的概念以說之：

> 又轉依是轉阿賴耶依而爲法身依。「轉依」這個虛述語可只作聖道之建立因（憑依因），然其所轉到之「法身」卻是實體字。依《攝論》，正聞熏習種子，熏成後，雖亦存於阿賴耶識中，然其本性卻是法身（或解脫身）所攝屬，亦是法身之種子。所以到轉依後，由它所生的一切清淨法亦當攝屬於法身而且依止于法身。此實體字之法身能不能作爲聖道法之生因？按理說，當該能。但在妄心系統中，這是不好說的。因爲法身是所證顯而修至者，它是一個複合詞，它有眞如理以支持之，卻並無眞如心以支持之。眞如理是本來如此，可說本有。但在妄心系統中，卻並無本有之眞如心。因此，依眞如空理而加行以至于證得法身，這開始由正聞熏習而來之加行以及數數加行中之一切清淨法不能說是由所證得之法身而生起，以法身爲其生因，因爲這樣變成循環論證。而且在加行中法身並未出現，何由得爲加行中清淨法之生因？由法身而至報身化身，這是佛法身底如如作用（亦說受用），當然可說這些作用以法身爲生因。但在行者，由正聞熏習而加行這一套卻不能說是以法身爲生因。在此，似亦只可說佛法身是其憑依因，而非其生因。即，憑依佛法身可建立聖道法，而非以法身爲生因，由之而生起聖道法。此亦如憑依眞如空理而應得加行，但眞如空理並不生起加行。又在妄心系統中，眞如空理可說本有，但法身並不能說是本有。所以宗奘傳唯識者堅主「自性寂」，並不主「自性覺」。法身既證

顯後，當然恆常不變。但「常」有是本有者，有不是本有者。普通說者常謂如非本有，而是始有，則成無常。其實這不必然。此中有詞語之歧義。眾生可不本有此法身，然不礙法身自身是常。眾生不本有，而始有，這種無常是得不得之無常，而非法身自身因此而為無常。故唯識宗可主法身是常，而不礙亦主眾生非本有。非本有者正因本無真如心（真常心，自性覺）也。故不能說法身為聖道之生因。此雖不圓滿，然並非不可說。唯如此說，應有一定之後果。[265]

　　依牟先生之意，成佛證法身固然是最終修行目標，但因阿賴耶識是妄心系統，故而法身之常就無所掛搭，法身非眾生本有，故而法身亦非聖道之正因，此因主體只是一妄心，非有真心，法身之真如理便缺一真如心內在地支持之。故而主體成聖這件事情並不是以法身為因而生起者。牟先生這樣的解讀甚為詭譎，但這樣的詭譎不能說不是唯識宗學派本身必須面對的質疑，這樣的解讀就真的是把真如理說成了空理，而與主體有所乖離，至於做工夫而成聖的過程，也因此全依外緣而無內在必然性的保證。這也顯示為了說明現象之有而建立的染污系統，在說明成聖問題上，確實有形上學系統的乖離問題，而走妄心派唯識學路線的印度唯識學及中國唯識宗學派以及當代支那內學院的唯識學者，似乎都仍一點不透，頑固堅守舊說而不能翻新，但是，如來藏系華嚴經系佛性論者之諸經論，都在沒有犧牲阿賴耶識概念的觀念基礎上提出新說以解決新問題，這應該是佛學理論發展上的正確道路。

　　牟先生就對這一條路的理論結構又做了深入的說明：

　　　若依真諦，此法身即是如來藏自性清淨心。在纏名如來藏，出纏名法身。它既是自性清淨心，它自本具無量無漏功德，因而亦自能為功德法之生因。通過加行工夫，只把它連同其本具之功德法顯現出來而已。此亦可說即工夫即本體。而同

時即此加行亦以此自性清淨心之解性（亦就是本覺性）爲內在的主要動力，並非完全自聞熏習決定或引起也。此亦可說即本體即工夫。如此，則法身不但是常，而且亦是本有，它自可爲一切聖道之生因。是以眞諦譯世親之釋《攝論》云：「由本識功能漸減，聞熏習等次第漸增，捨凡夫依，作聖人依。聖人依者，聞熏習與解性和合。以此爲依，一切聖道皆依此生。」（見上章第二節）。「凡夫依」者，即阿賴耶。「聖人依」者即法身。「聞熏習與解性和合」即與「自性清淨心—出纏之賴耶覺性」和合，和合而顯法身，而且即此解性即是法身。聞熏習與之和合即融聞熏習于解性，即工夫便是本體，而同時亦即本體便是工夫。故云「以此爲依，一切聖道皆依此生」。既「皆依此生」，如何不爲聖道之生因？眞諦譯瑜伽系之論典，而又依眞心派之思路，益之以眞心系之義理，故顯出刺謬也。[266]

　　牟先生在撰寫《佛性與般若》之前已經完成了《心體與性體》，後者在牟先生的研究下一套說「即本體即工夫」、「即工夫即本體」的思維結構已經形成，此時對走向眞如心的如來藏識系統在成佛的可能性及動力性的問題的討論，完全是他說宋明儒學的同一套說法。筆者並不反對這樣的說法。雖然《攝論》譯作早於宋明儒學遠甚，但筆者亦不主張宋儒抄襲佛學，只能說本體工夫的理論模式是此心同此理同而已，因爲這也是與孟子性善論的擴而充之同一路的本體工夫。至於大乘佛教的眞心系統走上此路，可以說是理論上百轉千迴而走出的道路，不必談誰學誰的問題。

　　本文中，牟先生還是在強調眞諦之譯是走眞心系統，但《攝論》本是妄心類型，故所提出之第九識之說法，難與《攝論》文旨相符。所以牟先生說：

　　故言阿摩羅識不如言「自性清淨心」也。言阿摩羅識，立九

識義，是到《起信論》之過渡，一時之方便之言。[267]

　　確實如此，以如來藏識含阿賴耶識的功能，即可解決成佛的可能性及動力因的重大問題，故而還是八識而無須爲第九識。此一系統的出現，終於讓牟先生放心地比較於儒學的義理，許多在《心體與性體》的專有術語都出現了。參見：

　　案此唯一阿摩羅識是「境智無差別」，「非心非境」，（無所得），亦可曰「非智非境」。「非智」者無智相。智而無智相，始可曰眞智，此名「如如智」。「非境」者無境相。境而無境相，始可曰實性境，此名「如如境」。「無差別」者，非境之境即是智，非智之智即是境，混而爲一，只是一眞常心朗現也。此心無心相，故名眞如心，心眞如，此即是眞實性，亦名法身。從唯亂識起，到唯眞心止，空如之理始終從主體說也。此與妄心派之境智分能所而作差別說者異矣。要者是在妄心派以阿賴耶爲主，而以正聞熏習爲客，眞如境始終是在正聞熏習所成之出世淨心之仰企中，亦在其所緣中，因此，始終是在對列之局中（一如朱子），而未能以眞心爲提綱，融眞如理于眞心中，而爲一實踐存有論之眞心系統也。流轉還滅兩來往即函一佛家式的實踐的存有論。而此存有論之完成是在唯眞心之縱貫系統下始完成，雖不是終極的圓實的完成。（依天臺判教，此是別教。至天臺部詳明。）心理爲一即是縱貫系統。心理爲一的眞如有內熏力，能生無漏功德法，所謂「性起」，即是縱貫系統。（在生死流轉方面只是緣起）。此與妄心派言眞如理不生起，既不能熏，亦不受熏，賢首所謂「凝然眞如」者，異矣。眞諦是向此而趨，但又依附瑜伽系論典而寄意，故處處雖顯特色，亦顯刺謬也。此前期唯識學，眞諦所傳者，當然使無著世親之唯識學面目不清，故有玄奘之發憤西遊也。[268]

本文開始講一些非智非境的話，這就只能是在境界論狀態中說的。講真如心名法身，是把主體的本性與主體的境界混為一說了。講空如之理從主體，是要說主體心能收理而如理。這就是真心系統，因此是一套佛家式的存有論，是縱貫系統。至於妄心系統，則有主客分立，心理不能融合為一。文中有說性起及緣起兩概念，緣起說生死流轉，則性起是能說還滅的。前者是本體宇宙論，後者是工夫境界論。文中說此真心系統尚不是圓教而是別教，這又是另一議題，這一部分筆者不甚同意。其餘部分筆者都能同意牟先生之說。這就是牟先生藉儒學討論的架構在處理佛學詮釋的問題，但畢竟，牟先生還是儒家派，始終是要批判否定佛教的，就在批判否定的過程中，不免有曲解之時，因此不能免於曲折詭譎之詮釋，圓不圓的問題即是他的曲折詭譎之一，此待它文再深入。

　　文中講儒家朱子的心理如一不如一的問題，我都不同意。朱熹不是性惡派，如妄心派，朱熹是性善論立場，講心講理是談存有論概念解析，講本體工夫論時朱熹之命題與孟子與陸王無異，牟先生對朱熹是刻意妄解貶抑。

　　牟先生支持真心系統，也支持真諦譯作之路，因此對於當代中國佛教支那內學院重返印度唯識立場，並批評真諦路線的意見便不能接受。其言：

> 案此亦如《華嚴經》所說「心佛與眾生是三無差別」。但此一籠統地說的如來藏我，清淨法界，在無著心目中不必能凸出以「如來藏自性清淨心」為中心的真心系統，故到其自造《攝論》仍明確地歸于妄心系統。即彌勒本人說此等偈亦不必真能自覺地成一真心系統，故於〈述求品第十二之一及二〉仍是說阿黎耶自界以及三性之唯識學之規模。但此規模若以「如來藏自性清淨心」為主綱，依真諦之思路去理解，則便成真心系統。阿黎耶以及三性並非不可講，惟須套

於「真心為主虛妄是客」之系統去說。但依無著之思路去理解，則成妄心系統。在此系統中，如來藏我，清淨法界亦非不可講，但卻套于「妄心是主正聞是客」之系統中說之。但在彌勒頌中明說「自性清淨心」，明說「一切無別故（眾生諸佛等無差別），得如清淨故（得清淨如以為自性），故說諸眾生名為如來藏」。既如此，而「自性清淨心」卻不得成為主體，豈得為的當乎？豈是此「清淨如」只是一理佛性，而不是一覺佛性乎？豈是于諸眾生只可說「自性寂」，而不可說「自性覺」乎？豈是自性清淨心，既是清淨心而不可說「本覺」義乎？若無本覺義，說諸眾生同一「佛體」，是如來藏，有何義用乎？說「自性清淨故寂靜，客塵煩惱故不寂靜」，有何意義乎？是故依此等名言，向真心系統走，乃名正言順者。後來無著世親歸于妄心系統不得不謂之歧出。彼等作論釋彌勒頌，乃只是順語作解，自性清淨心實未能進入于心中以為領導原則也。故如來藏我，清淨法界，乃成籠統之詞語，人皆可說，而可左右講者。實則如來藏自性清淨心不染而染，乃本於《勝鬘經》，本有其明確的規模（空如來藏不空如來藏，既為生死依，復為涅槃依），焉可作左右講？又焉可作簡擇，偏取某一義，如世親《佛性論》之所說？是則彌勒開端，無著世親不得謂之為善紹（至少亦不是唯一的紹述），真諦之紹述亦不得謂其為無根也。[269]

上文中牟先生的立場表現得更為明白了，以彌勒頌為源頭，無著世親只是一個路向，是妄心系；真諦譯作及《楞伽經》、《起信論》是另一個路向，是真心系。牟先生甚至認為真心系更是善紹彌勒頌的發展，唯識妄心系並非善解。

在這一段文字中，真心系可以講心佛眾生三無差別，可以講如來藏自性清淨心，可以講本覺，可以講自性覺，其實就是《起信論》走的路。

六、《攝論》與《成唯識論》

牟先生於唯識學部分的最後一章討論的是《成唯識論》，首先再度定位了他自己的立場，主張彌勒頌雖有自性清淨心概念，卻尚未能建立整套的理論系統：

> 吾人既已由真諦所傳的唯識學見到可開出真心為主與妄心為主的兩系。彌勒的《辯中邊頌》及《大乘莊嚴經頌》雖都有「自性清淨心」義，然未能自覺地明確地建立以「如來藏自性清淨心」為主的真心系統。無著世親繼之而前進，卻自覺地明確地建立成以阿賴耶為主的妄心系統。真諦是向真心系統走，其以真心系統解《辯中邊頌》及《論》尚可相應，但以之解《攝論》則不相應。此皆如前所說。此既釐清，現在再進而略論妄心派的「賴耶緣起」之大體規模。[270]

牟先生對《成唯識論》的系統作了許多的分析，最後關於整個唯識學系統又提出了一些總結的看法。參見其言：

> 攝論的一種七現與《成唯識論》的八識現行所成的這一「妄心為主正聞熏習是客」的賴耶緣起系統，從其以妄心（虛妄的異熟識）為主這一方面說，它積極地展示了「生死流轉」這一面；從其以正聞熏習為客這一方面說，它消極地說明了「涅槃還滅」這一面之經驗的可能。從其展示「生死流轉」一面說，依其中的遍計執性與染依他，它可含有一現象界的存有論，即執的存有論。此一存有論，我們處於今日可依康德的對於知性作的超越的分解來補充之或積極完成之。所謂補充之，是說原有的賴耶緣起是不向這方面用心的，雖然它有可以引至這方面的因素，如「計執」這一普遍的底子以及「不相應行法」這一些獨特的概念便是。所謂積極完成之，

是說只有依著康德的思路，我們始可把這「執的存有論」充分地作出來。假定賴耶緣起是一深度心理的分析，我們可在此深度心理分析的底據上凸出康德式的「知性之超越的分解」，以此來完成執的存有論，即對於經驗現象底存在性作一認識論的先驗決定。[271]

首先，說《成唯識論》的八識現行之賴耶緣起系統，說其積極展示了生死流轉的一面，依筆者的術語系統，這就是說第八識之現行便是展現了現象世界，而這也正是本體宇宙論的功能。至於涅槃還滅的部分阿賴耶識只是消極地展現，這是說牟先生認為這個系統在這個問題的處理不夠徹底，依筆者的話術就是，工夫境界論的功能不能究竟其事。

此處，還有一對理論模型被提出來，即現象界的存有論。其實，既是生死流轉就是宇宙論就是說現象的，牟先生的概念約定是很準確的。但這裡還有存有論之執的存有論及無執的存有論之別異，而阿賴耶識系統的存有論是執的存有論，這就是對經驗現象作分析的理論。所以說現象的有阿賴耶識的《成唯識論》系統有一執的存有論的建立，此說依據牟先生自己的術語約定意旨，則筆者是完全同意的。

以上說的本體宇宙論問題的解決，至於工夫境界論的問題，牟先生言：

> 可是在「涅槃還滅」方面，因為這一系統主張正聞熏習是客，即，是經驗的，這便使「涅槃還滅」無必然可能底超越根據。成佛底可能是靠著正聞熏習所熏得的種性（或種姓）；而得什麼種姓，這全無定準的，即使可得一成佛的種姓，亦是偶然的，不能保其必然，亦不能保一切眾生皆可得，因此，此一系統必主「三乘究竟」。這還是就經驗地可

向「還滅」這一方向走而籠統地概略地如此說。若「還滅」只依靠於經驗的熏習，則是否能終於走向「還滅」一路亦成問題。因爲正聞熏習是靠「聞他言音」而成，而聞到聞不到，這是全無定準的。就此而言，連三乘究竟亦不可得而必。

在涅槃還滅中可有清淨依他底呈現，此即涵有一「無執的存有論」。但因爲成佛無必然可能底超越根據，故此無執的存有論亦不能積極被建立。因爲此無執的存有論是靠一無限心之呈現才是可能的。而此一系統，因爲「正聞熏習是客」故，正不能有眞常的無限心之呈現，因爲，無執的存有論不能徹底地被完成，亦不能超越地被證成。[272]

　　說還滅就是要證入涅槃，這也就是工夫境界論的議題。牟先生以爲光靠後天經驗的熏習是沒有必然性的保證的，此外，談工夫境界論時，必須有清淨心的作用與完成，如此即得有一無執的存有論之出現，但是因爲沒有必然的超越根據，所以無執的存有論也不能被成功地建立。就大綱領而言，筆者並不反對牟先生的意見。唯其中的概念義涵，仍可再爲釐清。所謂無執的存有論，其實是牟先生將工夫境界論與本體宇宙論混在一起講的結果。所謂存有論就是談本體宇宙論的問題即可。說談現象界的宇宙論是「執的存有論」，因爲它緊抓現象而爲解析，這樣的定義筆者亦無須反對。但是以涅槃還滅說「無執的存有論」則絕對就是在談主體的境界的問題，境界中有對現象、對價值的智的直覺的掌握，但不受經驗現象的束縛，故曰無執，因此，這不是存有論的問題，而是工夫境界論的問題，這是牟先生過於氾濫地使用存有論一詞所致。但這並不妨礙牟先生可以以之對系統型態同異作優劣的判斷，只是，說《成唯識論》系統不能證成及完成無執的存有論，不如說成唯識論系統不能證成及完成工夫境界論。雖然依後天經驗漸修而上亦有成佛的可能，但是經驗不必然，故而成佛不必然。

這是需要建立真常心才能確定的。此義又見：

> 無限心，就佛家說，就是如來藏自性清淨心——真常心。此
> 一概念是就「如來藏恒沙佛法佛性」而說的。依天臺宗，達
> 到「如來藏恒沙佛法佛性」，始可進入「無量四諦」，即
> 無量法門也。而無量法門是靠無限心來提挈來保證的。如無
> 無限心，便不能積極地肯定無量法門。既是「恒沙佛法佛
> 性」，則佛性必具有無量法門，而佛性即無限心也。有了作
> 爲佛性的無限心，成佛始有必然的根據，始可說「一乘究
> 竟」，而同時亦保證了「無執的存有論」之可能。無量四
> 諦，不但是無量滅諦，無量道諦，而且苦集諦亦是無量苦，
> 無量集。成佛必就無量數的苦集滅道而成佛。以阿賴耶識爲
> 中心，執持「正聞熏習是客」者，不但不能證成無量滅、
> 道，且亦不能證成無量苦、集。因爲於阿賴耶識，我們只能
> 說其無始以來就有，而不能積極地肯定它究是無限，抑是有
> 限。我們不想肯定它有限，（因爲佛不能有限故），但是卻
> 想肯定它無限。只有「如來藏恒沙佛法佛性」始能保住它的
> 無限。如來藏自性清淨心，無論在迷在悟，具有無量法門。
> 而無量法門，無論在染在淨，在執與無執，俱是「恒沙佛法
> 佛性」之所具；在染，成立執的存有論，現象界的存有論；
> 在淨，成立無執的存有論，本體界（智思界）的存有論。執
> 的存有論所涉及的現象究是有限抑是無限，阿賴耶識自身不
> 能決定，因此，執的存有論自身亦不能決定。這是靠恒沙佛
> 法佛性才能決定的。[273]

　　建立真常心始能就無量數的苦集滅道而成佛，這是牟先生對成佛
的一個特別的思路，即無限量的成佛經歷一概念者。這個概念將會是
後來被牟先生用來說華嚴天臺別異的一個重要關鍵，即成佛之究竟性
問題，以牟先生的話語系統，即是無執的存有論之是否究竟的問題。

總之，賴耶緣起的唯識系統，必須轉化至如來藏緣起的《起信論》系統[274]。

七、結論

　　本文之作是筆者討論牟宗三先生談佛學的系列之一，重點在對唯識學部的討論意見之反思。大體而言，筆者認同牟先生對唯識學理論的批評意見，只有對他的一些術語使用認爲仍有待釐清，總之，阿賴耶遺留的工夫境界論問題，勢必要由眞常心的《起信論》之後的系統來完成。此則另待它文討論。

註釋：

243 牟宗三，《佛性與般若・上冊》，頁179~180。

244 牟宗三，《佛性與般若・上冊》，頁180~181。

245 牟宗三，《佛性與般若・上冊》，頁182。

246 牟宗三，《佛性與般若・上冊》，頁191~192。

247 牟宗三，《佛性與般若・上冊》，頁196。

248 牟宗三，《佛性與般若・上冊》，頁202。

249 牟宗三，《佛性與般若・上冊》，頁261。

250 牟宗三，《佛性與般若・上冊》，頁267~268。

251 牟宗三，《佛性與般若・上冊》，頁274~275。

252 牟宗三，《佛性與般若・上冊》，頁277~278。

253 牟宗三，《佛性與般若・上冊》，頁280~281。

254 牟宗三，《佛性與般若・上冊》，頁285~286。

255 牟宗三，《佛性與般若・上冊》，頁291。

256 牟宗三，《佛性與般若・上冊》，頁295。

257 牟宗三，《佛性與般若・上冊》，頁308~309。

258 牟宗三，《佛性與般若・上冊》，頁303。

259 牟宗三，《佛性與般若・上冊》，頁310。

260 牟宗三，《佛性與般若・上冊》，頁311。

261 牟宗三，《佛性與般若・上冊》，頁325~326。

262 同樣的意旨亦見：「又，若真心派與妄心派俱可說是『從如來藏中開出』之一途法門（真心派把如來藏定爲『如來藏自性清淨心』，妄心派把如來藏定爲『如來藏自性清淨理』），此皆是由分解之路而成者，則天臺宗說如來藏便不是依分解之路說，而是依圓教方式說。此將於天臺部詳論。」牟宗三，《佛性與般若・上冊》，頁328。

263 牟宗三，《佛性與般若・上冊》，頁349。

264 牟宗三，《佛性與般若・上冊》，頁352~353。

265 牟宗三，《佛性與般若・上冊》，頁353~354。

266 牟宗三，《佛性與般若・上冊》，頁354~355。

267 牟宗三，《佛性與般若・上冊》，頁358。

268 牟宗三，《佛性與般若・上冊》，頁359~360。

269 牟宗三，《佛性與般若・上冊》，頁391~392。

270 牟宗三，《佛性與般若・上冊》，頁395。

271 牟宗三，《佛性與般若・上冊》，頁429。

272 牟宗三，《佛性與般若・上冊》，頁430。

273 牟宗三，《佛性與般若・上冊》，頁430~431。

274 此說意旨又見下文：「說賴耶緣起系統是從如來藏中開出之一途方便法門，可見其不是『如來藏恆沙佛法佛性』之正義（通方義）。它當然有價值，它是學佛者所必須經過者，但不能說它已至究竟。因此，吾人須進而看如來藏系統——『真心為主虛妄熏習是客』之系統。吾人必須把『正聞熏習是客』倒過來始能真正達至無量四諦而說終別教。」牟宗三，《佛性與般若・上冊》，頁431。

第十章　對牟宗三《楞伽經》與《起信論》詮釋的方法論反思

一、前言

　　筆者對牟宗三先生哲學的討論，自其儒佛會通始，歷經對儒學詮釋道家詮釋及佛學詮釋之處理，本文之作，是對其中佛教哲學詮釋的《楞伽經》與《起信論》一段之討論[275]。本文討論牟宗三先生對《楞伽經》和《起信論》的詮釋意見，並提出筆者的方法論反思。本文之作是筆者對牟宗三先生儒道佛詮釋系統的方法論反思的系列作品之一，前此已討論過牟先生在《佛性與般若》一書中對般若學、唯識學、佛性論和華嚴宗的詮釋意見。牟先生討論《楞伽經》，主要針對當代唯識學者的意見做反駁，主張《楞伽經》中的如來藏識不能視為只是阿賴耶識的別名，因為它有負擔使主體必可成佛的理論功能，而這是阿賴耶識系統不能成功解決的理論問題。至於《起信論》，牟先生一方面視其為既有保證主體成佛的工夫論系統，又有說明現象生起的存有論系統，另方面卻嚴密地防範上述二義會導致外道大梵天的實體性立場。因此，牟先生採取的詮釋策略即是，一方面承認工夫論進路的真常心有實體性地位，故而可保證成佛，另方面否定存有論進路的真常心有實體性地位，因而維持緣起性空的詮釋格局。針對後者，其作法為主張如來藏去無明之後即脫離色相而成孤懸的法身，此說配合其主張華嚴宗談法界緣起時之法界也只是佛法身自己而已，也是捨棄九界眾生，故而牟先生詮釋下的《起信論》和華嚴宗都只剩下說現象的緣起論，至於有實體性實有之嫌疑的如來藏及法身佛都被詮釋為

但空之虛理而已了。以上這些說法，都有背離《起信論》及佛學基本立場的錯誤，本文逐一解釋並反駁之。

二、對《楞伽經》重要問題的理論定位

牟先生談《楞伽經》，即是要為此經的核心問題與立場做出定位，且是有意明確地與支那內院歐陽竟無與呂澂的立場有別，牟先生認為，《楞伽經》言如來藏識，便是對前此唯識學派講阿賴耶識立場的新的轉進，且此一作法，已有其他經典為之，並非孤立奇想，更非義理之所不應有者。然而，當代唯識學者卻刻意將《楞伽經》言如來藏識的意旨解釋為就是只是阿賴耶識的別名而已[276]，因此限縮了《楞伽經》已經打開的義理空間，此一空間，即是成佛可能性的保證。為此，牟先生做了很清楚的確斷，參見其言：

> 《勝鬘夫人經》首言空如來藏，不空如來藏。「空如來藏，若離若脫若異一切煩惱藏。不空如來藏，過于恒沙不離不脫不異不思議佛法。」又言如來藏既為生死依，又為不思議佛法之所依。又言「自性清淨如來藏」，又言「自性清淨心」，此兩者為同一事。繼《勝鬘經》後，《楞伽經》亦言如來藏，亦言藏識，又合言「如來藏藏識」。《勝鬘經》無此合言。此一合言之名引起爭論。說者謂《起信論》誤解了此合言之名。因此，本章首言《楞伽經》言如來藏之意義，次言《起信論》之一心開二門。[277]

牟先生引《勝鬘夫人經》中之若干文句，目標在說明如來藏概念之使用意義，如來藏概念並非《楞伽經》獨有，因此其意旨不宜如當代唯識學派之限縮在阿賴耶識之別名的方式來認定，而應多方參考之後再確定。言如來藏是生死依就是說個體生命現象的生死歷程亦依如來藏而有，更進一步，言為不思議佛法之所依，即是說如來藏是可以

發為做工夫的實踐活動之基礎。前一功能，正是牟先生要與支那內學院當代唯識學派爭辯的重點，後一功能，爭議較少。關鍵在，若如來藏可為生死依，則生滅現象的根本就是清淨緣起的，這是根本地與唯識學派所主之阿賴耶識染污緣起的立場對立的，當代唯識學派藉由將《楞伽經》的如來藏概念限縮在原來的染識緣起的格局之內，然後就找到理由否定《起信論》開出的義理規模，訴求的理由是違背了如來藏即阿賴耶識即藏識的原來意旨。對於這個限縮，牟先生是反對的，其言：

> 案：據歐陽先生意，《楞伽》中「佛以性空、實際、涅槃、不生，是等句義說如來藏」。此如來藏是「無我如來藏」，亦即「本性清淨」的如來藏。此籠統說的「本性清淨的如來藏」豈即是《攝論》之持種之清淨的第八識耶？豈定不可以「自淨心——真常心」說之耶？「無我如來藏」之「無我」豈定是「無我」而不准說「我」耶？《涅槃經》說「常樂我淨」豈虛妄耶？性空、實際、涅槃、不生、無相、無願，是等句義所說的「如來藏」豈定是如中觀家以及虛妄唯識家所說之不生不滅不常不斷的緣起性空之「空如之理」耶？此等句義豈定不可就真常心而言之耶？[278]

牟先生說歐陽竟無先生將《楞伽經》中的如來藏概念以《攝論》之清淨第八識義解之，如此即是以唯識學規模解釋《楞伽經》意旨，但問題是，此種子說的模式對成佛可能性及必然性的理論效力不足，因為不管怎麼說都缺乏了一個內在自主的必然動力[279]，這就是牟先生認為的之所以會有《起信論》依《楞伽經》、《勝鬘經》等經文中的如來藏識概念創發新說的原因，而就《楞伽》、《勝鬘》等經而言，其言於如來藏就是同時解決主體成佛以及個體生命的發生歷程的問題。必須即是個別生命主體的本身有先在的清淨本質，才可能在生命的歷程中，有內在的主動力必然地可以最終成就絕對清淨境界，即成

佛。而這兩項功能，都是如來藏概念提供的作用。前此唯識學派藉由種子說處理成佛問題，而種子始終是在主體之外，又將般若思想視為般若實相只是空如之理，因此沒有內在動力因，所以依阿賴耶識的格局，它就是沒有成佛的必然保證，因此在當代唯識學家將如來藏概念解讀為就是阿賴耶釋的別名時，則如來藏識只能是阿賴耶識內的清淨原理，且是一「但理」之空性，而阿賴耶識還同時有染污性在，因此如來藏識即喪失了創生生命及驅使成佛的絕對主導性。此一立場，牟先生反對之。

　　對於牟先生之反對，以及牟先生對如來藏概念之功能的強調，筆者甚為贊成。但是，牟先生對《楞伽經》及《起信論》的如來藏識卻另有設想，這是他在華嚴、天臺之爭，以及儒佛辯證問題下的另外設想，這一部分筆者就不能同意了。雖然此處牟先生說如來藏有生死依的功能，在後面的討論中，牟先生其實自己又要弱化這個功能的。此暫不論。就《楞伽經》的定位而言，牟先生從哲學史發展的角度說之，其言：

> 然而于佛教之教義，其問題之發展固應不止于《中論》也。虛妄唯識是進一層，真常唯心又是進一層。豈可一概論耶？就《楞伽經》而言，歐陽竟無與呂秋逸以妄心系統之賴耶緣起視經中所說之「無我如來藏」，「藏識」，以及「如來藏名藏識」，未見其是，至少不能決定楞伽必如是，至少亦不能決定彼等之解釋比《起信論》為更順為更佳。如果《楞伽》真只是賴耶中心，則只講一「賴耶藏識」即可，何須又提出「如來藏」，「藏識」，「如來藏名藏識」，這一些嚕嘛，以增加糾纏？如果只有一孤立的《楞伽經》，則如彼等所說，抑或者其可。但《楞伽》以外，有《勝鬘經》，《涅槃經》，會通觀之，則言「如來藏」者比只言「阿賴耶藏識」者為更多一點，或更進一步，必矣。焉能只以賴耶緣起範域之耶？[280]

牟先生首先說佛教教義之發展，由原始佛教發展至中論般若思想，再繼續發展出唯識學思想，本來就是問題一項翻新一項，於是理論一層創新一層，因而進至了真常唯心，也就是如來藏識說的系統，一種理論系統的出現必有其新的問題及新的解決之道，既已有如來藏觀念的出現，卻仍以傳統唯識學的格局去解讀它，甚至主張在如來藏概念為基礎上所發展出來的《起信論》系統是偽論，這就大可不必了，這就是佛教哲學義理不能再發展了，只能停留在唯識學時代中了。但真常唯心系不只是《起信論》，它還有大乘經典的依據，它更有新的問題要解決及新的理論規模在提出，因此不宜謹守在唯識學格局內限縮其義。結論就是，牟先生主張對《楞伽經》言如來藏識的意旨，就是為要面對成佛必然性的問題，所以主張依如來藏而有生死歷程也有成佛動力，而這樣的理解，正是《起信論》發展出一心二門的宗旨，因此《起信論》的合法性也有了。

三、對《起信論》重要問題的理論定位

　　在對《起信論》基本立場的定位上，牟先生對於擺脫當代唯識學的解釋立場十分清楚，也是筆者所贊成的。但是，在《起信論》涉及中國宗派之爭的問題及儒佛之辨的問題上，牟先生對《起信論》的解釋就很有問題了。而且，這是一個在思辨的討論中逐漸發展起來的綿密系統，須逐步謹慎地揭露之。首先，對《起信論》的基本定位，牟先生言：

> 《起信論》是典型的「真心為主虛妄熏習是客」的系統。順阿賴耶系統中無漏種底問題（正聞熏習是客），我們似乎必須要通過一超越的分解而肯定一超越的真心，而此真心不可以種子論。由此真心為唯一的根源，在實踐中說明一切流轉法與還滅法之可能，即是說，一切法皆以此真心為依止；同

時，並說明成佛底真實可能之超越根據，以及頓悟底超越根據，乃至一乘究竟非三乘究竟底真實可能之超越的根據。此一系統既是一系統，當然須通過一分解來展示；但此分解是一超越的分解，而不是如以阿賴耶為中心者之只為經驗的分解或心理學的分解。此一通過一超越的分解而成的系統，通常名之曰「如來藏緣起」。[281]

在這段文字中看似牟先生對《起信論》做出了最正確的義理定位，其實，卻是藉由超越的分解一概念，預藏了爾後華嚴、天臺之爭的先在判斷。首先，牟先生肯定起信論是「真心為主，虛妄薰習是客」的立場，這就遠離了唯識學之以虛妄薰習為無明緣起而說明現象世界的進路型態。唯識學本為說現象而立，現象併主體皆是有漏皆苦，故而必然是無明緣起，因而有虛妄薰習。但是，此義雖可解決現象世界的發生的問題，卻使得主體上升成佛的可能性難以建立，因此，面對此一新的問題，必須有新的理論及新的概念，那就是《起信論》的真如心，也是《楞伽經》中的如來藏識的觀念設想。以真如心為現象世界生發的根源，也因真如心而有主體成佛的先在依據及必然保證。其次，牟先生說《起信論》有一超越的分解，一是針對唯識學為心理分析的經驗層而言，而為一超越的主體能動性，此義問題不大。有問題的是分解一詞，牟先生說一切分解的系統都有系統相，言下之意系統相也是有限制的，因此就不是圓滿的，而如來藏識既是分解的，那就不是圓教的，要到天臺宗才建立的無分解相的教理，才真正走到圓教。《起信論》最後發展至華嚴宗，是分解系統的顛峰之作，因此還有所不足。這一條思路是為對付華嚴天臺之宗派之爭，及儒佛兩家之學派之爭而設立的，其深意後文再述。

牟先生以真常心能為流轉法及還滅法的根源，亦即是以真常心生發現象世界及由真常心使主體成佛，因此《起信論》中的真常心之說法，比起般若思想便有一升進，參見其言：

此眞常心亦即是一種般若智心也。實相般若即是心眞如也。實相與唯心並非不相函。從《般若經》之實相般若，依蕩相遣執之妙用作用地言般若，進而言心眞如之眞心，使作用的般若成爲實體性的般若，亦並非不可。此蓋由《般若經》只言般若作用地具足一切法，而對于一切法卻並無一根源的說明，即，只有作用的具足，而無存有論的具足，是故再進而言存有論的具足，由此進一步的說明所必至者。一心開二門，二門各總攝一切法即是存有論的具足也。依心生滅門，言執的存有論；依心眞如門，言無執的存有論。是則由實相般若進而言心眞如之眞常心，此乃由問題之轉進所必至者。惟須知此眞常心仍是就諸法之空如無性而說者。只因生滅法繫屬于生滅心，故法之空如無性之實相亦繫屬于眞心，因而言眞常心或眞如心。心眞即法眞，心如即法如；反之，法如即心如，法眞即心眞。此是存有論的智如不二，亦即心法不二（所謂色心不二），尚不只是作用的實相般若也。此種分解地說的唯眞心之存有論地具足一切法尚不是眞正的圓教，此待後〈天臺部〉詳簡之。[282]

　　本文重點在說《起信論》多於般若學的要點在其有存有論意義，因爲般若學只有作用義而不涉存有，而《起信論》有生滅門負責存在，此亦即唯識學派之阿賴耶識的原有功能。文中說眞常心就是般若智心，此義筆者同意，只是《起信論》的眞常心使般若學的作用的般若上升爲實體性的般若，般若智原本就是佛家的空性智慧，是佛教的本體論意旨，眞常心就是說以這個空性智慧的意旨作爲一切現象世界的根源，於是這個眞常心，既是現象世界的存在根源，也是價值意識的終極根源，故而亦得作爲主體實踐的工夫論的心理薊向，故而有還滅的作用力在。至於其作爲現象世界的存在根源，即是牟先生此處說的實體性的般若，存有論的具足。之所以要如此強調，就是前此牟先生在說般若時，割裂了般若學與說現象的系統，以爲般若學是一孤立

獨發的理論，只說作用，亦即只談主體實踐的工夫論，而未論及現象世界之如何而有。此說，筆者已表示反對之立場[283]。關鍵就在，般若學是依原始佛教發展而出者，現象論部分已預設在其中，至於後來的唯識學專論現象，則亦已預設了般若學的本體論意旨。是牟先生自己割裂般若學與原始佛教及唯識學的內在關聯，才會有這樣的解讀意見，認為般若學與存在問題無涉。現在，為解決主體成佛的問題，成佛的清淨動力必須內在於主體中，故而以真常心擔任之，但真常心伴隨生滅門，後者負擔了現象的存在與發生，於是便有了存有論的意味。

文中說了執的存有論依心生滅門而有，而又有無執的存有論依心真如門而有。其實，執的存有論就是說現象世界的宇宙論，而無執的存有論只能是說主體實踐的工夫境界論，然而，工夫境界論必須依賴本體宇宙論而有，而本體論也是依宇宙論而建立，所以其實是同一套宇宙論，在其中發生了本體論及本體工夫論以及境界論。心生滅門及心真如門就是一體兩面而已，而以心真如門為最根本的依止。但是，牟先生顯有又要割裂此二門的違規作法，透過割裂，便可說其不是最高最終之最圓之教，亦即，牟先生對此一《起信論》的真常心之存有論卻不認為是真正的圓教式的存有論，關鍵就在前文後半段的一整段語焉不詳的說法中，由於本段文字語焉不詳，尚不易明解，所以需要後文更多的討論，才能解明。

牟先生前此肯定了《起信論》的心真如有存有論的意義在，後此即要將此存有論的實體性地位予以減殺，參見其言：

> 心真如是一切法門之體，此「體」是尅就空如性說，亦如言以空為性，心真如之真心就是一切法門之如性、真性、實相，而實相一相，所謂無相，故就如性、真性、實相，而說「體」，此體字是虛意的體，非有一實物曰體也。[284]

看似牟先生在解讀《起信論》文義，其實卻正是緩步地在變更文

義、扭曲其旨，本文就是說，以空如性爲體，則這只是性體，只是理體，不是萬有生滅之經驗事物之體，本來《起信論》以眞如爲生滅之體，一存在一本體，眞如即存在之本體，現在，在牟先生的小心解讀下，眞如變成只是空性之體，此體空有體義而爲有存有論意旨之概念，但其實，已被隔離於存在了。又見其言：

> 心眞如者，即是不起念而直證諸法無差別之如性之眞常淨心也。法之眞如性即是心之眞如性，以一切法統于心故。心之眞如性即是法之眞如性，以此眞心爲諸法門之體，爲一法界之大總相故。此是存有論的智如不二，色心不二也。[285]

牟先生說心眞如有不起念之作用是對的，心眞如就是要來做工夫的主體，且以此而保證必可成佛。文中雖說，此眞心爲諸法門之體，此語必須視爲只是牟先生的聊備一格之說而已，因爲後文中牟先生就會說此心眞如之爲體義仍是虛旨，即上文中所說的虛意而非實物之體，因此，本文中所說的智如不二及色心不二，顯然在牟先生的理解下仍有其特殊意義，就算講色心不二，卻仍不是就眞如與生滅之不二而說的。

所以，依牟先生，眞如本即般若，虛理而已，無存有論意義，現在牟先生固然說眞常系統的如來藏識有存有論意義，但仍所說不明，後文即會說仍是阿賴耶在負擔存在，而心眞如又與存在無涉，至於眞常心系的心眞如之所以與般若概念不同之處，只在它的成佛保證能力上，亦即做工夫的功能上。可以說前此批評唯識學派的不是之處，不知不覺地牟先生竟然用了他所反對的理論詮釋起信論的理論了，參見其言：

> 故心眞如即是一法界之大總相而且爲諸法門之體。心眞如性不生不滅實即原本通過實相般若所見之緣生法不生不滅（無生法忍，體法空），以一切法繫屬于心故，故將不生不滅移

于心上說，而說爲不生不滅，亦即心之眞如性（空淨心，眞如心）也。空淨心，以爲法門之體故，故爲（虛意的）實體性的心，而同時實亦即是作用的無心之心也。[286]

　　牟先生強調，心眞如就是將般若不生不滅思想移上主體心上說，故而筆者說牟先生是看到了心眞如的本體工夫意旨，此說筆者同意，但是，本體工夫即是以本體爲蘄向所進行的心意志純粹化的工夫，本體即是現象世界的本體，主體亦是現象世界的主體，心眞如作用時即是主體及現象的主宰在主導自己行動，它是作用的無心之心沒錯，但豈能說爲虛意的實體性之心？既說虛意的，則又說實體性的有何意義？這就是牟先生在猶豫遲疑的筆法。就是在不必割裂意旨處割裂，以備其爲天臺、華嚴之爭甚至儒佛之辨做準備，其結果，就是把具存有論旨的心眞如又說回去只有作用功能的般若智心了。如下文言：

　　　　《般若經》只言空、如、法性、實際、實相、法位，不言法界，蓋無對于一切法作根源的說明之故。《攝論》依據《阿毘達磨大乘經》之經偈以阿賴耶爲一切法之所依止，始有「最清淨法界」之說，此是賴耶系統中之法界。《起信論》將一切法統于如來藏自性清淨心，而有「一法界」之說，此是如來藏系統中之法界。本此系統盛談法界圓融而至其極者，則爲華嚴宗。但只盛談法界本身之圓融並不眞是圓教。如此圓融之法界是性起乎？抑性具乎？若如此考慮始決定是否爲圓教。此則將在〈天臺部〉中詳簡之。[287]

　　本文是說，《般若經》不說明存在界，《攝論》才說及存在界之所以成立的依據，《起信論》將說一切存在的功能統合於如來藏清淨心，此一進路至華嚴宗才說到究竟至極，但根本上是性起非性具，故非最終之圓教。性起是眞如心隨現象緣起而作用而起，性具是生滅心即具法性，法性即具生滅現象。亦即，《起信論》至華嚴而爲性起者

之眞如心仍隨現象作用而起作用，至於存在，已被割離於外，唯有天臺宗性具系統即在生滅心中性具法性，故而不離存在。也就是說，《起信論》開發的如來藏系統只是般若系統加上主體實踐的功能，至於說明現象存在的功能仍是心生滅門的阿賴耶識系統在負擔的，亦即現象直接依據阿賴耶識而生起，如來藏識只是其憑依因，亦即間接依據，此義當然有存有論意味，但它固然說到了存在，卻是虛意的而已，亦即如來藏識自己是一法界，如同華嚴宗之以成佛者境界爲法界，而非現象世界的法界。此兩者是異體的。欲其同體，必須是天臺的性具系統，即法性即無明，才眞爲圓。

筆者以爲，牟先生抽象太過，割裂太多，佛教基本意旨已遭嚴重破壞。依《起信論》，即眞如即生滅，即生滅而說爲眞如，分開來說爲二，實際上是原來的阿賴耶識的所有功能，再增加其爲根本清淨的心眞如之義涵與功能而已，此一增加，建立了世界本來清淨的本體論立場，從而使得主體必然可以成佛之事獲得保證。是牟先生曲意割裂密謀微調，將如來藏識步步脫離現象世界的本體的地位，從而才有性起、性具的對立型態，而最後藉由天臺之法性無明詭譎的相即而說爲圓教，但正在此一詭譎之相即中，世界存在之依據便失去了必然性的保證，以此，就可說儒佛不同了，關鍵即在，無明即法性的法性，又須接受緣起性空的立場，既是性空，即非實有，若佛家願意接受「緣起性道德」，才眞實有，此時便即刻入儒，儒佛同矣！以上，筆者將繼續藉由牟先生的文字逐步清朗之。

以眞心爲做工夫的主體，此義，牟先生說爲實體心，但以眞心做存在的憑依時，牟先生就說是虛意的實體了，此義繼續參見下文：

> 緣起法無自性。但一切無自性的緣起法皆統屬于一眞心，此眞心爲其體，則此眞心即是有自性有自體的——此眞心本身就是性就是體，因而這就是它的自性，它的自體。它雖然可以是作用的無心之心，亦無有相，亦無可立，然而它畢竟是一個實體性的心。只有這樣的心始可說「有自體」緣生

無性，以空爲性。但我們不能說有實體性的空，此所以又說「空空」，以空爲抒義字，非實體字故。[288]

本文說緣起法統屬於一心，但牟先生並不是說，緣起法之發生是來自於一眞心，若是此說，就是心眞如生起現象世界，但牟先生並非此意。眞心爲緣起法之體是其本體之體無誤，但它只能作爲主體實踐之價值意識的依據，故而可以爲工夫之作用。至於現象世界，那就非此眞心的功能了，下文即意旨畢露。其言：

> 此眞心一方既是空，一方又是不空，空與不空融而爲一，此中道。此中道是就空不空的眞心說。天臺宗有所謂「但中」與「不但中」之說，「但中」即指此「空而又不空」的眞心說。「但中」者，意即只是分解地說的眞心這個中理（一切眾生皆本有這個眞心中理），但此眞心中理並不性具一切法，乃只隨緣而起現一切法，因此，這個眞心中理其本身便成寡頭的「但中」之理，尚不是「圓中」也。圓中即「不但中」。但無論「但中」或「不但中」，此中之「中」皆非龍樹《中論》「空假中」之中。此須通過「如來藏恒沙佛法佛性」一觀念始能說。實相般若固不能至此，即阿賴耶緣起亦不能至此。《起信論》開始至乎此，但又只是「但中」。此亦須在〈天臺部〉中詳論。[289]

無論牟先生如何用力於解說《起信論》的空不空意旨，最終還是走入天臺、華嚴之爭的格局中，文中說的「但中」、「不但中」的理論，配合「性起」、「性具」說，即是說心眞如及如來藏識者，只是「但中之理」，雖實具於主體心中，且可爲作用的動力，但現象世界仍是依阿賴耶識而有，心眞如及如來藏識的作用是隨其緣起而作用的，本身不性具這些法，這些法不生起於心眞如，而是生起於心生滅門的阿賴耶識，心眞如只隨其緣起而有主體的清淨作用而已，這就是

牟先生割裂眞如生滅二門的理論模式。如此，可以說，原來在般若經系及唯識學系的觀念始終緊附在牟先生對起信論的解讀裏，時不時拿出來破壞已解決更多問題的進化系統之起信論，企圖使它仍有內部矛盾而仍不堪比擬於儒學。

牟先生直接說如來藏識不生起現象世界的話就在下文：

> 案：「心眞如」是分解地預定一超越的眞心以爲「一法界大總相法門體」。「心生滅」是憑依此眞心忽然不覺而起念，念即是生滅心。此生滅心即叫做阿賴耶識。但如此說的阿賴耶識不是空頭的阿賴耶識。它是憑依眞心而起，亦就是「不生不滅與生滅和合」。「不生不滅」是指眞如之眞心說，這是它的超越的眞性；「生滅」是指其本身之爲念（心念妄念）說，這是它的內在的現實性（雜染性或虛妄性）。依它的超越的眞性，說它的覺性（本覺）；依它的內在的現實性，說它的不覺性。因爲它有此雙重性，所以此生滅門是要說明流轉與還滅之可能的。這不是空頭的阿賴耶，所以這也不是如智者所斥「那得發頭據阿黎耶出一切法」？
> 從它的內在的現實性（不覺性）方面說，它是生死流轉之因（生因），這叫做阿賴耶緣起。但它既不是空頭的，它是憑依如來藏眞心而起現，所以阿賴耶必須統屬于如來藏，因此，遂亦方便說爲「如來藏緣起」。說實了，如來藏眞心並不直接緣起生死流轉，直接緣起的是阿賴耶。說如來藏緣起是間接地說，這其間是經過一曲折一跌宕的。這一曲折即是「無明」之插入。只因阿賴耶統屬于如來藏，所以才間接地說爲如來藏緣起。生死流轉底直接生因是阿賴耶，而如來藏則是其憑依因，而非其生因。[290]

上文有前後兩段，前段牟先生解心生滅門，以之爲說流轉與還滅，流轉即宇宙發生論，還滅即工夫論。生滅心即阿賴耶識，不空

頭。說不空頭即是說它有眞心以爲憑依。實際上說，不覺依本覺而忽有，沒有本覺即無不覺，忽有不覺，說爲阿賴耶識，阿賴耶識仍是如來藏識，只爲在迷之狀態中，而有生滅歷程而已。說阿賴耶識不是空頭的話沒有特別的意思，因爲已經是如來藏識了，只是如來藏識有原先阿賴耶識以染法妄心生滅一切現象的功能而已。筆者此說，是合二門於一心，是合二識於一識，然而，牟先生卻要曲解意旨而將二識分離。

後段文中，牟先生即直接說是阿賴耶生起現象世界，而非如來藏生起現象世界，這就是二識分離了。牟先生說直接間接亦無不可，但根本上的重點是，阿賴耶識即是如來藏識，且只有如來藏識，只其有忽而不覺以無明緣起現象世界的作用，此時援用舊名而說爲阿賴耶識而已。依牟先生的討論方式，如來藏識與阿賴耶識被分而爲二，既分而爲二，如何說是一心開二門呢？一心豈不也變成了二心了？若保住一心，則依佛教唯識學說的基本義理，萬法唯識，即唯心，此一心中有現象世界也有流轉還滅，則兩分如來藏識和阿賴耶識就更不是重點了。

下文即是牟先生再次強調如來藏識如何地是間接地緣起世界，這樣一來，就得承認另有一阿賴耶識才是直接地緣起世界，一心兩識，參見其言：

> 因無明之插入，間接地說如來藏緣起，這叫做「不染而染」。同一眞心，只因吾人的生命有感性，所以一念昏沉，無明風動，便不染而染，陷于生死流轉。但眞心本性並不因此而改變，所以雖染而爲念，而其自性本淨，這又叫做「染而不染」。不染而染有生死，染而不染有還滅。故如來藏既爲生死依，又爲涅槃依。其爲生死依是間接地爲生死之憑依因，其爲涅槃依是直接地爲無漏功德之生因。這才是「無始時來界，一切法等依，由此有諸趣，及涅槃證得」一偈之完整的解釋。當眞諦說「阿賴耶以解爲性（爲超越的眞性）」

時，其心目中的阿賴耶即是《起信論》中之非空頭的阿賴耶。（如若如一般認爲《起信論》出自中國，但又不知何人所造，則吾人亦可方便臆想爲即是眞諦所造，蓋因眞諦本即是此思路故。）如若以空頭的阿賴耶爲中心者，則不得言「以解爲性」也。「解」就是《起信論》所說的「覺」。[291]

本文中說如來藏識間接的爲生死依而直接的爲涅槃依，爲涅槃依即是爲還滅依，即爲做工夫而設，此義筆者無異議。至於間接的爲生死依，就是說另有阿賴耶識爲直接的生死依。此說不諦，這等於是說阿賴耶與如來藏是兩回事了。當初，眞諦譯攝論，攝論只有阿賴耶識沒有如來藏識，眞諦就把阿賴耶識的功能以後來的如來藏識根本清淨的意旨去定位它，即是眞諦解攝論說阿賴耶時是以解爲性之意，雖以解爲性，但仍以染性生發現象世界，所以一個阿賴耶識有兩種功能，即《起信論》之一心開二門，故而牟先生直接臆測《起信論》的作者就是眞諦，而筆者則要說，以解爲性之阿賴耶識在《起信論》就稱新名爲如來藏識，如來藏識當然「以解爲性」，但不礙其忽然不覺而無明起用而有現象世界，這是《起信論》的理論設計。重點是，沒有一心二識，沒有獨立的空如之「但中之理」的如來藏識，又復另有一阿賴耶識之存在並負生起之責，而是一心一識兩種功能，因此說間接地爲生死因是有問題的，因爲最後的依託仍是此心一心而已，是同一主體心有兩種功能，而不是有兩種實體分裂爲二而不相統屬的，因此在《起信論》就是一個如來藏識而已，也是一個主體心，其有兩種功能，生滅及眞如，此心既爲生死因亦爲涅槃因，爲生死因是由此心忽而不覺輾轉而出一生滅歷程，說爲生滅門之作用，爲涅槃因是此心之眞如作用薰習一直不斷終至成佛，說爲眞如門之作用，這樣就不會把《起信論》至華嚴宗的如來藏緣起和法界緣起孤立於現象世界之外。然而，一心二識分虛分實，就是牟先生逐步形成的明確理論立場，就是巧妙地將如來藏識切出阿賴耶識且分爲二事，結果就是一但中之理如柏拉圖之理型，而另一生滅世界爲現象世界，這樣，如來藏識就被

割離於現象之外了，如來藏識如此，法界緣起的法界亦如此了，這實在是對《起信論》及華嚴宗理論的誤解。

　　牟先生於《起信論》言於覺不覺處進行討論，強調了心眞如的工夫論功能，但仍忽略其生起存在的功能，見下文：

　　　　《起信論》所謂「眞如」即心眞如之眞心，不只是觀緣起無性這無性之空如之理，如中觀家及唯識家之所說。如眞如只是空如之理，則它自然既不被熏，亦非能熏。但在此，眞如是眞心。心始有活動力，故它亦自有一種能熏力。它既可以爲無明所熏，不染而染，它亦可以染而不染，能熏無明。唯識家斥「眞如熏習」爲不通，此由于不知雙方所說眞如意義不同故也。眞如心有內熏力（內在的影響力），是即無異于承認成佛有一先天的超越根據，成佛有必然性。此即從無漏種問題，轉進至「超越的根據」之問題，而作爲成佛之超越根據的眞如心不可以種子說也。不但不可以新熏種子說，亦不可以「法爾本有種」或「本性住種」說。蓋種子必對現行而言，它本身只是一潛能，必待受熏而起現行，然而眞心卻自有一種自己湧現之能力。又，種子是散列的，個個差別的，各有其特殊的因果對應，然而眞心卻是遍、常、一，是無爲法，不是有爲法。由此二義，可知眞心不可以種子說。
　　　　292

　　本文強調眞如是心而不只是理，如此才能眞正熏習而終至成佛，這是就涅槃因說的，也就是對工夫論而說的。文中討論眞心不可以種子說，因種子說缺乏內在主動力，以上的講法筆者都是同意的。就工夫論說，眞如心就是在承擔這個任務的。所以工夫論部分沒有問題，有問題的是宇宙論部分，亦即涉及存在的討論的部分，亦即是爲生死因的部分。依牟先生之意，還滅作用時之眞心之主體心是實在的，而非空理而已，但是，生死歷程中的眞心就只是但中之理是空理而已

了。此義甚爲奇怪，明明佛教就是唯心論系統，萬法皆識變，生滅是識變，還滅也是識變，宇宙論是唯心的，工夫論也是主體心在實踐的，只此一心，既生死亦還滅，豈有同一眞心只還滅不生死，還滅時是實有此心而非但理，生死時就只是但理而把生滅功能另外交給阿賴耶識去執行，即便語意上於生死因時說爲阿賴耶識，但阿賴耶識仍屬如來藏識，仍是《起信論》系統內事，割裂之設想實屬無根。

下文即是牟先生言於如來藏識不能有眞正的存有論的明確陳述，參見其言：

> 案：說至此「色心不二」，「眞如自在用」，這好像已甚圓滿了。然依天臺，這仍只是別教底圓滿，尚非眞是圓教。分解的說法取徑紆迴，紆迴至此已算達到極致。既是「從本已來色心不二」，何以「法身」又無色相？「色性即智，無體無形，說名智身；智性即色，說名法身遍一切處」。這個「即」字「即」到什麼程度？是何形態的「即」？平看，這個「即」是存有論的自即，分析的即。如是，則不應說「法身離于色相」。涅槃經說如來法身捨無常色，獲得常色。則法身必然有色，只爭在執相與否而已。然依《起信論》無量色相皆是菩薩業識所見，若離業識，則無相可見。如是，則見有色相，全是無明之功。必斷無明，法身乃顯。如是，則法身不即色相，色相不即法身；推之，也就是法身不能即于無明，無明亦不能即于法身。六道眾生、聲聞、緣覺、菩薩，這九界全在迷中（眞如在迷能生九界），必斷此九界，始能見法身、成法身也。然則「色性即智，智性即色」，實未眞成爲「即」也。此「即」字豈只是離于色相之法身能現于色相，能現後之「即」耶？若如此，則「法身是色體」不是分析語，「智性即色」亦不是分析語。如是，則「色心不二」亦未能究極完成。到需要時，隨便拿來一說而已。如是，則「眞如之自然用」亦不是存有論地分析地必然的，只

是隨感而應而已。有是自然地應現，有是神通作意地應現。此即示真如用不是存有論地分析地必然的。凡以上所說皆是天臺宗所注意者。故《起信論》之超越的分解雖高于以阿賴耶爲中心者，然仍是別教，非圓教也。此將于〈天臺章〉中詳簡。[293]

　　牟先生詮釋《起信論》言於法身和色相的問題，《起信論》明講色性即智，智性即色，依筆者的解讀，色法本來虛妄，根本是智，智性本來真實，能化現虛妄的色法。故說及存有論，色性即智、智性即色。另外一個意義就是主體之心一心包攝智色一切萬法。然而，牟先生卻創發奇解。他卻是將工夫論的話語當成存有論的命題在解讀了。牟先生謂之：「**依《起信論》無量色相皆是菩薩業識所見，若離業識，則無相可見。如是，則見有色相，全是無明之功。必斷無明，法身乃顯。**」就是說菩薩斷無明薰習以後才會有法身的出現，亦即在有無明色相的歷程中時，法身是不存在的，是被脫離於主體色身的。必斷無明，才忽而有法身以爲主體。此說怪異至極。這就是筆者說牟先生把工夫論的話當存有論的命題在解讀了，結果就支離了理論的全貌。工夫論進路說主體修證至斷無明時即顯法身，其實是說，法身一直處於被遮狀態，當真如薰習而終斷無明之後，法身完全呈顯了，也就是說，在工夫實踐的所有過程中，皆有法身即在主體之中，此即心真如，此即如來藏識，只其爲成佛前，仍有在迷之無明之程度精粗不等的束縛作用而已。故斷無明時，法身是全顯，而不是或遮或顯，更不是突然出現。但牟先生之解讀，卻是將主體之法身呈顯之狀態與主體在迷染無明的狀態切割爲二，法身中無色相，色相中無法身，法身與色相互不相即，其實，說「若離業識，則無相可見」是不執相，是有智有色但不執色，執色即在迷，不執色即開悟，是有智而不執色，而不是有智無色，是斷無明離九界識離九界之執，而不是捨離九界不復救渡成一孤懸的玄冥之境者。

　　然而，牟先生卻以此意解釋華嚴宗之斷九界始能成佛境之說法。

所以，牟先生認爲《起信論》的智色相即之說，其實一點也不即，表面上看是存有論的即，其實卻不是。牟先生說智性即色不是分析語，即是說存有論上不必然智即色了，於是色心不二也成立不了了，因此牟先生說《起信論》的智色相即的立場只是需要時拿來說一說而已。此說，筆者深深不以爲然。筆者以爲，是牟先生自己需要時說一說《起信論》有智色相即的立場，但究其實，牟先生眞正的立場是，如來藏識不及於現象世界，心眞如不及於心生滅的現象世界，於是眞如之用便缺乏存有論的必然性，它只是隨感而用而已，這樣說來，差不多工夫論也缺乏必然實踐的主動力了，因爲做工夫的主體已不必然同時即是擁有現象的實體了。

《起信論》的討論進入最後總結的階段時，牟先生又定位了《起信論》的理論地位，以下將這些結論再做一整理及討論，則牟先生的思路就很清晰了，但其中的缺點也就暴露無遺了。其言：

> 茲須作一總檢查。自《起信論》依《華嚴》、《密嚴》、《楞伽》、《勝鬘》、《涅槃》等言如來藏之眞常經而提煉出一個眞心後，佛教的發展至一新階段。此一新階段似是一特別的動相。它對內對外具有特別的意義與作用。就佛教內部言，它實比印度原有的空有兩宗爲進一步。唯識宗的有宗已比《中觀論》的般若學爲進一步，以《中觀論》無對于一切法（即流轉還滅）作根源的說明故。《起信論》又比唯識宗爲進一步，以唯識宗以阿賴耶識爲中心，以正聞熏習爲客，成佛底根據不足夠故；《起信論》提出眞心，成佛始有一超越的根據。[294]

本文首先肯定《起信論》應有一新的貢獻，重點就在於對成佛可能性的貢獻。此說無誤。但就如前此對般若學的割裂式詮釋的做法一樣，牟先生固然肯定《起信論》能談成佛問題，卻對於般若學無涉法的存在之說不能稍忘，對於心眞如的詮釋亦逐步朝向此一立場趨近。

即見下文：

進一步，再從內在的義理說。從內在的義理說者，如如智（無分別智）本是佛所呈現，但它總是清淨心。清淨之所以為清淨乃是因相應如如境而不起分別，故亦為如如智。空有兩宗本只如此說。《般若經》「菩薩應無所住而生其心」，即是不住著于色聲百味觸法上而生其心，此即是作為空慧的般若清淨心。但通過「如來藏恒沙佛法佛性」一觀念，須對一切法有一根源的說明。在此問題上，此般若清淨心，無分別智心，須作一切法之所依止。在此一轉之機上，原初如如智與如如境是平說的，遂轉為豎說，以如如智心為主綱，將諸法之如境空性吸收于此如如智心上而與此智心為一，如此，此智心遂成為一豎立的真心而為一法界之大總相，並且是一切法門之體。真心即真如心，心真如。真心為諸法之體（大總相）即是空如為諸法之體。原初，空如是不能為體的。緣起性空，依他無性，此無自性之空性是抒義字（抒緣起無性之義），並非實體字。但到「真心」成立，空如理與真心為一，空如理遂因真心故而亦成為一實體字。空如為體，實即真心為體。因空如理被吞沒于真心而從心故。此成為一條鞭地唯真心。原初，原是心從空如性的，清淨心只是佛所浮現，故心與性原是鬆散地平說的。今轉為豎說，故性從心，而成為真心，遂得成為一法界之大總相，而且是諸法之體。此則真心便有實體性的意。真心是一切法之所依止。在此，亦得說：若見真心，即見諸法之空如無相。然此真心本身卻是一個實體性的實有，此即所謂不空如來藏也。

般若清淨心原是因照見如境而清淨。此是鬆散出去說。現在說豎立的真心，那是如境反射進來而內處于般若清淨心，遂將此般若清淨心映現而為一豎立的真心。此是將佛之鬆散的如智與如境之平平境界凸起而為一緊張的狀態，因對眾生而

說其成佛可能並對一切法作一根源的說明這兩問題而凸顯爲一緊張的狀態。因此緊張的狀態，般若清淨心遂轉爲豎立的真心，成爲一有實體性意味的實有。但既是一緊張的狀態，則亦可說是一種權現，即可打散。因佛總須平平也，在此緊張狀態中的佛（即唯豎立的真心系統中之佛）亦是權佛。豎立的真心既有實體性的實有之意味，則真心即性，此性，以今語言之，便可有實體性的本體之嫌，以古語言之，便可有外道梵我之嫌。但嫌疑畢竟是嫌疑，而不是真實。故須詳爲抉擇。[295]

牟先生對《起信論》的討論意見是很猶豫的，要說《起信論》能有成佛之保證故而心真如必須是一實體，但又要說此一實體非真能使智色相即，否則即爲有外道梵我之嫌的存有論，遂又建立說法以避開之。上文前後三段相連，第一段將般若智由不涉及存在轉變爲如來藏識真如心需負擔存在的說明，而這樣一來就有實體性的意味在。第二段說要負擔成佛及說明存在就必有實體性意味，但這卻是一權現，非真實有。必須將此實有意旨予以打散。第三段說此實有之疑即是爲外道梵我之嫌，故須破除之。

筆者以爲，佛教假設外道梵我執一切現象爲實，且爲一次性生起世界的宇宙論。而大乘佛教自己則視現象不真，非不謂無有現象，故而如來藏識非不負擔使現象爲有之功能，但有而不執，且世界都在此起彼滅、成住壞空之中，因此負擔現象世界且有實體性意旨的如來藏概念並不需要即等同是外道梵我之說，因宇宙論已不相同，但是，使現象世界生起的功能不能與如來藏識無涉，所以，詮釋大乘佛學的理論，也無須一味要擺脫實體性的立場。

然而，牟先生卻極力地爲擺脫此一立場而構作理論，續見其言：

如來藏「真心即性」之有「實體性的實有」之意味只因在對眾生而說其成佛可能之根據並對一切法作一根源的說明這兩

個問題上始顯出這一姿態,即是說,只在這兩問題所示現的架勢上始顯出這一姿態。這實體性的實有只是一個虛樣子。如來藏真心「隨緣不變不變隨緣」之緣起並不是實體性的實有之本體論的生起。它是通過無明妄念(阿賴耶識),不染而染,始隨染緣起生死流轉之雜染法,它本身並不起現這一切。它本身染而不染,故又能就這一切雜染法而起還滅之功行,因而得有清淨法,此即所謂隨淨緣起淨法(內外真如熏習即是淨緣)。至還滅功成,無明斷盡,仍是無我如來藏,離妄想無所有境界。此時,那個有實體性的實有之虛樣子的真心即被打散,而仍歸于最清淨而有豐富意義的涅槃法身,即「如如智與如如境」之境界。[296]

本文開始說如來藏有實體性意味只是一姿態,一個虛樣子,並不是實體性實有之本體論的生起,負責生死流轉的是阿賴耶識,這個如來藏識的心真如,待主體起還滅之功後,歸於涅槃境後,便又只是一個如如之境界而已。這一段話中,萬法唯識的佛教基本教義被打散得七零八落了。阿賴耶識即是如來藏識的一個功能面向,說阿賴耶識生起世界生死流轉,即是說如來藏識生起世界生死流轉,有而且只有一個主體心,此一主體心成佛後之如如智境仍必須說為是一實體性的實有,否則其前此不會有生死流轉,後來不會有還滅入證,甚至,最終不會有成佛聖境,成佛聖界必須為實有,否則整個佛教哲學就是一宣布自我虛幻且最終斷滅的系統,而這正是華嚴宗言法界緣起所關注到的問題,現象世界為佛法身自己,故而有其意義與目的在,故而一切皆實,但不礙世界仍然重重無盡此起彼滅成住壞空。

牟先生先割裂如來藏與阿賴耶,生死交給阿賴耶,還滅交給如來藏,至成佛境,全無了現象世界,故而如來藏並不實有,只是虛樣子。此說,筆者不能同意。牟先生要取消心真如的實體性實有概分兩套說法進行,參見其言:

其實體性的實有之虛樣子之打散可分兩步說。一是就此真心即性之別教當身說，二是就圓教說。就此別教當身說，如適所說，至還滅功成，歸于無我如來藏時，只打散真心之本體論的生起之架勢，但尚未打散那無我如來藏（離妄想無所有境界）之孤懸性，此即示此真心系統之緊張性仍未完全鬆散，故為權佛也。何以故？以真心不即妄歸真，乃離妄歸真故。此即天臺宗所謂「緣理斷九」，屬「斷斷」也。因此，涅槃法身本無任何色相，色相只是其應化上之示現，或菩薩依業識之所見，或凡夫二乘分別事識之所見。若離此等識，便無所見。無所見，自亦無所謂示現。因此，「無色相而能現色相」便不是分析地必然的，以所謂「從本已來色心不二」，此「不二」非分析的「不二」故。因此，在法身上，本只是一個「智身」，嚴格講，只能說「如如智」而並無「如如境」之可言。以如如境必即緣起事而為如如境，而此時，卻並無緣起事故。即華嚴宗就法身所展示的法界緣起亦是因地久遠修行中之事之倒映于法身，因此，亦即是佛法身之映現或示現，隨眾生之所樂見而示現，而其自身卻無此等事，既無此等事，自亦無所謂法界緣起也。此見下章可明。華嚴宗之所以如此，以其義理支持點本在《起信論》故，唯真心故，此所以同為別教也。以為別教，故佛仍是權佛。既是權佛，則佛法身之孤懸性所顯的緊張相即仍未打散。若想將此孤懸性之緊張相打散，則必須進至於圓教，由「不即」而進至於「即」，由「斷斷」而進至於「不斷斷」，此即是天臺宗之所說。[297]

筆者並不同意將《起信論》的實體性實有打散，但牟先生執意為之。《起信論》立一眾生心，此一心開真如及生滅二門，即已在此處說明了萬法。自凡夫以迄成佛，一是皆此眾生心之有而為之。成佛如若不實，則佛教依何成立？故而必須最終要有實體性的實有立場。是

牟先生必欲進行儒佛虛實有無之辯，故而逼得自己勢必要將《起信論》言於心真如之實體性地位打散，作法都是就成佛境是空理不涉世間而說。然而，一眾生心呢？牟先生完全未及言此。心真如是一眾生心之一門，一眾生心是實，才有其還滅證佛之事，眾生心既真實作用，則如何能說真心不實呢？牟先生概分兩步說其不實。第一由別教說，第二由不圓教說，其實都是依天臺的思路以說《起信論》的意旨。

牟先生的第一步是說成佛時只剩一如智本身，已無現象世界，故而是不實虛意的實體性，因為本體論的生起之架式已被打散。此說真怪異哉！因為如智還是實的，如智就是會起大功德作用的主體，如智就是會有不思議佛法的作用的，豈能就被打散？還滅而成佛境時，只能是更有清淨大力能仁而已，豈有實體性被打散的說法可以出現？牟先生此說之出現，是一經天臺後學歪曲之後的解讀，以為成佛境後涅槃法身無色相，所以智身及色身本不一體，因此，甚至從一開始就只有如如智，亦即只有一無經驗之根源的智慧原理，故亦畢竟無如如境可言。以緣起者皆非自其自身所起而言，緣起是阿賴耶識之事業，主體行還滅之功之後，無明滅且現象隨之滅，又只剩一無現象之如如智而已。牟先生這樣的思路，既支離了華嚴教義，也背離了佛教思維，如來藏識及法身法界都成了自我內思的套套邏輯，也因為這樣割裂如來藏識和阿賴耶識，所以於詮釋華嚴宗的法界緣起時，牟先生也就得出是法界自己自性清淨地緣起，又是與現象無涉的活動了，因此也就沒有真正的法界緣起了。

雖然如此，牟先生對起信、華嚴的扭曲尚不停手，因為，《起信論》及華嚴宗仍然有一如來藏識之堅持在，故而仍有一佛法身之理體存在，實有性尚未完全打散，牟先生還要繼續打，因為佛教就是不能是實有的系統。他接下來的作法就是利用天臺宗的若干說法，以撤消獨立的如來藏佛法身的概念，以法性即無明、無明即法性之說，使兩者詭譎地相及，即如來藏識和法界能與現象生滅世界相及，透過這種相即的表意方式，取消孤懸的法身實有性，建立更澈底的唯現象論系

統，只有緣起，但緣起性空，緣起可以接受，因爲緣起直接說現象，但性空不能是一實體性的實理，只能是無此一性體，此即最終打散了。當然，經過這樣的改造之後，佛教哲學的本貌已經不知道跑到哪裡去了。爲何要打散？因需與儒家別異，若未打散，則近於儒家，然此一近於儒家的理論卻也是佛教宜有應有之立場，因需溝通交流故。參見其言：

> 唯眞心雖有實體性的實有之意味，本體論的生起之架勢，然此一系統在佛教的發展中實是一特別的動相。它對內對外俱有特殊的意義與作用。對內而言，它比阿賴耶系統爲進一步。對外而言，如楞伽經所說，它可以接引愚夫之「畏無我」，並開引外道之「計我」。茲再就此點而詳言之，即，因這一實體性的實有之意，這一本體論的生起之架勢，佛法可以與其他外道以及其他講本體講實有之教義（如儒家道家乃至耶教）乃至一切理想主義之哲學相出入，相接引，相觀摩。若與旁人不能相出入，相通氣，完全隔絕，則亦非佛法之福。能相出入，相通氣，而不隔絕，始可言相接引。即不說相接引，亦可相觀摩。眞理是要靠相觀摩而始可各自純淨，各自豐富，各自限制的。凡一切大教皆非無眞處。判教可，相非則不可。佛教發展中唯眞心這一特別的動相有這作用。
>
> 就佛教自身言，這一特別的動相未至圓極，因緊張相未全散故。何以要全散始歸圓極？因佛教畢竟是以「緣起性空」爲通義，故不願亦不能使「性空」之性落于實體性的實有之境也。是故唯眞心之實體性的實有之意味，本體論的生起之架勢，必須打散，觀眞心之由何而立（從何處來）再回歸其原處。而此系統中佛法身之孤懸相亦即緊張相亦必須打散，始能歸于圓實佛，即平平佛。天臺圓教即能至此完全鬆散之境，而不失原初之佛法義也。（歸于「實相」即是歸于原初

之佛法義。至「實相」始能至一體平鋪，全體平平。蓋無孤懸弔起之實相也。）[298]

　　本文前段在說此一實體性意味的有效功能，除了可以使成佛有保證之外，更能與他教他派做溝通。筆者以爲，牟先生此說甚怪。既然能溝通，就表示此一論點有其普世性的眞理觀在，故宜保留，然牟先生卻欲將其打散。打散後卻又要說就其立場而言有其可通氣出入的可能。此眞多餘的無謂之語。

　　第二段，牟先生必欲持佛教哲學不能有實體性的實有之立場，故而必將實有性打散，理由是佛教自己說它是緣起性空。筆者以爲，佛教哲學發展已有多期，各期問題及主張重點不一，牟先生亦自己有此認識，於般若唯識階段說緣起性空可，若於眞常心時段則有常樂我淨義出，此時應關切的是世界之爲何而有以及如何而有的問題，既是整體存在界的爲何而有，也是個別主體生命歷程的爲何而有的問題，既要問爲何而有，就要有一個理想性的目的在，又要問如何而有，就要有一個實體性的開端在，這兩個問題都需要走入實體性的實有論的立場，華嚴宗的法界緣起即此一立場，法界是法身之法界，法身是佛是實，這就是存有論的命題，法界亦就是實有的，亦即是有意義的，而不是但爲虛幻而已，說虛幻是執著爲己時的改正之解，改正之後即是清淨的淨土，即是有意義的世界，但具體的經驗現實世界可以是生滅的，生滅而說爲不實，但對主體而言的一切經驗都是成佛運動的歷程，故而皆實。問題不同，主張就要不同，不能一味堅持原來的格局，否則不需有小乘走向大乘。

四、結論

　　牟先生在《楞伽經》如來藏識的解釋上，與支那內學院採取對立的立場，主張如來藏識正是解決阿賴耶識不能保證成佛的缺點而設立的，因其有成佛動力於主體心內，因此，《楞伽經》理論又進於唯識

學宗旨。而這正是《起信論》發揮《楞伽經》如來藏識的立場,然而,這卻引發另一問題,即是《起信論》的進路會導致有實有論的結果,牟先生當然不接受《起信論》可以有實體性實有的立場,故而設論將其打散。主張天臺宗的圓教模式才是佛家的高義,即現象即本體,即無明即法性,於是,佛教只剩下緣起論,性空之性空空如也絕對不實,至於這個緣起論,儒家也可以接受,因為它就是現象論,但是,現象必有因,必有意義,必有目的,所以,只要佛教能接受「即緣起即道德」就能說明現象之為何而有,於是佛教就成為儒學。此牟先生的最願也。可惜,這並不是對佛教哲學的正確認識。前此牟先生反對支那內學院以唯識學派的阿賴耶識格局解讀如來藏識的概念,可以說,後來牟先生自己則是以般若學隔別現象的格局來解讀如來藏識的概念,兩者一樣奇乎怪哉!

註釋：

275 關於牟先生討論佛學的相關問題，筆者已發表過以下會議論文：杜保瑞，2012年4月7~8日，〈對牟宗三佛學基本立場的方法論反思〉，「2012年第二屆兩岸跨宗教與文化對話學術研討會Year of 2012 the Second Both Bands Academic Conference of Cross-religions & Cutural Dialogues」，財團法人鼓岩世界教育基金會、臺灣經典悅讀協會主辦。杜保瑞，2012年5月12~13日，〈牟宗三對華嚴宗詮釋的方法論反思〉，「2012年 臺灣第三屆華嚴國際學術研討會」，華嚴學術中心主辦。）杜保瑞，2012年，8月16日，〈對牟宗三詮釋般若概念的方法論反思〉，「2012年第32次中國學國際學術大會，主題：中國文化的現代性」，韓國中國學會主辦。杜保瑞，2012年，8月21~22日，〈對牟宗三詮釋佛性概念之方法論反思〉，「紀念 曉雲導師百歲誕辰：第十四屆國際佛教教育文化研討會」，華梵大學主辦。以上諸文皆已收錄於本書中。

276 有關起信論的當代辯爭，可以參考印順著《大乘起信論講記》臺北正聞出版社，1992年2月修訂1版，〈懸論〉。及蕭萐父釋譯《大乘起信論》高雄佛光出版社，1996年8月初版，〈題解〉。及勞思光著《新編中國哲學史（2）》〈大乘起信論之真偽問題〉臺北三民書局，1991年8月增訂6版。及唐君毅著《中國哲學原論原道篇》臺灣學生書局，1980年修訂4版，〈第十章第一節大乘起信論之時代與其宗趣及內容〉。

277 牟宗三，《佛性與般若》，臺灣學生書局，1982年1月，修訂三版，頁435。

278 牟宗三，《佛性與般若》，頁437~438。

279 參見拙著：杜保瑞，2012年，8月21~22日，〈對牟宗三詮釋佛性概念之方法論反思〉，「紀念 曉雲導師百歲誕辰：第十四屆國際佛教教育文化研討會」，華梵大學主辦。《會後論文集》頁153。本書已收錄本書中。

280 牟宗三，《佛性與般若》，頁439。

281 牟宗三，《佛性與般若》，頁453。

282 牟宗三，《佛性與般若》，頁456。

283 參見：杜保瑞，2012年，8月16日，〈對牟宗三詮釋般若概念的方法論反思〉，「2012年第32次中國學國際學術大會，主題：中國文化的現代性」，韓國中國學會主辦。已收錄於本書中。

284 牟宗三，《佛性與般若》，頁457。

285 牟宗三，《佛性與般若》，頁457。

286 牟宗三，《佛性與般若》，頁458。

287 牟宗三，《佛性與般若》，頁458。

288 牟宗三，《佛性與般若》，頁459。

289 牟宗三，《佛性與般若》，頁459。

290 牟宗三，《佛性與般若》，頁460。

291 牟宗三，《佛性與般若》，頁461。

292 牟宗三，《佛性與般若》，頁463。

293 牟宗三，《佛性與般若》，頁472。

294 牟宗三，《佛性與般若》，頁473。

295 牟宗三，《佛性與般若》，頁474~475。

296 牟宗三，《佛性與般若》，頁477。

297 牟宗三，《佛性與般若》，頁478。

298 牟宗三，《佛性與般若》，頁480。

第十一章　對牟宗三華嚴宗詮釋的方法論反思

一、前言

　　本文討論牟宗三先生對華嚴宗的詮釋意見，並進行方法論的反省。牟先生爲當代新儒家最重要的哲學家，一生建立較勁中西、辯證三教、歸宗儒家的新儒學理論。無論西方哲學以及道佛哲學，都經過他的詮釋、比較而用作高舉儒家的資糧，就佛教哲學而言，牟先生最看重天臺，他以天臺圓教爲佛學的最高峰，華嚴宗在他的詮釋下，只是講出一套佛法身自我展示的超越卻隔離於現象世界的體系，不能照顧現象世界，不是佛學的圓滿義，只是佛身自己的絕對清淨而已。天臺宗則即無明即法性即三千大千世界而成佛，通過「三諦圓融」，使現象世界即清淨世界，證入佛境而不捨一法，唯最終仍是性空系統而不絕對創造世間，以此別異於儒學的創生實有系統。

　　筆者以爲，牟先生對華嚴的理解有誤，本文之作，即是要指出，華嚴佛身法界是以佛智入世間，現象世界在佛眼中一切根本清淨，所有眾生之生命歷程即是一個個成佛運動的歷程，眾生最終必可成佛，任一眾生之成佛必是主體絕對清淨，此事非關捨棄眾生，現象世界皆是虛妄的國土，佛學系統也無須保住世間，這不是佛教哲學需要的理論，這是牟先生以儒家標準對佛教華嚴學的批評。

　　本文爲參與華嚴學相關會議之作[299]，故直接跳入《佛性與般若》第二部第六章〈華嚴宗〉討論起。牟宗三先生對華嚴學的意見，是以大乘佛學由般若學到涅槃學、到唯識學、到起信論、到華嚴學，再到

天臺學的逐步上逐的發展觀，天臺是其後之最高峰，般若、唯識、起信論是之前的奠基。

二、《華嚴經》大旨

以下的討論，將以牟先生《佛性與般若》第二部第六章〈華嚴宗〉的節次逐一進行，重點仍在找出牟先生思路脈絡，而不能作全部華嚴知識理論的細節介紹。首先，牟先生界定華嚴宗主旨：

> 華嚴宗是以《華嚴經》爲標的，以《起信論》爲義理支持點，而開成者。由「對於一切法須作一根源的解釋」這一問題起，經過前後期唯識學底發展，發展至此乃是一最後的型態。阿賴耶緣起是經驗的分解或心理學意義的分解，如來藏緣起是超越的分解。順分解之路前進，至華嚴宗而極，無可再進者。由如來藏緣起悟入佛法身，就此法身而言法界緣起，一乘無盡緣起，所謂「大緣起陀羅尼法」者，便是華嚴宗。[300]

牟先生關切「對於一切法作一根源的解釋」的問題，這就是爲經驗現象實在的世界找到使其實有的根源，這種思路就儒家而言是合宜的，對佛教而言，就首須認識到，大乘佛教的世界觀是此起彼滅、成住壞空、無盡緣起的，因此某一世界的常住永恆並非佛教世界觀之所蘊含，它當然還是有一根源的說明之可說者，但既不永恆，則使其爲有的宇宙始源並不同時能使其永恆，至於就所有的世界作爲一整體而言時，則佛教世界觀的重點在於說其此起彼滅，無盡緣起，而不在說其永恆常住。此外，說世界觀是一回事，說主體修證成佛又是另一回事。依儒家，成聖境是在家國天下人人安居樂業而爲聖境，依佛教，成菩薩及佛是主體自己的修證程途之境界遞昇的問題，救渡眾生使眾生成佛，是菩薩及佛之意願問題，且已是義理上建立了眾生必然可以

成佛的立場，因此在談成佛問題時，對眾生所在之世界，是否說明了其存在之根源，這並不是佛教哲學的重要問題。由於牟先生一直緊盯這個問題，所以他認爲唯識宗的阿賴耶識就是處理了這個問題，但是卻是訴諸經驗的及心理學意義的說明，從而對主體成佛的可能性說不透澈，故而尚有不足。

筆者以爲，阿賴耶識系統的理論重點，不只是訴諸經驗及心理學，更重要的是，討論了個別主體的世界觀，每一個有情眾生的主體都由阿賴耶識而有其生命的歷程之連貫，世界就是對於個別生命主體的世界，阿賴耶識系統給了這個世界一個現實經驗的心理學分析，訴諸感官結構及其活動，以爲經驗世界的現象分析。但是，它固然說明了個別存有的現實世界的存在問題，卻對於個別存有者的成佛可能性疏於討論，關鍵在於阿賴耶識因無明染性而有其主體歷程，則使其還滅之淨性動力來源何在？此即由如來藏識的觀念提供解決的方案，重點在如來藏識即此淨性還滅的動力來源，走妄心系統之路者固有種種設計涉及於此，但始終不澈根本，而是由阿賴耶識系統發展至如來藏識系統才是解決了這個成佛必然性的問題。但是，對於如來藏識，牟先生卻說它是一超越的存有，此說有貶意，關鍵即在此一超越存有之說，便使此一淨性主體不在現象世界之內了。佛教哲學關切的是主體的成佛，現象世界始終是主體的外化顯現的一部份，及不可除去的共法基礎，此即唯識學的宗旨。現象既然一切是唯識變現，關鍵只在主體之如何而生？以及如何經歷無盡歷程而終於成佛？如來藏識提供主體必可成佛的內在保證，其爲一根本且永恆清淨的主體，它就在於眾生的阿賴耶識中，隨眾生迷染因緣而作用其上，而使其朝向清淨，終還滅而至涅槃。在大乘佛教提倡菩薩道精神後，如來藏識以一心眞如的主體存有，薰習現象世界，而行救渡眾生之大功德事業，隨其主體之清淨及救渡世界之廣袤遍在而最終自己成佛。所以，如來藏識始終在於現象世界中，而現象世界之根本無明，亦從頭就是依於如來藏識而忽有無明，因此存在的根本來源就是如來藏識，只是現象一切皆是暫時偶然、虛妄不永恆而已，因此存在性要化掉而已。

但是，牟先生在主體成佛之後卻還要去找那個現象世界的存在根源，還要使現象世界存在，理由是要使眾生亦成佛，這實在是很不清楚的認識。就眾生之個別存有者而言，眾生之成佛跟眾生之在現象世界的迷染存在是一此有彼無的事件，六道眾生各有其迷染之國土，但當其超三界入菩薩道之後，菩薩身即是意生身矣。菩薩之意生身自由無礙出入六道世間，六道世間仍然存在，只是菩薩自己的國土則是清淨的諸地，至成佛而無須國土，可言只為遍在的理體，國土皆根本無明而有者，有迷才有國土世間，才有有情眾生，全體智悟體證而成佛者，已無現象世界之可執，此時成佛主體對一切現象世界便是遍在盡及。

　　牟先生說如來藏識是超越的分解，就是說如來藏識還遺漏了負責其它眾生的在現象世界的生滅緣起的功能，如來藏識超越其上，不在其中。牟先生此說，是把成佛主體的生命型態執守在現象世界國土世間中了。主體修證成佛，自身便無國土之束縛，但為救渡眾生之故，才有國土的親臨遍在。眾生在迷，才有國土的束縛。佛救渡眾生，以意生身、化身、應身遍在而為救渡之實，此事與現象世界之是否仍在根本問題不同，不是主體成佛就超越了而不負擔現象世界的存在的根源之說明了。現象世界只要有眾生存在就有其存在，眾生之存在以其阿賴耶識之由無明而迷染下就能有其存在，唯識學亦是佛教之永恆共法，不只般若學是而已。成佛不負擔在迷眾生之國土，在迷眾生自己由其阿賴耶識之無明即能有其世間，但阿賴耶識即如來藏識，如來藏識涵阿賴耶識，這是佛性論者的立場，雖後期唯識學者不承認之。如來藏識之忽而不覺而有生命歷程，此一念無明由唯識學者依阿賴耶識發揮於流轉之說，唯還滅功能論說不諦，不必然可能，只能等待菩薩及佛來救渡，而使其清淨，轉汙濁成清淨。如此而有如來藏識觀念之出現整合，如來藏識即在阿賴耶識中，併和共存於一眾生心中，此心真如負責使一切眾生有成佛之內在保證，這就是它的功能。成佛必然可能性問題解決。

　　至於，為何要有現象世界？為何會有在迷眾生？筆者以為，這是

更後面的一個問題，而且是華嚴經宗旨且由華嚴宗掘發的新問題。要言之，現象世界整體是一佛身大海，以佛眼觀之，無迷悟染淨之別，全體都是成佛事業的歷程演化，於是世界在佛眼中以法界互為緣起而圓融無礙。

然而，牟先生對華嚴宗的看法並不如此，他接著說由超越的如來藏緣起悟入佛法身而為法界緣起，即為此分解進路的最後終極。牟先生此說，亦是隱含了佛法身又是與現象世界割離的佛身自己之意，此即本章牟先生討論的真正重點。參見其言：

> 海印三昧即是毘盧遮那如來藏身三昧。故此三昧中之法界亦即等於此三昧中之法身。如來藏身即如來藏法身也。……此一圓滿無盡之佛身亦可總言之曰毘盧遮那如來藏法身，當然亦即等於全法界也。自佛言曰法身，自法言曰法界。蓋此法身法界皆由于「如來藏恆沙佛法佛性」而然。[301]

本文講法身，是在三昧中之法身，即是成佛主體在清淨禪定境界中的狀態，說為法身、法界，意即是主體經修行成佛之後的狀態，此一狀態，牟先生也說「當然亦即等於全法界也」，依華嚴，自是如此立場，主體成佛時智身、色身不分，主體盡虛空遍法界，相即互攝，在於整體存在界中，故說佛身，即說世界，說法身，即說法界。但牟先生此說，卻隱含一此法界只是佛自身之卷舒而已之意，意即非全體存在界。參見其言：

> 如此總說之佛法身法界之無礙無盡即是華嚴宗所謂「稱法本教」，亦曰「別教一乘圓教」。此言「別教」與天臺宗所言之別教不同，蓋專就毘盧遮那佛法身而說也。「別」亦專就義，唯所專就者乃毘盧遮那佛，非菩薩也，所謂「唯談我佛」也。「一乘」者佛乘也。「圓教」者毘盧遮那佛法身圓滿無盡，圓融無礙之謂也。佛法身當然是圓，此圓只是分析

的。[302]

牟先生說此法界只是毘盧遮那佛之法身，法身當然圓滿，圓滿是就成佛者自身之無垢純淨說圓滿，故而只是分析的，意即非綜合的，意即非關乎九法界眾生的世間的。意即存在上有兩個世界，一個世界是佛法身自身，另一個世界是九法界眾生。筆者不同意這樣的詮釋，但牟先生確實是此意，又見：

> 而此佛法身法界無盡之法亦實是因中歷別緣修所修者倒映于佛法身，並非外此自有一套無盡之法也。亦可說因中無量四諦轉爲果諦即是佛法身無盡之法。因中普解普行久遠所修者于海印定中一時頓現即成爲佛法身上之大緣起陀羅尼，亦即佛法身上之法界緣起。……其顯現也，非如因修中之歷別次第現，乃是一時頓現，而且是于一塵一念一毛孔中圓融無礙地現，帝網重重地現。正因如此顯現，始可以說法界緣起。此緣起非同因地中「隨緣不變不變隨緣」之生滅緣起也。此亦可說是起而無起，緣而非緣，乃只是「炳然齊頭同時顯現」。說其爲緣起乃只是因地中之緣起相之倒映于佛法身，而實則是佛法身之實德而非緣起也。佛身「卷舒自在」，焉可說緣起？卷則退藏於密，寂然無相。舒則彌綸六合，相相宛然。佛身非禿頭者，乃由「如來藏恆沙佛法佛性」而然。故成佛身後，得曰佛法界。正因法界故，就法之爲法而言，遂得方便假說爲緣起耳。[303]

牟先生關切九法界眾生的存在世界，理論上務必找到保住此九法界的思路，牟先生盡說佛法身之圓滿，但卻認定它遺棄了九法界，因此根本也無所謂緣起了。其實，佛就是要救渡此九法界諸眾生的，但救渡不礙成佛，否則只要有眾生在迷，因救渡未竟，即無一成道之佛，此不合理。因事實上有眾生，亦事實上有佛，法界之中即是不斷

地「入迷、救渡、成佛」的無盡歷程。又，成佛不礙仍有在迷之法界眾生，眾生之存在依眾生無明而有，不因有一眾生破無明而成佛後，即無其他仍然在迷的眾生。牟先生上文的說法，就是說法身自己在分析地演示，一切法界的圓滿只是佛境界自己的展示，非關現象世界的眾生之存在與活動諸事，亦即華嚴宗所說的成佛境界，變成只是佛身自己的示現之事，是一超越的理體的自我分析。這樣的結果，就是對現象世界的存在予以捨棄割離，世界失去了存在根源的絕對保證了。這一套說法，在他談《起信論》時已經講得很完整了，下節談眞如心時又強調了一次。

三、眞如心

牟先生談《起信論》，《起信論》談一心，一心中開眞如、生滅二門，生滅依眞如而起，眞如似有實體義，然一涉及實體義，即是外道梵我之論，而佛教畢竟是般若實相的立場，故此實體便只是一虛體，固然能談使現象存在的根源問題，但本身只是依緣起現，依生滅法之緣而隨緣不變。牟先生此說，頗有顛倒乾坤之手法。《起信論》原意是生滅依眞如而有其緣起生滅，故眞如是實，生滅是虛。現在變成現象世界由無明起滅，只眞如心隨其不變隨緣、隨緣不變地跟著作用而已，意即眞如依緣起而作用，眞如只是作用，不眞實存有了。要說存在，還在無明生滅歷程中，於是眞如落空爲但中之理，爲一超越的理體了。而存在，還是原來的無明在負責的。參見其言：

> 「如來藏自性清淨心」，《勝鬘經》說之，《起信論》依之說爲眞如心，或心眞如。此清淨心，《勝鬘經》說爲「不染而染，染而不染」……《起信論》即依據《勝鬘經》所說「依如來藏有生死，依如來藏有涅槃」，而說一切法依於如來藏，此即所謂如來藏緣起（隨緣作諸法）也。此是「眞心爲主虛妄薰習爲客」之系統。而華嚴宗之法藏賢首則即就此

真心而說兩義：一是不變義，二是隨緣義。……此真如理雖是心與如理合一，然猶是天臺宗所說之「但中」之理，而非「不但中」也，以唯真心故，又只是隨緣造諸法為性起非性具故。[304]

　　如來藏真心系統之建立，使得成佛有其必然性保證，此即該系經論之重大理論貢獻處。此其不變義之重點。至於隨緣義，牟先生有極詭譎的詮釋，說是隨緣作諸法，雖作諸法，諸法卻是在隨緣性起之作用中而有，而非是在性具中已有，亦即是現象世界一切諸法的存在，是隨無明緣起而有真如隨緣作用即在而已，其起依無明，既是無明，即無保證其必起。至於其起而與如理合一，終至還滅，則是依真如。故現象與真如猶有一隔，真如隨現象無明之偶然之起才作用隨上而緣起，故而是性起，真如不能「自己起」而是「跟隨起」，所以性起是真如性跟隨無明心而緣起。若是性具，即是無明所造諸法本已性具真如中，凡存在的即是合理的，凡現象存在的即是真如早已有之的，故而現象之存在獲真如之性具實有的保證。此即牟先生心目中更為圓滿的教法。文中依天臺說華嚴之心真如為但中，即是說華嚴真如一如《起信論》系統，固有不變隨緣及還滅涅槃之功用，此即但中，即隨無明緣起而起之性起，故而沒有對一切法之存在予以保證的功能，即一切法之存在不在心真如中，意即不在性中矣，存在只在無明緣起中，真如非性中本具，只隨無明之緣而起而已。必須是性具系統才能說無明中之存在是必然會有的，故得其存在之保證矣。如此一來，成佛主體即有遺棄九法界之結果。真說真乖謬至極。如來藏自性清淨心，既是性，卻不在中，不在眾生主體心中本具，只染汙無明阿賴耶識轉識成智過程中的不知何處飛來的但中之理，牟先生說性具是本具，說性起只隨緣而起。然而，性中不具如何隨緣而起？孟子有性善論，有大而化之之謂聖，性具似性善論，性起似論於大而化之。豈一性善論中不具善性而能大而化之？這完全就是後期唯識學對如來藏排斥之旨，牟先生為何執意取用之？實乃借佛打佛之論。

參見其言：

> 故眞如（眞常心）在染，能生九界（六道眾生加聲聞緣覺菩
> 薩爲九界），其生九界全無明功。故自行化他俱須斷九，始
> 達佛界。眞如隨緣即眞常心之即于無明，此亦是眞常心之
> 無住性（不守其自性清淨而陷溺即是無住，即是隨緣以俱
> 赴）。雖無住而即于無明，然其本性本自清淨，此即其不變
> 義，此即示眞心與無明究屬異體也，故有能覆所覆。無明爲
> 能覆，眞心爲所覆。故必須破無明，眞心始顯。破無明即破
> 九界也。[305]

　　牟先生把心眞如的如來藏系統之超越唯識學的理論功效大打折
扣，唯識學固然對一切法之存在根源有所交代，卻不徹底，關鍵即在
成佛無保證。此說筆者同意。但是，牟先生卻又認爲，如來藏眞常心
固然使成佛獲得必然保證，卻對現象世界的存在最終捨棄，這樣，
還是不圓滿的系統。關鍵即在，現象世界始終是無明生起的，而不是
眞如生起的，眞如與無明終究是異體的，故而成佛即破無明，即捨九
界，九界法之存在不得其保證矣。筆者以爲，這是牟先生犯了哲學基
本問題的錯置而致生之錯解。首先，牟先生說華嚴宗是循《起信論》
脈絡的發展，筆者同意。但《起信論》一心開二門說中，最終還是同
此一心。眞如、生滅固有優位高下之別，而以眞如爲優位，但眞如、
生滅皆在一心，同體在心，而不是自己復分爲兩體而異體了。此一心
與佛同體，即本是佛心、佛意、佛身，此一心因無明生滅緣起而有眾
生種種生命歷程，但此一心亦仍有眞如隨緣作用而薰習無明終至還
滅，經無始劫歷程而成佛，歷程中可有九法界之經歷，但是，無論主
體之此一心此一時在任一法界，此一心之主體皆永有成佛之可能，一
旦成佛，即不再因迷依無明而落入九界，即主體完全清淨於佛境界
中，此時佛身即法身即化身，即遍在其它眾生所示現之虛妄世間一切
處。此說中，從頭到尾，都是一心之同一主體，無所謂眞如與無明爲

異體之可說者，只有一眾生心、或佛心主體，何來無明、眞如異體之見？如此異體之說，則無明一體、眞如一體，一主體之中有兩顆心，那最終究竟是誰在成佛？豈有眞如成佛而無明下墮之事乎？眞如與生滅說爲兩路兩狀態則可，說爲兩體、異體、不同體則不可，都是同一個眾生心，也是同一個佛心。只主體境界狀態有別而已。

牟先生說華嚴宗之佛身法界觀是破九界而成佛，其實就是說華嚴宗一成佛即遣九界，即主體自己成佛，而眾生即被捨棄。筆者以爲，此義不能成立，此說非佛教世界觀應有之見，此說爲一現象世界必須永恆必然存在之見，此正非佛教世界觀立場。世界整體本來是佛，現象即依一一無明而有，一一無明緣起卻伴隨眞如作用，故而一一眾生之生命歷程無論如何輾轉，最終仍必成佛。就成佛者觀之，一切現象世界皆是成佛運動的歷程，故而相即相攝、互爲緣起，而成一大法界緣起，整體是佛法性海，終極清淨，此以佛眼觀之。此說中，宇宙論問題解決，本體論問題解決，工夫論問題解決，境界論問題解決。此時，依然有在迷眾生不斷在自家生命歷程中生滅輪迴，依然有國土世間不斷在眾生共業中此起彼滅，而其中的某位修行者卻已經在自家的修證中斷無明捨九界而證入佛境，既證入佛境已，便具備絕對自由無礙的行動力，盡虛空遍法界任運不已，對一切眾生之心識及國土皆能感通互動，故曰攝授無礙，而行必然救渡之功德。至於言說一切世間如九法界之存在的保住的問題，對於佛教世界觀而言是沒有意義的，因爲國土起滅緣生中，一國土世間在成住壞空中，各個國土世間在此起彼滅中，一切眾生則是在各個國土世間中染淨升降歷劫活動，有成菩薩者則任運自在於其能力所及之國土世間，有成佛者則遍在一切國土世間，菩薩即以救渡爲業，佛更是如此，沒有捨棄不救渡之事可說，也沒有捨九界自證佛之話可說。

牟先生在此節之討論中又重複回去般若、唯識學的特徵中作討論，主張般若學之實相但說空理與存在無涉，主張唯識學中之圓成實性亦爲緣起性空之同義，亦與存在無關，而阿賴耶識固然說及存在根源的問題，卻因不能交代成佛必然保證問題，故亦不澈底。但重要的

是，他更主張華嚴宗真常心之隨緣起現仍只是佛身自己的同語分析。然而，此義絕非華嚴法界緣起觀的準確解讀，參見其言：

> 但真常心之真實性方面則不如此之簡單。真常心之「不變」義是分析的，蓋就其自性清淨義而說。但其「隨緣」義卻是綜合的。蓋此隨緣是由「不染而染」而來。真常心並不直接地分析地含著隨緣，而乃是通過無明迷染而始隨緣，這其中有一曲折，有一跌宕。故《起信論》必主不生不滅與生滅和合始有生滅門也。因此，真常心之隨緣不變，不變隨緣，是就生滅門說的，是真常心之現實面：「隨緣」義是其經驗的現實性（現實的染污性），「不變」義是其超越的理想性（超越的真性）。……賢首的說法，若把隨緣不變用之於海印三昧中的法界緣起，頓現萬象，則可。其以明鏡現染淨象為例，尤其顯然。但用之於生滅門則不可。蓋生滅門中有迷，海印三昧中頓現萬象，則無迷也。……此中「隨緣」不是原初生滅門中說生死流轉之隨緣，而是海印三昧中隨眾生根欲所樂見而圓頓無礙地示現種種象也。在此，說隨緣不變只是分析的，而兩義只是一義，亦皆是分析的，蓋此時之隨緣無經驗義故，無禿頭之法身故。但生滅門中之隨緣則是綜合的，亦是經驗的，因而亦是有緣有起的。何以故？因通過無明（不染而染）始隨緣故，真常心本身不直接起現故，又不即俱一切法故（隨緣起現，故不即俱）此即荊溪所謂「唯真心」也，「偏指清淨真如」故也。[306]

這裡說法界緣起的隨緣不變是分析的，是指成佛境後所說的佛身即法身即法界義之分析地等同而已，海印三昧所展示的是佛境界自己，牟先生說隨眾生根欲樂見而展示，所展示皆圓頓無礙。其實，既能隨眾生根欲樂見，即未捨眾生，且既示現，即是有所感通互動，即是有佛有眾生，重點是佛與眾生交涉互入，意義由佛境界定調，故是

一切清淨，但存在上就是整體存在界皆在佛法身任運遍在中。法界緣起所對準的就是存在整體，說法界緣起是就整體存在界的意境而說的，整體存在界不再是如阿賴耶識緣起時的只是個別眾生的生命世界，只是染污世界之緣起，而是經過《起信論》之真如緣起之清淨伴隨染污，且熏習復轉化染污，而得必然成佛之眾生生命歷程者，即是每一個生命都是必可成佛之生命。在此基礎上，再上升至說明整體存在界的存在意義，原來，自成佛者觀之，既然一切眾生皆可成佛，則一切國土世間五蘊眾生的生命歷程就是一互為因緣、互助成佛的升進歷程。整個存在世界共是一齊成佛的眾生樂土。以如來藏真常心觀之，所有染污根本清淨，這是經過工夫實修及境界上升之後的觀照結果，是對現象世界一切存在的觀照活動，絕不是佛性存有者回溯自己的生命經歷的自我同一性展示，也不是隨眾生所樂欲得見而展示，而是以佛智、佛眼入眾生根欲而透澈見之。此時說經驗，對成佛者言有救渡義在，對眾生言有成佛之歷程在，絕非只是分析自我而不入世間之意。

　　牟先生之所以有這樣的意見，在思路上，正是其分析太過的結果。筆者以為，關鍵就在一眾生心有真如、生滅之二門，牟先生再度將之析為兩系的主體，似真常心作用它的，而生滅心另作用它的，一心之中又再度分為染淨兩心的各自為用，所以才有生滅之隨緣是經驗綜合的，而真常之隨緣是無經驗之分析的之說法。又，對於成佛者境界，牟先生又將之析分為遍在十法界之佛，與斷九唯我之佛之兩種不同的佛身觀。其實，就主體自身而言，斷九唯佛方才成佛，成佛即絕對自在，而更真實實際地遍在法界，雖斷九卻入十，故得曰法界緣起，以佛身觀法界矣。牟先生的神來之筆，用大白話說，一個眾生心中有兩個人在住，一個輪迴生滅，一個真如熏習，真如熏習的人成佛了，就拋棄輪迴生滅的那個人，自己在示現自己的美好，留下九界眾生嗷嗷待哺染汙不已，也就是說那另一個真如熏習之人，其實不住在家裡，天生就是一個自了漢的神仙，輪迴生滅的眾生心請神仙家裡坐坐，請他帶領自己成佛，結果他坐坐又跑了，輪迴生滅的就只好繼續

輪迴生滅了。這話麼能這樣說呢？

四、法界緣起

法界緣起是華嚴宗最重要的形上學理論，既是說佛法身，又是說整體存在界，牟先生卻限縮其義，雖是佛法身，卻非整體存在界，參見其言：

> 此具有恆沙佛法之佛性即如來藏性證顯後即曰法身。故恆沙佛法在法身上即是無量無漏功德。此無量無漏功德是由隨緣起現之一切法通過還滅後轉成者。當初隨緣起現之一切法不得直名曰佛法。只當通過還滅後轉成功德時始得名曰佛法。[307]

此處牟先生強調此法身是還滅工夫後之法身，是具有無量無漏功德之法身，是如來藏證顯後之法身，且隨緣起現的歷程中的主體不得名曰佛法，即不得名曰法身，即非法界緣起之所論者，而是證後之法身才是佛法。這些說法，首先定位住法身即法界緣起之身，此身是佛證顯後之身，亦即是主體之最高境界狀態。此說無誤。但是，牟先生正視佛身境界的目的，竟然是將法界緣起之說亦收拾在只是證佛境界下之主體自我之狀態，而與整體存在界無涉，因而有存有論上的漏洞。而在存有論問題的討論中，牟先生認定一定是要整體包括，才是所論俱全，然而，這卻是牟先生基於儒學基本立場下的預設，以為佛教亦須有此立場。續見其言：

> 成佛即有無量功德。是故不但六道眾生全在迷中，即聲聞緣覺亦根本未接觸到無始無明。菩薩雖接觸及之，然只能分斷，而不能全斷。以此故，有六道眾生界法，有聲聞緣覺界法，有菩薩界法，有佛界法。此十界的法即成爲十法類，名

曰十法界。前九法界皆不能脫離無明。成佛始脫盡。故九法界中的法猶是無明中的法也。故必超過而斷絕九界始能成佛界。此即天臺宗所謂「緣理斷九」也。「緣理」者緣空不空如來藏但中之理也。「斷九」者，以此但中之理本不具九法界，故成佛亦需斷九界而始顯佛界也。九界法是由真心隨緣起現的。故荊溪云「真如在迷，能生九界」。真如全顯成佛，則九界自絕。此意是說九界差別完全是隨緣起現與隨緣修行過程上的事。修行滿而成佛，則過程自捨，而九界差別亦絕。順分解之路而說固如此也。[308]

　　此處牟先生則是就十法界世界觀說，成佛者之主體狀態即是脫去九法界的狀態才能成佛的，關鍵在根本無明斷，而此唯證佛境界者不可。一旦成佛，九界自絕。此自絕是絕九法界的粗細雜染，還回主體的絕對清淨，此義本就是成佛真義，主體必須完全清淨才是成佛境，然後，主體因此也絕對自由自在，而能遍在遍行而與一切世界一切眾生一切法界接觸互動，此即佛法身盡虛空遍法界，此時亦同時能行救渡之事業，甚至是創造之活動，念即之即生之，因而有諸多個體及國土之世間之誕生。而個別有情眾生歷劫終成佛境之事業，即是個別有情生命之最後最高之終點，至於國土世間本來就是虛妄的，九法界之國土都是虛妄的、一時的、不永恆的，主體才是真正的存有，而非國土法界，故成佛斷九界顯佛界之說正是佛教應走之理路。因此，牟先生所說的修行過程中尚有九界，修行成功後即捨九界，此說有待商榷。就主體自身而言，修行中遍歷九界且自身在迷，修行成功之後，主體不受九界法限制，而能任運遍在。至於原來的九界法，只要還有在迷之眾生，就有使其存在之能量，而事實上，若是一切法皆是如來藏緣起，則在迷之眾生之九界，亦是終能成佛境之一切眾生之暫依之國土，自有其存在之憑依。但要，若說成佛者需使其亦永恆存在，則便是違背佛法教義之基本立場了。此處，牟先生把個體成佛之工夫境界論問題和現象存在之存有論問題混在一起談，又有儒家世界觀之必

須永恆存在的立場，故而整個討論方向、焦點十分不準確。依華嚴立場，世界為佛光化現，眾生本來是佛，故修行歷階即可成佛，九法界依眾生心識淨染而有別，任依眾生自己修行，去六道入聖道，繼續諸地升進，最終即是佛。其餘億兆生靈繼續修行，有菩薩及佛外緣救渡，有心真如內在驅動，最終各自成佛。其成佛，自有億兆菩薩及佛之救渡，何來成佛者斷九界不救渡之說？其未成佛前，各居自土而已，其土染緣而有，不一時滅，但各土成住壞空，亦最終滅，何來國土需要保住之說？

又見其言：

> 成佛得法身，此法身就《華嚴經》言，即是毘盧遮那佛法身。此法身若以法界言之，則曰佛法界，此乃於因地普解普行久遠修行所證顯者。佛法身曰功德聚，則佛法界亦可曰無量無邊的功德界。自功德言，則亦可說無一法可言，只是一豐富之意義，無量無邊之實德。——是德而非法。……此時若以法言之，那只是因地修行時之法之透映過來；而自佛法身言，則曰佛之神力之所示現，隨眾生根欲之所樂見而自然地示現，依本所經過之修行而自然地無礙地重新示現。若不示現，則寂然無相，無法可言。是以就佛法身而言「法界」，因此得名曰「法界緣起」者，那只是因地之緣起法因著示現而透映過來。因為是佛之示現，它自然是圓融無礙，圓滿無盡。此一法界，就佛之示現言，亦可曰「性起」，即佛之圓明性能性德之所起現，此是直接地起現，而不是「不染而染」通過識念而起現。但若就「隨眾生根欲之所樂見而起現」而言，則亦可曰「緣起」，即隨眾生機感之緣而起現；此亦可曰隨客觀的染淨緣而起現染淨法，但卻不是真心在迷而起現，故在此，起現即示現。[309]

這段文字，說主體因修行有功德而成佛，因成佛而有法身，以法

身說法界，牟先生終於要對法界緣起有所置詞了，但牟先生所定位之法界，一依於主體成佛境後而談，且限縮其義理範疇，以之只是佛自身的抽象演繹，是佛自身功德的自我再現，而非關乎現象世界的流轉，故而說「是德而非法」，說法只是自己的「重新示現」，亦即與現象世界無關。既是佛自身之示現，則必然圓融無礙、圓滿無盡，且是直接地性起，而不是還在迷染狀態中的隨染而起，但是，無論法界如何緣起，卻都只是佛身自我的豐富經驗，而不是同時性的當下現象世界之緣起，此法界只法身，此法身只佛境界自己，此佛境界隔離於眾生的下九界之外矣。牟先生此說，預設了一些既不是佛教世界觀也不是華嚴宗理論的佛學觀點，牟先生等於是認定，世界的存在，在成佛活動中必須予以帶起而保住，不能主體捨九界自己成佛，而遺留九界在迷。而九界法的存在，有其永恆的功能，故必須有使其永恆存在的保證，這點，就是成佛者要做的。而對華嚴的成佛境之說，牟先生便認為它沒有照顧到九法界眾生及其國土之存在之保證之事，只管到自己的成佛。至於佛法身所成之法界緣起，變成佛身自己的套套邏輯，既已捨棄九法界，即與現象世界無關，故而只是對佛身的分析命題。此說，真非華嚴思路的意旨。如其言：

> 「法界緣起」……既是佛之示現，則自然是圓融無礙，圓滿無盡，……皆無非是對于此佛所示現之法界緣起而展示其相，而此種展示皆是分析的，即對于佛法身法界而為分析的展示；而既曰法界緣起，則就緣起而言，亦可曰此種展示皆是「緣起性空」一語之輾轉引申，亦皆是分析的。[310]

> 由之以示「法界緣起」，則是「緣起性空」一通義之套于毘盧遮那佛法身上說。……便成如來藏系統唯一真心迴轉之法界緣起，……從佛法身之法界緣起說圓教，這圓教之圓只是分析的，此是「別教一乘圓教」，亦即「真心即性」之性宗之存有論的圓教。[311]

此處說法界緣起諸文，都是要弱化華嚴宗所言之法界緣起觀念的存有論意義，說它只是如來藏心真如的自我分析，亦即成佛前之所有生命歷程經驗的再度展示，因其全體只有清淨相，故而亦等於只是在說緣起性空的本意而已，是即存有主體的過去歷程之緣起，而證入法身，亦即證入空性智慧，即謂佛法身之法界緣起，也就只是以一成佛事件而為「緣起性空」命題的例證而已。筆者以為，成佛是緣起性空的例證是可說的，一切佛法本來就是緣起性空，此義本來就是佛教通義、共義，但成佛境的意思卻不是佛法身的自我示現，從而只是分析的展示而已。

依方東美先生之言，法界緣起是以佛眼觀現象世界之一切歷程[312]，知其皆在成佛歷程中，故而所見皆淨，彼此相攝相依、互為緣起，亦即全體有情眾生的生命互動，無論染淨，最終都是助成個別眾生終極成佛的因緣而已，因此法界整體是成佛道場，且法身佛以智身而契入一切世間，遍在之、創造之、承擔之、示現之，故而佛身、法身、法界不分而一，此時更無所謂捨九界在迷之事可說，只是清淨之主體不受九界念慮之束縛而已。至於九界及一切世界都在整體法界中，此起彼滅，成住壞空，但也都還在法身佛的遍在中被攝受著，並無捨棄，所謂捨九法界是就成佛者之主體自己的清淨染污性而言的捨棄，不是對現象世界眾多國土世間的在迷眾生的捨棄，一切眾生都是佛身演化，此說中即已無所謂被佛捨棄之事了，更何況依《起信論》說，佛及菩薩皆以救渡功德為真如薰習的唯一事業，則更無捨棄所有世間的九法界之眾生的意思。

五、別教一乘圓教

牟先生於此最後一節中，藉由圖表之顯示，華嚴宗所言之佛法身，只是一整體存在界之巨塔上端的一高境界之身而已，謂之「別教一乘圓教」。整體存在界的許多部份在華嚴法界觀法中被棄下，這樣

的詮釋，是不符華嚴宗旨的。九法界眾生因其有漏之染，有不能自由出入的限制，六道基本互相隔別，各自限縮在一小範圍的國土內活動，四聖則不然，都對六道世間能自由出入，且等級愈高，能救渡之下界眾生愈多，成佛身者即因其無所制約，而絕對自由遍在，故其身亦是遍在，其成佛由九界升至佛境界之事只說明了主體的清淨之捨九界雜染，而不是主體的存在任運之範域捨棄了九界雜染之國土。因此華嚴自己所講的別教一乘圓教就是指一包攝全體、自由出入無礙的佛法身境界，並不隔絕於下界，而如牟先生之所圖示者。

本節中，牟先生又以華嚴判教觀批評華嚴宗哲學，華嚴判教有「別教一乘圓教」及「同教一乘圓教」，前者華嚴後者天臺，牟先生認為華嚴自身不能收編天臺圓教型態正是自身理論不圓滿的表現，參見其言：

> 華嚴判教其最後一教只是就《華嚴》而說的「圓教」，而同時又別認天臺圓教而不能化，因此，復又自名為「別教一乘圓教」，而名天臺圓教為「同教一乘圓教」。對於此「同教一乘圓教」既不能化，而並列並存，成為圓教中之兩態，是則五教之判（只就《華嚴》說圓）盡而未盡也；而「同教一乘圓教」只成系統中之帶累。[313]

實際上，華嚴宗說此義，目的在同意天臺亦是一乘教，因此一乘教有其共義在，同此一共義者為「同教一乘圓教」，但華嚴又有特別之處，即其上升至十佛境界而談一乘緣起，故而是一乘圓教中更為殊勝的系統，華嚴宗並非沒有別異天臺、華嚴，只牟先生不接受華嚴之說而已。[314]此說涉及天臺詮釋，此處暫不展開討論。實際上而言，牟先生就是都以天臺後期之學以說華嚴之定位者，所謂「緣理斷九」也是天臺批評華嚴的命題，這就造成了華嚴言於成佛境界的法身法界說，竟是不包含九界眾生的另一超離之世界，如其言：

蓋此種圓滿無盡圓融無礙只是佛法身的事，其頓現萬象（現童男童女乃至阿修羅等）只是「海印三昧威神力」隨眾生所樂見而映現，是本其因地久遠修行所經歷之事到還滅後重新映現出來，或一起倒映進來而成爲佛法身之無量功德、無量豐富意義，寄法顯示，因而便成爲法界緣起之圓滿無盡圓融無礙。這並不是說佛是即於六道眾生乃至聲聞緣覺菩薩這九法界不隔而爲佛，即即于各該界之權境不隔而爲圓實佛。因爲那是塔頂上的佛法身自身之圓滿與圓融，並不預于九法界之權事，亦可以說其自身根本無此等權事，以稱法本教，不逐機故，因此，這正是隔絕了九法界之權境而爲佛。正因此一隔，又顯出另一層次之權。是故復須融化此一權隔方眞爲圓實佛。[315]

　　本文中牟先生明白說華嚴言於成佛者之境界是「隔絕了九法界之權境而爲佛」，既然隔了，就不是眞圓滿，故須另待天臺來圓滿之，而所謂天臺之圓滿，其實眞是一十分詭譎之理論。簡述之如下：牟先生以爲天臺不另立一超越的眞心以爲存在界的依據，而是即存在界之無明緣起即說爲即是法性之所具，故是性具系統，性具者，現象世界緣起緣滅一切事相宛然皆是性中具有之事，此一念無明法性心之說法之意，而成佛即爲即十法界而成佛，成佛因此不是個別主體的事業而已，而是整體存在界在一成佛運動中整體帶起，此其屢言不捨一法之意。是故佛即即一切法而成佛，即一切法界眾生而成佛，使十法界界界受成佛之帶起而保住，此義，牟先生已論之於《智的直覺與中國哲學》、《現象與物自身》及《佛性與般若》之各處中。若依此說，則佛教哲學的輪迴生死緣起無盡之宇宙論意旨便無所用其大用矣，差不多就是一套一切現成的理論，與郭象之無道體觀有極類似之義，此涉天臺討論，此處暫不展開。

六、結論

　　本文針對牟先生華嚴宗哲學詮釋進行方法論的反思，是筆者討論牟先生佛學理論的系列計畫之作。牟先生佛學意見深奧難解，筆者極盡疏解之努力，化繁爲簡，盡量以筆者所理解的佛學知識做最淺白的討論，筆者無意停留在牟宗三佛學義海內做更多地毯式的繁瑣研究，故而本文之討論都是重點反思，誠懇思考，唯願中國大乘佛學不必淪爲當代新儒家的犧牲獻禮。

註釋：

299 本文爲參加「2012第三屆華嚴國際學術研討會──華嚴學：古典與現代的交會學術研討會」而作，主辦單位：華嚴學會‧學術中心。

300 牟宗三，《佛性與般若》，臺灣學生書局，1982年1月三版，頁483。

301 牟宗三，《佛性與般若》頁488。

302 牟宗三，《佛性與般若》頁491。

303 牟宗三，《佛性與般若》頁494~495。

304 牟宗三，《佛性與般若》頁499。

305 牟宗三，《佛性與般若》頁503。

306 牟宗三，《佛性與般若》頁506~507。

307 牟宗三，《佛性與般若》頁517。

308 牟宗三，《佛性與般若》頁517。

309 牟宗三，《佛性與般若》頁518~519。

310 牟宗三，《佛性與般若》頁519。

311 牟宗三，《佛性與般若》頁553。

312 參見筆者對於方東美先生佛學理論的討論文章。杜保瑞，2011年9月，〈方東美對中國大乘佛學亦宗教亦哲學的基本立場〉，《師大學報──語言與文學類》，2011年9月，第56卷，第2期。頁1~31。國立臺灣師範大學出版。杜保瑞，2011年11月12~13日，〈方東美對華嚴宗詮釋的方法論反省〉，「儒道佛三家的哲學論辯」國際學術研討會，臺灣大學哲系主辦。

313 牟宗三，《佛性與般若》頁561。

314 參見：莊崑木，〈略論華嚴別教一乘與同教一乘之異同〉「法光學壇 Dharma Light Lyceum 第一期（1997年） 頁 79~88」法光佛教文化研究所主編。

315 牟宗三，《佛性與般若》頁560。

第十二章　對牟宗三《法華經》之性格與天臺宗原初之洞見詮釋的方法論反思

一、前言

　　本文將討論牟宗三先生於《佛性與般若》專書下冊的天臺宗教義理論部分，牟先生的討論分爲了兩分，第一分論圓教義理之系統的陳述，即理論的建構；第二分論天臺宗之故事，即歷史的發展。第一分部分，共分四章，這四章基本上是以天臺宗的著作爲討論對象展開的[316]，至於裡面的理論，則都是一致的，個中當然有依據材料而來的重點差異，但宗旨都相同。本文之作，先以第一分〈第一章：天臺宗之判教〉的前兩節爲討論的材料，一方面說明牟宗三先生的思想，一方面表述筆者的意見。

　　筆者針對牟先生《佛性與般若》的上冊，於本書中第八章至第十一章，對於牟先生談般若、談佛性、談楞伽起信論、談華嚴等主題的意見已提出理解及反對的意見[317]，可以說牟先生的佛學立場已盡現於前述上冊的各個主題裏了，然而，牟先生是最宗天臺學的，牟先生對天臺學的討論以下冊整整一冊的份量爲之，可見天臺學在他心目中的份量。至於牟先生的寫作方式，其實就是著作文本詮釋的方式，針對一部部的著作，做全面的疏解，就是在全面的對比討論中，深刻的哲學洞見才能產生，而不是藉一某一主題，馳騁抽象的思維，發表意見而已。

牟先生這樣的寫作方式，失之瑣碎、重複，但是，筆者以爲，就哲學家的創作而言，這才是最穩當的做法。古來的大哲，無有不是遍注群經而成爲絕對大家的，關鍵就在於：什麼問題都討論，什麼命題都表示立場，這樣建立起來的自己的系統才是周備而龐大的。

　　在第一章中，牟先生概分四節以論之，第一節：《法華經》之性格；第二節：原初之洞見；第三節：五時八教；第四節：七種二諦之差異以及其層層升進。其中，第一、三、四這三節都是針對一些特定的文本之詮釋，唯第二節是牟先生自己發揮得多，但依然是有文本依據的。只是不是以單一的文本做大片的討論的模式而已。本文之作，將以其中的第一、二節爲討論的材料。以下，筆者的討論也將依據牟先生的章節做亦步亦趨的討論。

二、《法華經》之性格

　　天臺宗依《法華經》立教，智者大師判《法華經》爲圓教，牟先生首先定位《法華經》的性格，認爲《法華經》是第二序的佛教理論，而非第一序的。所謂第一序就是針對基本哲學問題做理論的建構，所謂第二序就是在理論建構完成之後，不再談理論內容，而是去談這一大套系統的理論的討論目的，亦即是佛之本懷。參見其言：

> 《法華經》是空無第一序之內容的，它無特殊的教義與法
> 數。《般若經》教吾人以實相般若；《涅槃經》教吾人以法
> 身常住，無有變易；《解深密經》教吾人以阿賴耶系統；
> 《勝鬘》、《楞伽》、《密嚴》等經教吾人以如來藏系統；
> 《維摩詰經》教吾人以不二法門；《華嚴經》教吾人以法界
> 圓融。凡此等經皆有鮮明之內容而足以吸引人。《法華經》
> 教吾人以什麼呢？若與上列諸經對比，你馬上可以覺到它實
> 在貧乏得很！天臺宗宗《法華經》，豈不怪哉？但是它豈眞
> 無所說乎？它有所說。它所說的不是第一序上的問題，乃是

第二序上的問題。它的問題是佛意，佛之本懷；是權實問題，迹本問題，不是特殊的教義問題；它處理此問題的方式是開權顯實，開迹顯本。它只在此成立圓實教，以明佛之本懷。這顯然是第二序上的問題，高一層的問題，也可以說是虛層的問題，因此，它沒有特殊的法數，教義，與系統，因而它亦無鋪排。（華嚴宗的「別教一乘圓教」是第一序上的。）[318]

　　究竟有無佛之本懷的問題而為第二序的問題之可成立者呢？筆者以為，佛之本懷的問題，亦須是被納入哲學基本問題中，因而仍是第一序的，說本懷即說目的，說目的即是本體論的問題，佛教哲學以佛存有為一切的終極依據，因此宇宙論與本體論都訴諸佛的意志與作為，既說本懷，即是意志，即是目的，即是本體論上對整體存在界的價值意識的討論的問題，因此，這個第二序的定位並不需要。然而，就在這樣的定位下，便使得牟先生對天臺的定位變成高於一切其它佛經論典，也會使得牟先生方便地就以天臺的立場作為討論諸經論的標準。

　　本文中，牟先生說般若講實相，此說在上冊中已討論定位，即是般若非系統而為共法，共法之意是般若的盪相遣執的作用，是一切佛經共有的基本立場，因此不能決定它是屬於哪一種系統的。而所謂的系統，就是對現象世界的界定。依牟先生之思路，在佛教的經論典籍中，是有著幾套不同的系統的差別，其中且有高下優劣之擇。討論系統以對現象世界的理論意見為重點，於是，講阿賴耶識的《解深密經》，講如來藏識的《勝鬘》、《楞伽》、《密嚴》等經，講法界的《華嚴經》等，都有明確的說現象世界的如何而有，及其結構、染淨等問題的理論。唯《法華經》又不講這些問題了，只講佛之本懷，故為第二序。於是，在牟先生的佛學解讀之架構中，就有了般若實相之共法，諸系皆承受之；以及說現象的諸系統，如阿賴耶、如來藏、及法界緣起；又有更高一層的說本懷的《法華經》，並在本懷中「開權

顯實」、「開迹顯本」。筆者以爲，般若與本懷皆是本體論，講緣起的諸系統都是宇宙論，至於工夫論在各系統中都有，而根本工夫還是般若智及菩提心；至於境界，則是佛。這樣，討論佛教思想，就無須有共法及系統及本懷的三層之說了。

對於牟先生講的第二序的定位能否成立，以下亦仍依據牟先生的六點分說以討論之。

（一）開權顯實與開迹顯本

將《法華經》分爲迹本二門者，是智者大師的創舉。此一迹本之說是針對《法華經》經文內容本身而說的，然而在牟先生的解讀之下，差不多將它等同於《法華經》和所有佛經之間的關係了，即《法華經》之所說爲本、爲圓教，其它諸經所說爲迹、爲系統、爲藏通別教。

牟先生言：

> 據此科段，則知只有正說分才是《法華經》的正式內容，而此內容不過是說三乘爲方便（權），一乘爲眞實（實）；若只說一乘，則不能接眾機，是以方便亦必要；既說方便已，便不能死在方便下，執方便爲眞實，故又須開方便顯眞實（開權顯實）。[319]

筆者以爲，依據牟先生所指出的佛之本懷，就是會三歸一，就是《法華經》講的聲聞、緣覺、菩薩三乘之學佛成就，並不是佛之本懷，亦即不是佛法的終境，佛之本懷就是成佛一乘而已。《法華經》之此說，是在講接引眾生的方便機巧，可以善用適於眾生根器的任一法門，但當眾生境界提升之後，還是要最終以成佛爲唯一目標。而成佛是有高難度的標準的，這也因此逐步提升了佛教哲學的高度與深度。筆者以爲，《法華經》所說甚善，但此說豈不也是所有大乘佛經的共同立場嗎？也許有大乘佛經以菩薩道的修行方式爲論旨之強調，

但豈不都是預設了最終成佛的目標，至於小乘經典的阿羅漢果位，固然非大乘佛教所謂之佛的果位境界，但也是成佛意旨，只是依據大乘立場，境界不同，不能等佛。不過，所有佛經都是以成佛爲最後歸趣，《法華經》在此之特別強調，主要還是因爲《法華經》在渡眾的方法論上有方便法門的觀點而已，即如牟先生之所說，既然是方便，就不能死在方便，於是就要開權顯實。因此，不是《法華經》說了別經所未說的佛之本懷，而是《法華經》說了諸種方便法門之下的佛之本懷。

　　本節中，牟先生討論了佛身的迹本二義，指出歷史上的佛是跡，而遠古以前已有本佛。其言：

> 但佛之近迹只是其永恆生命之一階段的示現。佛之八相成道而現爲八十餘歲之一期生命（分段身）亦只是其永恆生命之示現，其成道並不自今日分段身「始成」也。他早已成了。其降生，住母胎，處王宮等等只是示現耳。是以「近迹」是對「遠本」而言。「遠本」者，其宿世久遠已來即已成佛說法矣，即此名爲「遠本」。全經後十四品名爲本門之開權顯實。本門之本即此「遠本」也。故本門之正說分是就〈壽量品・第十六〉而言。自法身而言，佛之壽量是無限。此壽量是無時間限制的壽量，即是永恆的智慧生命。然落于現實上，此無限生命能現爲有長有短之生命，此即是有限之壽量。[320]

　　此說本不甚特別，主旨在以迹本論說佛身，但更重要的是，牟先生論於佛必即九法界而成佛之說者，也就是在本迹的示現下說的，亦即，牟先生意思是認爲，佛陀成道之迹，既可在此一現實世界，也可以是在一切眾生的其它各界中，故謂之即九法界而成佛，此義待後文再深入說明。

（二）智者依《法華經》本旨而有之暢說

　　牟先生強調，此迹本論之說及開權顯實的本懷，是智者大師依《法華經》本旨而說者，並非智者妄意創造的，其言：

> 《法華經》之綱格只如此，此並非天臺宗師之穿鑿，乃經之大體規模自如此。智者不過相應此規模，就原有之詞語，正式說爲開權顯實，發迹顯本，以彰著之，使人有如實之印持而已。[321]

　　此說筆者絕不反對，只是，運用此說以及發揮此說的牟先生的思路卻走得比智者更遠，甚至已經脫離了智者之見識而暢說己義了，最終即在：依迹本論而說《法華經》及天臺學爲本，其它諸經及諸宗爲跡，在高天臺、法華於一切佛經、佛宗之後，輕輕一筆，就把儒家和天臺宗的差異說出，於是又高儒於佛了。這輕輕一筆，就是牟先生以跡本論、權實論所定位出的天臺宗要旨之諸點，如「一念無明法性心」、「不斷斷」，以及「以無住本立一切法」。要點即在：只有現象而未有實體，因此仍是一般若空虛的立場，而不是一實有經驗的立場。此義轉折甚多，待本文慢慢說來。

（三）收一代教法出《法華》文心

　　牟先生即以智者就是依迹本之說而建立判教諸觀點，以及主張唯法華才是眞說如來設教之大綱，其言：

> 案：《法華》「唯論如來設教之大綱」，此大綱是第二序上的，唯論權實問題，以及如何處理權實問題（即開權顯實，開迹顯本）。「不委微細綱目」，意即它不詳說那些「微細綱目」，即第一序上的那些特殊教義。故此大綱不是如普通所謂之大綱，即不是分解的，乃是批判的。如就般若學而論般若學之大綱，就涅槃學而論涅槃學之大綱，就阿賴耶系統

而論唯識學之大綱，就如來藏系統而論眞常心學之大綱，就小乘教而論小乘學之大綱，或就藏通別圓四教而總論四教之綱要，凡此大綱皆是第一序上的分解鋪陳之大綱，故皆有特殊之內容與法數。獨《法華經》則無第一序上的特殊內容，教義，與法數，它只是開權顯實，開迹顯本，「不過數行而已」。以此觀之，它豈非空洞貧乏得很？然它本是批判疏導之大綱，本無特定之材質內容；特定之材質內容皆在他經，乃所已知而預設者。故若不精熟他經，不能了解《法華》。精熟他經是學力工夫，了解《法華》是智慧識見。故《法華玄義》「收一代教法，出《法華》文心」，鋪陳得那麼多，此見智者之學力，而「《法華》文心」寧有多哉？此「文心」，以及了解此文心之智慧與識見，乃是經過與他經一一比決而呈現出者。若浮泛觀之，或以「與他經爲同層面」之態度視之，焉能知之？又焉能呈現出此智慧與識見？即以此故，乃覺智者爲不可及也。彼乃眞正弘揚佛法佛教而實得佛意者。[322]

　　牟先生這樣的說法是對的，《法華經》確實不多說理論，智者大師確實爲《法華經》的佛說本懷找出定位，關鍵是在於，智者說五時八教，以迹本、權實、圓不圓分判諸家，這些觀點都爲牟先生吸收之，且利用之，更再作創造，牟先生創造地以共法不共法說般若與他學，以系統不系統說諸宗與天臺宗，以第一序第二序說它經與《法華經》。亦即牟先生在定位了一切經典與宗門之論之後，便由天臺宗及《法華經》來收攝一切教法，可以說，本來就是把討論的立場已經放在天臺宗及《法華經》裏了，再加上他自己的特殊術語及理論模型，而用以處理他所要處理的三教辯證問題。因此可以說，牟先生藉天臺宗以收諸佛學系統，再以天臺宗爲對象，進行儒釋道三教辯證，其結果，天臺高諸宗的優點，反成了佛教劣於儒家的缺點了。

（四）高天臺於華嚴

在中國大乘佛學諸宗派裏，系統最龐大、教相最繁複的就屬天臺與華嚴兩家，於是兩家之相爭似亦勢所之必然，但筆者以爲，相比較異同則可，互較勁高下則不必，關鍵是：是否認清兩家立論之問題與宗旨，而不是徑取一標準，以高低上下兩家。就天臺、華嚴之系統而言，智者大師於五時八教中已有分判，牟先生藉取其意而說：

> 開權顯實，開迹顯本，是《法華》之綱骨。以此比決，《華嚴》三意未周，一不攝小機，二不開權，三不發迹，不能謂爲眞圓教明矣。[323]

牟先生之說並不悖於智者之說，並爲之解釋如下：

> 即事實上已有小乘矣，而小乘在《華嚴》會上如聾如啞，而不理它，則亦不能開發暢通而決了之；就已有此迹言，若不開發暢通而決了之，則亦不發此迹也。此發字即取開發暢通或決了義。故不但于《華嚴》說其不開權，不發迹，即于餘經亦同樣說其不開權不發迹。……即佛成道成佛不自有生之年始，有生之年之「始成」只是其永恆生命所示現之近迹；他久遠已來早已成佛，此即示法身常住，此即是遠本也。……故發迹顯本即決發聲聞菩薩佛之近迹而顯其久遠之本迹也。發佛之近迹而顯其遠本，即顯圓實佛法身常住，而且顯其自始以來即不離迹，佛身即是迹，非只神通變化是迹。……發聲聞菩薩之近迹而顯其遠本，即顯其久遠已來即已被授法身記而可作佛矣。是故發迹顯本即是開權顯實，一是皆歸于圓實之一乘，而無二無三。[324]

筆者以爲，就大乘佛教之立場而言，《華嚴經》即佛所說經，佛所說經各有旨趣，智者大師依其旨趣說其五時八教，這是就佛經佛論

而言，以佛說《華嚴經》時諸劣根器者如聾如啞之現象說《華嚴經》不攝小機、不開權、不發迹，此說可成立否？還有，此說對華嚴宗亦成立否？筆者以爲：首先，就華嚴宗而言，必是不能成立的，華嚴宗五教說沒有否定小乘教，只作爲起點，故絕非一不攝小機、不開權、不發跡之系統，餘不多論。不過，智者大師本就不是論於華嚴宗，智者之時尚無華嚴宗，那麼，就《華嚴經》而言如何？《華嚴經》所說教法，包羅萬象，從小乘到大乘，無有不說者。因此上三不之說只能說是智者大師的一個觀察側面而已，目的在堆高《華嚴經》只攝大乘利根器之機者的特色，以維護《法華經》開權顯實、開迹顯本、會三歸一的宗旨。筆者以爲，這是爲強調《法華經》特色功能的強調手法，不必視爲定位《華嚴經》宗旨的立論。

（五）迹門十用與本門十用

牟先生引《法華玄義》中智者大師所說迹門十用及本門十用之文，由文中見出，此實發揮智者大師對佛法精義的解析功力，但意旨就是會三歸一一義而已，甚至可以說，是智者大師過度展現學力而好爲文義的說法。

（六）低頭舉手皆佛道

牟先生言：

> 「低頭舉手皆佛道」，此中即含有一「最元初最根源之洞見」，此洞見乃決定圓教之所以爲圓教者。吾人只從文句之科段即可勾畫出開權顯實發迹顯本以爲設教之大綱。此已示出一圓教之規模。但此圓教之規模猶只是外部地說者。若眞想內在地即義理地極成此圓教，即如圓教之實而不走作而極成之，則必有一義理之實（不是分解的曲說的義理）而後可。此義理之實須靠一「元初的洞見」。此原初的洞見是天臺智者大師的智慧識見，當然是由那圓教規模而啓發出者。

此洞見中之義理之實不見于《法華經》，乃是智者大師之所
抒發。當然其他經，尤其是《維摩詰經》，已有此理境，而
且盛談此理境；但將此理境收于《法華》開權顯實之大綱，
相應《法華》圓實教而言之，以極成此圓實教之所以為圓實
教者，則是智者之創闢，亦是天臺圓教獨特性格之所在，亦
是決定圓實教之為圓實教者，即，是決定圓教之所以為圓教
之標準。此則下節論之。[325]

　　以上之說法即為以下第二節要討論的全部重點所在，筆者以為，
牟先生於此處之討論，固然有所引用智者大師的文本原典，但是，更
多的是他自己的發揮，正是這些發揮，建構了牟先生天臺學的理論系
統，至於還是不是智者之意？已經很值得懷疑了，尤其是所謂的圓教
之定位。以下轉入下節的正式討論。

三、原初之洞見

　　牟宗三先生於本節之處分九點以說，其實這九點之內的立論宗旨
也是不斷重複，只是牟先生的思路仍可藉由不同的話題或是智者文字
的材料文本重新啟動而已。以下仍順著牟先生的小節次序而說。此處
之標題為筆者為牟先生所下，以助於討論之眉目更為清晰。

（一）即眾生而為佛

　　牟先生此說，正是他以天臺高於華嚴的最重要命題，牟先生不斷
申說天臺之說乃即眾生而成佛，即十法界而成佛，不捨一切眾生而成
佛，言下之意即是華嚴只顧佛自己成佛。筆者以為，此說必不成立。
先參見牟先生言：

　　既開權以顯實已，雖凡夫或小機亦可成佛，今生不成，來生
　　成，或經阿僧祇劫而成，畢竟總可成佛。要者是在成佛必須

不離此凡夫之任一行或小機之任一行。「低頭舉手，著法之眾，皆成佛道，更無非佛道因。佛道既成，那得猶有非佛之果？散善微因，今皆開決，悉是圓因。何況二乘行？何況菩薩行？無不皆是妙因果也。」此即是圓佛之圓因圓果。若必隔斷了此凡夫或小機之任一行，以為成佛必別是一套作法，則佛終不得成，即有所成，亦不是圓佛，蓋其因不圓，故果亦不圓也。是則成佛必即于凡夫、二乘、菩薩之任一行而成佛，擴大之，必即于九法界（六道眾生加聲聞緣覺與菩薩）之任一法而成佛。誰即誰？首先便是成佛必即于九法界之任何一法而成佛，此即佛之即眾生而為佛也。[326]

　　以上牟先生之所說，在義理上甚為奇怪。牟先生指出一圓佛觀，亦即一圓教理論，主佛即眾生而成佛。但此說似有意旨上的歧異，一義是說十界眾生是否皆有成佛之可能？一義是說佛是否會捨棄任一界之眾生而自行成佛？還是再一義說成佛者是否會救渡一切法界之眾生？以上三義，牟先生論說不明。依筆者之大量閱讀及反覆理解，牟先生真正的思路是放在：成佛者之成佛活動，是可以在任一法界中為之的，既為之矣，則主體自身清淨，而那個法界亦清淨了。此說自有許多不當的連結之處。成佛永遠是佛自己的事情，佛救渡眾生則當然涉及了所有眾生，佛在任一法界皆可以進行成佛運動，及成佛以後的救渡事業，但是，成佛這件事就是只是佛在十地菩薩位以上的再高一境而成佛境之事業。不論此成佛一事的當下佛與何境互動救渡或化現，都與成佛境就是十法界中最高最後一法界之事無關，無礙，不相干的事情。而牟先生確實極意地要對成佛這個活動主張它是可以在任一法界中進行的事業，其目的在論說天臺學高於華嚴，華嚴只渡利根器菩薩，而天臺渡一切法界之眾生。此說筆者不同意。華嚴說成佛最終境，只有利根器菩薩能聽聞能受益，這是眾生境界問題，並不是眾生本性能否成佛的問題，也不是菩薩及佛是否救渡一切法界之眾生的問題。一切法界之眾生皆可能佛，這在竺道生以《涅槃經》證說

之後，以及《大乘起信論》一心開二門之後，都已經是中國大乘佛教各宗派的共同基本立場了，因此根本不存在是否一切眾生皆有成佛之可能的問題，也不存在佛是否會捨棄某些眾生自行成佛的問題，也不存在佛是否會救渡一切法界之眾生的問題。現在，牟先生特別強調天臺主張佛之成佛及於法界，而非議華嚴之成佛只在佛界之說，筆者以為，這是對華嚴的亂解，也是對佛教成佛理論的亂解，根本是不成立的說法。

　　就眾生成佛的可能性問題而言，如來藏系統諸經論以及《大乘起信論》主旨本身，皆已解決了這個問題的困境，就是一切眾生皆可成佛，不論他現在是一闡提、還是下三惡道、還是任一界的存有者有情眾生而言，因此不存在眾生成佛能否在於天臺還是華嚴系統這樣的問題。所以，問題轉向為佛是否在眾生界成佛的問題，這個問題，等於又轉向佛是否會救渡下界眾生的問題，牟先生藉天臺一念三千即於十法界之說，主張天臺即下界一切法界而成佛，就等於是天臺之佛既救渡一切眾生，也保住一切萬法。究其實，保住一切萬法才是牟先生真正要談的重點，不過藉天臺之說而發揮而已。但是，在牟宗三先生解讀下的華嚴宗哲學，卻變成華嚴宗所論之成佛者是佛法身自身的理體活動與境界展現的結果，此一結果，當然就不顧及九法界眾生了，所以天臺即九法界而成佛之說就大有道理了，此說必是惡解。此義筆者已討論於〈牟宗三對華嚴宗詮釋的方法論反思〉一文中[327]，可以說，若非在天臺宗後學刻意曲解華嚴宗的背景下，何來華嚴宗或他宗之學會有捨棄三乘及六道而主張可以自己成佛的立場？因此，牟先生為高天臺，確實有嚴重誤解，而不只是貶低華嚴宗及其它諸宗理論的現象。就誤解它宗而言，暫不多論。就牟先生的思路而言，則有必要追根究柢弄清楚他在說什麼。

　　筆者以為，牟先生之所說，只有一種情況下可以成立，即是說成佛者之救渡行動必即十法界而救渡之，則說即九法界而成佛之說可以成立，但此說是境界論問題，是就成佛者已成佛之後的行動而言，既不是論於十法界眾生的成佛可能性問題，也不是論於十法界之國土存

在的必然保住的問題，然而，牟先生幾乎都是偷渡到這兩個問題上，以一方面貶抑它宗，以及另方面創性地錯誤詮釋了佛法的要旨。這些細節，以下再由其它的討論中慢慢引申出。

　　本小節中有另一重點，此亦是下一小節的主要重點，那就是「即煩惱即菩提之說」，牟先生言：

> 眾生固有散善，亦有散惡。眾生世間本即是穢惡之汙泥。但成佛不是高蹈事，必即于汙泥而成佛。「譬如高原陸地不生蓮華，卑濕汙泥乃生此華。如是，見無為法入正位者，終不復能生于佛法。煩惱泥中乃有眾生起佛法耳。又如殖種于空，終不得生。糞壞之地，乃能滋茂。如是，入無為正位者，不生佛法。起于我見如須彌山，猶能發于阿耨多羅三藐三菩提心，生佛法矣。是故當知一切煩惱為如來種。譬如不下巨海，不能得無價寶珠。如是，不入煩惱大海，則不能得一切智寶。」（《維摩詰經‧佛道品第八》）。此即「煩惱即菩提」，菩提必即于煩惱而生；「生死即涅槃」，涅槃必即于生死而成。推之，《維摩詰經‧佛道品》又說：「若菩薩行于非道，是為通達佛道。」是即佛道即于非道而見。〈觀眾生品‧第七〉又說：「言說文字皆解脫相。……無離文字說解脫也。」又說：「佛為增上慢人說離淫怒癡為解脫耳。若無增上慢者，佛說淫怒癡性即是解脫。」「離淫怒癡為解脫」是方便權說。「淫怒癡性即是解脫」是圓實說。「離文字說解脫」是方便權說。「不離文字說解脫」是圓實說。〈弟子品‧第三〉又云：「不斷淫怒癡，亦不與俱。不壞于身，而隨一相。不滅癡愛，起于明說。以五逆相而得解脫，亦不解不縛。」是即解脫乃即于淫怒癡，即于身，即于癡愛，即于五逆相，而為解脫，不是隔離或斷除此種種而為解脫。[328]

此說之最重要立場即是，一切眾生之成佛因緣是在眾生起無明煩惱中發生的。此說即通於智者大師一念三千之說，即三千之念當下淨善即是入佛道。此說是工夫論命題，不是形上學命題。工夫論中說成佛修行者在任一當下雜想妄念中就正好是用功的時機，所以只是說即那個妄雜之念而清淨之即解脫之，並不是說那個妄雜之念即是成佛境，也不是說那個妄雜之念之境即是成佛者之所在國土。牟先生既有混淆境界論爲形上學問題的錯誤，亦有混淆工夫論爲形上學問題的錯誤。下一小節再作更深的討論。

（二）不斷斷的工夫論旨

牟先生說天臺的重要命題之一即是「不斷斷」，唯「不斷斷」何意？牟先生言：

> 即于淫怒痴而得解脫，此名曰「不斷斷」，亦曰「不思議斷」，或「圓斷」。「不斷斷」者，不客觀地斷除或隔離淫怒痴等非道之惡事而主觀地即得「解心無染」也。不即于淫怒痴等而得解脫，則曰「斷斷」，亦曰「思議斷」，此非圓斷。[329]

筆者以爲，這個命題有嚴重的錯誤。成佛境者，主體自身絕對清淨，豈有不客觀地斷除惡事，而仍有所謂主觀的清淨之旨？唯一可說的，就境界論說，是絕對清淨的主體仍能與尚不清淨的眾生互動，引導之而教示成佛之道，這就是成佛境以後的行動的事業，這樣的行動亦無所謂成佛主體還有惡事在身的意義在。就成佛之完成而言，必定是完成在主體自身絕無任何惡事的清淨狀態，亦即牟先生所言的斷斷之境中，因此，不斷斷只能說是成佛以後的活動，且不是「不斷」「斷」，而是「斷」而「不隔眾生」而已。就工夫論說，不是去找出惡習而克服之，而是不隨習染，當下主體清淨，但此時尚未達致佛境，還在歷階之中，但不二法門般若智就是這樣操作心性的。筆者認

爲，牟先生於佛教教義辨理不清。牟先生又言：

> 在「不斷斷」中，首先顯出主觀的解心無染與客觀的存在之
> 法兩不相礙而並存，此即《維摩詰經》所謂「但除其病而
> 不除法」〈文殊問疾品·第五〉。本來客觀地就法理說，
> 「一切眾生皆如也，一切法亦如也，眾聖賢亦如也，至于彌
> 勒亦如也。」「一切眾生即菩提相。」「一切眾生畢竟寂
> 滅，即涅槃相，不復更滅。」〈菩薩品·第四〉就此而言，
> 則亦無所謂斷不斷。但相應此法理而解心無染，則即有「不
> 斷斷」。「解心無染」不是獨自成一個覺解的清淨體擺在那
> 裡，而是即于一切法之法理之如而當體即如其如而如之，此
> 即是「不斷斷」，亦曰「解惑不二」。淫怒痴等即是惑事，
> 「不斷斷」即解心無染。只有「不斷斷」才是圓佛之斷。[330]

　　文中說主觀的無染心與客觀的存在兩不妨礙，此說亦是充滿混
淆。說一切眾生皆如、即菩提相、即涅槃相者，這是形上學存有論的
命題，就是在說眾生本來是佛之義而已。但眾生有愚痴，然只要一念
覺悟，即在此愚痴之念察覺之、淨化之，即是入於佛道，意思是說走
上了學佛的正確道路，但這並不等於成佛，成佛還需要無盡的歷程，
因爲還有其它眾多更細微的愚痴要斷除，成佛是要直至完全斷除爲
止，此處也可以說成佛就是即在愚痴之見中當下斷除的活動，但是，
一旦成佛，成佛主體自己必是絕對清淨，至於其活動，當可即於一切
淨穢眾生之國土世間，這是無疑的，但不是佛身之存有性中仍含具不
淨穢土，佛身不含穢土，不表示佛的活動捨棄穢土下界，菩薩以上即
是意生身，自由化現，佛身更是遍在一切虛空所有國土，所以說佛即
不即於九法界以成佛以保住法界及救渡眾生的立論根本是不需要的意
見。
　　牟先生說只此「不斷斷」才是圓佛，此說有歧義。其意似乎是說
有其它宗派之成佛者不是即於一切淨穢眾生而救渡之，筆者不以爲

然。究竟其說何意？再見其言：

生死、煩惱、淫怒癡等，有是凡夫的，有是聲聞的，有是菩薩的（菩薩只斷分段身，不斷變易身，至等覺位尚有一生待斷，唯佛究竟斷，即徹底的圓滿的解心無染）是則下自凡夫（六道眾生亦在內），上至菩薩，每一法界之差別法，差別相，其成為差別，主要地說，是由于無明。此中客觀地說固有法，而主觀地說亦皆有無明。而客觀的法之類聚于九法界而成為此九法界之差別，則由于無明。凡夫的生命全在無明中，因此，其法界之法亦全在染著中。小乘斷見思惑，而不能斷塵沙惑，至如根本惑（無始無明）則只伏不斷，正因此故，而成其為小乘法界。菩薩斷及無明，而不能斷盡，亦正因此而成為菩薩界。至佛究竟斷（不斷斷，徹底而圓滿的解心無染），則其法界之法全在清淨中。他雖有凡夫法，而他畢竟不是凡夫，而只是佛。他雖有聲聞法，而他畢竟不是阿羅漢，而只是佛。他雖有菩薩法，而他畢竟不是菩薩，而卻純然是佛。他既具有九法界法（連其自身即為十界互融而為佛），則他即是「不斷斷」。他即于凡夫而為「不斷斷」，則在其「不斷斷」中的凡夫法即與凡夫之無明脫節，病除而法存，因此，即成為佛法。他即于聲聞緣覺與菩薩而為「不斷斷」，亦復如此。[331]

說凡夫因有無明而有，此說正確。但是，凡夫即著國土而有，因此穢惡凡夫連著穢惡國土，此即牟先生所說的：「客觀地說固有法，而主觀地說亦皆有無明。」牟先生所說的九界之法似成為九界之國土，因為他也說成佛者病除而法存，但最後說佛究竟斷，而其法界之法全在清淨中，此說甚怪異。等於是成佛者有九法界之客觀的存在，這就是牟先生藉天臺之說的詮釋而建立天臺虛空萬有的形上學立場，天臺以其即九法界而有了存有論的保住萬法之立場，但又因根本是般

若虛空之立場而非實有論者。

　　牟先生說佛即於凡夫而不斷斷，有凡夫法卻無凡夫之無明，病除法存，即成佛法。那也就是說有凡夫九界之國土而無其無明之意。這個要國土的意旨，就是牟先生要為天臺宗建立的有別於華嚴及其它諸宗學說的重要立場，於是，牟先生心目中的成佛境，就是一主體清淨，但含具下九界國土的存有者，此說豈不正成了大梵天說了。為什麼牟先生要建立這樣的理論呢？這就涉及儒佛之爭的問題了。本來佛之成佛即是成佛了，九法界的國土皆在此起彼滅之中，九法界之眾生則在各個國土中輪迴生滅不已，眾生成佛即不再受限束縛於三界內之國土，而是自由出入三界內外，甚至繼續放光而有新的國土，以成就另一國土眾生的成佛歷程。所以，說成佛者有九界法而本身不是九界眾生而是佛法界之存有者，此說真是怪異至極。可以說是導因於一個不相干的問題而創造出的一個不相干的理論，那就是儒佛之爭的問題及理論。以下轉入下一節的討論。

（三）以「一念無明法性心」談存有論的圓教

　　牟先生說天臺宗之圓教觀時，是將其上升到一存有論的問題意識裡來談的，說存有論即說及整體存在界，而牟先生所說的東方式的存有論是很有實踐哲學意味的，其言：

> 由此原初之洞見即可進而相應《法華經》之開權顯實，而立一義理之實以成立天臺宗所謂之圓教。此一圓教是對一切法亦有一根源的說明即存有論的說明之圓教。那「不斷斷」之洞見是收于此存有論的圓教而說，不只是《維摩詰經》中所說菩薩解脫所應走之途徑，亦不只是《般若經》中不捨不著之實相般若之妙用（不壞假名而說諸法實相）。當然，實相義是被保存下來的。故《法華玄義》明經體即以「一實相印」為《法華經》之「體」也。但此「實相印」是就《法華經》之開權顯實而立之存有論的圓教中之實相印，不只是般

若妙用中的實相，亦不只是般若之作用地圓具一切法這圓具
中之實相。那不斷斷之洞見啓發出一存有論的圓教，同時亦
即收入于此存有論的圓教中而被表現。因此，此一存有論的
圓教即在「不斷斷」之實踐中而呈現。

此一「不斷斷」之實踐中的存有論之圓教因爲由于一義理之
實而成立，故它亦爲一系統。此一圓教系統之義理既不同于
阿賴耶妄心系統，亦不同于如來藏眞心系統。它全無現成的
論藏可據。它是天臺智者大師之所獨發。[332]

　　存有論問題正是形上學問題，牟先生合於天臺圓教講，又合於不
斷斷命題中講，又說不斷斷是實踐，又說他亦爲一系統，以上諸說都
十分詭譎纏繞，筆者疏理如下：牟先生所思考的正是一套形上學系統
的佛學理論，由天臺宗的詮釋而建構出。前此，阿賴耶系統對成佛無
保證性，因爲妄心故；而如來藏系統又對現象無必然性，因爲現象始
終是從無明緣起的阿賴耶識中來[333]。現在，牟先生自己創發的天臺宗
的不斷斷之系統，即是成佛者不捨一切國土眾生，故爲不斷，但主體
又自身清淨，故爲斷，於是保住了國土，不斷，又能成清淨佛體，是
爲斷。既然有國土，且保住，則爲存有論，即是對一切法有一根源的
說明了。

　　牟先生這樣的思路，重點是放在佛教哲學如何安立現象世界的問
題，阿賴耶識安立了，但只成了一染污的世界。如來藏清淨了，但現
象的安立依然依靠阿賴耶識，因此是踏空的存有論。即便是華嚴宗的
法界緣起，又只是成佛者自身的清淨意識的套套邏輯，更是不入現象
世界。唯有天臺之學，成佛者不斷九界而成佛，才眞有保住現象世界
的理論完成，是爲眞正圓教的存有論。

　　但是，這樣的思路是有問題的。因爲，佛教的宇宙論根本就是此
起彼滅、虛幻不實的，因此去思考存在界也就是客觀的法的存在之是
否被成佛者保住而不捨的問題是一個錯亂的問題，這些現象世界的六
道或三乘的世界，都毋須視爲實有而要保住的，世界在緣起生滅的流

轉中，與眾生的生滅輪迴是同樣地不實的，仍需要追究的實有性與否的問題，應放在成佛之必然性及佛性存有之實有性上，此處一實，則現象世界即實，而終究來說，現象世界之實不實根本不關重點。

關於實不實的問題，牟先生十分關切，遂又討論如下：

> 然則此一圓教系統所依以成的義理之實是什麼呢？曰：即「一念心」是。此「一念心」亦曰「一念無明法性心」，亦曰「無住本」，亦曰「如來藏理」（六即中「理即」的如來藏，不是經過觀行後的如來藏）。此是相應那原初的洞見（不斷斷中的「即」）而來的存有論的圓具（圓具一切法之圓具）之「一念心」。它不是通過經驗的分解（心理學的分解）而建立的持種的阿賴耶識，雖然它與阿賴耶識同是無明妄心；它亦不是分解地說的八識中的第六意識，雖然統此八識皆可名曰一念心，亦可說開決了此八識而成為一念心。分為八識是阿賴耶系統，此是別教說（此當說為始別教，見下節。依華嚴宗，此為大乘始教。）而此「一念心」則是圓教說，故它既不可以被視為第八識，亦不可以被視為第六識。它是開決了八識，相應圓教融而為一說的。（圓教是就次第而不次第；開權顯實，非四味外別有醍醐，非三乘外別有一乘。）復次，它亦不是通過超越的分解而來的真常心。真常心之隨緣不變、不變隨緣是如來藏真心系統，此亦是別教，而非圓教。它是消化了這真心之「但中」，就「不斷斷」之實踐中的存有論的圓具而說的煩惱心，故不偏指清淨真如理以為「一念心」也，此不是一念靈知，「知之一字眾妙之門」，這靈知心也。是故若就此「一念心」而言如來藏，這如來藏即是無明陰妄心，是就迷就事而論，此即是「理即」之如來藏。「理即」者，意謂此「一念無明法性心」，就法理說，它原則上即是佛也。法理之理即空如實相之中道理而且是圓具的「不但中」之中道理。法理如此，即是理佛。就

眾生言，即是一理佛，即潛存的佛也。眾生在迷，有理無
事，故只能就之而說「理即佛」，至多再進而說「名字即
佛」，但總不能說「觀行即佛」，因根本無觀行故。至于
「觀行即」後之其他「即」更必說了。但「觀行即」以及此
後「相似、分證、究竟即」亦不過就是此「一念心即如來藏
理」在「不斷斷」中之明徹無染地逐步朗現。[334]

　　以上牟先生的討論十分跳躍，關鍵就在提出「一念無明法性心」
的概念上。筆者認爲，牟先生就是把許多想要的元素塞進這個概念
裏，充實之，以達成他要的功能，那就是，說到整體存在界，保住
它，又能成佛。這些元素包括：必須是實有論立場的存有論，雖然終
極來說是達不到的，但絕對要積極接近之；也必須是論及現象世界
的；又必須是能保證成佛的。而這些元素，都是他過去在批評阿賴耶
識緣起系統及如來藏系統和法界緣起系統時所缺乏的元素，以及是共
法而非系統的般若學所缺乏的。也就是說，牟先生前此對佛學的眾多
批評，現在都要藉由「一念無明法性心」這一概念以掙脫之，使其無
有那些缺點，而高舉天臺之學。只是，筆者認爲，過去牟先生這些優
缺點的討論，勝義劣義的討論，其實都是牟先生自作的網羅。而此一
概念，竟成了一個形上學的觀念叢，功能太多，意旨纏繞，詭譎難
明。

　　文中說「一念心」是「如來藏理」，是「理即佛」之理，但不是
「但中」之理，是「眾生在迷」，這些也是很麻煩、很跳躍、且不清
楚的說法，筆者試爲重說如下：一個眾生心，它本身是理即佛，且不
是如牟先生所批評的如來藏眞如理之但中之理，亦即不落現象，唯隨
阿賴耶識緣起而起而已。而是就在在迷之眾生心中已具此眞如之理，
所以就存在而言，它是實的，實的的意思是說，它就實存在九法界
的各階層之現象世界中，但是，它又是理即佛，意思是說，它完具著
成佛的本質，只待逐步朗現，朗現之時，九界眾生所在的世界依然存
在。這九界世界正是牟先生談這一套理論所要保住的重點。此一意

旨，下節即將托出。

　　仍舊本小節言，理即佛的觀念就是心佛眾生三無差別的觀念，也
正是一切眾生皆有佛性的觀念，這都是大乘共法而由智者大師以理即
之名義說出而已。真如之理就在現象界，這也是《起信論》一心開二
門的意旨所含具的道理，這些都沒有問題，有問題的是牟先生對阿
賴耶、如來藏及法界觀、和般若學的前此之定位都是大有問題的，
於是，此處便建立了一個奇怪的成佛理論，即此成佛者即在九界而成
佛，此義下節又要再度討論之。

（四）一念心圓具一切法

　　說「一念心圓具一切法」就是說這「一念無明法性心」包含了十
法界一切世界，牟先生言：

> 再進而說此「一念心」不但只是一念心，而且是即具一切法
> 的一念心。一切法趣此一念心，是趣不過。（此是將《般若
> 經》的「一切法趣某某，是趣不過」之語移于此存有論的
> 圓具上說）。此亦即是「一念三千」也。若只是分解說的識
> 心，則不能說一念心即具三千。若只是分解說的真心，則
> 亦不能說此一念真心即是三千世間法，而只能說它隨緣起現
> 三千世間法。但此一念心，相應開權顯實之圓教，在「不斷
> 斷」中，它必須存有論地圓具一切法──三千世間法。[335]

　　這個「一念無明法性心」是牟先生的最高範疇，即是佛，即是形
上道體的地位了，因此此處牟先生不斷深化其意旨及功能。說一念心
不只是分解的真心，是說分解的真心就是只能隨阿賴耶緣起而起現，
自己不具創造現象的能力，若說為真如之理，則只是但中之理，這指
得就是如來藏概念。這些就是牟先生辛苦地刻意區別他的「一念無明
法性心」與他之前所批判的如來藏真如緣起觀的地方，至於他的一念
心，是不捨棄九法界而能保住其存在且又清淨的法性心，故而說是存

有論地圓具一切法，亦即是，包含了現象世界的存在。又見：

> 此是言「一念心即具三千」之典型文字。此境是不可思議之
> 境。有此不思議境，故有「不斷斷」之「不思議斷」。因
> 此，三千世間法皆成佛法。就十法界言，十界互融如水，非
> 情執十界局限如冰也。此顯是開權顯實、決粗令妙、不斷斷
> 中之「一念三千」也。情執十界局限如冰，是粗。十界互
> 融如水，是妙。成佛必即九界而成佛也。故九界與第十佛界
> 互融如水，皆成佛法，此是「不斷斷」也。在「一念三千」
> 中，有十法界法。每一法界又各具十法界，是則成百法界。
> 此是重疊言之耳。十法界中，除佛界外，有其他九界。就此
> 其他九界而言，皆有無明在內。就此皆有無明在內之九界而
> 言，則曰「不斷」（不離不除）。就開權顯實皆成妙法（佛
> 法）而言，則曰「斷」（解脫），此斷是「不斷斷」，亦曰
> 「不思議斷」，即圓斷也。圓斷後而成佛，佛界既與其他九
> 界互融，即在「不斷斷」中即于九界而成佛，則雖佛界亦有
> 其他九界之煩惱相，惡業相，與苦道相，不過內心無「無明
> 染執」而已。吾人必須在「不斷斷」之層次上了解那一念
> 三千之不思議境。[336]

　　兩個需要討論的要點，其一為成佛的概念，其二為一念三千的意
旨。
　　斷後成佛，九界與佛界互融，就是即九界而成佛。這話有點兒混
亂。成佛者要救渡眾生，因此成佛前後都在眾生所在之三界內救渡
之，但眾生所在的世界是一此起彼滅、虛幻不實的世界，佛隨意自在
九界，甚至遍在一切處，都不等於佛界與九界融，更不能說佛仍有其
他九界之煩惱相，只不過無染而已，因此上說甚為奇怪，明明不中佛
理。這就涉及牟先生對一念三千說的定位了。智者大師雖說「介爾有
心，即具三千」，但也說「縱亦不可，橫亦不可。」具三千只能是說

雜念妄生、染淨繁複、多至三千，三千絕非定數。問題是，牟先生竟把三千當成了三千世界的概念，縮小之即是十法界的客觀存在的概念，成佛是不斷斷，即是不執而在的，這就是實化了現象世界與成佛理論的作法。此說已經違背了基本佛理的認識了。

（五）一念心即具十法界

牟先生接著引《法華玄義》談凡夫心一念具十相十界之討論文字，其言：

> 此一整段由凡夫一念心起至究竟三軌止，明三法之始始終。此中「凡夫一念心即具十法界」即一念三千也。「一念心即三道性相」，而三道即三德，此即「不斷斷」也。「十法界中一一法界悉有三道性相」，是則雖成佛而亦有三道性相也，因本即九界而成佛，自身即是迹，永不離化迹故，不過「解心無染」而已。此之謂「不斷淫怒痴，亦不與俱；不壞於身，而隨一相（一相無相即實相）；不滅癡愛，起於明脫；以五逆相而得解脫，亦不解不縛。」[337]

牟先生所引智者文字確實談到一心具十相十界，但是筆者以為，智者之意就是眾生在迷時的十相十界之具，即此在迷之當下而能去惡向善，即是菩提智心的發露，成佛之因緣在此。但是，並不能就此認為成佛者還在守住這迷念、惡心、及五逆相，更不是說成佛者主體清淨但有凡夫餓鬼地獄等國土之身，這是不通之論。也並不是說，眾生的世界就是必然有著十界十相。牟先生的理解，幾乎就是這十界、十相、三世間等等諸事，就是一個必存、定存、永存的世界結構，成佛亦不捨之而是即之。也就是說，眾生心念的狀態，被牟先生視為存在的客觀的法，亦即客觀世界。這些客觀的世界，正是佛自身的化跡，佛存有者永不離之，一方面佛意識中有九界眾生的雜染心念，以備存九界的國土，是不斷，但主體心淨而不執染，故斷其染，是斷。可以

說是牟先生在談成佛者的工夫活動中，偷渡概念地把現象世界的存在性問題給保住而且主張了。

（六）再說理即佛

牟先生又引《摩訶止觀》「六即佛」的理論，說其所謂之「一念心」正是「理即佛」。其言：

> 此由「一念心」說如來藏。因說「理即佛」，故言「如來藏理」，此一念心即具十法界，故它即是一如來藏。[338]

> 如此說的如來藏是實相觀下的如來藏，非唯識系統中「如來藏」之單就自性清淨理即空如理而言，如世親《佛性論》之所說，亦非真常心系統中「如來藏」之只就自性清淨心而言，如《起信論》與華嚴宗之所說。此後兩者皆是權教中的如來藏，皆是分解地說者，亦皆是「斷斷」即「思議斷」中的如來藏。而此「一念心即如來藏」，若就理即佛而言，則進而說「一念心即如來藏理」，卻是相應開權顯實在「不斷斷」中之如來藏。故此如來藏是就迷就事而論也。「就迷」者，以有無明故，始有十法界之差別相。「就事」者，以一念心即是十法界故。（十法界詳展之，即三千世間。謂一一法界皆具十法界，是即成百法界。百法界之每一界皆有十種眾生世間，十種五陰世間，十種國土世間，共有三十種世間。每一界皆如此，則百法界即成三千世間矣。）[339]

說「一念心」是「理即佛」是奇怪的結合。「一念心」在天臺宗是在迷眾生的雜染狀態，而「理即佛」在天臺宗是一切眾生的存有論命題，由理即、名字即、而觀行即，相似即，而分證即，以至究竟即，由存有論的討論，至工夫論的實踐，再上升至境界論的成佛理論。因此應該講說是眾生在迷的狀態中已本具佛性，故而已是理即

佛，這是智者之意沒錯。至於牟先生講這些理論的目的，卻是首先錯解在它宗它經所言的如來藏觀念意旨，說其只是空如之理，亦即無有現象世界的生滅功能，以及不即在現象世界進行成佛活動者。然後再說此一念心是理即佛者之即在現象界，藉不斷斷的工夫活動而即九法界而成佛，說即九法界而成佛即是要說成佛之後九法界之世界仍然存在，佛亦不斷的在九法界中活動。此說亦無大礙。有礙者是在：現象世界的存在必須被佛即在的目的不是爲著要讓現象世界的客觀的法的存在之目的，而是佛必定救渡眾生的意思，眾生在哪裡佛的救渡就到哪裡，目的不是爲保住國土世界，而是爲救渡眾生。至於眾生所在的國土世界，根本是生滅不已、不論其實的，故而無有即九法界而以保其存在的意思。

（七）此語出處

牟先生引「一念無明法性心」的文字出處，在智者〈四念處〉文中，引牟先生所引的智者之言：

> 一句，名爲「一念無明法性心」；若廣說四句，成一偈，即因緣所生心，即空，即假，即中。[340]

牟先生的討論是在強調這不是唯識學的立場，筆者以爲，唯識學的立場還是存在於如來藏系統中，而智者大師之所言，正是即現象說般若的清淨智心之妙用，這是個工夫論的命題，而牟先生則結合工夫論的命題，上升至存有論、形上學的立場。然而，雖然上升至存有論，卻又主張只能說是有說到現象，不能說是主張現象是實，因爲這個佛教的教義畢竟是般若學的性空之教，否則，何以異於儒學？下一小節即是牟先生將要從此一存有論立場中脫實入空。

（八）一念心不是實體性的本體

牟先生前此詭譎、纏繞、繁瑣的發表，其實就是要藉此以說論及

存在的天臺之學，最終仍不是一實有論立場的現象論者，其言：

> 法性無明在「不斷斷」中相即爲一，即成「一念無明法性
> 心」矣。此「一念無明法性心」即具十法界，此是就一念心
> 而籠統地言之。如此言之，是「心具」。若分拆而從主從勝
> 言之，則是「性具」或「理具」。性者法性也。理者中道實
> 相理也。蓋法性無住，法性即無明，此即是心也。……「性
> 具」者，法性是即于一切法而且具備著一切法之謂也。故心
> 具，從勝從主說，即是「性具」，法不出如故也。以法不出
> 如，故如性即具備一切法矣。是故如性之「性具」即是「圓
> 具」，此即所謂「圓談法性」。「理具」亦復如此。理者即
> 「中道實相理」也。此「中道實相」之中是「圓中」，尚不
> 只是「即空即假即中」之中，因爲此後者可只是一觀法之通
> 式。「圓中」者，「即空即假即中」之中而復具備著十法界
> 以爲中也。反過來，若以十法界爲主，則十法界一切法皆趣
> 空趣假趣非空非假之中也。「一切法趣中，是趣不過」，即
> 是圓中。故「中道實相理」是即于而且具備著十法界而爲實
> 相理，因此，遂名曰「理具」，非謂此實相理是一實體性的
> 本體或實有能生起萬法也。……此亦如「圓談法性」中之法
> 性之不可視爲實體性的本體也。是故天臺雖是圓教，而仍歸
> 於實相學，不失《般若》與《中論》之規範也。圓教之所以
> 爲圓教是相應《法華》開權顯實發迹顯本而立。關鍵即在
> 「一念無明法性心」即具十法界。從勝從主而說，則曰性具
> 或理具。「一念心即具十法界」不是大混亂、大渾沌，而是
> 開權顯實，發迹顯本，相應圓教，在「不斷斷」中，所成立
> 的圓說。只有這樣圓說的一念心（函著性具理具）始能顯出
> 開粗令妙，在「不斷斷」中，「低頭舉手皆成佛道」。[341]

法性與無明相即之一念心，被牟先生說成了含具一切法，即是含

具十法界三千世界，其實，一念無明法性心差不多就是起信論的一心開二門，只是，起信論的一心，心佛眾生三無差別，佛概念被討論到哪裡，此心即到哪裡。至於牟宗三先生說的這個一念心，首先是般若實相的心，然而，牟先生之前說般若實相時說其不涉及現象世界，是共法，但不是系統，因此，此時之一念心的實相，便需自己改變義涵以脫困，此即是無明即法性，法性是般若，無明則可講生滅歷程，於是此一念無明法性心即是一具備著現象的十法界的中道實相理。這就是牟先生的變魔術，前面談般若斥其不涉現象，現在談天臺又要讓其涉及現象，關鍵就是，本來就涉及現象，是前此談般若實的不涉現象之說有誤。但是，非常重要且真正關鍵的，便是牟先生主張此一中道實相理並不能使此十法界的現象具備著如儒家一般的實體性地位，如其言：「非謂此實相理是一實體性的本體或實有能生起萬法也。」牟先生千說萬說，就是要說法界緣起是佛境界的套套邏輯，不涉世間；如來藏緣起是隨緣才起，不隨緣即不起，但緣不緣是阿賴耶識的事情，而阿賴耶識畢竟染污生滅，故不能成佛。而般若學不涉一切法，更脫離世間現象。好不容易在天臺學中藉由一念無明法性心及於九法界而成佛因而保住世間了，此世間背後之法性心中道實相理卻是一非實體性的理。然而，既非實體性，則與但中之理有何差別？牟先生就是因為一直守在儒佛辯爭的思路上，所以才有這許多奇怪的理論說法。

（九）一念心只是個境界

當牟先生意識到他所說的中道實相不能是有實體之後，那麼，本體既然不實，現象又如何而來呢？牟先生的思路即是，這是一境界而不是一現象了。然而，筆者以為，就算是境界，也須是有主體，既然有主體，而沒有實體在背後的話又如何有主體呢？總之，這真是一套隨說隨扔的怪異理論了。其言：

若問一念心既是無明法性陰識心，為所觀之不思議境，則「真

心」在哪裡？如何得見？曰：即在「不斷斷」中見。此是在「不斷斷」之解脫中依詭譎方式見，不是依分解方式先肯認一眞常心以爲一切法之源，然後在「緣理斷九」之還滅中再恢復之，如《起信論》與華嚴宗之所說。此後者之方式是別教，不是圓教。圓教之圓實地見眞心亦即呈現眞心必須依詭譎方式見亦即呈現。[342]

　　此處說一念心爲所觀之不思議境，有境便有心，故而問說眞心在哪裡？眞心就是在做工夫中作爲主體者，並且達致境界，然牟先生自己思路糾纏，故而說爲詭譎，詭譎即做工夫達境界之牟先生特殊用語。此外，牟先生不論何時都要打一下華嚴宗，因爲華嚴宗是最具實體相的佛教宗派，好在華嚴宗已經被打成了只是抽象理佛的自我觀照境，捨棄了起信、華嚴之路後，談工夫境界都不好談了，則曰眞心依詭譎方式見。又見其言：

> 今既開權顯實，則此眞心定慧緣了二佛性即詭譎地收入於「一念心即如來藏理」中而爲不縱不橫圓說之二佛性，而其自身即能萌動而爲「能」也。其自身既即能萌動而爲「能」，則它們即能依詭譎之方式而爲「不斷斷」之解脫，因而解心無染之佛心（即眞心）得全現——三德滿即眞心全現。眞心即《中論》所說之寂滅相，由圓解脫與圓實相般若處而見者，是一個境界，不是一個法，尤其不是一個實體性的法。是即無明無住，無明即法性，無一相可得，而亦三千宛然即空假中也。[343]

　　本文中，牟先生其實在討論的是現象的存在性問題，那麼，就是「一念無明法性心」之使其有，此一念心亦正是眞心，其在做工夫的不斷斷活動中使現象保住而有。但歸根結柢，仍不是創造現象地使現象有，而是現象不知如何已有，一念心不斷斷自身清淨不捨九界而成佛，此時，現象不被捨棄，故仍有其存在性。但是，此一不捨現象的

不斷斷活動已經不能再說爲是一涉及現象的客觀之法了，那麼它是什麼？是一境界。無一相可得，而亦三千宛然即空假中。牟先生此處的說法，既不是在談宇宙論，也不是在談本體論，也不是在談工夫論，也不是在談境界論，而是胡亂跳躍，任性而談。縱然各種名相都收進，看似深入佛教義理而討論問題，其實都是誤解、錯解、任意下定義，以及任意判斷而已。

（十）再論存有論圓具下的一念心

　　牟先生仍要高天臺於其他一切佛教宗派，因此再度討論此一念心的存有論定位，而說其非唯識非權教，其言：

> 依以上輾轉引申之縷述，則知智者所說之「一念心」，雖是陰識心、煩惱心、刹那心，卻是一念心即具十法界而爲不可思議境之一念心，故絕不是唯識宗之分解說的識心，故必曰「一念無明法性心」。它雖是無明識心，卻即是法性；它雖是煩惱，卻即是菩提；它雖是刹那，卻即是常住（不是心理學的時間中之一心態）。此其所以爲不思議境也。它是決了唯識宗權說的八識，相應《法華》圓教，在「不斷斷」中，依詭譎的方式，而圓說的一念心，作爲「無住本」的一念心，亦即可以視作一「存有論的圓具」之一念心。[344]

　　牟先生空頭地設想了一個一念心的狀態，把天臺宗和禪宗修證的工夫方法當作存有論的命題來認定，筆者以爲，牟先生引用的所謂即煩惱即菩提之命題，本來是說就在此一當下妄雜之念中以般若智菩提心轉化之而做的本體工夫，這種般若工夫的命題，被牟先生轉爲存有論的命題來解讀，意即煩惱界即菩提界，凡夫法即佛法，因此轉換成了以存有論意旨而說，這就十分詭譎了，故牟先生自己謂之詭譎的相即，以說其有存有論的圓具之功。

　　此外，筆者認爲，如來藏緣起也好，法界緣起也好，都沒有丟掉

唯識學的無明緣起的基本意旨，只是以眞如伴隨此無明，改染識爲根本淨識，而清淨如來藏就即在生滅法中。因此無須丟棄唯識學說而另持一念無明法性心，又把說成佛境與宇宙論的說現象問題混在一起，而提出這個「存有論的圓具」的說法。

（十一）圓教與權教

牟先生藉智者的圓教觀說天臺、華嚴之別。其言：

> 圓教不與任何權教爲同一層次，而表達方式亦不同。但圓教必預設權教，即，必即於權教而顯。蓋《法華》圓教爲末後說，由開權顯實而成故。依此，吾人可說華嚴宗的別教一乘圓教是分析的圓教，其前提如下：1.緣起性空；2.毘盧遮那佛法身。其所因之前提如下：1.空不空但中之理（靈知眞心）；2.隨緣起現。吾人就此所因處作一批判的考察，說其「曲徑紆迴，所因處拙」。（智者已說「所因」，而後來華嚴宗之澄觀即就十玄而言玄之「所因」。此「所因」智者早已說其是「拙」矣，澄觀仍如此說「所因」而對於拙無答辯。）是故但爲別教，非圓實教。那就佛法身法界而說的分析的圓教不能決定什麼也。天臺宗的《法華》圓教，吾人可名之曰詭譎的圓實教，其前提如下：1.原初的洞見——不斷斷。2.一念無明法性心——無住本。3.一切法趣空、趣色、趣非空非色。不就佛法身作分析的鋪陳以爲圓教，因爲此是不言而喻的（當然分析地言之亦有價值），但就所因處開權顯實以爲圓教，故此圓教爲眞圓實教也。[345]

牟先生說圓教必即於權教而顯，此說意旨含混。牟先生的理由是法華圓教爲末後說，由開權顯實而後說。說開權顯實可，然而主張必即於權教而說就不清楚了。下一小節牟先生又有奇特的理論，即是說天臺宗的一念無明法性心是收攝了前此所有權教的理論而完成的，亦

即對藏通別諸教之收攝而成就了天臺宗的眞正的圓教。筆者無法解讀何謂收攝了前說、預設了前說，明明都予以錯解、誤解又捨棄之而超越之，則何來預設之說呢？在智者的藏通別圓之分判下，前說與天臺之說確實只是問題意識的不同以及立論意旨的不同，其中並無對立之立場，因此說預設說收攝則可，因爲系統不對立。但是，在牟先生的解讀下，在系統不系統、圓不圓、捨不捨的分判下，前說諸教實已無法被天臺圓教收攝進來了，至少無法被牟先生解讀下的天臺圓教收攝進來了。

　　本小節中，牟先生以華嚴之圓教爲別教一乘圓教，是分析的圓。意思是說那是就法身佛的概念之解析而得的一切清淨的圓滿佛身觀，既是如此，又如何收攝呢？可以說，這只是牟先生爲反駁華嚴而說的意旨。

（十二）眞圓實教

　　牟先生於此原初的洞見一節中結論道：

> 經此簡別，則可確定地正說此圓實教之「一念無明法性心」即攝前諸教所説心識。藏通二教之六識經開決後，即攝入于此「一念無明法性心」中而亦爲不思議之妙境。始別教之阿賴耶經開決後，亦攝入于此「一念無明法性心」中而爲不思議之妙境。終別教之眞常心經開決後，亦攝入于此「一念無明法性心」中而爲不思議之妙境。反過來，則說藏通二教之六識是由此圓說的「一念無明住心」所開出的對機之限定説。始別教之阿賴耶以及終別教之眞常心亦然。此種開出如破微塵出三千大千世界之經卷。開出後，再開發、暢通，而決了之，則復歸于圓實。[346]

　　此說即是牟先生以「一念無明法性心」的自創詮釋立場，說它已經收攝了藏通二教及唯識始別與華嚴終別之教，牟先生藉華嚴小始終

頓圓之五教說,將唯識說爲大乘始教,而將華嚴說成大乘終教,並兩收於天臺圓教中。但是,筆者認爲,牟先生問題意識不清明,討論重點不斷跳躍,主張的立場隨環境而改變,前此被排擠的理論又如何說能收攝進來呢?不能因爲智者四教是前後排序逐漸轉深彼此不隔,則牟先生在此處就可以說它自己設想解釋創造的「一念無明法性心」的理論,也能收攝前此藏通別諸教的理論,因爲那些理論已經被他改頭換面至不忍卒睹了,牟先生自己的天臺學理論,無論如何收進不了藏通別諸說了。

四、結論

牟先生的佛學理論,無疑地是一大創作,有其極精彩之處,但更有其極顢頇之處。本文中說明了牟先生的「一念無明法性心」的意旨,既有工夫論旨又有境界論旨又有宇宙論旨還有本體論旨,可以說所有的哲學問題都在這個概念範疇中被討論到了,但結果卻是表面上解決了所有的問題卻又不能成立任何理論。筆者以爲,牟先生是在做辯論比賽而不是眞的在做理論研究,不忠誠於文本,只管自己找理由,要肯定要否定都任意由他。本文盡一切努力疏通牟先生意旨,目的在使他的理論可被理解,理解之從而捨棄之,而不要留下當代中國哲學新儒家學派的佛學研究的後續影響力。

註釋：

316 包括：第二章：《維摩經玄義》《金光明經玄義》《法華經文句》《摩訶止觀》；第三章：《十不二門止要鈔》《觀音玄義》《金剛錍》；第四章：《法華玄義》。牟宗三著《佛性與般若》，臺灣學生書局。

317 參見：杜保瑞，2012年12月，〈對牟宗三華嚴宗詮釋的方法論反思〉，《華嚴學報》，第4期：頁21-50。杜保瑞，2013年，4月15~20日，〈對牟宗三詮釋楞伽經與起信論的方法論反思〉，「漢傳佛教研究的過去、現在、未來國際學術研討會」，佛光大學主辦。杜保瑞，2012年，8月21~22日，〈對牟宗三詮釋佛性概念之方法論反思〉，「紀念曉雲導師百歲誕辰：第十四屆國際佛教教育文化研討會」，華梵大學主辦。杜保瑞，2012年，8月16日，〈對牟宗三詮釋般若概念的方法論反思〉，「2012年第32次中國學國際學術大會，主題：中國文化的現代性」，韓國中國學會主辦。以上諸文皆已收錄於本書中。

318 牟宗三，《佛性與般若·下冊》，臺灣，學生書局，1980年1月，第三版，頁577。

319 牟宗三，《佛性與般若·下冊》，頁578。

320 牟宗三，《佛性與般若·下冊》，頁578~579。

321 牟宗三，《佛性與般若·下冊》，頁579。

322 牟宗三，《佛性與般若·下冊》，頁586~587。

323 牟宗三，《佛性與般若·下冊》，頁587。

324 牟宗三，《佛性與般若·下冊》，頁590~591。

325 牟宗三，《佛性與般若·下冊》，頁598。

326 牟宗三，《佛性與般若·下冊》，頁599。

327 參見：杜保瑞，2012年12月，〈對牟宗三華嚴宗詮釋的方法論反思〉，《華嚴學報》，第4期：頁21-50。本文已收錄本書中。

328 牟宗三，《佛性與般若·下冊》，頁599~600。

329 牟宗三，《佛性與般若·下冊》，頁600。

330 牟宗三，《佛性與般若·下冊》，頁600。

331 牟宗三，《佛性與般若·下冊》，頁600~601。

332 牟宗三，《佛性與般若・下冊》，頁602~603。

333 事實上，此說皆有誤。關鍵即在，如來藏即是阿賴耶識，只是改阿賴耶識的妄心緣起為真心為主妄心為從的系統，因此現象的出現依然有所交代，至於成佛的必然性就有了絕對的保證了。因此沒有牟先生所批評的缺點。牟先生對唯識學理論的批評筆者皆可接受，唯其對如來藏說及法界緣起說及般若學的定位筆者皆不能接受。

334 牟宗三，《佛性與般若・下冊》，頁603~604。

335 牟宗三，《佛性與般若・下冊》，頁604。

336 牟宗三，《佛性與般若・下冊》，頁605。

337 牟宗三，《佛性與般若・下冊》，頁608。

338 牟宗三，《佛性與般若・下冊》，頁608。

339 牟宗三，《佛性與般若・下冊》，頁609。

340 牟宗三，《佛性與般若・下冊》，頁609。

341 牟宗三，《佛性與般若・下冊》，頁612~613。

342 牟宗三，《佛性與般若・下冊》，頁613。

343 牟宗三，《佛性與般若・下冊》，頁614。

344 牟宗三，《佛性與般若・下冊》，頁614~615。

345 牟宗三，《佛性與般若・下冊》，頁615~616。

346 牟宗三，《佛性與般若・下冊》，頁619。

第十三章　對牟宗三天臺宗五時八教觀對比華嚴宗詮釋的方法論反思

一、前言

　　牟宗三先生的《佛性與般若》，這一部大作，分爲上下兩冊，下冊，整個談天臺宗的哲學，這裡面又分成兩部分，第一部分，談天臺宗圓教義理的系統陳述，第二部分，談天臺宗的故事，也就是它的歷史發展，在第一部分分成了四章，本書的第十二章是筆者針對它的第一章，談〈天臺宗之判教〉，做了其中四節的前兩節的討論，第一節是：〈法華經之性格〉，第二節是〈原初之洞見〉，本文之作，將接著討論它的第三節，〈五時八教〉，以及第四節，〈七種二諦之差異以及其層層升進〉，還有，這一部分的第二章，談〈從無住本立一切法〉，這一部分，也有四節，基本上是從天臺宗相關的著作中，討論「無住本」的觀念，以及「一念三千」的觀念。其實，牟宗三先生的觀點，可以說貫穿《佛性與般若》，不斷地重複申述。本文要討論的這些章節中的文字，這裡面的觀點，也可以說，在他的第一冊的部分，也都多少已經涉及了，只是，牟先生不斷的以天臺宗的文獻之疏解作爲討論的方式，當然，觀點也有一些深入與發展，但基本原理都是相同的。對於牟宗三先生如何談佛教哲學、各宗派的義理優劣，以及藉此而建立他自己的大乘佛學的詮釋系統，就是本文要討論的重點。

二、作用的圓與存有論的圓

　　牟宗三先生在談天臺宗五時八教的時候，對五時的討論，當說到
第四時時，說這是對般若學的討論，他說：

> 《般若》部中不說藏教，只帶通別二正說圓教，實只是依共
> 般若與不共般若說圓教也，共般若爲通教，通者大乘而共小
> 乘者也，不共般若爲別圓教，別圓者專限於大乘而不共小乘
> 者也，無論共不共，般若實只是共法，通別圓之異不能只以
> 般若定。……般若之精神爲融通與淘汰，融通者，統會歸於
> 大乘而融化於實相一相所謂無相也。淘汰者，遣盪相著也。
> 此中之圓教實只是般若之作用的圓，尚非開權顯實發迹顯本
> 之眞實的圓，即一念三千之存有論的圓。[347]

牟先生又說：

> 般若本身之圓只是實相般若，它只是如此，並無交替可言。
> 但此亦並非《法華》之圓，因爲它只是般若之作用的圓，此
> 可說是共法，教之圓不圓不能只由般若決定也。《般若經》
> 中並無智者相應《法華》而說的圓教，因爲它無一切法之根
> 源的解釋故，它可能涉及某種大乘粗圓權妙之教理以表現其
> 實相般若之作用的圓。但其所涉及者非其自身所能決定。即
> 《法華》之眞圓實妙亦非般若自身所能決定，是則般若自身
> 之作用的圓不須開，因爲它只是如此，但卻須補充，補充之
> 以眞實圓教，使其落實於此眞實圓教中方能成爲實般若，依
> 此義而言，只是「作用的圓」猶屬偏面也。正因其爲偏面
> 故，亦須開決，開決之，令其自身歸于圓實也。作用的圓必
> 須歸於存有論的圓方能落實。[348]

智者大師，在談五時的時候，就其中的第四時，說爲般若時，而般若的思想，在通教、別教、圓教中都有，對於圓教的思想，是牟宗三先生最關心的。他認爲儒佛兩家都有圓教的思想，但筆者認爲，這其實是牟宗三先生從佛教的圓教思想，找到談儒家的圓教思想的模仿型。佛教哲學中，華嚴宗和天臺宗這兩家，都有圓教的思想，牟先生選擇的是天臺宗的圓教思想，並且貶抑華嚴宗的圓教思想，這裡涉及很多形上學的討論以及工夫境界論的討論，雖然牟宗三先生選擇天臺宗的圓教思想，但是最終天臺宗的圓教，仍然不如儒家的圓教思想，這點最後再說。現在針對天臺宗的圓教思想，牟先生認爲它高於華嚴宗的圓教思想，這個理論的建構，十分複雜，甚至說詭譎可也。

　　唐君毅先生說，華嚴宗是走唯識學之路而發展至極的，天臺宗是走般若學之路而發展至極的。此說甚有見地。牟先生談天臺也是從般若學說起，依據筆者的哲學基本問題研究法，般若學是佛教哲學的本體論觀點，印度原始佛教進入大乘佛教以後，從般若學到唯識學再到如來藏思想，在這個發展的系列中，般若學首出。般若學的問題意識爲何？就修行者主體的認識活動而言，小乘佛教講苦，苦就是對於變動不居的現象世界的錯誤執著所致，於是要離苦得樂，而有種種苦行之實踐，理論意義在於不執著感官欲樂的執著就不會受到苦果，於是直接行苦行，心中絕不企想任何欲樂之事。這個理解，到了大乘佛教時，就以般若空性的智慧，作爲認識世界實相的觀點，說明對於現象世界所有感受性的認識，其實都是自己刻意的執著，如果不去分別、不去執著，生活就能夠走在正法的軌道中，生活就能夠依照事物本來的樣子，而去進行。配合因果輪迴的佛教生命觀來談時，每一個生命都已經在長時間的輪迴中，形成了太多太有個性的自我，這些個性，就是對生活世界的偏見，去除這些偏見就是去除分別心，同時也去除了好惡的執著，這就是般若空性智慧的運用。在原始佛教中，做苦行的修行者，當他沒有了任何的欲望，也就解脫了所有的束縛，最終也解脫了輪迴中的生死生命，獲得了阿羅漢的果位，阿羅漢不死不生，就原始佛教而言這就是入涅槃。但佛學發展到大乘佛教時期，入涅槃

的阿羅漢被認為並不是最高的境界，轉而宣導菩薩道的思想，也就是要去救度眾生，才是更高的生命境界。這是因為，雖然修行者自己已經具備空性的智慧，而沒有束縛、沒有煩惱、獲得解脫，但是現實世界還有太多的有情眾生，仍然遭受著輪迴業報的痛苦，如果不去拯救他們，修行者自己的生命並不圓滿。華嚴宗的圓教觀和天臺宗的圓教觀，就是在說明這一個最終最圓滿的修行者境界，於是依菩提心救度眾生，使一切眾生同登佛果，這樣的思想也成為了大乘佛教的本體論觀點。那就是生命的意義是在追求一切有情眾生同登佛果，於是修行者的修行，從解脫執著的般若思想，轉化到救度眾生的菩提心，所以可以說般若思想跟菩提心思想，都是大乘佛學的本體論觀點。一個是對錯誤的現象的空性的智慧的正確的認識，一個是對救度眾生的菩提心的行動意志，這都是本體論的命題觀點。

　　牟先生說般若思想是共通、別、圓教是不錯的。通教即般若學本身，別教依天臺指華嚴，圓教乃法華思想，即天臺自家所宗者。藏教是原始佛教，只有苦觀及離苦得樂的解脫觀，尚未有清楚深刻的般若思想。般若是大乘初期創造的思想，自是而後，歷唯識學及如來藏思想諸經論皆宗之，如來藏思想及大乘起信論思想即華嚴宗之所依，般若思想皆存在其中。唯識學重在說現象之所以是苦，因此是宇宙論的進路，為了說明生命是苦的原因，設立染性阿賴耶識之托子說，但是，雖然說明了現象之苦因，卻使得成佛沒保證。如來藏重在說成佛之必然性，以真如為一切現象及一切有情眾生之生命之托子，這本來就是阿賴耶識的功能，卻是將染污性放在次要的位置，而以清淨真如為根本，如來藏識的觀念既交代了清淨真如以為動力而終至成佛的可能，同時也交代了現象世界根本是佛性演化的宇宙論觀點，其理論的最高型態就是華嚴經的闢盧遮那佛放光而有了世界，現象世界一一有情皆是清淨如來藏的演化歷程，其以一心開生滅、真如二門，真如薰習永遠不停，故而最終成佛有其保證。可以說，佛教哲學自說現象之生起、以及離苦得樂之方法、以及眾生皆成佛之依據的種種問題，至此圓滿解決。

以上，筆者嘗試呈現一套前後一脈的佛教哲學體系，有宇宙論、本體論、工夫論、境界論在其中。而般若學扮演的是本體論及本體工夫的角色功能。談現象的宇宙論問題是阿賴耶識及如來藏識的觀念在處理的。談工夫論的理論有二系，一是去我執的般若工夫心法，一是救度眾生的菩薩道作為。談境界則是成佛境，而佛境界遍及世界，故而談境界亦是談整體存在界。就此而言，牟先生所關心的圓教問題，確實是在處理佛教哲學的極致圓滿的問題。然而，華嚴宗的圓教及天臺宗的圓教觀卻各有所重，天臺重在談一切眾生皆可成佛的理想，華嚴重在談佛境界的圓滿及遍在，故而天臺之圓是圓在五時說的法華時，以三乘一乘為佛之本懷，一切眾生最終追求皆是成佛之境，眾生成佛，以此為圓。華嚴之圓是圓在佛境遍在又變現世界而謂之圓，以法界緣起說世界清淨而謂之圓。這其中，般若思想皆不出其外。而天臺更是以般若思想談眾生皆得成佛的理論極致系統。

天臺宗講藏通別圓，其中通別圓教皆有般若思想，筆者同意。但牟先生說，般若的圓是作用的圓而非存有論的圓。此說筆者有意見。筆者以為，說般若思想貫通通別圓教之義，旨在大乘佛教的本體論都是般若思維，只要是談成佛境，其工夫修行無有不是走般若空性智慧之路者，般若智使主體解脫痛苦、入菩薩位，菩提心使主體更具智慧，得以救度眾生而終至成佛。可以說般若智是一切智，能放下一切我執，而加上菩提心才上升至道種智，當救度眾生的智慧圓滿了，便進入得一切種智而成佛之境。因此，在道種智及一切種智階段，也無有不是般若智的作用在其間的，無有不是預設了般若智的充實而能成就的。

那麼，牟先生所說的作用的圓而非存有論的圓是何意？這其實是好幾個不同的哲學問題在混淆的，牟先生關心存在世界的保證問題，也因此把圓教問題與這個問題合而為一，必論至存在的必然與永恆之系統才會是圓教的系統。對天臺、華嚴之爭就是對存在的必然性之保證是否被論及的分判，牟先生主張天臺論及之，而華嚴卻割裂佛境界之法界與現象界之存在。至於般若學，絕對是不涉及存在的。所以

牟先生說般若是共法，但不涉及系統。系統者討論存在之根源的問題之系統，此中有唯識學系統、有如來藏系統、有華嚴、天臺兩教之系統。系統之圓不圓的問題則是決定於是否論及一切眾生皆可成佛，同時保證萬法之存在。就此而言，般若學只論去執遣相，作為工夫論的本體價值可也，做為系統則尚搆不著，故而雖與圓教系統的工夫論有關，但自己不涉及存在問題。涉及存在則是存有論，不涉及存在則是作用而已。此說，筆者已討論於〈對牟宗三佛教般若學詮釋之方法論反思〉一文中，簡言之，般若學是佛教本體論，所有大乘系統皆預設之，不必單獨提為一學派而批評其不涉及存在，其存在問題就在其它諸系統中。

　　至於唯識學，牟先生認為，唯識學涉及存在，但其存在是偶然性出現，沒有必然性，且其對眾生成佛的必然保證不足，因為它的般若智只是虛懸但中之理，一切還是存在的種子具不具備而已。此一批評，筆者以為是牟先生佛學義理詮釋中最準確到位的一說，筆者同意。對於如來藏思想，牟先生以《大乘起信論》的一心開二門為代表而說之，卻以為此論中負責存在的仍是唯識學的阿賴耶識，而如來藏識的般若智與菩提心，則是隨生滅法而作用起現，成佛是保住了，但現象之升起仍是阿賴耶識之偶然性作用而已，故現象之存在仍無其必然性，如來藏識仍是但中之理而已，只是有作用，心理為一，但真心只隨緣而起，緣起來自無明，如果沒有阿賴耶識染污識的出現，就沒有無明，因而也就沒有現象存在了，那麼但中之理及真如之心就作用不到了。此說，真一大誤解矣。佛是永恆，一心開二門之心是佛心，阿賴耶識無明緣起是真，但心真如清淨伴隨更真，心真如才是真正的存在之依據，它既恆存，又恆作用，不變隨緣、隨緣不變固然是就作用說，卻並非不涉及存在。以上深入討論，參見前文〈對牟宗三談《楞伽經》與《起信論》的方法論反思〉。

　　對於華嚴宗，法界緣起說是其圓教的圓滿，圓者圓於成佛者遍在一切，以佛眼觀之，法界一切有情眾生都是未來成佛者，因而事事無礙。然而，牟先生卻認為，此法界之觀法，只是成佛者之自我套套邏

輯，與下界眾生無關，佛已成佛，自證一切皆圓，但現象九界，仍在迷惘之中。此說更是詭譎至極的誤解。此義筆者亦已有討論，參見〈對牟宗三華嚴宗詮釋的方法論反思〉。簡言之，華嚴宗之法界即是整體存在界，遍一切現象界而爲法界，只是以佛眼觀之之時，現象世界的一切眾生、一切事理皆是圓融無礙，眾生固有其迷悟升降的個別生命歷程，但總一切歷程在佛眼觀之皆是最終邁向成佛境界的歷程，此即所謂事理圓融之智慧觀法，即法界緣起之說。此觀法，依成佛境者而說。至於眾生成佛之歷程，少不了因果業報、修行升階、漸修頓悟諸種種事，故九界眾生尚未成佛。法界緣起乃爲說明現象世界存在之根本意義而言者，絕非虛懸一佛境界的本身而已。牟先生的批評意見，直接是天臺宗十法界的世界觀立場，認爲華嚴「緣理斷九」，而天臺是即九法界而成佛者。天臺謂成佛者是要救度九界眾生的，此說甚善，但認爲華嚴斷九之說是不對的。以佛與下九界對看而言，則佛世界自與下九界自非同一存有等級，但華嚴所謂法界緣起是說整體存在界以佛眼觀之之時，一切事項圓融無礙，這並非是說佛自己在活動而捨棄九界眾生，而是說眾生生命歷程皆有其事其理而圓融無礙，是以佛境界而觀整體存在界，不是只在佛存有者世界的自我活動。牟先生以佛自身的套套邏輯說華嚴法界觀，這是牟先生自己的錯誤的理解。

　　對天臺宗，牟先生以爲天臺之圓是既能讓一切眾生成佛，又保住世間之存在。以「無明即法性、法性即無明」說世間即是成佛道場，而成佛即在一切世間中成之保之，故而現象世界一切圓滿且又必然，一切眾生必得救度而同登佛國，此天臺之圓教高於般若學、唯識學、如來藏、華嚴學，只比於儒家而尚不及。這是因爲天臺對於世間存在之發生，仍交給緣起法，若是緣起法，則無發生之必然。若是儒家，世界之存在交給道德意識，故而有其發生之必然，此佛家之圓尚差一著者也。

　　就前說般若思想而言，依筆者的界定，般若是佛教本體論的命題，諸法皆空，一切現象無有感性的立場，以此爲本體工夫，則貫串

起信論、華嚴、天臺諸教系統皆爲其工夫論之宗旨，牟先生謂般若有作用之圓義，卻非存有論之圓義，意即般若作爲本體工夫，是一切圓教系統的本體工夫，作爲工夫，故謂之作用，作爲圓教之工夫，故有作用之圓，但論及系統，即是論即存在，則般若學無此意旨在，故而無存有論之圓，而存有論之圓不圓，又是牟先生列比《起信論》、華嚴、天臺及佛儒之間的要害關鍵。就牟先生而言，存在的圓不圓要追究的是現象世界的存在是否保住及是否必然的問題，《起信論》交給阿賴耶識故只有偶然，華嚴宗交給法界緣起故只有佛自己的存有，唯天臺宗交給「無明即法性」及「遍十法界而成佛」，即謂存在即是實存已存，而眾生必是可受救度而成佛者，故而才眞是圓中之圓。至於般若，只能說是以作用的圓而併入上述諸大乘教義系統中。筆者認爲，般若學是《起信論》、華嚴、天臺諸學的本體論命題及本體工夫論命題，說其涉及作用是對的，但說其只是作用之圓而非存有論之圓，這就只是在牟先生自己的問題意識及理論立場上說的事了。就系統之圓不圓而言，就是對於救度眾生是否遍覆、以及現象世界是否保住而論者，根本上說，這不是佛教的問題意識，這是牟先生的問題意識，所以牟先生在佛教詮釋上犯了問題意識不準確的錯誤，這是拿儒家的問題要求佛教的答案，以符不符合儒家問題的標準，以論定佛教系統誰家理論圓不圓滿而做的討論。根本上，現象世界是否必然存在的問題，就不是佛教世界觀的焦點問題，更不是必須要有的立場，所以根本上牟先生深入論述的圓不圓的問題，以及對賢臺兩教優劣判斷的意見，可以說都是外道之論，與佛教義理無關，一廂情願之說而已。

　　對於般若學不涉及存有論的圓不圓的問題，筆者的立場是，這個討論不是很相關於佛教哲學基本問題，般若學就是佛教哲學的本體論，至於宇宙論及境界論，可以有不同學派的不同系統，但般若學的宗旨永遠存在各系統中，說般若學不涉及存在是一個多餘的說法，至於存在的問題，則確實是在唯識學、《起信論》、華嚴、天臺諸學中是一重要的核心問題。

三、觀法的切入

智者大師五時八教中的八教，是由藏通別圓的化法四教，以及頓漸秘密不定的化儀四教而說的。其中對藏通別圓的討論，牟先生是以觀法、解脫、佛果三方面說其內涵。其中解脫就是工夫論問題，佛果就是境界論問題，至於觀法，應該是針對本體論及宇宙論的問題，參閱牟先生的討論，卻都是般若思想的本體論問題。這也可以見出，天臺宗的路徑，就是從般若思想進行修心實踐，而提出成佛路徑的學派，因此天臺分析各派的理論重點，也就會是由般若思想的深淺以分別各家思想的深淺。

對於藏教，以四阿含經、具舍論、婆沙論等論之，即原始佛教。對於通教，即是龍樹之般若學。對於別教，唯識學及大乘起信論者也，一為始別教、一為終別教，這是把華嚴小始終頓圓的架構平移過來說的。

其中對於別教之佛果而言，牟先生有一些說法值得討論，參見其言：

> 約佛果言，通過還滅後，真常心之全部朗現即是佛。「如來藏恆沙佛法佛性」一觀念至此始充分證成，而法身常住亦充分證成，「空不空」亦充分證成。但此一系統是由真心之「不變隨緣隨緣不變」而展示，空不空是由隨緣中緣修還滅而充實。故當說如來藏自性清淨心空而不空時，此「空而不空」之中道只是「但中」之理，須緣修以實之。在此緣修方便上說一切法趣不空。故此仍權說之別教，非圓教也。即進而依此別教而言法界緣起，如華嚴宗之所示，那也只是分析的圓教，不開權，不發迹，猶有一隔之權，仍只是別教而已。[349]

不論就始別教之唯識學說，還是就終別教之起信論說，牟先生意

思就是，別教成佛是成了沒錯，但成佛所依據的理是「但中之理」，亦即不是負擔現象存在之理，成佛者自成其佛，但現象世界的存在問題被丟下了，現象世界仍是阿賴耶識無明緣起中事，現象世界的存在不完美，故而別教之佛境界不真圓，只仍別教之圓。即便發展至華嚴宗的法界緣起說，只是佛境界自身之圓滿遍在，對下界眾生隔絕捨棄，仍是分析之圓。

對於牟先生如此界定天臺宗所謂別教諸系的意見，筆者不同意。關鍵是針對存在的問題。關於存在的問題，牟先生自己有一特別怪異的立場，也就是現象世界的存在必須有其存在的保證。但是，這根本就不是佛教世界觀的立場，所以牟先生的批評及論斷十分的詭譎。其理論歸結於天臺圓教，下文再談。就唯識學和起信論對成佛可能性的理論建構而言，起信論固然較唯識學為究竟，但在存在問題上，依牟先生的理解，起信論對現象世界的存在問題之安立，則仍是阿賴耶識生滅門之作用，其結果，真如心、法性理隨生命緣起而作用而已，這就造成雖有學佛者看似成佛，卻不下及現象世界，以致不能及現象世界而使一切眾生必然成佛。意思是說，當存在的問題仍依無明而起，真如心與法性理的成佛作為，只能是跟在後面追著跑的活動而已，就算像華嚴宗的法界緣起說，跑出了佛境界出來，則仍是個別成佛者的自我歷程，終究與現象世界無關。牟先生這樣割斷現象世界的理解與詮釋，就是依據儒家哲學的現象實有的根本哲學立場下的思路，為實有而奮戰是牟先生一向的哲學戮力目標，詮釋佛學是為了高舉儒家而做，於是，非實有就是牟先生始終一貫的說佛態度。首先，佛教般若學始終不涉及存在，其次，唯識學系統涉及現象世界了，卻不能保證成佛。如來藏系統自己成佛，卻顧不及現象世界一起成佛。法界緣起只是佛自己在手舞足蹈，現象世界還在迷惘受苦中。依據儒家實有論的立場，現象實有，實有的現象世界經聖人的點化可以成善美境界，於是實有保住，圓善之境界保住，這才是真正的圓教終境。牟先生認為，以上唯識、起信、華嚴的缺點，天臺宗可以超克。關鍵就在，天臺主張成佛及於下九界，既有現象之升起，又有現象世界整體成就

的完成，故而超越各家。然而，如何超越？文中說各家皆是分析的圓教，依牟先生，一旦是分析的、分解的就非究竟的，要非分解的、詭譎的、圓融的才是最終的圓滿之教。此義見下文：

> 別教是分解地說。凡分解地說者皆不融，不即，有次第，斷斷，有縱橫，非圓詮。圓教是詭譎地說。凡詭譎地說者皆融，皆即，皆不次第，皆不斷斷，皆不縱不橫，故皆爲圓詮。[350]

以上這一段話，配合前文說別教都是分析的進路之說，讓我們了解到，牟先生說華嚴別、天臺圓的關鍵，竟是語言表述方式上的分解或不分解，天臺詭譎地圓融，華嚴分解而不徹竟。分解而不能徹竟、不分解才達圓融的說法是牟先生在儒學的討論上運用的方法，分別說的是抽象的理論建構，非分別說的是工夫境界論的結果。至於在《佛性與般若》中，牟先生則是主張有系統相者皆不能達到最終圓教境界，無系統相者的詭譎圓融才能眞正達到最高的圓教境界。筆者以爲，最高圓教與系統不系統是無關的，與分析不分析也是無關的，說到底，根本不是表達方式的問題，若只是表達方式的問題，那就不是義理的問題，一種義理在分析的、系統的表達之時不圓融，而換成非系統、不分解的表達就圓融，這等於根本就沒有義理，而都是一些詭辭的跳躍而已。此義，於下節談圓教中申述。

四、天臺圓教的模式

牟先生說明天臺圓教的方式有何特殊性呢？首先，從解脫方面說天臺之不斷斷之意旨，其次，從佛果上講無執的存有論。講解脫從未成佛的眾生心講，講佛果從已成佛的佛存有者講，且都是本體宇宙工夫境界論一起講了。參見其言：

約解脫說，爲圓伏、圓信、圓斷、圓行、圓位、圓自在莊嚴、圓建立眾生。此中即是一「不斷斷」。而此「不斷斷」即預設「從無住本立一切法」，即「一念無明法性心即具三千世間法」，此是存有論的圓。性德三軌不縱不橫，修德三軌亦不縱不橫。性修不二，皆具三千，故爲無作無量四諦。此是性具系統，非「隨緣不變不變隨緣」之性起系統也。性起系統只是無量，而非無作；是斷斷，而非不斷斷。「斷斷」有能覆與所覆，故必斷除能覆之無明，始顯所覆之眞心；必斷除九界之差別，始顯佛界之法身。此即荊溪所謂「緣理斷九」也。不斷斷者，法身必十界互融而爲法身，般若解脫亦然。此即是說，必即三千世間法而爲法身、般若與解脫。而三千世間法皆是本具，皆是性德，無一可改，無一可廢，無一是由作意造作而成，故皆爲無作。法性必即無明而爲法性。無明須斷，此即所謂「解心無染」；而無明中之差別法則不斷，此即所謂「除病不除法」，即「不斷斷」也。低頭舉手皆成佛道，通達惡際即是實際，何況二乘行？何況菩薩行？依此而言「性德惡」。「性德惡」者即性德三千中除佛界外餘九界中一切本具之穢惡法也。此明是在「不斷淫怒癡」下之詞語，無足驚怪也。此與儒家言性善性惡者異矣。「性德惡」有時亦言「性惡」，此略詞也。惡是形容法者，非形容性者。「性德惡」即是一念無明法性心所所本具之不可改變之穢惡法。無明無住，無明即法性，如是則法性心即本具有這些穢惡法而一不可改。故佛界亦有惑業苦三道性相，而三道即三德，解心無染也，通達惡際即是實際也。法性即無住，法性即無明，如是，則無明心亦本具有這些穢惡法而一不可改。是故眾生皆在惑業苦之三道中，此是迷執之三道。佛之解脫是在「不斷斷」中，三道即三德下，解心無染也，而三千法仍自若也。是故荊溪云：「三千在理，同名無明。三千果成，咸稱常樂。」（（《十不二門

因果不二門語》）。此即「圓斷」，亦曰「不思議斷」。故
「性德惡」是性具系統無作四諦之重要標識，實只是「不斷
斷」之變換語耳。[351]

　　以上講天臺宗的圓教，是從不斷斷講起。講不斷斷要先從斷斷講
起，斷斷者，成佛要斷九界之無明，而顯佛法身。此說，筆者以為，
十分正常合理。但牟先生有不斷斷之說，並以其預設了「一念無明法
性心即具三千世間法」。此一預設，近似存有論的命題，前所說之斷
斷命題意旨，顯見就是工夫論旨，也就是說牟先生把工夫論和存有論
混在一起討論，而此說所預設的存有論旨，就是直接肯定現象世界的
存在，及其意義上的圓滿，故而要無明與法性同屬一體，同時使現象
世界具恆久的存在性，這其中便出現了性德惡的意旨。簡言之，眾生
所生存的穢惡世界是一必然存在的世界，而成佛的實踐活動就是從這
些在穢惡國土的眾生之實踐做起，所以穢惡國土一不能少。成佛是眾
生成佛，依唯識學原理，萬法唯識，現象世界一切萬法唯識所變，且
為眾生心所具，重點是，此具為本具，故成佛之時，穢惡之土仍存，
沒有因為成佛而穢惡之土就消失了，且要強調，成佛就是眾生在穢惡
國土實踐而成，穢惡國土之眾生可以捨惡成佛，但國土不壞。以上這
樣的理論，可以說是涵蓋了許多不同的哲學問題而擷取其中的一些特
殊意見部分所構成，輾轉跳躍，難以繩約。必須說，牟先生是站在天
臺高華嚴、儒學高佛學的先在預設下而做出的討論，且在討論中，不
斷創造新概念及新命題，幾乎就是藉由定義在做論證。問題是，牟先
生建立的天臺圓教思想，並沒有明確的哲學基本問題的脈絡，而是把
所有表述上看起來符合他的基本立場的新概念及新命題予以連結而說
出的理論體系。

　　以下深入分析。不斷斷者，現象世界在成佛前性具本具，雖為穢
惡諸法，但法性仍善，而穢惡國土即由無明之緣而升起者，此穢土與
法性卻不二，「法性無住」「法性即無明」，這套說法在形式上就是
一種理氣合一的理論，理即氣、氣即理，但此說乃為避免理氣割裂而

設，避免法性無明割裂而設，目的是爲建立在認知上穢土固然是因無明而有，卻仍有法性在其中的意旨，這種理論從形上學說是形上學的一種型態，從境界論說是成聖境者的視域，但卻不是從工夫論說，否則無從下手，工夫論必是從初級到高級，必是從低等狀態到高等狀態，故而說工夫論時還得深入實踐主體的存有論結構再做細分，才能有切題的討論，而這個主體結構的知識細節，就在唯識學到如來藏識的系統中才有深談的，天臺爲般若學進路，對這個問題是談不深入的。

又，成佛者的實踐成果和現象國土的存在不是同一個問題，牟先生混淆二者爲一，故而造出奇特詭異的理論。工夫主體在實踐開始的時候，必處於染心狀態，卻必有眞如心爲內在動力，且必可心與理合一以爲成長的模式，而一旦心理合一而成佛，現象世界仍是現象世界。自己雖已成佛，眾生卻仍在迷。但是，成佛者可以持續救度眾生，且一切眾生都有被救度的機會，更有成佛的機會，所以眾生所處的穢土仍是存在，也必然有使其存在的條件。但是，雖有存在的條件，這卻與眾生具備成佛的可能性及必然性不是一回事，不必在成佛必然性的問題上牽出國土存在的永恆性與否的問題，更不可以有這樣的立場。牟先生幾乎在這件事情上整個攪混在一起，認爲成佛者之成佛必是成於穢土中，並且穢土必須有其存在的永恆性。於是穢土雖自無明而來，但是卻主張無明與法性是一，如是則穢土與清淨眞如理是一。筆者以爲，此說混沌不清。牟先生這種詭譎相融的圓教說，眞不如分析地說的能說得清楚。

大乘佛法，實際上就是：有國土，國土有下六、上四的十法界，可以說未成佛前下九界皆穢土，也可以說下六凡界是穢土，或於六凡中再分淨穢國土，重點是，成佛之時，佛自己已是成佛者境界，這是就佛性存有者的主體說，至於國土，只要還有下界眾生，就有國土，不論淨穢。而這個成佛的存有者，對祂來說，國土不是一個存在的必要條件，而只是有情眾生的活動領域而已，祂自己則是遍在一切國土，臨在一切國土，結緣與救度一切國土之眾生，但眾生之成佛仍需

眾生之自渡，眾生在下九界之各界中流轉生死，但仍有一拾階上升的歷程，這個上升仍有其結構上的必然性，這一方面說得是所居住國土、所屬於的國土，二方面說得是所活動的國土。就所活動的國土而言，上四界存有者可以遍在下六道中活動，上四界嚴格說沒有明確的國土，一切依主體境界而顯現。下六道眾生則不能跨界活動，亦即不能以上四聖界存有者的活動方式來活動。

牟先生批評華嚴法界是證佛者自身的境界，因而與下界無關。又批評如來藏真如緣起是但中之理，現實世界是另一回事。總之如來藏真如心與法性理固得合一，但現象世界還是被遺棄了。故而提出無明即法性的主張，目的在使法性之真如心和真如理不隔離於無明緣起的現象世界。此說，立意上有其可說者，但理論上有理解的錯誤。

現象世界有層層眾生出生、居住、及活動於此，任一眾生皆有如來藏真如心內在於性中，不論其如何無明薰習而有生滅不已之輪迴歷程，最終仍有真如心以為主導而促使成佛，這是就人性論及工夫論說。就存有論言，如來藏就是主體的一切，個別主體的輪迴歷程及現象世界都在其中，今有個別主體的修行成佛，則是去無明全真如，依唯識學系統說，則是轉識成智，而成佛永遠是個別存有者的事業，成佛者成佛不影響未成佛者的國土存在與否，未成佛者雖未成佛，不影響其最終有成佛的可能，這便是由唯識學發展至如來藏思想的理論建樹，亦即一切眾生皆可成佛之立場在如來藏學說中恰當地建立了。此時沒有如來藏真如理只是但中而抽離現象的問題，眾生以真如心與真如理合一而成佛之後，一樣是在層層世界中遍在及作用，穢土仍在，穢土眾生仍在，眾生成佛可能性亦在，只是有某一眾生成佛而已。追求成佛者之真如心與真如理和生滅歷程都是同一主體中事，從實踐活動說或從現象流變說，都是此心以為主宰之歷程，不是真如心、真如理作為一獨立的存有在但中、在隨緣不隨緣，而是主體之心在隨緣不隨緣、在如理不如理、在成佛不成佛，牟先生割裂真如心與生滅法的思路，正是分解太過的結果。從形上學說，是講一心及真如、生滅二門，但從現象說，就只有眾生主體與現象世界。有眾生成佛也罷，無

眾生成佛也罷，現象世界還其依然，世界是依據它自己的成住壞空歷程而流轉不已，並沒有保住與否的問題與需求，也沒有成佛者成佛之後捨棄現象世界的事情。但中之理不是一真實獨立的存有，不必談其隨緣不隨緣以致現象存在不存在的問題，只有眾生心成佛不成佛，以致染心或淨心的問題而已，說真如心與真如理與法性等事時，都是主體的真如心是否如其理而與法性是否合一之事而已，不是心真如隨緣起現、無緣則不起現的事情。這樣的描述方式好像同一個主體自我分裂為有心真如和心生滅，其中心真如隨生滅緣起而作用而清淨化之，若無明生滅不緣起，則心真如即無可作用之事矣，而一旦真如作用，一切淨化而成佛，卻留下了無明生滅依然在穢土中，且視同被真如心捨棄之窘況。此說，真混亂義理矣。而牟先生於它處也真的是以同體及異體說這件事情，說別教是異體而圓教才同體，其說，筆者也不同意。

就佛果的討論言，牟先生討論了法身概念，以及提出執的存有論和無執的存有論兩說，參見其言：

> 約佛果言，即為法身常住，無有變易，「如來藏恆沙佛法佛性」之圓滿的體現。如來藏即「一念無明法性心」也，不指真心而言。圓滿體現者必即三千法而體現之也，因恆沙佛法佛性本具此三千法也；數言三千，實即無量無作法也，即是恆沙佛法矣。本具三千即是「三千在理，同名無明。」圓滿體現即是「三千果成，咸稱常樂。」三千在理即是性德三軌，不縱不橫。不縱者，法身、般若、解脫皆本具故；般若與解脫雖修德亦性德故，而性德是在修德中顯，故雖性而又是修，雖不縱而亦不橫。不橫者，般若與解脫性德，亦修德故，而修德又是在「不斷斷」下成故，故雖修而又是性，雖不橫而亦不縱。在因地如此，在果地亦然。此為圓伊，亦曰三德秘密藏。而別教三德，因為是性起系統，又是「斷斷」，故有縱有橫，不為圓伊。

復次，總上三點言之，此圓教之特色又在「一切法趣某，是趣不過」之一語，此即「不但中」，故曰圓中。此語本是《般若經》中表示「般若之作用的圓」之語。今將表示「般若之作用的圓」之「一切法趣」套於「存有論的圓」中說。一念三千不只是散列的三千，而且是一切法趣空，趣假，趣中之三千。又不止此，而且是一切法趣色、趣聲、趣香、趣味、趣觸，固不只趣一念也。是故得言唯色、唯聲、唯香、唯味、唯觸、唯識、唯智。若在識中，一切都是迷執。若在智中，一切都是常樂。在識中，是識色不二。在智中，是智色不二。依前者說執的存有論。依後者，說無執的存有論。此即是圓教下的兩層存有論，而在一念三千與不斷斷中完成之。別教不能至此也。故佛教必發展至《法華》圓教始至其極。極者徹底透出兩層存有論之謂也。至此，始極成無諍──《般若》之無諍與《法華》之無諍合而爲一。[352]

　　文中言「圓滿體現者必即三千法而體現之也」即言佛果即在一切現象世界中呈現，而一切現象世界則是佛性本具，所以成佛之後亦不捨離世界。筆者以爲，牟先生這樣的說法實在錯置了問題。性具說謂性中本具三千法，此義可以說是一念心可能的視域是三千之念，這是人性存有者的染淨狀態問題，但這不是說，三千善惡諸念必須永恆地存在並呈顯，而只能是說，若未做工夫，則三千善惡諸念皆是可能，至於工夫論，仍是要去惡向善，以至纖惡必除。智者初講性具思想時，重點在性具善惡，此說若與原始佛教的十二因緣說對比，以及輪迴因果說對比，則眾生的個性是習氣的結果，因而說性具善惡與習氣我執說似有扞格之處。筆者以爲，論及佛教人性論，還是習氣說是根本教法，性具善惡說，就可能性的狀態而言是可以說的，就必然性而言是不可以說的。眾生可能性具善惡，這只能是就習氣言而已，端看個人生命歷程的習染發展而定，諸惡具染亦是可能，但眾生亦同時性

具善法，故有淨因作用，此即進入如來藏說中，問題就容易解決了，關鍵就是，心眞如薰習永恆不斷，而生滅門的無明薰習到一定清淨程度之後就斷了，這就和智者大師回答菩薩不斷性惡法門，卻不入惡行中的道理是一樣的[353]，這就可以說是不斷斷的意思，但其義是說，佛不斷對性惡之理解，以及不斷對在迷之性惡眾生的接觸，卻自己無染，這並不等於是說現象世界在迷眾生的存在及其國土必須永恆存在。現象世界此起彼滅是佛教世界觀的根本認識，成住壞空之際，只要還有國土與眾生，就有可以有成佛的修行活動，也就有佛與菩薩的救度眾生之行為，因此不斷斷之不斷應是不斷救度眾生的心力，不斷與眾生接觸的機緣，不斷與下界眾生互動的願力，不斷理解惡事的能力，而不是，現象世界的存在永恆不滅，現象不斷而染心斷。

　　依牟先生詞彙用法，相較於性具說的不斷斷，所謂性起系統的斷斷，是斷去本來不實的雜染，由心眞如作用於無明薰習的一切緣起諸事，是修行者主體自己斷去自己的惡染，而並不是成佛後斷去與現象世界的接觸及救度，更不是斷去了使現象世界持續存在的存有論原理。可以說，都是因為牟先生過於關切世界實有的問題，以致強把性起說的斷斷系統與性具說的不斷斷系統對比起來，甚至對立起來。其實，兩說無須對立，問題根本不同。性起說面對工夫論問題，心眞如隨緣作用起現，預設了如來藏的存有論系統，發展於十二因緣緣起、阿賴耶識無明緣起的改良系統。性具說也是面對工夫論問題，不斷性惡才能不受制於惡，這卻是智者大師自己提出來的人性論命題，智者大師確實是走般若學進路而成一大教理系統者，這與華嚴宗走唯識學、如來藏系統而成法界緣起說的一大教理系統者不同。走般若學之路只破不立，對於存有論的問題討論並不精準，牟先生卻以詭辭說之，企圖高天臺於華嚴，當然，依哲學史之史實，實際上華嚴、天臺也是彼此高低兩造，牟先生只是走了天臺之路而已。只是，牟先生更有自己的語言與命題的創作，導致將天臺、華嚴對比的問題更加複雜。

　　牟先生又提兩層存有論之說，以執的存有論和無執的存有論分說

之，依牟先生之意，天臺之圓才是無執的存有論，別教之圓都只能到達執的存有論。別教只論及識，主要針對一切迷執的討論，圓教論及智，主要對實做工夫之後的境界作討論，此說筆者不同意。此說牟先生早已運用於程朱、陸王之辯中，對於以執的存有論及無執的存有論討論儒家，而高陸王於程朱之說，筆者亦不同意[354]。

五、七種二諦

　　天臺講通教無生四諦，別教無量四諦，圓教無作四諦，通教說般若諸法不生，別教說菩薩道度眾無量，圓教說境界一切作而無作。牟先生依《法華玄義》講七種二諦，發揮天臺之說，卻仍有值得討論之處，其言：

> 由別教之不空上融至圓教之一切法趣不空，則須知別教是分解的展示，故一方有次第，一方佛性之理又爲但中。眞空妙有之佛性理爲惑所覆，藉緣修方便，破惑而後顯，此即「緣理斷九」，故佛性理爲「但中」也。此亦是權說。既知是權說，故捨分解的展示而爲詭譎的展示，則即歸于「性具」之圓教。此圓教亦不能由通教之體法入空可直接通至者，光只一心三觀並不能決定圓教之所以爲圓教。此必須經過「如來藏恆沙佛法佛性但中之理」之開決，始可通至此圓教。由別教融至圓教，不須另有客觀之觀念，只須在《法華》之「開權顯實發迹顯本」下，另換一表達方式即可，即在「不斷斷」下，在「三道即三德」下，由分解的展示轉爲詭譎的展示，即可。此詭譎的展示不只是般若智之無執無著，不捨不壞，乃是般若智之作用的圓與不但中佛性理之存有論的圓之合一，因此，而成爲性具系統也。此必須由表達方式之殊特來了解，非是由另一新概念而撐起也。詞語詞意之不同皆由性具而來。是以圓之所以爲圓雖種種說示，最後總歸于表達

方式之殊特。分解說者永不能至。是故凡分解說者皆權說
也。開權即顯實矣。故圓實教爲第二序者。不離前三而有
圓，不離四味（乳、酪、生酥、熟酥）而有醍醐，故須由表
達方式之殊特而認取之也。[355]

　　牟先生以爲，從別教至圓教就是一個表達方式的轉換而已，並不
需要有任何的新知識，此旨，筆者有質疑。其說，別教成佛，乃將無
明所惑者去惑顯眞即是成佛，此即「緣理斷九」，故佛性理爲但中。
此說之中，成佛既斷九，則佛性理爲但中，亦即，不涉世間。以上是
分解地說。若是詭譎地說，則不斷九界而成佛，故爲「不斷斷」，則
其理不但中，且爲性具善惡萬法。此即謂萬法實存，成佛即九界，
成佛不斷九界，九界性具，佛性理不但理而具九界。以上，牟先生說
只是表達方式之別，不須另有新觀念，不由另一新概念，只是改分解
之表達爲詭譎之表達。筆者以爲，這並不是表達方式的差異而已，所
謂開權顯實，實在是推翻了別教說法而另起新說的系統。就所指別教
言，破惑顯眞，是成佛的必然格式，成佛是去自性中的九界而證入佛
界，並不是捨棄九界眾生，所說「緣理斷九」及「但中之理」說者皆
不正確。至於「不斷斷」及「不但中之理」之說者，是把成佛境界問
題和宇宙論的問題混淆爲一談而說的存有論，牟先生想說的是，既成
佛境矣，又要保住現象世界，既是主體成佛，又是世界皆實有。

　　如果牟先生認爲這是表達方式的不同而已，那其實就是無所新
說。即便是別教，成佛本來就沒有捨棄現象世界，至於保住現象世界
的說法，則是牟先生個人的錯誤理解，這絕非佛教的世界觀。就不但
中而遍在現象世界而言，別教之佛性理也不是但中而不遍在，這整個
都是錯亂的理解與詮釋。

　　如果這種新的表達方式根本就是一套新的學說，那麼正是這一套
新的學說可以被牟先生再度犧牲，這在和儒家學說對比時就可以見
到，關鍵就是這一套詭譎的圓教系統並不具備實存實有性，因爲天臺
佛學之緣起法不依道德意志而起，故而終究是對現象世界落空的一套

佛教哲學，而哲學，就是要爲實有而奮戰，故而佛不及儒矣。

六、小結

筆者以爲，佛教哲學在如來藏緣起說中，在《起信論》一心二門說中，在華嚴宗法界緣起說中，就已經把佛教哲學所有的理論漏洞補足而成爲圓滿的系統，天臺家的一些論述，正是華嚴教之終頓階段，整個理解不同，思路不同，問題意識不同，強爲高下的結果，就是混亂佛學意旨。

註釋：

347 牟宗三，《佛性與般若》下冊，臺灣學生書局，1982年1月三版，頁
621。

348 牟宗三，《佛性與般若》下冊，頁623。

349 牟宗三，《佛性與般若》下冊，頁640。

350 牟宗三，《佛性與般若》下冊，頁645。

351 牟宗三，《佛性與般若》下冊，頁646~647。

352 牟宗三，《佛性與般若》下冊，頁648。

353 參見：《觀音玄義》卷上又云「問：闡提不斷性善，還能令修善起。佛
不斷性惡，還令修惡起耶？答：闡提既不達性善，以不達故，還爲善所
染，修善得起，廣治諸惡。佛雖不斷性惡，而能達於惡，以達惡故，於
惡自在，故不爲惡所染，修惡不得起。」

354 參見拙著：《南宋儒學》，臺灣商務印書館，2010年9月初版。

355 牟宗三，《佛性與般若》下冊，頁670~671。

結語

　　本書之初稿，已經完成許久了，一直未能抽出時間好好落實全書潤稿的工作，雖然延宕了幾年，但是這是一件重要的大事，始終要把它完成。今年春節以來，受到疫情的影響，除了有些線上課程以外，反而有了時間關在家裡工作，通過一整天又一整天的看稿，終於完成此書的校編。

　　本書之完成，筆者對牟先生的研究也算告一段落了。從大學以來，臺灣的哲學學子，都是在方、唐、牟的巨人身影下努力成長，尤其是對牟宗三先生的學問，臺灣哲學、中文學界處理義理思想的學人，無一不是牟學的熟稔者，然而，完全受其影響而終生牟學者多，忽視牟學不論其說者亦多，筆者則是全心投入，汲取養分，鍛鍊思維，最終撤出牟學思維模式，提出批評意見以為反駁，態度明確，立場堅定。牟先生就是二十世紀中國哲學的最高峰，但思辨有餘，詮釋不足，他的創作，將東方哲學拔高到世界一流水平，但是他對中國哲學程朱道佛的詮釋，卻是混亂意旨，恰是阻礙了對程朱道佛的正確理解與準確詮釋。

　　兩千年來，莊子哲學對孔子的批評諷刺結果，到今天，莊子哲學依然大家，孔子哲學仍然屹立。宋明儒學者數百年來對佛學極盡否定，到今天，宋明儒學大盛，而佛學依然立足天下。可見，不怕被別人批判，只怕沒有自己的本領。也不怕批判別人，只怕批判者沒有自己的系統。牟宗三哲學，將不會因為他對程朱道佛的錯誤批判而失去了光芒，因為他有自己的系統，事實上牟學至今依然光芒萬丈。當然，程朱道佛哲學也不會因為牟先生的偏見而義理沉淪，因為程朱道

佛的學說自體豐沛龐大，而學術群也太廣大，筆者就是盡一己之力，為自己的研究，負責任地提出意見。

感謝牟先生的盛大之作，讓筆者有機會在研究的道路上堅定邁進，鍛鍊成長。

筆者大學時期在臺北青田街臺大宿舍裡聽牟先生的課程，也在臺大文學院會議室聽牟先生的課，修過牟先生的課，寫過學期報告，是當時朱建民老師擔任助教時所帶的班。筆者研究生時期，也在青田街路上恰遇牟先生，向先生敬禮問好，報告學習方向與筆者導師張永儁先生的大名，牟先生外出散步，精神良好，交談簡約清雅，是筆者一生的美好回憶（寫於2020年春節期間）。

NOTE

NOTE

NOTE

NOTE

國家圖書館出版品預行編目資料

牟宗三道佛平議 / 杜保瑞著. -- 初版. -- 新北市：
華夏出版有限公司, 2024.07
　　　　面；　　公分. --（抱樸文庫；002）
ISBN 978-626-7393-44-4（平裝）
1.CST：牟宗三　2.CST：學術思想　3.CST：道家
4.CST：佛教哲學

　　　　　128.9　　　　113002694

抱樸文庫 002
牟宗三道佛平議

著　　作　杜保瑞
執行編輯　簡慧貞
出　　版　華夏出版有限公司
　　　　　220 新北市板橋區縣民大道 3 段 93 巷 30 弄 25 號 1 樓
　　　　　電話：02-32343788　　傳真：02-22234544
　　　　　E-mail：pftwsdom@ms7.hinet.net
印　　刷　百通科技股份有限公司
　　　　　電話：02-86926066　傳真：02-86926016
總 經 銷　貿騰發賣股份有限公司
　　　　　新北市 235 中和區立德街 136 號 6 樓
　　　　　電話：02-82275988　　傳真：02-82275989
　　　　　網址：www.namode.com
版　　次　2024 年 7 月初版—刷
特　　價　新台幣 680 元
　　　　　人民幣 160 元（缺頁或破損的書，請寄回更換）

ISBN-13：978-626-7393-44-4

《牟宗三道佛平議》由杜保瑞先生授權華夏出版有限公司
出版繁體字版